L'Encyclopédie

essentiel

L'Encyclopédie

ou Dictionnaire raisonné des Sciences, des Arts et des Métiers

Textes choisis

Nouvelle édition revue, augmentée et annotée

Présentation par Albert Soboul

Nouvelle introduction et notes par Philippe Goujard

éditions sociales

Ce livre est une reprise
de l'ancienne édition
présentée par Albert Soboul
et publiée aux Éditions sociales
dans la collection
les « Classiques du peuple » en 1952
(dernière édition en 1976).
Philippe Goujard, maître-assistant
à l'université de Rouen
a complété ce volume
par une nouvelle introduction,
des commentaires et notes
tenant compte des recherches
et travaux récents.

Le motif de couverture a été réalisé
à partir d'un document d'époque.
De haut en bas :
Daubenton, Lamarck, Mongez,
Condorcet, Dumarsais, Voltaire,
Rousseau.
D'Alembert et Diderot.
Buffon, Necker, Vicq d'Azyr,
Thouin-Roland, De la Platière,
Marmontel, Gaillard.

Conception couverture : les 4 cavaliers,
J.-P. Jouffroy, F. Féret.

ISBN 2-209-05584-9

SOMMAIRE

INTRODUCTION
L'*Encyclopédie* et le mouvement encyclopédiste

Au chapitre XX de son *Pantagruel,* Rabelais fait dire à Thaumaste que Panurge lui a « ouvert le vrai puits et abîme de encyclopédie », c'est-à-dire de l'ensemble des connaissances humaines. Ainsi apparaît en 1532, pour la première fois traduit en français, le mot *encyclopédie*[1]. La bourgeoisie, qui depuis près de trois siècles se développe lentement dans le cadre de la société féodale, commence à prendre conscience de sa force intellectuelle. Déjà se dessine la réaction contre la pensée chrétienne du Moyen Age qui faisait peser sur les esprits comme sur les corps une rigoureuse contrainte ; la raison s'émancipe et déjà elle aspire à embrasser tout le réel. Gargantua, à son fils Pantagruel, étudiant à Paris, dresse un vaste programme de savoir encyclopédique.[2]

Sans doute cette belle ambition était-elle téméraire. Le XVIe siècle, s'il a vu s'affirmer la curiosité sur toutes les questions jusque-là soustraites aux interrogations de l'esprit, s'il a proposé comme idéal à l'homme le plein et libre développement de toutes ses facultés, n'était pourtant pas encore suffisamment armé pour satisfaire les vastes exigences de la raison. Le monde se découvre à peine ; les techniques se renouvellent lentement ; la production manufacturière se dégage péniblement des contraintes de l'économie féodale. La bourgeoisie, forti-

---

1. Du grec : ἐγχὐχλιος παιδεία, « ce rond de sciences que les Grecs ont nommé encyclopédie », traduit Du Bellay (*Défense et Illustration de la langue française,* 1549).

2. C'est la très belle lettre de Gargantua à Pantagruel étudiant (*Pantagruel,* chap. VIII).

fiée de siècle en siècle par le développement de la richesse mobilière, est encore tenue en bride par l'aristocratie foncière. Mais c'est assez qu'elle ait senti ses jeunes forces.

Bientôt des esprits hardis la doteront d'armes efficaces pour connaître la nature et la dominer. Bacon, en 1620, dans son *Novum Organum,* jette les premières bases de la méthode expérimentale[3] et dans son *Discours de la méthode,* en 1637, Descartes définit les règles essentielles « pour bien conduire sa raison et chercher la vérité dans les sciences ». Dès lors, le progrès s'accélère. Sous l'effort obstiné des savants, se dévoilent un à un les secrets de la nature : en 1695, la mise au point du microscope permet de commencer l'exploration de cet infini de petitesse devant lequel Pascal éprouvait un vertige métaphysique. La raison construit des systèmes pour expliquer l'univers ; Newton écrit, en 1687, ses *Principes mathématiques de la philosophie naturelle.* Les techniques se précisent en même temps (Papin met au point sa « marmite » en 1707) et les manufactures se multiplient. Les cadres encore féodaux de la société commencent à craquer. Si la bourgeoisie française voit avorter sa tentative de la Fronde, si par le biais de la vénalité des offices ou de l'achat de seigneuries, elle paraît s'intégrer en partie dans la société traditionnelle, la bourgeoisie anglaise est par contre assez forte, dès le XVIIe siècle, pour imposer à l'aristocratie, au prix de deux révolutions, un compromis politique et social qui permettra le plein développement de l'économie capitaliste. Dans cette Angleterre où, pour la première fois, la bourgeoisie s'est rendue maîtresse de son destin, le projet ambitieux des hommes de la Renaissance de ramasser tout le savoir dans une encyclopédie est repris et mené à bien. En 1728, paraît à Londres la première édition de la *Cyclopœdia or an Universal Dictionary of Arts and Sciences.*

---

3. C'est au *Novum Organum* de Bacon qu'est emprunté le système de classification des sciences placé en tête de l'*Encyclopédie.*

Ce qui ne fut en Angleterre qu'une bonne entreprise de librairie, en France, où la fraction la plus avancée de la bourgeoisie consciente de sa force et des droits de la raison supportait mal les contraintes d'une société aux survivances féodales, devint aux mains des philosophes une œuvre révolutionnaire. Le 26 mars 1745, André-François Le Breton, imprimeur-libraire à Paris, obtient un privilège royal pour l'impression et la publication d'un *Dictionnaire universel des arts et des sciences :* en fait, il s'agit d'une traduction de la *Cyclopœdia* de Chambers, dont une cinquième édition est parue à Londres, en 1742. Après diverses tentatives, Le Breton, le 16 octobre 1747, fait appel à Diderot et d'Alembert pour diriger l'entreprise. En octobre 1750, Diderot lance le *Prospectus de l'Encyclopédie.* Il n'est plus question de traduire les deux volumes de Chambers, mais de dresser le bilan des connaissances du temps, « un tableau général des efforts de l'esprit humain dans tous les genres et dans tous les siècles ». Diderot fait la critique des dictionnaires déjà anciens : « Quel progrès n'a-t-on pas fait depuis dans les sciences et dans les arts ! » Il insiste sur la nouveauté de la partie réservée aux « arts mécaniques ». Les représentants les plus hardis de la pensée bourgeoise (Diderot avait été détenu plus de trois mois, en 1749, au château de Vincennes, pour sa *Lettre sur les aveugles)* faisaient de l'entreprise de Le Breton une arme dans la lutte pour le triomphe de la raison. En juillet 1751, paraît le premier volume de l'*Encyclopédie, ou Dictionnaire raisonné des sciences, des arts et des métiers.* Raisonné... : le titre seul dit assez l'intention de l'œuvre. Aussi soulève-t-elle dès l'origine l'opposition de tous les tenants de l'Ancien Régime. Attaquée par les jésuites dans le *Journal de Trévoux,* et dans les *Nouvelles ecclésiastiques* par les jansénistes, censurée par la Sorbonne, « supprimée » par le Conseil du roi, tournée en ridicule par une coterie littéraire, condamnée par le Parlement et par le pape, abandonnée par l'un de ses directeurs, mutilée par son éditeur[4], l'*Encyclopédie,* par l'énergie indomptable de Diderot, fut menée à son but. En 1765, paraissent à la fois les dix derniers volumes de textes, les deux derniers volumes de planches en 1772 : victoire qui à elle seule prouve l'élan révolutionnaire de la pensée rationnelle.

L'essor des forces productives porte en effet la bourgeoisie au premier rang de la société. Vers le milieu du XVIIIe siècle, elle est maîtresse de l'économie française. Elle contrôle les secteurs les plus récents, les plus actifs. Si l'on excepte quelques nobles qui possèdent des intérêts dans la métallurgie, c'est à la bourgeoisie que l'industrie doit son développement. Elle s'identifie à la finance et au négoce : le grand commerce maritime est pour elle une source inépuisable de profit. Elle participe enfin à la forme traditionnelle de la richesse et détient une part notable de la propriété foncière.

On estime qu'environ un cinquième du sol est entre les mains de la bourgeoisie. La propriété bourgeoise est particulièrement forte autour des villes : les biens fonciers constituent un placement sûr et honorable. Le bourgeois exploite rarement lui-même ; il donne sa terre en fermage ou en métayage. Souvent, dans une moindre mesure que pour l'industrie cependant, le bourgeois propriétaire s'intéresse aux formes nouvelles de production. S'inspirant des exemples flamand et anglais, quelques grands propriétaires bourgeois, aussi bien que nobles, suppriment les jachères, les remplacent par des prairies artificielles ou des cultures fourragères,

4. Ajoutons les attaques de Fréron (1718-1776) dans *l'Année littéraire ;* en 1756, il traite l'*Encyclopédie* d'« *ouvrage très scandaleux* ». Voltaire attaqua Fréron dans *le Pauvre Diable* et dans sa comédie *l'Écossaise* (1760) où Fréron est représenté sous le nom de *Wasp.* L'avocat Moreau (1717-1803) écrivit contre les encyclopédistes un pamphlet *Nouveau Mémoire pour servir à l'histoire des Cacouacs* (1757). Lefranc de Pompignan (1709-1784) les attaqua dans son discours de réception à l'Académie française, le 10 mars 1760. Palissot (1730-1814) entreprit de les ridiculiser dans sa comédie *les Philosophes,* jouée au Théâtre français, le 2 mai 1760.

améliorent le cheptel, augmentent l'emploi des engrais. Ainsi se développe une grande culture et s'introduisent dans les campagnes des modes nouveaux de production : l'agriculture capitaliste commence sa carrière. Les physiocrates, véritables « créateurs de l'économie politique », comme l'a dit Marx, sont les théoriciens de cette agriculture nouvelle, dont ils posèrent avec éclat les revendications dans l'*Encyclopédie*. Considérant la terre comme la source essentielle de richesse, ils réclament l'abolition des contraintes féodales qui pèsent sur l'agriculture et le commerce des produits agricoles. Sans doute s'intéressent-ils peu à la masse des journaliers, métayers et petits propriétaires (vingt millions de personnes environ), qui pratiquent, dans une misère souvent profonde, l'agriculture traditionnelle : leurs revendications n'en portent pas moins atteinte à la société d'Ancien Régime.

Le grand commerce et la finance constituent pour la bourgeoisie une activité traditionnelle autrement profitable. Le commerce local a depuis longtemps permis aux bourgeois des villes d'amasser des capitaux, qu'ils investirent ensuite dans les entreprises financières et le grand négoce. Les gens de finance jouent un rôle considérable dans les activités déjà anciennes de la Ferme générale des impôts indirects, des fournitures militaires ou des transports aux armées. Plus neuves sont les entreprises bancaires ou les sociétés financières qui se développent après le demi-siècle (la Bourse de Paris avait été créée en 1724). Les placements des emprunts d'État, de ceux du clergé, des provinces, le lancement des actions des sociétés nouvelles, le développement des compagnies d'assurance sur la vie ou contre l'incendie offrent aux manieurs d'argent matière à une spéculation de plus en plus intense. Eux aussi sont gênés dans leurs affaires par la structure sociale et administrative de la société d'Ancien Régime. Les financiers, les fermiers généraux protègent les philosophes. Femme d'un fermier général, Mme d'Epinay (1726-1782) est l'amie de Diderot et de Rousseau. Helvétius (1715-1771) est un financier philosophe ; il appartient au mouvement encyclopédiste par l'esprit et le ton de ses ouvrages, bien que son nom ne figure pas parmi ceux des collaborateurs de l'*Encyclopédie*.

Le grand commerce, particulièrement le commerce maritime et colonial, est l'un des facteurs traditionnels de la fortune bourgeoise. Marseille trafique avec le Levant, où la France tient le premier rang. Surtout le commerce des Iles enrichit les ports atlantiques. Sucre, café, coton, tabac, indigo, constituent des sources de profits énormes, et tout autant le trafic du « bois d'ébène », la traite des esclaves, d'Afrique vers les Antilles. De 1720 à 1757, les exportations françaises passent de 106 millions de livres à 257, et à 309 en 1776. Mais à l'intérieur comme vers l'étranger, l'essor commercial est gêné par une organisation incohérente. Le marché national n'est pas unifié : douanes intérieures, péages, poids et mesures d'une diversité infinie cloisonnent le pays et entravent le commerce. La bourgeoisie s'insurge contre ces survivances. Les philosophes et l'*Encyclopédie* réclamèrent, au nom de la raison, l'unification du marché national et la liberté entière du commerce « laisser faire, laisser passer » devint le mot d'ordre de la jeune économie politique.

La même activité est en passe de renouveler la production industrielle. Sans doute la manufacture domine encore. Mais l'apparition de la machine permet d'entrevoir, vers le milieu du XVIIIe siècle, l'aube de la grande industrie. L'impulsion vient ici d'Angleterre, où les innovations techniques ont renouvelé l'industrie cotonnière. En 1754, l'emploi du métier à bas est autorisé en France ; en 1759, permission est donnée à la fabrication des toiles peintes où diverses « machines à imprimer » au cylindre sont utilisées : ce fut bientôt un type d'industrie capitaliste qui rendit célèbre le nom d'Oberkampf. Mais le branle décisif vint de la filature du coton : en 1762, la « jenny », d'origine anglaise, est autorisée. L'*Encyclopédie* est contemporaine de l'introduction et du premier développement du machinisme en France ; il s'affirma vers la fin du siècle, où des industries plus anciennes, comme la métallurgie, commencèrent à se renouveler. On ne saurait cependant exagérer ces traits. La grande masse de la production reste d'origine manufacturière et même artisanale. A côté des manufactures, il faut faire une grande place à l'artisanat et à l'industrie rurale. Dans bien des provinces, le bourgeois est *négociant :* il fait travailler le paysan des campagnes voisines, à qui il fournit la matière première pour son métier à tisser ou sa forge individuelle, afin d'en recevoir le produit fabriqué. La concentration capitaliste ne revêt en bien des endroits qu'une forme encore purement commerciale. Des millions de paysans tissent la laine, le chanvre ou le lin, battent le fer ou martellent le cuivre, pour des *négociants* urbains, en Bretagne, en Normandie, en Champagne, en Picardie, en Flandres... Cette variété de structure de la production industrielle explique, en cette matière, la timidité et les hésitations de l'*Encyclopédie.* Si elle souligne les avantages de la machine et en prône l'emploi, elle ne voit pas que le machinisme entraînera nécessairement la concentration des travailleurs et un changement profond de la nature même de la production industrielle. Les idées des encyclopédistes demeurent d'autre part marquées par la prédominance, à leur époque, de la manufacture et de l'industrie rurale : à la « manufacture *réunie* », ils préfèrent la « manufacture *dispersée* ».

Ainsi, dans tous les secteurs de la production, la bourgeoisie est présente et souvent elle en détient seule tous les moyens. Aussi supporte-t-elle avec impatience les survivances de l'économie ancienne qui entravent son essor : organisation corporative, réglementation, taxation, contrôle. La liberté économique est l'une des revendications essentielles de l'*Encyclopédie.*

Dans cette société, où le premier rang lui revient pour ses activités économiques, la bourgeoisie n'a aucun droit. La société d'Ancien Régime est d'essence aristocratique : elle est fondée sur la division en *ordres,* dont l'un, le Tiers État, groupant tous les éléments actifs de la nation, bourgeoisie, classes populaires urbaines, paysannerie, n'est rien, et l'autre tout. L'aristocratie n'est pourtant qu'une classe sociale parasitaire, dont les privilèges ne correspondent plus au rôle qu'elle a pu jouer au début des temps féodaux. En pleine décadence, appauvrie par la lente dévaluation des redevances foncières fixées en argent, exigeant avec d'autant plus d'âpreté l'application de tous ses droits qu'elle est plus près de la ruine, l'aristocratie entend cependant jouer un rôle politique. Non contente d'accaparer les hautes charges de l'État et de l'Église, elle veut, par un retour à ce qu'elle croit être l'antique constitution du royaume, contrôler la monarchie. Un courant aristocratique très vivace court à travers tout le XVIIIe siècle, que masque parfois le brillant développement de la pensée philosophique. L'Église, tout au moins dans les rangs du haut clergé, participe à cet état d'esprit aristocratique. Comment en serait-il autrement, lorsque de plus en plus évêques, abbés et chanoines sortent de la noblesse : en 1789, aucun des cent quarante-trois évêques de l'ancienne France n'est issu de roture.

Face à cette aristocratie de plus en plus fermée à mesure que s'aggravent ses conditions d'existence, la bourgeoisie réclame l'abolition des privilèges et l'égalité des droits. Cette revendication est l'un des thèmes essentiels de l'*Encyclopédie.* Encore faut-il la préciser. Égalité par rapport à l'aristocratie, sans doute : par rapport au peuple, à aucun prix. La bourgeoisie du XVIIIe siècle, en pleine ascension, est consciente de sa supériorité. Si elle entend améliorer le sort des classes populaires par une organisation rationnelle de la société, c'est par « humanité » et esprit de « bienfaisance » ; c'est aussi en pensant au développement de ses entreprises économiques. Issus de la bourgeoisie, parfois de la grande bourgeoisie, les philosophes veulent bien proclamer l'*égalité naturelle ;* ils se refusent tous, sauf Jean-Jacques Rousseau, à revendiquer l'égalité politique et sociale, jugée chimérique et dangereuse ; les grandes fermes et les manufactures n'ont-elles pas besoin de travailleurs satisfaits de leur sort ? L'article « Égalité » de l'*Encyclopédie* montre avec quelle prudence les philosophes ont manié cette arme à double tranchant.

Cette société aristocratique n'est plus étayée que par un système politique dépassé. Face à l'essor de la bourgeoisie, la monarchie d'Ancien Régime est plus que jamais au service de la classe féodale. L'État, son armée, sa justice, son Église sont des instruments de domination aux mains de l'aristocratie. Les institutions monarchiques, qui avaient reçu leur dernière forme sous Louis XIV, n'avaient jamais été organisées en un système logique et cohérent. L'unité nationale demeure inachevée sur le plan politique comme sur le plan économique. Villes et provinces gardent leurs privilèges ; le Nord conserve son droit coutumier et le Midi suit le droit romain ; les circonscriptions judiciaires, financières, militaires, religieuses se chevauchent, empiètent les unes sur les autres ; le désordre et l'incohérence caractérisent l'organisation administrative. La France, pour reprendre le mot de Mirabeau, n'est qu'« un agrégat inconstitué de peuples désunis ». La monarchie se prétend toujours de droit divin et se veut absolutiste : le roi, représentant de Dieu sur terre, ne peut partager son pouvoir avec ses sujets. En fait, il manque à ce régime absolutiste une volonté de règne. « Le despotisme est partout et le despote nulle part. »

La bourgeoisie entend refondre les institutions politiques suivant les principes de la raison ; elle veut jouer dans l'État un rôle en harmonie avec sa puissance économique et son éclat intellectuel. Est-ce à dire qu'elle s'en prend aux principes mêmes de la monarchie ? L'*Encyclopédie* traduit bien les hardiesses comme les hésitations et les timidités de la bourgeoisie en matière politique. L'article « Liberté » déclare que « la ruine de la liberté renverse avec elle toute police, confond le vice et la vertu ». L'article « Représentants » loue les avantages d'une constitution. A la théorie de la monarchie de droit divin est substituée celle de la souveraineté nationale : le monarque ne tient pas de Dieu une autorité sans contrôle, il n'est que le mandataire de la nation, il a reçu de ses sujets mêmes « l'autorité qu'il a sur eux et cette autorité est donnée par les lois de la nature et de l'État ». En fait, l'idéal politique de l'*Encyclopédie* est conforme aux intérêts de la bourgeoisie : il oscille de la monarchie limitée au despotisme éclairé. L'exemple anglais a joué un grand rôle sur l'évolution des idées politiques au XVIIIe siècle, et l'*Encyclopédie* n'est pas exempte d'une certaine anglomanie. Les idées démocratiques lancées par Rousseau n'ont encore eu que peu d'influence. La fusion des classes possédantes, bourgeoisie capitaliste et aristocratie foncière, sous l'égide d'une monarchie contrôlée, à l'imitation de l'Angleterre, correspond aux aspirations de bien des philosophes. Le despotisme éclairé constitue l'autre variante de cet idéal : qu'importe que le monarque conserve un pouvoir absolu, s'il gouverne suivant « la raison et l'équité », c'est-à-dire s'il satisfait les aspirations économiques et sociales de la bourgeoisie. « Heureux un État lorsque son roi sera philosophe, écrit-on dans l'*Encyclopédie*, ou qu'un philosophe sera son roi ! »

On retrouve les mêmes timidités, allant parfois jusqu'à la contradiction, dans l'examen des problèmes pratiques d'organisation politique et sociale. Les privilèges sont attaqués, leur suppression est réclamée : mais il faudrait cependant récompenser les nobles par des honneurs, auxquels sans doute les bourgeois pourraient aussi accéder. Les articles « Population » et « Impôts » s'élèvent avec force contre l'iniquité des impôts qui frappent le nécessaire : mais on ne trouve nulle part dans l'*Encyclopédie*, de protestation franche contre la gabelle, si détestée du peuple. Les jurandes et les maîtrises, c'est-à-dire l'organisation corporative de la production, sont vivement critiquées : elles empêchaient, par les contraintes de leur réglementation, le libre essor des forces productives. Mais la corvée des routes et la milice, qui pèsent sur les paysans, n'ont que quelques « inconvénients ». Les encyclopédistes, dont les conclusions sont si nettes sur les droits généraux de la raison, suspendent souvent leur jugement sur les problèmes politiques pratiques : hésitation compréhensible des représentants d'une classe possédante, qui ne peut, sans inquiétude, soulever de trop grands espoirs parmi les classes populaires exclues du droit de propriété. Prudence aussi bien nécessaire dans une société qui fait sienne la doctrine de l'Église et qui n'hésite pas à armer le bras séculier pour la défense de ses dogmes.

L'économie féodale a été bouleversée par le développement du capitalisme ; l'équilibre social traditionnel a été rompu par l'essor de la bourgeoisie ; la philosophie des Lumières, fondée sur la raison s'attaque hardiment à tous les problèmes. L'idéologie de la société d'Ancien Régime entend cependant demeurer immuable ; l'Église veille jalousement sur l'intangibilité de ses dogmes. L'Église catholique, le plus grand propriétaire foncier du pays, constitue le principal soutien de l'ordre traditionnel et de la monarchie absolue. Elle avait imposé au Moyen Age, et encore au XVIIe siècle, un idéal d'existence ascétique, tout entière tournée vers la préparation du salut dans la vie future. La raison disparaissait devant les exigences de la foi. Peu à peu, la bourgeoisie avait travaillé à renverser cet ordre traditionnel, à restaurer les droits de la raison, à opposer à l'idéal mystique de l'Église, un idéal réaliste de bonheur terrestre. Le XVIIIe siècle voit, avec l'*Encyclopédie,* l'épanouissement de cette nouvelle morale dont les origines sont à rechercher chez les hommes de la Renaissance. Les encyclopédistes proclament très haut que le destin de l'humanité n'est pas de préparer sa vie future, mais d'instaurer le bonheur sur cette terre, grâce à l'intelligence et à la raison. Ce bonheur ne peut être fondé que sur les conquêtes de la science et la croyance au progrès indéfini de l'humanité. Fidèles héritiers de la pensée cartésienne, les philosophes donnent pour but à l'activité de l'homme, la domination des forces de la nature et l'augmentation de la richesse générale : ainsi se réaliseront les conditions matérielles de ce bonheur terrestre et deviendra possible le plein épanouissement de la société humaine.

L'Église catholique est l'ennemi contre qui l'*Encyclopédie* dirige l'essentiel de ses coups. Sous des formules multiples, tantôt violentes, tantôt doucereuses ou ironiques ou faussement naïves, sont dénoncés le fanatisme, les préjugés, le dogmatisme, les superstitions. « Je joins à ma lettre une note de ce qu'on lit dans le cinquième volume du *Dictionnaire encyclopédique,* page 635, au mot *Encyclopédie,* écrit Christophe de Beaumont, archevêque de Paris, le 2 mars 1756, à Malesherbes, directeur de la Librairie. Vous y verrez qu'on y parle d'une manière très indécente de la Sorbonne en assurant qu'elle ne pourrait fournir à l'*Encyclopédie* que de la théologie, de l'histoire sacrée et de la superstition. C'est attaquer la religion même que de regarder la science de la religion comme une source de superstitions. Il est bien fâcheux que les censeurs n'aient pas aperçu une pareille faute... » L'*Encyclopédie* poursuit avec acharnement la philosophie scolastique, doctrine officielle de l'Église, toujours enseignée par la Sorbonne. Elle dénonce sans relâche ses arguties puériles, son verbiage prétentieux, ses raisonnements sans fin qui sont la négation même de la raison et font douter du bonheur humain. Elle s'élève contre la méthode qui prétend imposer la vérité par des arguments d'autorité et lui oppose l'esprit d'observation, d'expérience, de libre examen, en un mot la vraie philosophie. Sans doute faut-il prendre quelques précautions, pour déjouer la surveillance étroite de l'Église, de la Sorbonne, du Parlement. Les encyclopédistes excellent à cette petite guerre. D'Alembert a parlé de « cette sorte de demi-attaques, cette espèce de guerre sourde », qui est la plus sage quand on habite « les vastes contrées où l'erreur domine ». D'autres ont rappelé ces articles détournés où l'on foule aux pieds les préjugés religieux, où des « erreurs respectées étaient trahies par la faiblesse, de leurs preuves ou ébranlées par le seul voisinage des vérités qui en sapent les fondements ». L'*Encyclopédie* elle-même dévoile sa tactique : « Toutes les fois qu'un préjugé national mériterait du respect, il faudrait, à son article, l'exposer respectueusement et avec tout son cortège de vraisemblance et de séduction ; mais renverser l'édifice de fange, dissiper un vain amas de poussière en renvoyant aux articles où des principes solides servent de base aux vérités opposées. »

Aussi, à côté d'audaces flagrantes (ainsi à l'article « Propagation de l'*Évangile* »), combien d'articles faussement candides ou naïfs. Les articles « Bible », « Canon », « Carême » protestent de la pureté de leur intentions, de leur soumission aux enseignements de l'Église : mais c'est après avoir exposé objectivement tous les problèmes que posent la justification du carême ou l'étude de la Bible ; si bien qu'éclate la seule explication conforme aux exigences de la raison, que le carême, les livres canoniques et la Bible sont des œuvres humaines et non pas divines.

L'ironie est parfois une arme empoisonnée : « Le vrai chrétien doit se réjouir de la mort de son enfant, car la mort assure à l'enfant qui vient de naître une félicité éternelle... Que notre religion est à la fois terrible et consolante ! »

Il y a enfin les pièges avoués de Diderot : les arguments contre la superstition et le fanatisme, la critique rationnelle de la foi sont en embuscade au coin d'articles tels que '« Agnus scythicus », « Aigle », « Aius locutius », « Bramines »...

Si l'*Encyclopédie* combat les dogmes de l'Église, elle se débarrasse nécessairement de la morale chrétienne et lui substitue cette morale laïque aux progrès de laquelle les philosophes ont tant contribué. La morale des encyclopédistes est simple et humaine ; il faut suivre la voix de la nature et celle des passions. Sans doute, dans ce domaine aussi, l'*Encyclopédie* est tenue à quelque prudence : l'article « Bonheur » le montre bien. Mais elle affirme que la vertu n'est pas forcément ascétique et que la morale ne se confond pas avec des dogmes obscurs : « Un homme qui prétendrait tellement subtiliser la vertu, qu'il ne lui laissât aucun sentiment de joie et de plaisir, ne ferait assurément que rebuter notre cœur [...] Il ne faut pas confondre l'immoralité et l'irreligion. La morale peut être sans la religion et la religion peut être, même souvent, avec l'immoralité. »

L'athéisme n'est pas immoral. La base de cette morale libérée de la religion sera en particulier l'utilité, non l'utilité égoïste d'un seul, mais celle du plus grand nombre. Le philosophe est « un honnête homme qui veut plaire et se rendre utile », l'amour de la société lui est « essentiel ». La tolérance est l'un des articles principaux de cette morale ; emportée et soutenue par le courant du siècle, l'*Encyclopédie,* dans des articles retentissants (« Tolérance », « Persécuter »), ose parler net. La condamnation de la guerre, ce « fruit de la dépravation des hommes », n'est pas moins éclatante : « Elle étouffe la voix de la nature, de la justice, de la religion et de l'humanité ; elle n'enfante que des brigandages et des crimes, elle déprave les mœurs de toutes les nations. »

Ayant jeté par-dessus bord la morale chrétienne avec le dogme catholique et la philosophie scolastique, les encyclopédistes poursuivent hardiment, guidés par la seule raison.

Descartes avait rejeté de la philosophie toutes les qualités occultes de la scolastique, pour n'expliquer le monde que par la matière et le mouvement, mais sans lier matière et mouvement ; il ne concevait dans la matière que l'étendue et la voulait inerte ; c'est de l'extérieur que le mouvement devait lui être communiqué : de là, Dieu. Pour les plus hardis des encyclopédistes, les plus conscients : d'Alembert, Diderot, Helvétius, d'Holbach, matière et mouvement sont inséparables. L'argument du premier moteur tombe, Dieu n'est plus nécessaire ; la métaphysique s'écroule. Tous les phénomènes de la nature s'expliquent par les seules lois scientifiques qui régissent matière et mouvement. La vie elle-même n'est qu'une propriété de la matière en mouvement. « Ce qu'on appelle matière vivante, questionne Diderot, ne serait-ce pas seulement une matière qui se meut par elle-même ? »[5]

---

5. *Pensée sur l'interprétation de la nature,* 1754.

Même hardiesse en ce qui concerne la théorie de la connaissance. Les encyclopédistes abandonnent la théorie cartésienne des idées innées, c'est-à-dire antérieures à toute expérience sensible et que Dieu aurait placées dans l'âme humaine : si bien que, toute idée dépassant l'expérience sensible devant provenir de Dieu, la connaissance, dans le système de Descartes, quoique fondée au départ sur la seule raison, retombe en définitive sous le contrôle divin. Dépassant Locke, qui assignait à la connaissance une double origine, la sensation et la réflexion, les philosophes ne retinrent que la sensation comme source de la connaissance. « L'homme n'apporte en naissant ni connaissances, ni réflexions, ni idées », écrit Diderot dans sa *Suite de l'Apologie de l'abbé de Prades* (1752) ; et toujours Diderot à l'article « Inné » de l'*Encyclopédie :* « Il n'y a d'inné que la faculté de sentir et de penser, tout le reste est acquis. Supprimez l'œil et vous supprimez en même temps toutes les idées qui appartiennent à la vue. Supprimez le nez et vous supprimez en même temps toutes les idées qui appartiennent à l'odorat, et ainsi du goût, de l'ouïe et du toucher. Or toutes ces idées et tous ces sens supprimés, il ne reste aucune notion abstraite, car c'est par le sensible que nous sommes conduits à l'abstrait. »

Le fondement de la connaissance ainsi posé, Diderot évite le piège de l'agnosticisme. Locke distinguait les qualités secondaires d'un objet qui n'existeraient que par rapport aux sens et non dans l'objet lui-même, ainsi la couleur, et les qualités primaires inhérentes à l'objet : mais comment les connaître ? « Les formes sont inséparables de la matière, parce que c'est la matière modifiée ; la pensée de l'esprit, parce que c'est l'être pensant ; le sentiment de l'être sensible, parce que c'est l'être sentant ; l'espace ou l'étendue de l'être qui le constitue, parce que c'est l'être étendu... On s'embarrasse dans des difficultés qui n'ont pas de fin, parce qu'on transforme en êtres réels des abstractions pures et qu'on prend pour des choses les images qu'on en a » (article « Inséparable » de l'*Encyclopédie).*

Les qualités essentielles d'un objet n'en sont donc pas séparables : elles sont cet objet même. La matière sans qualité, dit d'Holbach, est un pur néant. Quant à l'idéalisme de Berkeley (il n'y a pas de qualités premières, il n'y a que des sensations sans support matériel), Diderot, pour l'exécuter, imagine, dans son *Entretien avec d'Alembert,* un clavecin qui, dans un moment de délire, aurait pensé « qu'il était le seul clavecin qu'il y eût au monde et que toute l'harmonie de l'univers se passait en lui ».

Ainsi, dans l'*Encyclopédie,* grâce en particulier à Diderot, s'exprime un matérialisme vigoureux et neuf.

Mais si hardis qu'ils fussent, les philosophes du XVIIIe siècle ne pouvaient franchir les bornes que leur avait fixées l'évolution économique et sociale de leur temps.

Sans doute les sciences ont-elles progressé. La plus prestigieuse demeure la mécanique. Les sciences de la nature ont suivi un rythme plus lent ; mais celles de la vie débutent à peine. Diderot a su pressentir, par sa culture et sa curiosité scientifiques, que les phénomènes physiques et chimiques, biologiques, spirituels étaient en leur fond identiques ; il a entrevu la théorie de l'évolution des espèces. Mais le développement scientifique de son temps ne pouvait lui permettre d'aller plus loin. Les découvertes de la biologie en particulier firent bientôt apparaître comme simpliste l'explication qui ramène les phénomènes de la vie au mouvement conçu sous sa forme purement mécanique.

Aussi limitée apparaît l'explication de la connaissance. Si, comme le soutient Helvétius, nous n'atteignons jamais que les données sensibles, quelle est donc l'origine de la connaissance rationnelle ? Lui dénier toute valeur, c'est retomber dans l'empirisme, autre forme d'idéalisme. Qu'est-ce que la raison ? Et comment l'expliquer ? Diderot reconnaît la difficulté lorsqu'il écrit dans l'*Entretien avec d'Alembert,* à propos de l'idéalisme de Berkeley : « Ce système extravagant... à la honte de l'esprit humain, est le plus difficile de tous à réfuter. » A ces questions, le matérialisme du XVIIIe siècle ne pouvait répondre. Bien que rejetant la métaphysique, cette philosophie conserve un caractère métaphysique. Les encyclopédistes n'envisagèrent jamais le monde, l'homme, la société, la connaissance... dans leur processus historique. De même, quoique participant, et au premier rang, au combat de la bourgeoisie, mais ne pouvant encore discerner le fait fondamental de la lutte des classes, ils ne virent dans leur combat que celui de la raison contre le préjugé, des lumières contre les superstitions, de la justice contre l'intolérance. Le matérialisme du XVIIIe siècle n'est ni dialectique ni historique. Comment l'aurait-il été, alors que les nouveaux rapports économiques et sociaux s'esquissaient à peine, que les buts propres de la bourgeoisie apparaissaient mal dans l'opposition universelle à l'ancien système politique et que cette bourgeoisie se posait en défenseur de l'humanité entière ? Pour remédier aux insuffisances du matérialisme du XVIIIe siècle, il fallut une philosophie radicalement différente, inséparable du mouvement même de l'histoire.

Quelles que soient ces insuffisances, on ne saurait cependant réduire le rôle historique de l'*Encyclopédie.* Elle fournit à la bourgeoisie des armes efficaces dans sa lutte révolutionnaire. « Cet ouvrage, écrit Diderot à son amie Sophie Volland, le 26 septembre 1762, à propos du huitième volume, produira sûrement avec le temps une révolution dans les esprits, et j'espère que les tyrans, les oppresseurs, les fanatiques et les intolérants n'y gagneront pas. Nous aurons servi l'humanité. » Bien plus, le matérialisme du XVIIIe siècle contenait en germe des idées qui, jusqu'à l'apparition du marxisme, furent à la source de toute la pensée progressiste et constituèrent même la base « logique » des premiers communistes français, comme Dezamy et Gay.

« Quand on étudie, écrit Marx, les enseignements du matérialisme sur la bonté originelle et sur les dons intellectuels égaux des hommes, sur la toute-puissance de l'expérience, de l'habitude, de l'éducation, sur l'influence des circonstances extérieures sur l'homme, sur la haute signification de l'industrie, sur la légitimité de la jouissance etc., il n'est pas besoin d'une grande sagacité pour découvrir ce qui le rattache nécessairement au communisme et au socialisme. Si l'homme tire toute connaissance, sensation, etc., du monde sensible et de l'expérience au sein du monde sensible, ce qui importe donc, c'est d'organiser le monde empirique de telle façon que l'homme y fasse l'expérience et y prenne l'habitude de ce qui est véritablement humain, qu'il s'éprouve en qualité d'homme. »[6]

La Révolution faite et le règne de la bourgeoisie instauré, les contradictions de la société nouvelle ne tardèrent pas à s'affirmer, nées de l'essor même du capitalisme et du développement du prolétariat. La bourgeoisie abandonna dès lors les positions de ses philosophes. A mesure que le prolétariat augmentait en nombre et en conscience, elle se détacha du matérialisme et de la pensée libre, et revint lentement, mais inexorablement, au catholicisme et à l'idéalisme : la métaphysique et la religion lui apparurent, comme jadis à l'aristocratie, les meilleurs soutiens de son ordre social. Le *Dictionnaire historique et critique* de Bayle (1697), préfiguration à certains titres de l'*Encyclopédie,* n'est plus réédité après 1820 ; la parution de la dernière contrefaçon de l'*Encyclopédie,* celle d'Agasse, se termine en 1832. Ces dates sont significatives : la bourgeoisie, une fois l'aristocratie foncière définitivement éliminée (et c'est en 1830), abandonne ses armes idéologiques. Le peuple était maintenant plus redoutable que les aristocrates. Oubliant qu'il fût un temps où elle était révolutionnaire, la bourgeoisie rejetait la philosophie du XVIIIe siècle qui affirmait le pouvoir de la raison sur la nature et la société.

Les Lumières ont constitué une étape décisive dans les conquêtes de la pensée libératrice, l'*Encyclopédie* demeure comme un monument grandiose. Ceux qui

---

6. « Contribution à l'histoire du matérialisme français », extrait de *la Sainte Famille,* dans *Études philosophiques,* Éditions sociales, Paris, 1951, p. 116.

défendent aujourd'hui les droits de la raison militante s'en reconnaissent les héritiers. Comme les encyclopédistes du XVIIIe siècle, ils dénoncent tout ce qui rabaisse l'homme ou le mutile. Comme eux, ils défendent les idées de progrès. Continuant leur tradition rationaliste et matérialiste, ils la dépassent cependant, comme la dialectique dépasse le mécanisme. Les barrières entre les disciplines différentes et les divers ordres de la connaissance tombent pour donner à l'homme une vue dialectique de la société et du monde qu'il s'agit d'expliquer et de transformer à la fois.

Albert Soboul, 1970.

INTRODUCTION COMPLÉMENTAIRE

A une période où tente de s'imposer en Occident une manière de régression intellectuelle dominée par l'irrationalisme, il est bon que soit mis à la disposition d'un large public ce monument de la pensée et de la connaissance rationnelle que fut et reste l'*Encyclopédie*. Dans sa présentation de 1970, Albert Soboul dégageait les caractères essentiels de ce grand « dictionnaire raisonné ». Aussi nous contenterons nous ici d'actualiser cette introduction d'Albert Soboul en tenant compte des travaux récents.

Une entreprise capitaliste

Le premier intérêt de l'*Encyclopédie* réside peut-être dans l'histoire de sa publication. Étalée sur plus de vingt ans, elle se situa au croisement d'intérêts divers, idéologiques, politiques mais aussi économiques. C'est ce dernier aspect qui explique sans doute la réussite de la publication. L'*Encyclopédie* fut d'abord la première entreprise capitaliste dans l'histoire de la librairie. Si l'objectif de ses auteurs était de mettre à la disposition du public un état des connaissances, celui des éditeurs était de gagner de l'argent.[7]

---

7. Selon Voltaire elle fit circuler 7 650 000 livres.

A l'origine, il ne s'agissait que de traduire la *Cyclopœdia* de Chambers parue à Londres en 1727. Le libraire parisien Le Breton en obtint en 1745 le privilège de publication.[8] Fin commerçant, il fit, en 1747, appel à Diderot et à d'Alembert pour diriger cette traduction. Très rapidement cependant, l'idée s'imposa d'entreprendre une œuvre nouvelle. La documentation gonfla, le nombre de collaborateurs potentiels s'élargit. Cela nécessitait d'importants investissements. Le Breton s'associa à d'autres libraires éditeurs : Durand, David l'Ainé et Briasson. En 1750, le prospectus de lancement annonçait la publication de huit volumes de textes et de deux volumes de planches rassemblant six cents gravures. Le prix de vente étant élevé, on faisait appel à la souscription : l'acheteur devait verser 280 livres par fraction.[9]

La méthode était d'un grand modernisme et il faut mettre en valeur cet aspect financier de l'opération. En effet les libraires ne cessèrent eux-mêmes de s'en prévaloir pour pouvoir obtenir la permission de poursuivre l'entreprise. Ils agissent ainsi dès le début : n'est-ce pas l'argument qu'ils invoquent quand, en 1749, ils demandent la libération de Diderot interné au Donjon de Vincennes, en raison de sa *Lettre sur les aveugles* ?[10]

---

8. En matière de librairie et d'édition au XVIIIe siècle, le privilège a un double sens : il est à la fois autorisation de publier et monopole d'édition et de diffusion de l'ouvrage concerné.

9. Pour apprécier ce prix, il faut savoir qu'à l'époque un ouvrier imprimeur très qualifié gagna 1200 livres par an. Un ouvrier ordinaire gagne 1 livre par jour. Diderot gagna 2 600 livres par an pour travailler à l'*Encyclopédie*.

10. « Nous prenons la liberté de nous mettre sous la protection de Votre Grandeur et de lui représenter les malheurs auxquels nous expose la détention de M. Diderot... Nous l'avons chargé depuis près de cinq ans de l'édition d'un dictionnaire universel des sciences et des arts et métiers. Cet ouvrage qui nous coûtera au moins 250 000 livres et par lequel nous avons déjà avancé près de 80 000 livres était sur le point d'être annoncé au public. La détention de M. Diderot, le seul homme de lettres que n(ous) connaissons capable d'une aussi vaste entreprise et (qui) possède seul la clef de toute cette opération peut entraîner notre ruine. » Diderot, *Œuvres complètes*, tome V, Paris 1976, p. 21.

L'aspect financier est d'autant plus important que l'appel aux souscripteurs réussit : dès le 29 avril 1751, on en comptait déjà mille deux.

Cette participation financière des souscripteurs permit de résister aux campagnes d'opinion hostiles à l'*Encyclopédie*. Dès la parution du premier volume, les tenants du catholicisme — jésuites et jansénistes —, qui en furent les adversaires les plus acharnés, se déchaînèrent. Leur campagne faillit réussir : le 7 février 1752 le Conseil du roi interdisait les deux premiers volumes de l'*Encyclopédie*. Cette décision révélait les dangers réels — souvent sous-estimés — courus par les promoteurs de l'entreprise. Mais l'intérêt économique, étayé par le soutien d'une partie de l'opinion, prévalut : le nombre des souscripteurs et des collaborateurs augmenta et le recul de la monarchie entraîna un élargissement de l'entreprise. En 1757, il y avait quatre mille souscripteurs, auxquels on annonça un accroissement du nombre des volumes (le tome VII paru en 1757 s'arrêtait à l'article « Gythmine »).

C'est alors qu'intervint la crise majeure de l'histoire de l'*Encyclopédie*. L'attentat de Damiens, dont la portée fut systématiquement grandie par l'absolutisme, servit de prétexte à une répression accrue contre les livres « mal pensants ». En même temps, la publication par Helvétius de son traité matérialiste *De l'esprit* fit scandale. Les journaux anti-encyclopédistes amalgamèrent l'*Encyclopédie* et *De l'esprit* en même temps qu'ils développèrent les accusations de plagiat proférées depuis 1751. L'Assemblée du clergé demanda une fois encore l'interdiction de l'*Encyclopédie* et reçut le soutien du Parlement de Paris. Il y avait donc convergence d'attitude entre la Cour, l'Église et le Parlement. Or l'*Encyclopédie* avait jusqu'alors profité des divisions et rivalités entre ces trois piliers du parti opposé. Le danger pouvait être mortel, d'autant plus que Diderot fut alors abandonné par d'Alembert, Quesnay et d'autres, saisis d'une brusque et craintive timidité. Le 8 mars 1759, le Conseil d'État du roi révoquait le privilège de publication puis ordonnait le remboursement de la partie de la souscription déjà versée.

L'opinion publique vint au secours de l'*Encyclopédie.* Même si, à la différence de leurs adversaires, les encyclopédistes n'avaient pas de journaux à leur disposition, ils surent mobiliser de larges secteurs de l'opinion. Mais soulignons qu'un élément essentiel de la campagne d'opinion fut le mémoire des libraires publié semble-t-il vers 1758 en réponse aux détracteurs de l'*Encyclopédie.* Arrêtons-nous à ce mémoire car les arguments qu'il développe sont ceux qui sauvèrent l'*Encyclopédie* en rassemblant ses amis.[11] Tactiquement il nie le rapport entre *De l'esprit* et l'*Encyclopédie,* rappelle l'importance intellectuelle de l'œuvre, mais il met surtout en avant des raisons économiques et financières : « Cette entreprise est la plus considérable qui se soit formée dans la librairie. Elle exigeait une application infinie, des soins journaliers et un courage à toute épreuve. Nous avons fait des pertes considérables avant que de proposer des souscriptions. » Enfin perce un argument majeur : « L'*Encyclopédie* offre aussi des points importants d'utilité, en la considérant comme une simple branche du commerce : elle consomme le travail de nos manufactures, elle entretient et fait vivre un grand nombre d'ouvriers différents. Par cette entreprise nous enlevons à l'étranger le droit de nous vendre cher ses connaissances : et en les recueillant dans le sein du royaume, nous y procurons l'introduction d'un argent qui augmente la richesse de l'État. »

En mettant à jour la contradiction entre les intérêts économiques de l'État et ses intérêts politiques et idéologiques, le mémoire des libraires touchait un point sensible. Un certain nombre de membres de l'appareil d'État du roi connaissaient le risque d'une publication de l'*Encyclopédie* à l'étranger, solution qu'avait déjà suggérée Voltaire à Diderot. Ce fut le cas en particulier du directeur de la Librairie, Malesherbes qui avait

11. Mémoire intégralement publié dans Diderot, *Œuvres complètes,* tome V, Paris 1976, p. 45-52.

apporté son soutien à l'entreprise dès 1752. Ce fut lui qui imagina la solution de la « permission tacite »[12] à l'abri de laquelle continua l'entreprise.

Dès lors, la publication de l'*Encyclopédie* se déroula de manière relativement calme, malgré les demandes d'interdiction réitérées à chaque réunion de l'Assemblée du clergé. Parallèlement aux volumes de textes parurent, à partir de 1762, les volumes de planches. En 1772, l'entreprise était achevée. Elle se révéla profitable pour les libraires-éditeurs. Jacques Proust évalue le bénéfice à 2 400 000 livres.[13] Ce chiffre important vérifie le caractère capitaliste de cette entreprise qui, selon Voltaire, fit vivre pendant plus de vingt ans, plus de mille ouvriers, papetiers, imprimeurs, relieurs et graveurs, et explique pourquoi « les nécessités du libéralisme économique l'avaient emporté sur celles de la défense de l'ordre établi ».[14]

Mais en même temps, il ne faut pas oublier parmi les facteurs de succès les contradictions de l'appareil d'État — au sens large — de l'Ancien Régime. Chaque adversaire de l'*Encyclopédie* — la Cour, l'Église, le Parlement — était redoutable. Mais, sauf en 1757-1759, ils ne présentèrent à aucun moment un front uni. Les encyclopédistes tirèrent parti de ces contradictions entre l'Assemblée du clergé et les parlements, entre ces derniers, défenseurs acharnés de l'ordre traditionnel mais soucieux en même temps de limiter l'absolutisme au nom de la défense des « privilèges d'ordre » et le pouvoir royal garant de cet ordre traditionnel certes, mais contraint aussi de ménager les intérêts des commerçants et des manufacturiers, de moderniser l'État. Ajoutons à cela que le personnel gouvernemental comptait dans ses rangs des personnes sensibles à certains aspects novateurs de l'*Encyclopédie* — dans le domaine

12. C'est sous ce régime de la « permission tacite » que parurent la plupart des ouvrages importants de la seconde moitié du XVIIIe siècle. Sur ce plan aussi l'*Encyclopédie* marque aussi un tournant essentiel.

13. J. Proust, *Diderot et l'Encyclopédie,* Paris 1962, p. 58.

14. *Ibidem,* p. 76.

économique en particulier. Malesherbes peut à juste titre être considéré comme le représentant typique de cette partie de l'administration gouvernementale. Le développement de cet ensemble de contradictions explique que le gouvernement ait fini par choisir une solution de compromis qui consistait en fin de compte à ne plus rien dire.

Mais il faut le répéter, le risque couru par les promoteurs de l'*Encyclopédie* — Diderot surtout — n'était pas imaginaire. Ce danger permanent entraîna la mutilation de certains textes par les éditeurs. Cependant ce n'est pas le risque d'une interdiction totale qui expliquait cette censure effectuée par les éditeurs. Entre aussi en ligne de compte un autre aspect, novateur lui aussi, de l'*Encyclopédie :* la modification des rapports entre éditeurs et auteurs. L'*Encyclopédie* fut considérée comme une marchandise. Diderot et les autres auteurs — certains, il est vrai, travaillèrent bénévolement — furent les salariés de ces éditeurs.[15] Ainsi changeait — ou commençait à changer —le statut de l'écrivain : échappant de plus en plus au mécénat et à la condition de pensionné, il devenait de plus en plus un producteur libre de ses œuvres en dialogue — conflictuel — avec l'éditeur-entrepreneur. Il est, à cet égard, significatif que dans sa *Lettre sur le commerce de la librairie,* Diderot adopta le point de vue des libraires et considéra lui aussi les livres comme des marchandises. Cette modification du statut de l'écrivain tenait peut-être aussi à la composition du collectif encyclopédique.

« Le collectif encyclopédique »

Avant de présenter dans ses grandes lignes les caractéristiques principales de ce collectif, il est bon de mettre en valeur le rôle essentiel de Diderot. Sans son

15. Coût du manuscrit : 150 000 à 400 000 livres sur un investissement global de 1 500 000 livres.

acharnement, on peut se demander si l'entreprise n'eût pas avorté. Même si sa participation au texte fut moins importante qu'on a pu le croire, majeur fut son travail d'initiation, de coordination, de direction. En particulier pour ce qui concerne la *Description des sciences et des arts,* ce fut lui qui lança le travail avant de se reposer sur des techniciens, quitte à réécrire leurs textes pour les rendre accessibles aux lecteurs non spécialistes.

N'oublions pas non plus la contribution qu'apporta le chevalier de Jaucourt : n'écrivit-il pas le quart des articles ? En revanche le rôle de d'Alembert, important au début de l'œuvre, — le *Discours préliminaire* en témoigne — diminua rapidement. En 1759, il se retira prudemment... comme beaucoup d'autres « gloires » des Lumières, Quesnay ou Turgot par exemple. Voltaire apporta à l'*Encyclopédie* essentiellement un appui verbal. Quant à Rousseau, il rompit avec l'entreprise pour des raisons qui seront examinées par la suite.

Pour l'essentiel donc, la majorité des collaborateurs sont peu connus, voire inconnus : tels sont les auteurs des deux cinquièmes des articles. En outre leur participation fut inégale. A côté de ce maître Jacques que fut Jaucourt, beaucoup ne donnèrent qu'un seul article.

Mais qui étaient-ils ? Jacques Proust en a identifié 125.[16] Il s'avère particulièrement difficile de trouver une unité sociale au groupe, à moins de recourir à des critères purement négatifs. Fut exclu le monde du travail — à l'exception de 10 collaborateurs, au reste plus artistes que travailleurs. Surtout furent exclus en tant qu'ordres la noblesse, les parlementaires, le clergé, les membres de l'appareil d'État chargés de la répression et les intellectuels tenants de l'ordre social traditionnel, théologiens en particulier ; il est significatif que les titres de noblesse aient été délibérément omis des avertissements. Cela ne signifie pas qu'il n'y ait eu

16. Ce sont ses conclusions que je résume ici ; voir J. Proust, *op. cit.*, p. 15-39. Le travail de J. Proust est d'autant plus méritoire que la publication de l'*Encyclopédie* s'étalant sur plus de vingt ans, la liste des collaborateurs a beaucoup évolué.

aucun noble ni membre du clergé parmi les auteurs des articles. Mais ils participèrent à l'*Encyclopédie* en raison de leur savoir ou de leur compétence uniquement. Ce fut particulièrement vrai des 9 abbés qui collaborèrent à l'*Encyclopédie,* mais qui doivent être considérés beaucoup plus comme des « intellectuels » que comme des hommes d'Église.[17]

Hors ces traits négatifs, le groupe était hétérogène par ses modes de revenu et par ses activités, même si tous étaient des possédants. Les professions libérales furent les plus représentées (80 c'est-à-dire 64 %), mais le terme recouvrait nombre d'activités les plus diverses. On comptait autant de savants (40) que d'artistes (14) et de littérateurs (26). Cette égalité numérique a son importance, car ces savants, dont le poids a dû se renforcer après les défections de 1757-1759 qui furent surtout le fait des « littéraires », étaient surtout des médecins (22). 33 collaborateurs (26,4 %), appartenaient à l'appareil d'État : parmi eux on compta 10 militaires. En revanche, la faible place des commerçants et des fabricants (4 %) fut notable. Pour compliquer ce tableau, il faut signaler que quelques auteurs ont donné des articles sans rapport avec leur compétence professionnelle : ce fut le cas du médecin Quesnay, comme de 6 administrateurs des finances sur les 9 qui donnèrent des articles.

Si l'on voulait à tout prix définir le groupe des encyclopédistes par des critères sociologiques, il faudrait se contenter de dire qu'il se définit par une relative communauté d'aisance mais aussi par ses liens avec certains secteurs du pouvoir d'Ancien Régime. Les collaborateurs de l'*Encyclopédie* ont été recrutés dans une fraction très étroite de la noblesse et de la bourgeoisie. Mais pas n'importe laquelle : celle « qui pèse d'un poids considérable dans les secteurs décisifs de la nation, ceux où s'élabore progressivement un ordre économique et social nouveau ».[18] Finalement la meilleure définition

---

17. Dans l'Ancien Régime, l'Église est aussi une carrière.
18. J. Proust, *op. cit.*, p. 37.

des collaborateurs de l'*Encyclopédie*, c'est Diderot qui la donna dans le *Prospectus* : « Nous avons jeté les yeux sur un nombre suffisant de savants et d'artistes habiles et connus par leurs talents ; de savants exercés dans les genres particuliers qu'on avait à confier à leur travail. Nous avons distribué à chacun la partie qui lui convenait... Entre tous les écrivains on a donné la préférence à ceux qui sont généralement reconnus pour les meilleurs. »[19]

Ce sont donc les capacités intellectuelles qui font l'homogénéité du groupe. C'est parce qu'ils possèdent une compétence particulière qu'ils participent à l'*Encyclopédie* — les militaires par exemple sont avant tout des techniciens. Cela est d'autant plus vrai que beaucoup d'entre eux étaient engagés dans les lieux de production intellectuelle du siècle. Plus du quart des encyclopédistes (45 c'est-à-dire 36 %) étaient membres d'une ou plusieurs académies parisiennes, provinciales ou étrangères.[20] N'exagérons cependant pas cette similitude entre milieu encyclopédique et milieux académiques : dans le collectif encyclopédique, beaucoup d'académiciens manquent à l'appel ; il n'est d'ailleurs pas indifférent de noter qu'il s'agissait essentiellement de nobles et de parlementaires. Mais le rôle des académies fut important car elles offrirent un réseau structuré dans lequel Diderot puisa ses collaborateurs. L'exemple de la Société royale de Montpellier le montre aisément qui, grâce à ses liens avec l'Académie des sciences de Paris, favorisera le recrutement de quelques encyclopédistes.[21] Outre leurs membres qui pourraient trouver dans la participation à l'*Encyclopédie* l'avantage d'une diffusion plus large de leurs travaux que dans les séances restreintes de leurs sociétés savantes, les académies mirent souvent leur documentation au service de celle-ci.

---

19. Diderot, *Œuvres complètes, op. cit.*, p. 192.

20. Voir D. Roche, *le Siècle des Lumières en province*, Paris-La Haye 1975, 2 vol., tome I, p. 291-293.

21. Voir J. Proust, l'*Encyclopédisme dans le Bas-Languedoc au XVIIIe siècle*, Montpellier 1978, p. 71.

Le collectif encyclopédique apparaît donc comme un groupe relativement intégré où tendaient à s'effacer les différences traditionnelles, notamment cette barrière essentielle du privilège, au profit d'une reconnaissance mutuelle du mérite et du talent. On peut penser qu'aux yeux des encyclopédistes la compétence était leur caractéristique essentielle plus que leur origine sociale ou leur niveau de revenu. Ajoutons à cela que si certains de leurs revenus — la rente foncière avant tout — intégraient profondément ces bourgeois, ces clercs et ces nobles dans la société d'Ancien Régime, d'autres activités novatrices — dans le domaine technique par exemple — ou le caractère « libéral » de certaines de leurs rémunérations les rendaient relativement indépendants en même temps de cette société d'Ancien Régime encore travaillée par le féodalisme, cela explique sans doute la volonté du milieu encyclopédique de promouvoir une société où chacun occuperait une place en fonction de ses mérites et de ses talents. Mais cela éclaire aussi certaines limites du contenu de l'ouvrage, reflet d'un « dédoublement de la personnalité » (J. Proust) ou d'une « double conscience » (D. Roche). Mais à coup sûr, ce rêve d'une société dont la hiérarchie aurait été essentiellement celle des mérites l'inscrivait logiquement en rupture profonde avec les valeurs de la société d'Ancien Régime. Cette rupture et ces limites caractérisent ainsi dans leur dualité contradictoire tout le contenu de l'œuvre.

Le contenu de l'*Encyclopédie*

Il faut maintenant dire quelques mots du contenu de l'ouvrage, si du moins il est possible de dégager les caractères essentiels d'une œuvre qui compte 71 818 articles et 2 885 gravures.[22] Il faut avant tout insister

---

22. L'œuvre achevée, Diderot la considéra comme une « monstruosité ».

sur le caractère neuf de l'ouvrage, caractère dont les encyclopédistes étaient les premiers conscients. Certes ce n'était pas le premier dictionnaire critique : Bayle et Fontenelle, au début du siècle, avaient ouvert la voie. De la même façon les volumes de planches reprirent un travail accompli par l'Académie des sciences dont Naigeon et surtout Réaumur avaient été les maîtres d'œuvre.

En fait la vraie nouveauté de l'*Encyclopédie* est parfaitement exprimée dans le *Prospectus* et le *Discours préliminaire*. Reprenant mais en les radicalisant, les conceptions rationalistes de Bacon, ces deux textes expliquent le lien entre les différents secteurs de la connaissance. Cette connaissance est *une* car elle a pour origine les sens. Travaillant avec la mémoire et l'imagination, la raison, faculté principale de l'homme, organise ces données des sens et produit les différentes branches du savoir.[23] Soutenir que les sens et la raison sont seuls à l'origine de la connaissance permet d'affirmer l'unité de tous les secteurs de l'activité humaine. Tout cela explique que l'*Encyclopédie* se soit présentée à la fois comme un dictionnaire « classique », rassemblant des informations, et comme un manifeste philosophique. Aux yeux de ses promoteurs, ces deux aspects étaient inséparables. En même temps, une telle présentation permettait « d'identifier la philosophie à la connaissance elle même » et de légitimer le mouvement des lumières.[24]

C'est dans cette perspective qu'il faut apprécier la place dévolue à la technique. On s'est souvent mépris sur cette place en cherchant dans l'*Encyclopédie* ce qu'on n'y pouvait trouver d'appel à la « révolution

---

23. Cette métaphore de l'arbre du savoir fut empruntée à Bacon. De la même façon, Diderot et d'Alembert tirèrent jusqu'à leurs ultimes conséquences la philosophie sensualiste de Locke.

24. R. Darnton, *l'Aventure de l'Encyclopédie*, 1979.

industrielle ».[25] En réalité, la partie technique dresse un tableau de l'état des forces productives en France autour des années 1750, c'est-à-dire avant la machine-outil. Le développement des forces productives restait limité.[26] Pourtant l'importance de cette partie du dictionnaire tient surtout au fait que la technique est pour les encyclopédistes une activité humaine aussi essentielle que les activités intellectuelles, contribuant, comme ces dernières, au développement et au progrès de l'espèce humaine. Cela explique l'effort de vulgarisation sans précédent tenté et largement réussi par Diderot. Car la technique est un élément essentiel de la maîtrise du réel, de la compréhension du monde et de la lutte contre l'arriération. A ce titre, le procédé technique et la technicité sont enfantés par la raison.

Dans le droit fil de la révolution cartésienne, cette façon d'appréhender les phénomènes humains constituait une rupture radicale et à bien des égards définitive, avec la conception de la connaissance héritée de la scolastique. Comme on le verra au fil des articles, perce toujours la volonté d'une remise en cause systématique de toute idée, alors qualifiée de *préjugé,* ayant pour origine une quelconque autorité et non point un processus rationnel de connaissance.

Que l'Église catholique ait été la cible principale de l'*Encyclopédie* n'étonnera donc pas. Sur ce point nous croyons inutile de répéter ce qu'a dit en son temps Albert Soboul. Signalons cependant l'attaque contre le discours sur la mort et le péché dont M. Vovelle et J. Delumeau viennent de rappeler qu'ils étaient les piliers

---

25. Une même erreur de perspective a été commise à propos de la partie politique comme on le verra plus loin. Marx ne s'y trompe pas quand il avance que la partie technique expose « les connaissances de la veille ». L'article « Forge » oublie certes la fonte au coke, mais celle-ci fut introduite en France en 1756, alors que l'article fut écrit en 1757.

26. Voir G. Lemarchand, *le Siècle des Lumières,* Paris 1977, tome 1, p. 177-193, en particulier la page 193 : « Les anciennes techniques elles-mêmes demeuraient parfois rentables, selon les circonstances locales. »

de la « pastorale » catholique d'alors. Nous ne nous attarderons pas ici non plus à l'examen des procédés habiles qui permirent aux encyclopédistes de masquer leur pensée, préférant prendre sur le fait ces méthodes dans la présentation des articles.

L'analyse des principes qui ont guidé l'élaboration de l'*Encyclopédie* permet de remettre à leur juste place les limites et les contradictions que quelques spécialistes ont cru y déceler. De fait certains articles exposent des conceptions différentes notamment en matière politique et fiscale. De telles contradictions placèrent d'ailleurs l'*Encyclopédie* au cœur des débats du siècle et contribuèrent à son succès. Nous en mentionnerons rapidement quelques-uns : en matière philosophique les articles déistes coexistent avec les articles matérialistes ; en matière économique, artisans du mercantilisme et de la physiocratie naissante opposent leurs arguments respectifs.

Mais c'est essentiellement en matière politique que les contradictions et les limites de l'*Encyclopédie* apparaîssent avec le plus de netteté. Contradictions ? Elles sont nettes entre les articles de Boucher d'Argis qui conserve la conception paternelle traditionnelle de l'autorité royale et celui de d'Holbach (« Représentants ») qui prône une monarchie constitutionnelle. Quant à l'abbé Mallet, il reprend les thèses de Bossuet (« Art, Alliance »). Limites politiques de l'œuvre ? A. Soboul les a marquées. Jamais n'apparaît vraiment une quelconque conception démocratique. Lorsqu'ils se rallient à la théorie du contrat, les auteurs de l'*Encyclopédie* accordent, à la différence de Rousseau, plus d'importance au « pacte de soumission » qu'au « pacte d'association ». Même si elle perce parfois, la critique des institutions de la monarchie française reste très modérée. Ce que demandent les encyclopédistes, ce sont des réformes, du reste jamais radicales. Il faut cependant se garder de donner trop d'importance à ce caractère politiquement assez timide de l'*Encyclopédie*. N'oublions pas par exemple que la plupart des auteurs furent hostiles aux corps intermédiaires — Parlements — qui constituaient dans les années 1750, un obstacle essentiel au développement des idées philosophiques, comme on l'a vu plus haut

Quelques hypothèses peuvent expliquer ces contradictions et ces limites. On peut penser d'abord qu'ayant choisi pour cible essentielle l'Église catholique, les philosophes se devaient de ménager la monarchie, afin de mieux jouer sur les contradictions entre ces deux forces. Séduisante, cette première approche ne fait que déplacer le problème et ne dit pas pourquoi l'Église, et non l'État fut choisie comme cible essentielle.

Il nous paraît plus important de relever une évidence : l'*Encyclopédie* fut conçue dans les années 1750, c'est-à-dire bien avant les décennies révolutionnaires qui suivirent l'échec de Turgot en 1776. Ce qui a été dit de l'évolution de la technique peut être répété à propos de la formation sociale de ces années. L'*Encyclopédie* ne fut pas un appel à la révolution car une révolution sociale et politique *réelle* était, au sens propre du terme, *impensable* à cette période. L'auteur de l'article « Oppresseur » ne pensait pas que la France vivait dans un régime oppressif. Ce qui importait dans les années 1750 était de mettre en cause le système idéologique oppressif qui empêchait le progrès des connaissances.

Il faut aussi tenir compte de la nature du collectif encyclopédique. Les principes exposés dans le *Discours préliminaire* unissaient ce milieu. Tous étaient d'accord sur le fait que l'homme est doué de raison critique, seule créatrice de connaissances, mais ils divergeaient le plus souvent quand ils portaient un jugement sur les questions politiques et économiques. Diderot comprit parfaitement cette diversité et en tint compte avec génie, mu par le seul souci de réaliser l'*Encyclopédie,* autour de la voie moyenne, la seule possible. Il faut ajouter à cela qu'après 1759 la proportion des savants peu intéressés par les problèmes politiques grandit aux dépens de celle des littéraires. La société, dont les encyclopédistes rêvaient, était une société réconciliant les élites traditionnelles et nouvelles, toutes acharnées à guider le peuple vers le progrès. Ils pensaient qu'une telle société s'établirait par des réformes progressives qu'ils pourraient eux mêmes suggérer. Ils ne pouvaient imaginer la résistance tenace de l'aristocratie, son refus exacerbé du compromis. L'échec de Turgot en 1776 fut à cet égard démonstratif des impasses de l'Ancien Régime. Tout cela peut expliquer le destin parfois tragique des collaborateurs de l'*Encyclopédie* encore vivants au cours de la Révolution, qui n'en comprirent quelquefois ni la nécessité ni la portée.

Il ne faut donc pas assimiler rupture idéologique et rupture politique. Le caractère essentiel de la philosophie des Lumières était son attaque systématique de l'idéologie catholique. Implicitement, cette rupture sapait d'ailleurs un des fondements essentiels de l'autorité royale. Mais, expression des nouvelles façons de penser de certaines fractions des possédants, elle reflétait aussi certains de leurs intérêts, et certaines de leurs illusions. C'est cette contradiction qui provoqua notamment la rupture entre Rousseau et les encyclopédistes. Alors que pour ces derniers la raison était la faculté principale de l'homme, pour Rousseau c'était l'amour de la liberté. Dès lors la tâche principale de l'homme n'était pas d'user de sa raison mais de retrouver sur un nouveau mode sa liberté perdue. Alors que les encyclopédistes rêvaient d'une société harmonieuse où les intérêts particuliers pouvaient se réconcilier dans l'intérêt général, Rousseau mettait l'accent sur l'opposition entre les intérêts des riches et des pauvres, des dominants et des dominés et accusait les encyclopédistes de vouloir aggraver la condition des seconds par l'éloge du progrès technique qui profiterait aux premiers. Alors que les encyclopédistes cherchaient une solution philosophique aux problèmes politiques et sociaux — par le recul de l'obscurantisme devant les lumières de la raison, Rousseau, lui, ne voyait à ces problèmes d'autres solutions que politiques.[27] La rupture entre Rousseau et

27. Ce développement à été largement emprunté à J. Biou, « La théorie politique de Rousseau », *in AHRF,* numéro d'octobre-décembre 1978, p. 503-537.

l'*Encyclopédie* portait sur des questions de fond, qui renvoient à des problèmes de classe. Et pourtant ce furent aussi son caractère radical ici et ses ambiguïtés là, qui assurèrent le succès de l'*Encyclopédie.* La position de Rousseau n'eut pas permis qu'elle l'emportât sur les forces de l'Ancien Régime.

Un « best-seller »[28]

Il reste maintenant à apprécier la diffusion de l'*Encyclopédie.* Elle fut importante, puisqu'on estime que près de quatre mille personnes souscrivirent à l'ouvrage. Le résultat est considérable compte tenu du prix — chacun des souscripteurs inscrits entre 1751 et 1757 dut verser 874 livres — et des aléas de la publication. Les souscripteurs suivants payèrent 980 livres, soit deux ans de salaire d'un ouvrier qualifié.

Malheureusement la liste de ces premiers souscripteurs a été perdue. On peut penser qu'il y eut similitude sociale entre le public et les auteurs de l'*Encyclopédie.* Similitude relative cependant car nobles, parlementaires et membres du clergé ont dû eux aussi acheter le dictionnaire. En revanche le prix de l'ouvrage interdit évidemment aux classes populaires, voire à la petite et moyenne bourgeoisie, de se le procurer.

En réalité pour apprécier la diffusion réelle de l'*Encyclopédie,* il faut prendre en compte l'ensemble de ses éditions parues en Europe, à partir des années 1770. Leur nombre important est le premier indice d'un succès réel. Rééditer l'*Encyclopédie* fut l'occasion pour les éditeurs de gagner de l'argent ; la vendre fut souvent pour des libraires au bord de la faillite une chance de se remettre à flot. En particulier, soulignons l'importance de l'*Encyclopédie* publiée à Genève et à

---

28. Le terme est de Robert Darnton, *l'Aventure de l'Encyclopédie, un best-seller au siècle des Lumières.*

Neuchâtel[29] par un consortium formé par les éditeurs français Pancoucke et Duplain et la Société typographique de Neuchâtel. Si l'esprit de la première *Encyclopédie* y fut maintenu, le texte original fut remanié[30] pour une édition *in quarto*. On voulait en effet diminuer le prix afin d'élargir le public mais aussi d'éviter les risques d'éditions pirates très fréquents à l'époque, comme celles de Livourne (1758-1776) et de Lucques (1770-1778). De fait, l'édition de Panckoucke ne coûta que 384 livres. Ajoutons aussi l'édition *in octavo* de Lausanne et de Berne (1772-1782) dont le prix était de 225 livres.

L'historien américain, Robert Darnton, a tenté d'apprécier la diffusion de ces différentes éditions du texte original ou remanié.[31] Selon lui, sur les vingt-quatre mille exemplaires ayant circulé en Europe, 40 % sont des éditions de la première *Encyclopédie*. La majeure partie des éditions ayant touché les lecteurs étaient donc les éditions remaniées, *in quarto* et *in octavo*. Ces *Encyclopédies* diverses ont atteint toute l'Europe, de manière évidemment inégale. La demande fut faible dans les pays de l'Est, où l'on ne vendit l'*Encyclopédie* qu'en hiver..., plus forte en Allemagne. Dans l'Europe méditerranéenne, l'Italie — du sud comme du nord — fut beaucoup plus touchée que l'Espagne et le Portugal. Dans tous ces pays, la clientèle fut essentiellement nobiliaire, caractéristique sociologique qui les différencie de l'Angleterre et des Pays-Bas.[32] Et de la France aussi. C'est évidemment dans ce pays que la diffusion fut la plus massive. Au moins onze mille cinq cents exemplaires (toutes éditions confondues) touchèrent les lecteurs français, ce qui en dit long sur la richesse dans la seconde moitié du XVIIIe siècle. L'*Encyclopédie* atteignit toutes les régions françaises même celles où le taux d'analphabétisation restait élevé ; ce phénomène ne

29. Le temps du compromis était passé. Il fallait maintenant publier l'*Encyclopédie* à l'étranger.

30. Diderot refusa sa participation. Il avait songé pourtant à refaire le texte.

31. R. Darnton, *op. cit.*, p. 25 et 47.

32. *Ibidem*, p. 228-243.

saurait étonner étant donné la structure sociale de la clientèle. Mais des analyses de détail nuancent ces règles générales. Le succès de l'*Encyclopédie* fut assez faible dans les régions du sud de la Loire où le réseau scolaire était moins dense. Les ventes furent assez fortes dans les capitales provinciales, mais ces dernières furent loin d'accueillir également le dictionnaire avec la même faveur. Le cas des villes moyennes[33] permet de dégager quelques règles. L'étude des ventes suggère un accueil plus favorable des centres administratifs et culturels surtout s'ils abritaient un parlement ou une académie, que des centres industriels et commerciaux. Besançon lut l'*Encyclopédie* plus que Lille. Et les quelques exemples contraires, celui d'Aix notamment, ne peuvent démentir ces tendances majeures.[34]

Cela s'explique par la sociologie des lecteurs. L'élite traditionnelle — noblesse, parlementaires et autres possesseurs d'office — et la bourgeoisie de la rente et des professions libérales fournirent les plus gros bataillons des souscripteurs. Grossièrement vraie, cette remarque appelle cependant une nuance, car on trouve aussi des négociants, des commerçants parmi les acheteurs. Mais ceux-ci habitent précisément des villes où les activités administratives et culturelles sont importantes et non les villes où prédominent les fonctions de profit. Un phénomène d'entraînement culturel, de mimétisme a incontestablement joué : le schéma des ventes combine donc réalités sociologiques et fonctions urbaines.

Au total ordres privilégiés et bourgeoisie traditionnelle ont été les principaux consommateurs de l'*Encyclopédie*. Même si ce fait ne reflète qu'imparfaitement la réalité sociologique du collectif encyclopédique, il n'en reste pas moins vrai que le processus de diffusion des idées nouvelles — par le haut — fut celui qu'avaient envisagé les philosophes des Lumières. Le succès de ce diction-

---

33. Darnton a raison de souligner que le cas des grandes capitales provinciales (Bordeaux, Rouen par exemple) est difficile à étudier car ces villes rassemblent toutes les fonctions urbaines.

34. Darnton, *op. cit.*, p. 211-218.

naire onéreux et somme toute encombrant marque la réussite des Lumières et prouve l'intérêt des classes supérieures et moyennes pour cette philosophie. Le pari de Diderot et d'Alembert — dresser un bilan des connaissances en y mêlant un authentique manifeste philosophique — fut très largement gagné. C'est parce que l'*Encyclopédie* présentait ces deux aspects qu'elle fut plus achetée et connue que toutes les autres œuvres majeures du siècle.

Une question cependant demeure : l'absence des bourgeois « capitalistes » parmi les lecteurs. Le problème a été souvent abordé, mais dans des termes qui nous paraissent obscurcir le débat. Avant d'exposer nos hypothèses, il nous faut relever deux faits. L'un a été signalé par Jacques Proust quand il suggère l'action que les collaborateurs — techniques — de Diderot ont pu mener, « chacun à sa place », et quand il souligne que le « rayonnement réel de la *Description des arts* » ne se mesure pas au nombre des souscripteurs du *Dictionnaire*.[35] En second lieu, Daniel Roche a montré la place relativement importante des hommes de profit parmi les correspondants épistolaires des grands écrivains du siècle.[36] Cette liaison n'avait pas l'intérêt pour seul motif.

Mais l'essentiel est ailleurs. Tirer argument de cette absence « capitaliste » parmi les lecteurs de l'*Encyclopédie* pour nier son caractère progressiste ou révolutionnaire c'est, nous semble-t-il, oublier un certain nombre de réalités. De façon très générale d'abord, il n'y a que très rarement dans l'histoire, homologie entre la classe économiquement et techniquement novatrice et la classe — ou la fraction de classe — ou la couche sociale culturellement novatrice qui la représente. La genèse du marxisme et les débuts du mouvement ouvrier sont là pour nous rappeler la portée générale de ce constat. En ce qui concerne l'*Encyclopédie*, il y avait une profonde correspondance entre les idées qu'elle développait et les

35. J. Proust, *op. cit.*, p. 224.
36. D. Roche, *op. cit.*, p. 299-300.

façons de sentir de penser et les comportements de la bourgeoisie, ici considérée dans son ensemble. S'agit-il de la philosophie de l'*Encyclopédie ?* C'est une philosophie de la vie active, une réhabilitation des valeurs du « bon sens », du travail, de la sécurité et de la propriété, valeurs bourgeoises s'il en est. S'agit-il de la morale ? C'est une morale de l'utilité, mieux de l'utilitarisme, morale éminemment bourgeoise au XVIIIe siècle. S'agit-il de ses principes économiques ? Ce sont les principes de la liberté. S'agit-il de l'ordre politique ? Quelles que soient leur divergence, les encyclopédistes réclament un meilleur partage du pouvoir. Or en ce domaine aussi, la bourgeoisie, contre les privilèges des nobles, réclamait sa part. En niant la naissance comme source d'inégalité tout en affirmant le droit absolu de propriété, on définissait déjà les contours de la société censitaire du XIXe siècle. Plus profondément enfin, l'*Encyclopédie* ruinait définitivement la conception du monde et d'une société immobiles. Or, comme l'a montré B. Groethuysen, dont on ne cessera de dire le caractère trop injustement méconnu des analyses, c'est par la mobilité que se définit fondamentalement la bourgeoisie.

Et il faut bien avouer que le « capitaliste » dans la France de la seconde moitié du XVIIIe siècle était une espèce assez rare. Pour qu'il se multiplie, il fallut que la Révolution française brise les entraves que l'ancien système économique et social mettait au développement du capitalisme industriel. On oublie trop souvent que le premier développement industriel de la France date plus du Directoire (1795-1800) et de l'Empire (jusqu'en 1811) que des dernières années de l'Ancien Régime. On oublie aussi la complexité de la formation sociale de l'Ancien Régime. Si la bourgeoisie était séparée de la noblesse, elle formait un conglomérat de classe très divers. Il fallut précisément l'hostilité de la noblesse à toute forme de partage du pouvoir pour qu'elle s'unisse. On oublie surtout la complexité des phénomènes culturels qui structuraient la bourgeoisie et qui obéissaient à toute une série de médiations dont le jeu est loin d'être élucidé. On nous permettra une remarque à ce propos :

les phénomènes « d'accumulation du savoir » ont inévitablement eu leur rôle. Il nous paraît évident que les pratiques culturelles enracinées dans les milieux des notables traditionnels, enracinement dont témoignait la présence de sociétés savantes dans les villes où l'*Encyclopédie* se vendit le mieux, portaient ces milieux à faire un meilleur accueil à l'*Encyclopédie* que des capitalistes qui n'avaient pas ces traditions culturelles. Cet aspect des choses explique sans doute pourquoi les volumes de textes furent plus achetés que les planches dans les éditions remaniées : les articles « idéologiques » intéressaient ce public plus que les articles techniques.

Enfin on peut se demander si l'*Encyclopédie* eût joué le rôle qui fut le sien dans la lente prise de conscience de la bourgeoisie, considérée dans son ensemble — si sa diffusion s'était limitée aux seuls milieux capitalistes. Si tel avait été le cas, cette entreprise *capitaliste* se serait à coup sûr soldée par une catastrophe financière pour ses promoteurs et probablement par une faillite idéologique pour ses auteurs ! Laissons pour conclure la parole à Robert Darnton : « La diffusion de l'*Encyclopédie* dans un public de magistrats, de fonctionnaires, de notables locaux — le genre d'hommes qui ont dirigé la Révolution — montre à quel point le système des valeurs de l'Ancien Régime était ébranlé par une idéologie incompatible avec ses institutions... En règle générale, la diffusion étendue des *Encyclopédies* marque une tendance à contester le bien-fondé des principes idéologiques de l'Ancien Régime. »[37]

Philippe Goujard
Décembre 1983.

37. R. Darnton, *op. cit.*, p. 402.

TEXTES CHOISIS DE L'ENCYCLOPÉDIE

DISCOURS PRÉLIMINAIRE
(d'Alembert)

Le discours préliminaire comprend deux parties : une classification des connaissances humaines fondée sur la distinction des trois facultés : mémoire, raison, imagination (auxquelles correspondent l'histoire, la philosophie, les beaux-arts) et une histoire sommaire des sciences et des arts depuis la Renaissance jusqu'au milieu du XVIIIe *siècle. Dans le passage qui suit, d'Alembert définit le but de l'*Encyclopédie.

Albert Soboul

*L'*Encyclopédie *est à la fois un état des connaissances et l'exposé de principes philosophiques. Le* Discours préliminaire *et le* Prospectus *montrent que ces deux aspects sont inséparables. Cela tient aux facultés intellectuelles de l'être humain, l'âme n'étant plus considérée comme l'élément principal différenciant l'homme de l'animal. De cette conception dérivent les rapports entre les différentes activités humaines, intellectuelles et matérielles, dont le développement est dynamique. En découle la nécessité de connaître l'origine et l'évolution du savoir qui n'est point donné une fois pour toutes, ni révélé : il est le produit d'une histoire, d'un processus dont la nature est le sujet. La rupture avec la théologie chrétienne est radicale. Ce qui en effet est révolutionnaire dans l'*Encyclopédie*, ce n'est pas le contenu de tel ou tel article, mais le caractère de la démarche logique postulant l'unité des connaissances, produits d'une activité pratique de la raison. Ces postulats ne furent d'ailleurs pas compris de tous les collaborateurs de l'*Encyclopédie. *Certains virent dans la liaison nécessaire des différents savoirs un effet d'une harmonie garantie par un Être suprême ou une divinité, qui ne ressemblait cependant plus au Dieu chrétien. Mais tous partageaient une opinion fondamentale : c'est le seul travail de la raison qui crée les connaissances.*

Philippe Goujard

Le but de l'*Encyclopédie*

L'ouvrage que nous commençons (et que nous désirons de finir) a deux objets : comme *Encyclopédie,* il doit exposer autant qu'il est possible l'ordre et l'enchaînement des connaissances humaines ; comme *Dicionnaire raisonné des sciences, des arts et des métiers,* il doit contenir sur chaque science et sur chaque art, soit libéral, soit mécanique, des principes généraux qui en sont la base, et les détails les plus essentiels qui en font le corps et la substance. Ces deux points de vue, d'*Encyclopédie* et de *Dictionnaire raisonné,* formeront donc le plan et la division de notre *Discours préliminaire.* Nous allons les envisager, les suivre l'un après l'autre, et rendre compte des moyens par lesquels on a tâché de satisfaire à ce double objet.

Pour peu qu'on ait réfléchi sur la liaison que les découvertes ont entre elles, il est facile de s'apercevoir que les sciences et les arts se prêtent mutuellement des secours, et qu'il y a par conséquent une chaîne qui les unit. Mais s'il est souvent difficile de réduire à un petit nombre de règles ou de notions générales chaque science ou chaque art en particulier, il ne l'est pas moins de renfermer dans un système qui soit un les branches infiniment variées de la science humaine.

Le premier pas que nous ayons à faire dans cette recherche est d'examiner, qu'on nous permette ce terme, la généalogie, et la filiation de nos connaissances, les causes qui ont dû les faire naître et les caractères qui les distinguent ; en un mot, de remonter jusqu'à l'origine et à la génération de nos idées. Indépendamment des secours que nous tirerons de cet examen pour l'énumération encyclopédique des sciences et des arts, il ne saurait être déplacé à la tête d'un *Dictionnaire raisonné des connaissances humaines.*

Le Système figuré des connaissances humaines *contenu dans le* Prospectus *rédigé en octobre 1750 par*

Diderot[38] *fut repris par d'Alembert dans le* Discours préliminaire. A.S.

L'entendement ne s'occupe de ses perceptions que de trois façons, selon ses trois facultés principales : la Mémoire, la Raison, l'Imagination... D'où résulte une distribution générale de la connaissance humaine... en *Histoire* qui se rapporte à la *Mémoire,* en *Philosophie* qui émane de la *Raison,* et en *Poésie* qui naît de l'*Imagination...* Nous rapporterons l'architecture, la musique, la peinture, la sculpture, la gravure, etc., à la *Poésie ;* car il n'est pas moins vrai de dire du peintre qu'il est un poète, que du poète qu'il est un peintre, et du sculpteur ou graveur qu'il est un peintre en relief ou en creux, que du musicien qu'il est un peintre pour le son.

38. Le père jésuite Berthier, directeur des *Mémoires de Trévoux* de 1745 à 1762, prit position contre l'*Encyclopédie* dès la parution du prospectus, attaquant en particulier la classification des sciences et des arts donnée par Diderot ; ce dernier répondit dans deux lettres en 1751. A.S.

AGNUS SCYTHICUS

(Diderot)

*On relève dans l'*Encyclopédie *un grand nombre de petits articles, en apparence anodins, mais qui ont fourni à leurs auteurs une occasion de s'élever contre le fanatisme, la superstition ou le préjugé, en usant souvent des armes de l'ironie et de la polémique. Soulignons cette volonté délibérée des encyclopédistes de donner à propos des articles les plus infimes, une leçon d'esprit critique et de méthode scientifique. L'article, de prime abord inoffensif, finit par porter loin : d'abord contre les prodiges et les miracles prétendus (le souvenir ne s'est pas encore effacé des « convulsionnaires » sur la tombe du diacre Pâris, au faubourg Saint-Marcel), et plus loin même contre les textes qui ne peuvent qu'être visés par ce programme de critique historique. Au principe d'autorité s'oppose le témoignage des faits.*

Se reporter aux articles « Alcatrace », « Critique dans les sciences ».

Albert Soboul

Diderot expose d'abord une méthode, celle de la critique des faits, fondée sur la logique distinctive, héritée de Descartes. L'article vise bien évidemment le christianisme, d'abord en critiquant le principe d'autorité puis en attaquant la résurrection de Jésus-Christ : cette dernière fut effectivement un fait transitoire qui se déroula « dans un temps de ténèbres et d'ignorance » et « dans un lieu inaccessible » ; les témoins — non oculaires — ne furent pas des gens éclairés et instruits ; enfin la résurrection fut clandestine.

Philippe Goujard

M. Hans Sloane dit que l'*Agnus scythicus* est une racine longue de plus d'un pied, qui a des tubérosités, des extrémités desquelles sortent quelques tiges longues d'environ trois à quatre pouces, et assez semblables à celles de la fougère, et qu'une grande partie de la surface est couverte d'un duvet noir jaunâtre, aussi luisant que la soie, long d'un quart de pouce, et qu'on emploie pour le crachement de sang. Il ajoute qu'on trouve à la Jamaïque plusieurs plantes de fougère qui deviennent aussi grosses qu'un arbre, et qui sont couvertes d'une espèce de duvet pareil à celui qu'on remarque sur nos plantes capillaires ; et qu'au reste il semble qu'on ait employé l'art pour leur donner la figure d'un agneau, car les racines ressemblent au corps, et les tiges aux jambes de cet animal.

Voilà donc tout le merveilleux de l'agneau de Scythie réduit à rien, ou du moins à fort peu de chose, à une racine velue à laquelle on donne la figure, ou à peu près, d'un agneau en la contournant.

Cet article nous fournira des réflexions plus utiles contre la superstition et le préjugé, que le duvet de l'agneau de Scythie contre le crachement de sang. Kircher, et après Kircher, Jules-César Scaliger, écrivent une fable merveilleuse ; et ils l'écrivent avec ce ton de gravité et de persuation qui ne manque jamais d'en imposer. Ce sont des gens dont les lumières et la probité ne sont pas suspectes : tout dépose en leur faveur : ils sont crus ; et par qui ? par les premiers génies de leur temps ; et voilà tout d'un coup une nuée de témoignages plus puissants que le leur qui le fortifient, et qui forment pour ceux qui viendront un poids d'autorité auquel ils n'auront ni la force ni le courage de résister, et l'agneau de Scythie passera pour un être réel.

Il faut distinguer les faits en deux classes ; en faits simples et ordinaires, et en faits extraordinaires et prodigieux. Les témoignages de quelques personnes instruites et véridiques suffisent pour les faits simples ; les autres demandent, pour l'homme qui pense, des autorités plus fortes. Il faut en général que les autorités soient en raison inverse de la vraisemblance des faits ; c'est-à-dire d'autant plus nombreuses et plus grandes que la vraisemblance est moindre.

Il faut subdiviser les faits, tant simples qu'extraordinaires, en transitoires et permanents. Les transitoires, ce sont ceux qui n'ont existé que l'instant de leur durée ; les permanents, ce sont ceux qui existent toujours et dont on peut s'assurer en tout temps. On voit que ces derniers sont moins difficiles à croire que les premiers, et que la facilité que chacun a de s'assurer de la vérité ou de la fausseté des témoignages doit rendre les témoins circonspects et disposer les autres hommes à les croire.

Il faut distribuer les faits transitoires en faits qui se sont passés dans un siècle éclairé et en faits qui se sont passés dans des temps de ténèbres et d'ignorance ; et les faits permanents, en faits permanents dans un lieu accessible ou dans un lieu inaccessible.

Il faut considérer les témoignages en eux-mêmes, puis les comparer entre eux : les considérer en eux-mêmes, pour voir s'ils n'impliquent aucune contradiction, et s'ils sont de gens éclairés et instruits ; les comparer entre eux pour découvrir s'ils ne sont point calqués les uns sur les autres, et si toute cette foule d'autorités de Kircher, de Scaliger, de Bacon, de Libarius, de Licetus, d'Eusèbe, etc. ne se réduirait pas par hasard à rien ou à l'autorité d'un seul homme.

Il faut considérer si les témoins sont oculaires ou non ; ce qu'ils ont risqué pour se faire croire ; quelle crainte ou quelles espérances ils avaient en annonçant aux autres des faits dont ils se disaient témoins oculaires : s'ils avaient exposé leur vie pour soutenir leur déposition, il faut convenir qu'elle acquérerait une grande force ; que serait-ce donc s'ils l'avaient sacrifié et perdue ?

Il ne faut pas non plus confondre les faits qui se sont passés à la face de tout un peuple avec ceux qui n'ont eu pour spectateurs qu'un petit nombre de personnes. Les faits clandestins, pour peu qu'ils soient merveilleux, ne méritent presque pas d'être crus : les faits publics, contre lesquels on n'a point réclamé dans le temps, ou contre lesquels il n'y a eu de réclamations que de la part de gens peu nombreux et mal intentionnnés ou mal instruits, ne peuvent presque pas être contredits.

Voilà une partie des principes d'après lesquels on accordera ou l'on réfutera sa croyance, si l'on ne veut pas donner dans des rêveries et si l'on aime sincèrement la vérité.

AGRICULTURE
(Diderot)

Cet article comprend une première partie philosophique et historique et une seconde partie technique. L'histoire des origines et du développement de l'agriculture est en fait le moyen de proposer quelques thèses philosophiques. On relèvera en particulier que l'agriculture naît avec le droit de propriété. L'idée selon laquelle la corruption des mœurs serait la conséquence du progrès de la civilisation et en particulier du développement du commerce et du luxe paraît très proche de celle de Jean-Jacques Rousseau. En réalité, elle vise à défendre la théorie physiocratique qui considérait l'agriculture comme la source unique de richesse. Cela explique pourquoi l'État devait l'encourager. N'en déduisons cependant pas que Diderot partageait totalement cette façon de penser. On verra à propos d'autres articles qu'il laissa une place essentielle à l'industrie et que sa condamnation du luxe était nuancée.

La partie technique est très précise. Diderot y décrit de façon remarquable l'assolement triennal et ses contraintes, en particulier l'interdiction de dessoler... Ce système caractérisait d'ailleurs plus le Nord et l'Est de la France que le Midi où la mise en valeur de la terre était plus lâche encore.

Enfin l'article s'achève par un appel à une amélioration des techniques telle qu'avait pu la proposer l'agronome anglais Tull. Dès les années 1730, l'agronomie s'était épanouie en Angleterre. L'ouvrage de Jethro Tull, membre d'une famille de la gentry, *juriste puis agriculteur, —* The new horse ploughing husbandry *— eut beaucoup de succès. Il fut suivi, entre autres, des ouvrages de lord Townshend (1674-1728) et de lord*

Lowel (1697-1759). Ils préconisaient essentiellement le remplacement de la jachère par des cultures nouvelles (navet, trèfle, sainfoin). En France la « mode agronomique » marqua surtout la seconde moitié du XVIIIe *siècle, sous l'influence simultanée de l'agronomie anglaise et de la physiocratie. Les sociétés d'agriculture se multiplièrent, mais, comme en Angleterre, l'agronomie se limita à des cercles relativement étroits de grands propriétaires fonciers. Elle eut peu d'effet pratique tant étaient forts les obstacles structurels à l'accroissement de la productivité agricole, nés du faible développement technique mais aussi et surtout du système de prélèvement : droits seigneuriaux et féodaux, caractères de la fiscalité d'Ancien Régime.*
Voir planche 2.

Philippe Goujard

AGRICULTURE, s. f. *(Ordre encycl. Histoire de la nat. Philos. Science de la nat. Botan. Agricult.).* L'*agriculture* est, comme le mot le fait assez entendre, l'art de cultiver la terre. Cet art est le premier, le plus utile, le plus étendu, et peut-être le plus essentiel des arts. Les Égyptiens faisaient honneur de son invention à Osiris ; les Grecs à Cérès et à Triptolème son fils ; les Italiens à Saturne ou à Janus leur roi, qu'ils placèrent au rang des dieux en reconnaissance de ce bienfait. L'agriculture fut presque l'unique emploi des patriarches, les plus respectables de tous les hommes par la simplicité de leur mœurs, la bonté de leur âme, et l'élévation de leurs sentiments. Elle a fait les délices des plus grands hommes chez les autres peuples anciens. Cyrus le Jeune avait planté lui-même la plupart des arbres de ses jardins, et daignait les cultiver ; et Lysandre de Lacédémone, et l'un des chefs de la république, s'écriait à la vue des jardins de Cyrus : *O prince, que tous les hommes vous doivent estimer heureux, d'avoir su joindre ainsi la vertu à tant de grandeur et de dignité !* Lysandre dit *la vertu,* comme si l'on eût pensé dans ces temps qu'un monarque agriculteur ne pouvait manquer d'être un homme vertueux ; et il est constant du moins qu'il doit avoir le goût des choses utiles et des occupations innocentes. Hiéron de Syracuse, Attalus, Philopator de Pergame, Archélaüs de Macédoine, et une infinité d'autres, sont loués par Pline et par Xénophon, qui ne louaient pas sans connaissance, et qui n'étaient pas leurs sujets, de l'amour qu'ils ont eu pour les champs et pour les travaux de la campagne. La culture des champs fut le premier objet du législateur des Romains ; et pour en donner à ses sujets la haute idée qu'il en avait lui-même, la fonction des premiers prêtres qu'il institua, fut d'offrir aux dieux les prémices de la terre, et de leur demander des récoltes abondantes. Ces prêtres étaient au nombre de douze ; ils étaient appelés *arvales,* de *arva,* champs, terres labourables. Un d'entre eux étant mort, Romulus lui-même prit sa place ; et dans la suite on n'accorda cette dignité qu'à ceux qui pouvaient prouver une naissance illustre. Dans ces premiers temps, chacun faisait valoir son héritage, et en tirait sa subsistance. Les consuls trouvèrent les choses dans cet état, et n'y firent aucun changement. Toute la campagne de Rome fut cultivée par les vainqueurs des nations. On vit pendant plusieurs siècles, les plus célèbres d'entre les Romains, passer de la campagne aux premiers emplois de la république, et, ce qui est infiniment plus digne d'être observé, revenir des premiers emplois de la république aux occupations de la campagne. Ce n'était point indolence ; ce n'était point dégoût des grandeurs, ou éloignement des affaires publiques : on retrouvait dans les besoins de l'État nos illustres agriculteurs, toujours prêts à devenir les défenseurs de la patrie. Serranus semait son champ, quand on l'appela à la tête de l'armée romaine : Quintius Cincinnatus labourait une pièce de terre qu'il possédait au-delà du Tibre, quand il reçut ses provisions de dictateur ; Quintius Cincinnatus quitta ce tranquille exercice ; prit le commandement des armées ; vainquit les ennemis ; fit passer les captifs sous le joug ; reçut les honneurs du triomphe, et fut à son champ au bout de seize jours. Tout dans les premiers temps de la république et les plus beaux jours de Rome, marqua la haute estime qu'on y faisait de l'agriculture : les gens riches, *locupletes,* n'étaient autre chose que ce que nous appellerions aujourd'hui *de gros laboureurs* et de riches fermiers. La première monnaie, *pecunia a pecu,* porta l'empreinte d'un mouton ou d'un bœuf, comme symboles principaux de l'opulence : les registres des questeurs et des censeurs s'appelèrent *pascua.* Dans la distinction des citoyens romains, les premiers et les plus considérables furent ceux qui formaient les tribus rustiques, *rusticae tribus :* c'était une grande ignominie, d'être réduit, par le défaut d'une bonne et sage économie de ses champs, au nombre des habitants de la ville et de leurs tribus, *in tribu urbana.* On prit d'assaut la ville de Carthage : tous les livres qui remplissaient ses bibliothèques furent données en présent à des princes amis de Rome ; elle ne se réserva pour elle que les vingt-huit livres d'agriculture du capitaine Magon. Décius Syllanus fut chargé de les traduire ; et l'on conserva l'original et la traduction avec un très grand soin. Le vieux Caton étudia la culture des champs, et en écrivit : Cicéron la recommande à son fils, et en fait un très bel éloge : *Omnium rerum,* lui dit-il, *ex quibus aliquid exquisitur, nihil est agricultura melius, nihil uberius, nihil dulcius, nihil homine libero dignius.* « De tout ce qui peut être entrepris ou recherché, rien au monde n'est meilleur, plus utile, plus doux, enfin plus digne de l'homme libre, que l'agriculture. » Mais cet éloge n'est pas encore de la force de celui de Xénophon. L'agriculture naquit avec les lois et la société ; elle est contemporaine de la division des terres. Les fruits de la terre furent la première richesse : les hommes n'en connurent point d'autres, tant qu'ils furent plus jaloux d'augmenter leur félicité dans le coin de terre qu'ils occupaient, que de se transplanter en différents endroits pour s'instruire du bonheur ou du malheur des autres : mais aussitôt que l'esprit de conquête eut agrandi les sociétés et enfanté le luxe, le commerce, et toutes les autres marques éclatantes de la grandeur et de la méchanceté des peuples ; les métaux devinrent la représentation de la richesse, l'agriculture perdit de ses premiers honneurs ; et les travaux de la campagne abandonnés à des hommes subalternes, ne conservèrent leur ancienne dignité que dans les chants des poètes. Les beaux esprits des siècles de corruption, ne trouvant rien dans les villes qui prêtât aux images et à la peinture, se répandirent encore en imagination dans les campagnes, et se plurent à retracer les mœurs anciennes, cruelle satire de celles de leur temps : mais la terre sembla se venger elle même de mépris qu'on faisait de sa culture. « Elle nous donnait autrefois, dit Pline, ses fruits avec abondance ; elle prenait autrefois pour ainsi dire, plaisir d'être cultivée par des charrues couronnées par des mains triomphantes ; et pour correspondre à cet honneur, elle multipliait de tout son pouvoir ses productions. Il n'en est plus de même aujourd'hui ; nous l'avons abandonnée à des fermiers mercenaires ; nous la faisons cultiver par des esclaves ou par des forçats ; et l'on serait tenté de croire qu'elle a ressenti cet affront. » Je ne sais quel est l'état de l'agriculture à la Chine : mais le père Du Halde nous apprend que l'empereur, pour en inspirer le goût à ses sujets, met la main à la charrue tous les ans une fois ; qu'il trace quelques sillons ; et que les plus distingués de sa cour lui succèdent tour à tour au même travail et à la même charrue.

Ceux qui s'occupent de la culture des terres sont compris sous les noms de *laboureurs*, de *laboureurs fermiers, séquestres, économes*, et chacune de ces dénominations convient à tout seigneur qui fait valoir ses terres par ses mains, et qui cultive son champ. Les prérogatives qui ont été accordées de tout temps à ceux qui se sont livrés à la culture des terres, leur sont communes à tous. Ils sont soumis aux mêmes lois, et ces lois leur ont été favorables de tout temps ; elles se sont même quelquefois étendues jusqu'aux animaux qui partageaient avec les hommes les travaux de la campagne. Il était défendu par une loi des Athéniens, de tuer le bœuf qui sert à la charrue ; il n'était pas même permis de l'immoler en sacrifice. « Celui qui commettra cette faute, ou qui volera quelques outils d'agriculture, sera puni de mort. » Un jeune Romain accusé et convaincu d'avoir tué un bœuf pour satisfaire la bizarrerie d'un ami, fut condamné au bannissement, comme s'il eût tué son propre métayer, ajoute Pline.

Mais ce n'était pas assez que de protéger par des lois les choses nécessaires au labourage, il fallait encore veiller à la tranquillité et à la sûreté du laboureur et de tout ce qui lui appartient. Ce fut par cette raison que Constantin le Grand défendit à tout créancier de saisir pour dettes civiles les esclaves, les bœufs, et tous les instruments du labour. « S'il arrive aux créanciers, aux cautions, aux juges mêmes, d'enfreindre cette loi, ils subiront une peine arbitraire à laquelle ils seront condamnés par un juge supérieur. » Le même prince étendit cette défense par une autre loi, et enjoignit aux receveurs de ses deniers, sous peine de mort, de laisser en paix le laboureur indigent. Il concevait que les obstacles qu'on apportait à l'agriculture diminueraient l'abondance des vivres et du commerce, et par contrecoup l'étendue de ses droits. Il y eut un temps où l'habitant des provinces était tenu de fournir des chevaux de poste aux courriers, et des bœufs aux voitures publiques ; Constantin eut l'attention d'excepter de ces corvées le cheval et le bœuf servant au labour. « Vous punirez sévèrement, dit ce prince à ceux à qui il en avait confié l'autorité, quiconque contreviendra à ma loi. Si c'est un homme d'un rang qui ne permette pas de sévir contre lui, dénoncez-le-moi, et j'y pourvoirai : s'il n'y a point de chevaux ou de bœufs que ceux qui travaillent aux terres, que les voitures et les courriers attendent. » Les campagnes de l'Illyrie étaient désolées par de petits seigneurs de villages qui mettaient le laboureur à contribution et le contraignaient à des corvées nuisibles à la culture des terres : les empereurs Valens et Valentinien instruits de ces désordres les arrêtèrent par une loi qui porte exil perpétuel et confiscation de tous biens contre ceux qui oseront à l'avenir exercer cette tyrannie.

Mais les lois qui protègent la terre, le laboureur et le bœuf, ont veillé à ce que le laboureur remplît son devoir. L'empereur Pertinax voulut que le champ délaissé en friche appartînt à celui qui le cultiverait ; que celui qui le défricherait fût exempt d'imposition pendant dix ans ; et s'il était esclave, qu'il devînt libre. Aurélien ordonna aux magistrats municipaux des villes d'appeler d'autres citoyens à la culture des terres abandonnées de leur domaine, et il accorda trois ans d'immunité à ceux qui s'en chargeraient. Une loi de Valentinien, de Théodose et d'Arcade met le premier occupant en possession des terres abandonnées, et les lui accorde sans retour, si dans l'espace de deux ans personne ne les réclame : mais les ordonnances de nos rois ne sont pas moins favorables à l'agriculture que les lois romaines.

Henri III, Charles IX, Henri IV se sont plu à favoriser par des règlements les habitants de la campagne. Ils ont tous fait défenses de saisir les meubles, les harnais, les instruments et les bestiaux du laboureur. Louis XIII et Louis XIV les ont confirmés. Cet article n'aurait point de fin, si nous nous proposions de rapporter toutes les ordonnances relatives à la conservation des grains depuis la semaille jusqu'à la récolte. Mais ne sont-elles pas toutes bien justes ? Est-il quelqu'un qui voulût se donner les fatigues et faire toutes les dépenses nécessaires à l'agriculture, et disperser sur la terre le grain qui charge son grenier, s'il n'attendait la récompense d'une heureuse moisson ?

La loi de Dieu donna l'exemple. Elle dit : « Si l'homme fait du dégât dans un champ où dans une vigne en y laissant aller sa bête, il réparera ce dommage aux dépens de son bien le meilleur. Si le feu prend à des épines et gagne un amas de gerbes, celui qui aura allumé ce feu supportera la perte. » La loi des hommes ajouta : « Si quelque voleur de nuit dépouille un champ qui n'est pas à lui, il sera pendu, s'il a plus de quatorze ans, il sera battu de verges, s'il est plus jeune, et livré au propriétaire du champ, pour être son esclave jusqu'à ce qu'il ait réparé le dommage, suivant la taxe du préteur. Celui qui mettra le feu à un tas de blé, sera fouetté et brûlé vif. Si le feu y prend par sa négligence, il paiera le dommage, ou sera battu de verges, à la discrétion du préteur. »

Nos princes n'ont pas été plus indulgents sur le dégât des champs. Ils ont prétendu qu'il fût seulement réparé, quand il était accidentel ; et réparé et puni, quand il était médité. « Si les bestiaux se répandent dans les blés, ils seront saisis, et le berger sera châtié. » Il est défendu, même aux gentilshommes, de chasser dans les vignes, dans les blés, dans les terres ensemencées. *Voyez* l'édit d'Henri IV à Folembray, 12 janvier 1599. *Voyez* ceux de Louis XIV, août 1689 et 20 mai 1704. Ils ont encore favorisé la récolte en permettant d'y travailler même les jours de fête. Mais nous renvoyons à l'article GRAIN et à d'autres articles, ce qui a rapport à la récolte, à la vente, au commerce, au transport, à la police des grains, et nous passons à la culture des terres.

Pour cultiver les terres avec avantage, il importe d'en connaître la nature : telle terre demande une façon, telle autre une autre ; celle-ci une espèce de grains, celle-là une autre espèce. On trouvera à l'article TERRE ET TERROIR, en général ce qui y a rapport, et *aux plantes différentes* le terroir et la culture qu'elles demandent : nous ne réserverons ici que ce qui concerne l'agriculture en général ou le labour.

1. Proportionnez vos bêtes et vos ustensiles, le nombre, la profondeur, la figure, la saison des labours et des repos, à la qualité de vos terres et à la nature de votre climat.

2. Si votre domaine est de quelque étendue, divisez-le en trois parties égales ou à peu près ; c'est ce qu'on appelle *mettre ses terres en soles.*

Semez l'une de ces trois parties en blé, l'autre en avoine et menus grains, qu'on appelle *mars,* et laissez la troisième en *jachère.*

3. L'année suivante, semez la *jachère* en blé ; changez en avoine celle qui était en blé, et mettez en jachère celle qui était en avoine.

Cette distribution rendra le tribut des années, le repos et le travail des terres à peu près égaux, si l'on combine la bonté des terres avec leur étendue. Mais le laboureur prudent, qui ne veut rien laisser au hasard, aura plus d'égard à la qualité des terres qu'à la peine de les cultiver ; et la crainte de la disette le déterminera plutôt à fatiguer considérablement une année, afin de cultiver une grande étendue de terres ingrates, et égaliser ses années en revenus, que d'avoir des revenus inégaux en égalisant l'étendue de ses labours ; et il ne se mettra que le moins qu'il pourra dans le cas de dire, *ma sole de blé est forte ou faible cette année.*

4. Ne dessolez point vos terres, parce que cela vous est défendu, et que vous ne trouveriez pas votre avantage à les faire porter plus que l'usage et un bon labourage ne le permettent.

5. Vous volerez votre maître, si vous êtes fermier, et que vous décompotiez contre sa volonté, et contre votre bail. *Voyez* DÉCOMPOTER.

Terres à blé. Vous donnerez trois façons à vos terres à blé avant que de les ensemencer, soit de froment, soit de méteil, soit de seigle : ces trois façons vous les donnerez pendant l'année de jachère. La première aux environs de la Saint-Martin, ou après la semaille des menus grains vers Pâques : mais elle est plus avantageuse et plus d'usage en automne. Elle consiste à ouvrir la terre et à en détruire les mauvaises herbes : cela s'appelle faire *la cassaille,* ou *sombrer,* ou *égerer,* ou *jachérer,* ou *lever le guéret,* ou *guerter,* ou *mouvoir,* ou *casser, tourner, froisser les jachères.* Ce premier labour n'est guère que de quatre doigts de profondeur, et les sillons en sont serrés : il y a pourtant des provinces où l'on croit trouver son avantage à le donner profond. Chacun a ses raisons. On retourne en terre par cette façon le chaume de la dépouille précédente, à moins qu'on n'aime mieux y mettre le feu. Si on y a mis le feu, on laboure sur la cendre, ou bien on brûle le chaume, comme nous venons de dire ; ou on l'arrache pour en faire des meules, et l'employer ensuite à différents usages ; ou on le retourne, en écorchant légèrement la terre. Dans ce dernier cas, on lui donne le temps de pourrir, et au mois de décembre on retourne au champ avec la charrue, et on lui donne le premier des trois véritables labours : ce labour est profond, et s'appelle *labour en plante.* Il est suivi de l'émottage qui se fait avec le casse-motte, mais plus souvent avec une forte herse garnie de fortes dents de fer. Il faut encore avoir soin d'ôter les pierres ou d'épierrer, d'ôter les souches ou d'essarter les ronces, les épines, etc.

Le second labour s'appelle *binage ;* quand on a donné la première façon avant l'hiver, on bine à la fin de l'hiver ; si on n'a donné la première façon qu'après l'hiver, on bine six semaines ou un mois après. On avance ou on recule ce travail, suivant la température de l'air ou la force des terres. Il faut que ce labour soit profond.

Le troisième labour s'appelle, ou *tierçage,* ou *rebinage.* On fume les terres avant que de le donner, si on n'y a pas travaillé plus tôt. Il doit être profond quand on ne donne que trois façons ; on le donne quand l'herbe commence à monter sur le guéret, et qu'on est prêt à l'emblaver, et tout au plus huit à quinze jours avant.

Comme il faut qu'il y ait toujours un labour avant la semaille, il y a bien des terres qui demandent plus de trois labours. On donne jusqu'à quatre à cinq labours aux terres fortes, à mesure que les herbes y viennent ; quand la semaille est précédée d'un quatrième labour, ce labour est léger ; il s'appelle *traverser.* On ne traverse point les terres glaiseuses, enfoncées, et autres d'où les eaux s'écoulent difficilement. Quand on donne plus de trois labours, on n'en fait guère que deux ou trois pleins ; deux l'hiver, un avant la semaille : les autres ne sont proprement que des demi-labours qui se font avec le soc simple, sans coutre et sans oreilles. [...]

Voulez-vous connaître le travail de votre année ? le voici.

En janvier. Dépouillez les gros légumes. Retournez les jachères. Mettez en œuvre les chanvres et lins. Nettoyez, raccommodez vos charrettes, tombereaux, et apprêtez des échalas et des osiers. Coupez les saules et les peupliers. Relevez les fossés, façonnez les haies. Remuez les terres des vignes. Fumez, ceux des arbres fruitiers qui languiront. Émondez les autres. Essartez les prés. Battez les grains. Retournez le fumier. Labourez les terrres légères et sablonneuses qui ne l'ont pas été à la Saint-Martin. Quand il fera doux, vous recommencerez à planter dans les vallées. Entez les arbres et arbrisseaux hâtifs. Enterrez les cormes, amandes, noix, etc. Faites tiller le chanvre et filer. Faites faire des fagots et du menu bois. Faites couver les poules qui demanderont. Marquez les agneaux que vous garderez. Salez le cochon. Si vous êtes en pays chaud, rompez les guérets, préparez les terres pour la semaille de mars, etc.

En février. Continuez les ouvrages précédents. Plantez la vigne. Curez, taillez, échaladez les vignes plantées. Fumez les arbres, les champs, les prés, les jardins, et les couches. Habillez les prairies. Élaguez les arbres, nettoyez-les de feuilles mortes, de vers, de mousse, d'ordures, etc. Donnez la façon aux terres que vous sèmerez en *mars,* surtout à celles qui sont en coteaux. Vous sèmerez l'avoine, si vous écoutez le proverbe. Semez les lentilles, les pois chiches, le chanvre, le lin, le pastel. Préparez les terres à sainfoin. Visitez vos vins s'ils sont délicats. Plantez les bois, les taillis, les rejetons. Nettoyez le colombier, le poulailler, etc. Repeuplez la garenne. Raccommodez les terriers. Achetez des ruches et des mouches. Si votre climat est chaud, liez la vigne à l'échalas. Rechaussez les pieds des arbres. Donnez le verrat aux truies, sinon attendez. [...]

[...] Voilà l'année, le travail et la manière de travailler de nos laboureurs. Mais un auteur anglais a proposé un nouveau système d'agriculture que nous allons expliquer, d'après la traduction que M. Duhamel nous a donnée de l'ouvrage anglais, enrichi de ses propres découvertes.

M. Tull distingue les racines, en pivotantes qui s'enfoncent verticalement dans la terre, et qui soutiennent les grandes plantes, comme les chênes et les noyers ; et en rampantes, qui s'étendent parallèlement à la surface de la terre. Il prétend que celles-ci sont beaucoup plus propres à recueillir les sucs nourriciers que celles-là. Il démontre ensuite que les feuilles sont des organes très nécessaires à la santé des plantes, et nous rapporterons à l'article FEUILLE les preuves qu'il en donne : d'où il conclut que c'est faire un tort considérable aux luzernes et aux sainfoins, que de les faire paître trop souvent par le bétail, et qu'il pourrait bien n'être pas aussi avantageux qu'on se l'imagine de mettre les troupeaux dans les blés quand il sont trop forts.

AIGLE
(Diderot)

Autre exemple de la méthode des encyclopédistes : à propos du moinde article, s'attaquer à la superstition et lui opposer la toute-puissance de la raison.

Se reporter aux articles « Carême », « Critique dans les sciences ».

Albert Soboul

Rappelons que l'aigle était l'animal symbole de l'évangéliste Jean. Dans cet article apparemment anodin se cache une criitique de la religion. La lecture du Discours préliminaire *permettait aux lecteurs de découvrir cette manière habile de masquer la critique. Connaissant les méthodes des censeurs qui le plus souvent se contentaient de contrôler l'article dont le titre pouvait attirer l'attention, les encyclopédistes préférèrent utiliser ces articles au titre inoffensif pour exposer leurs critiques les plus virulentes.*

Philippe Goujard

L'AIGLE est un oiseau consacré à Jupiter, du jour où ce dieu ayant consulté les augures dans l'île de Naxos, sur le succès de la guerre qu'il allait entreprendre contre les Titans, il parut un *aigle* qui lui fut d'un heureux présage. On dit encore que l'*aigle* lui fournit de l'ambroisie pendant son enfance, et que ce fut pour le récompenser de ce soin qu'il le plaça dans la suite parmi les astres. L'*aigle* se voit dans les images de Jupiter, tantôt aux pieds du dieu, tantôt à ses côtés, et presque toujours portant la foudre entre ses serrres. Il y a bien de l'apparence que toute cette fable n'est fondée que sur l'observation du vol de l'*aigle,* qui aime à s'élever dans les nuages les plus hauts, et à se retirer dans la région du tonnerre. C'en fut là tout autant qu'il en fallait pour en faire l'oiseau du dieu du ciel et des airs, et pour lui donner la foudre à porter. Il n'y avait qu'à mettre les païens en train, quand il fallait honorer leurs dieux : la superstition imagine plutôt les visions les plus extravagantes et les plus grossières que de rester en repos. Ces visions sont ensuite consacrées par le temps et la crédulité des peuples ; et malheur à celui qui, sans être appelé par Dieu au grand et périlleux état de missionnaire, aimera assez peu son repos et connaîtra assez peu les hommes pour se charger de les instruire. Si vous introduisez un rayon de lumière dans un nid de hiboux, vous ne ferez que blesser leurs yeux et exciter leurs cris. Heureux cent fois le peuple à qui la religion ne propose à croire que des choses vraies, sublimes et saintes, et à imiter que des actions vertueuses ; telle est la nôtre, où le philosophe n'a qu'à suivre sa raison pour arriver aux pieds de nos autels.

ALCATRACE

L'auteur donne ici une rapide leçon de méthode scientifique : les sciences de la nature doivent être fondées sur l'observation des faits.

Se reporter aux articles « Agnus scythicus », « Critique dans les sciences ».

Albert Soboul

ALCATRACE, petit oiseau que l'on chercherait en vain sur l'océan des Indes aux environs du seizième degré de latitude et sur les côtes d'Arabie, où Wicquefort dit qu'il se trouve ; car pour le reconnaître il en faudrait une autre description, et sur cette description peut-être s'apercevrait-on que c'est un oiseau déjà connu sous un autre nom. Nous invitons les voyageurs d'être meilleurs observateurs, s'ils prétendent que l'histoire naturelle s'enrichisse de leurs observations. Tant qu'ils ne nous rapporteront que des noms, nous n'en serons guère plus avancés.

ANIMAL
(Diderot)

Jacques Proust voit dans cet article « la machine de guerre des encyclopédistes »[39]*. Dans sa brutalité, ce jugement est à la fois vrai et faux. Loin de représenter l'opinion de tous les collaborateurs de l'*Encyclopédie, *sa complexité le rendit obscur à bien des lecteurs. Il n'en reste pas moins vrai que ce texte marque un tournant dans l'évolution du matérialisme. Celui-ci constituait une réalité idéologique incontestable dans la première moitié du* XVIII*e siècle. Il s'exprimait dans des manuscrits clandestins, comme celui du curé Meslier (1664-1729). Mais ce matérialisme restait spéculatif, fondé sur des hypothèses non vérifiées scientifiquement. En 1748, La Mettrie publia* l'Homme machine *qui prenait en compte certains travaux scientifiques. Mais ce fut Diderot qui joua un rôle essentiel dans l'approfondissement du matérialisme. Son travail de maître d'œuvre de l'*Encyclopédie *lui avait permis d'enrichir ses thèses matérialistes, en particulier par la lecture des premiers volumes de la monumentale* Histoire naturelle *de Buffon qui lui-même n'était pas matérialiste, mais dont l'apport philosophique des travaux était en contradiction avec l'idéologie qui était la sienne.*

La lecture de Buffon permit à Diderot de mesurer les limites de la théorie de « l'animal machine », très en

39. Jacques Proust, *Diderot et l'Encyclopédie, op. cit.*, p. 288.

vogue chez les matérialistes du XVIIe *et du premier* XVIIIe *siècle, qui ne pouvait rendre compte de la diversité de la nature. Elle lui permit d'expliquer à la fois l'unité de l'univers et sa diversité.*

Unité de l'univers ? Tous les phénomènes en effet sont liés comme le montre déjà le Discours préliminaire. *De ce point de vue, il ne faut pas prendre au sérieux les références à Dieu ou à l'Être suprême qui ne sont que des masques. Cette idée n'était pas neuve : on la trouvait chez Spinoza et chez d'autres philosophes. Plus neuve était l'idée d'une continuité dynamique de l'univers, du minéral à l'animal. On relèvera cependant que si Diderot a pressenti la notion de bond qualitatif du minéral au végétal, il en nie l'existence entre le végétal et l'animal. Dans ces conditions, seule différencie l'homme de l'animal la faculté de penser, de raisonner, d'associer des idées. Il est inutile de souligner combien la rupture avec le christianisme est profonde. Dieu n'est même plus nié, il est devenu inutile.*

On retiendra surtout de cet article l'idée que le recours au temps est essentiel pour comprendre l'univers. La nature contient les germes de l'intelligence qui vont croître au cours de l'histoire de l'univers. Cette idée neuve qui posait les principes de la théorie évolutionniste vérifiée au XIXe *siècle explique aussi la conception de l'*Encyclopédie *qui insiste sur l'unité du savoir et du travail et rend compte de la diversité des pratiques humaines par leur évolution. Il faut bien entendu nuancer : de telles conceptions restaient très minoritaires dans le milieu encyclopédiste. La plupart des collaborateurs croyaient encore en un ordre immuable de la nature dont Dieu — même s'il n'était pas le Dieu chrétien — était le garant. Mais, et c'est peut-être là un des aspects les plus étonnants de l'œuvre, beaucoup de ces collaborateurs déistes — voire chrétiens — continuèrent de participer à l'entreprise.*

Philippe Goujard

ANIMAL, s. m. *(Ordre encyclopédique. Entendement. Raison. Philosophie ou science. Science de la nature.*

Zoologie. Animal). Qu'est-ce que l'*animal ? Voilà une de ces questions dont on est d'autant plus embarrassé, qu'on a plus de philosophie et plus de connaissance de l'histoire naturelle. Si l'on parcourt toutes les propriétés connues de l'*animal, *on n'en trouvera aucune qui ne manque à quelque être auquel on est forcé de donner le nom d'*animal, *ou qui n'appartienne à une autre auquelle on ne peut accorder ce nom. D'ailleurs, s'il est vrai, comme on n'en peut guère douter, que l'univers est une seule et même machine, où tout est lié, et où les êtres s'élèvent au-dessus ou s'abaissent au-dessous les uns des autres, par des degrés imperceptibles, en sorte qu'il n'y ait aucun vide dans la chaîne, et que le ruban coloré du célèbre père Castel jésuite, où de nuance en nuance on passe du blanc au noir sans s'en apercevoir, soit une image véritable des progrès de la nature ; il nous sera bien difficile de fixer les deux limites entre lesquelles l'*animalité, *s'il est permis de s'exprimer ainsi, commence et finit. Une définition de l'*animal *sera trop générale, ou ne sera pas assez étendue, embrassera des êtres qu'il faudrait peut-être exclure, et en exclura d'autres qu'elle devrait embrasser. Plus on examine la nature, plus on se convainc que pour s'exprimer exactement, il faudrait presque autant de dénominations différentes qu'il y a d'individus, et que c'est le besoin seul qui a inventé les noms généraux ; puisque ces noms généraux sont plus ou moins étendus, ont du sens, ou sont vides de sens, selon qu'on fait plus ou moins de progrès dans l'étude de la nature. Cependant qu'est-ce que l'*animal ? *C'est, dit M. de Buffon,* Hist. nat. gén. et part., *la matière vivante et organisée qui sent, agit, se meut, se nourrit et se reproduit. Conséquemment, le végétal est la matière vivante et organisée, qui se nourrit et se reproduit ; mais qui ne sent, n'agit, ni ne se meut. Et le minéral, la matière morte et brute qui ne sent, n'agit, ni ne se meut, ne se nourrit, ni ne se reproduit. D'où il s'ensuit encore que le* sentiment *est le principal degré différentiel de l'*animal. *Mais est-il bien constant qu'il n'y a point d'animaux, sans ce que nous appelons le* sentiment ; *ou* *plutôt, si nous en croyons les cartésiens, y a-t-il d'autres animaux que nous qui aient du* sentiment. *Les bêtes, disent-ils, en donnent les signes, mais l'homme seul a* la chose. *D'ailleurs, l'homme lui-même ne perd-il pas quelquefois le* sentiment, *sans cesser de vivre ou d'être un animal ? Alors le pouls bat, la circulation du sang s'exécute, toutes les fonctions animales se font ; mais l'homme ne* sent *ni lui-même, ni les autres êtres : qu'est-ce alors que l'homme ? Si dans cet état il est toujours un* animal ; *qui nous a dit qu'il n'y en a pas de cette espèce sur le passage du végétal le plus parfait, à l'animal le plus stupide ? Qui nous a dit que ce passage n'était pas rempli d'êtres plus ou moins léthargiques, plus ou moins profondément assoupis ; en sorte que la seule différence qu'il y aurait entre cette classe et la classe des autres animaux, tels que nous, est qu'ils dorment et que nous veillons ; que nous sommes des animaux qui sentent, et qu'ils sont des animaux qui ne sentent pas. Qu'est-ce donc que l'*animal ?

Écoutons M. de Buffon s'expliquer plus au long là-dessus. Le mot *animal,* dit-il, *Hist. nat.*, tome II, page 260, dans l'acception où nous le prenons ordinairement, représente une idée générale, formée des idées particulières qu'on s'est faites de quelques animaux particuliers. Toutes les idées générales renferment des idées différentes, qui approchent ou diffèrent plus ou moins les unes des autres ; et par conséquent aucune idée générale ne peut être exacte ni précise. L'idée générale que nous nous sommes formée de l'*animal* sera, si vous voulez, prise principalement de l'idée particulière du *chien,* du *cheval,* et d'autres bêtes qui nous paraissent avoir de l'intelligence et de la volonté, qui semblent se mouvoir et se déterminer suivant cette volonté ; qui sont composées de chair et de sang, qui cherchent et prennent leur nourriture, et qui ont des sens, des sexes, et la faculté de se reproduire. Nous joignons donc ensemble une grande quantité d'idées particulières, lorsque nous nous formons l'idée générale que nous exprimons par le mot *animal ;* et l'on doit observer que dans le grand nombre de ces idées particulières, il n'y en a pas une qui constitue l'essence de l'idée générale. Car il y a, de l'aveu de tout le monde, des animaux qui paraissent n'avoir aucune intelligence, aucune volonté, aucun mouvement progressif ; il y en a qui n'ont ni chair ni sang, et qui ne paraissent être qu'une glaire congelée. Il y en a qui ne peuvent chercher leur nourriture, et qui ne la reçoivent que de l'élément qu'ils habitent : enfin il y en a qui n'ont point de sens, pas même celui du toucher, au moins à un degré qui nous soit sensible : il y en a qui n'ont point de sexes, d'autres qui les ont tous deux ; et il ne reste de général à l'*animal* que ce qui lui est commun avec le végétal, c'est-à-dire, la faculté de se reproduire. C'est donc du tout ensemble qu'est composée l'idée générale ; et ce tout étant composé de parties différentes, il y a nécessairement entre ces parties des degrés et des nuances. Un insecte, dans ce sens, est quelque chose de moins animal qu'un chien ; une huître est encore moins animal qu'un insecte ; une ortie de mer, ou un polype d'eau douce, l'est encore moins qu'une huître ; et comme la nature va par nuances insensibles, nous devons trouver des animaux qui sont encore moins animaux qu'une ortie de mer ou un polype. Nos idées générales ne sont que des méthodes artificielles, que nous nous sommes formées pour rassembler une grande quantité d'objets dans le même point de vue ; et elles ont, comme les méthodes artificielles, le défaut de ne pouvoir jamais tout comprendre ; elles sont de même opposées à la marche de la nature, qui se fait uniformément, insensiblement et toujours particulièrement, en sorte que c'est pour vouloir comprendre un trop grand nombre d'idées particulières dans un seul mot, que nous n'avons plus une idée claire de ce que ce mot signifie ; parce que ce mot étant reçu, on s'imagine que ce mot est une ligne qu'on peut tirer entre les productions de la nature, que tout ce qui est au-dessus de cette ligne est en effet *animal,* et que tout ce qui est au-dessous ne peut être que *végétal ;* autre mot aussi général que le premier, qu'on emploie de même, comme une ligne de séparation entre les corps organisés et les corps bruts. Mais ces lignes de séparation n'existent point dans la nature : il y a des êtres qui ne sont ni animaux, ni végétaux, ni minéraux, et qu'on tenterait vainement de rapporter aux uns et aux autres. Par exemple, lorsque M. Trembley, cet auteur célèbre à la découverte des animaux qui se multiplient par chacune de leurs parties détachées, coupées, ou séparées, observa pour la première fois le polype de la lentille d'eau, combien employa-t-il de temps pour reconnaître si ce polype était un *animal* ou une *plante ?* et combien n'eut-il pas sur cela de doutes et d'incertitudes ? C'est qu'en effet le polype de la lentille n'est peut-être ni l'un ni l'autre ; et que tout ce qu'on en peut dire, c'est qu'il approche un peu plus de l'*animal* que du *végétal ;* et comme on veut absolument que tout être vivant soit un *animal* ou un plante, on croirait n'avoir pas bien connu un être organisé, si on ne le rapportait pas à l'un ou l'autre de ces noms généraux, tandis qu'il doit y avoir, et qu'il y a en effet, une grande quantité d'êtres *organisés* qui ne sont ni l'un ni l'autre. Les corps mouvants que l'on trouve dans les liqueurs séminales, dans la chair infusée des animaux, dans les graines et les autres parties infusées des plantes sont de cette espèce : on ne peut pas dire que ce soient des animaux ; on ne peut pas dire que ce soient des végétaux, et assurément on dira encore moins que ce sont des minéraux.

On peut donc assurer sans crainte de trop avancer, que la grande division des productions de la nature en *animaux, végétaux* et *minéraux,* ne contient pas tous les êtres matériels : il existe, comme on vient de le voir, des corps organisés qui ne sont pas compris dans cette division. Nous avons dit que la marche de la nature se fait par des degrés nuancés, et souvent imperceptibles ; aussi passe-t-elle par des nuances insensibles de l'*animal* au *végétal :* mais du végétal au minéral le passage est brusque, et cette loi de n'y aller que par nuances paraît se démentir. Cela a fait soupçonner à M. de Buffon, qu'en examinant de près la nature, on viendrait à découvrir des êtres intermédiaires, des corps organisés qui sans avoir, par exemple, la puissance de se reproduire comme les animaux et les végétaux, auraient cependant une espèce de vie et de mouvement ; d'autres êtres qui, sans être des animaux ou des végétaux, pourraient bien entrer dans la constitution des uns et des autres ; et enfin d'autres êtres qui ne seraient que le premier assemblage des molécules organiques. *Voyez* MOLÉCULES ORGANIQUES.

*Mais sans nous arrêter davantage à la définition de l'*animal, *qui est, comme on voit, dès à présent fort imparfaite, et dont l'imperfection s'apercevra dans la suite des siècles beaucoup davantage, voyons quelles lumières on peut tirer de la comparaison des animaux et des végétaux. Nous n'aurions presque pas besoin d'avertir qu'à l'exception de quelques réflexions mises en italique, que nous avons osé disperser dans la suite de cet article, il est tout entier de l'*Histoire naturelle générale et particulière : *le ton et les choses l'indiqueront assez.*

Dans la foule d'objets que nous présente ce vaste globe (dit M. de Buffon, page 1), dans le nombre infini des différentes productions, dont sa surface est couverte et peuplée, les *animaux* tiennent le premier rang, tant par la conformité qu'ils ont avec nous, que par la supériorité que nous leur connaissons sur les êtres végétaux ou inanimés. Les *animaux* ont par leurs sens, par leur forme, par leur mouvement, beaucoup plus de rapports avec les choses qui les environnent que n'en ont les végétaux. *Mais il ne faut point perdre de vue que le nombre de ces rapports varie à l'infini, qu'il est moindre dans le polype que dans l'huître, dans l'huître moindre que dans le singe ;* et les végétaux par leur développement, par leur figure, par leur accroissement et par leurs différentes parties, ont aussi un plus grand nombre de rapports avec les objets extérieurs, que n'en ont les minéraux ou les pierres, qui n'ont aucune sorte de vie ou de mouvement. *Observez encore que rien n'empêche que ces rapports ne varient aussi, et que le nombre n'en soit plus ou moins grand ; en sorte qu'on peut dire qu'il y a des minéraux moins morts que d'autres.* Cependant c'est par ce plus grand nombre de rapports que l'*animal* est réellement au-dessus du végétal, et le végétal au-dessus du minéral. Nous-mêmes, à ne considérer que la partie matérielle de notre être, nous ne sommes au-dessus des animaux que par quelques rapports de plus, tels que ceux qui nous donnent la langue et la main, la langue surtout. Une langue suppose une suite de pensées, et c'est par cette raison que les animaux n'ont aucune langue. Quand même on voudrait leur accorder quelque chose de semblable à nos premières appréhensions et à nos sensations grossières et les plus machinales, il paraît certain qu'ils sont incapables de former cette association d'idées, qui seule peut produire la réflexion, dans laquelle cependant consiste l'essence de la pensée. C'est, parce qu'ils ne peuvent joindre ensemble aucune idée, qu'ils ne pensent ni ne parlent, c'est par la même raison qu'ils n'inventent et ne perfectionnent rien. S'ils étaient doués de la puissance de réfléchir, même au plus petit degré, ils seraient capables de quelque espèce de progrès ; ils acquerraient plus d'industrie ; les castors d'aujourd'hui bâtiraient avec plus d'art et de solidité que ne bâtissaient les premiers castors ; l'abeille perfectionnerait encore tous les jours la cellule qu'elle habite : car si on suppose que cette cellule est aussi parfaite qu'elle peut l'être, on donne à cet insecte plus d'esprit que nous n'en avons ; on lui accorde une intelligence supérieure à la nôtre, par laquelle il apercevrait tout d'un coup le dernier point de perfection auquel il doit porter son ouvrage, tandis que nous-mêmes nous ne voyons jamais clairement ce point, et qu'il nous faut beaucoup de réflexions, de temps et d'habitude pour perfectionner le moindre de nos arts. Mais d'où peut venir cette uniformité dans tous les ouvrages des animaux ? Pourquoi chaque espèce ne fait-elle jamais que la même chose, de la même façon ? Pourquoi chaque individu ne la fait-il ni mieux ni plus mal qu'un autre individu ? Y a-t-il de plus forte preuve que leurs opérations ne sont que des résultats mécaniques et purement matériels ? Car s'ils avaient la moindre étincelle de la lumière qui nous éclaire, on trouverait au moins de la variété, si l'on ne voyait pas de la perfection, dans leurs ouvrages ; chaque individu de la même espèce ferait quelque chose d'un peu différent de ce qu'aurait fait un autre individu. Mais non, tous travaillent sur le même modèle ; l'ordre de leurs actions est tracé dans l'espèce entière ; il n'appartient point à l'individu ; si l'on voulait attribuer une âme aux animaux, on serait obligé à n'en faire qu'une pour chaque espèce, à laquelle chaque individu participerait également. Cette âme serait donc nécessairement divisible, par conséquent elle serait matérielle et fort différente de la nôtre. Car pourquoi mettons-nous au contraire tant de diversité et de variété dans nos productions et dans nos ouvrages ? Pourquoi l'imitation servile nous coûte-t-elle plus qu'un nouveau dessein ? C'est parce que notre âme est à nous, qu'elle est indépendante de celle d'un autre, et que nous n'avons rien de commun avec notre espèce que la matière de notre corps : mais quelque différence qu'il y ait entre nous et les animaux, on ne peut nier que nous ne leur tenions de fort près par les dernières de nos facultés

On peut donc dire que quoique les ouvrages du Créateur soient en eux-mêmes tous également parfaits, l'animal est, selon notre façon d'apercevoir, l'ouvrage le plus complet ; et que l'homme en est le chef-d'œuvre.

En effet, pour commencer par l'*animal* qui est ici notre objet principal, avant que de passer à l'*homme*, que de ressorts, que de forces, que de machines et de mouvements sont renfermés dans cette petite partie de matière qui compose le corps d'un *animal !* Que de rapports, que d'harmonie, que de correspondance entre les parties ! Combien de combinaisons, d'arrangements, de causes, d'effets, de principes, qui tous concourent au même but, et que nous ne connaissons que par des résultats si difficiles à comprendre, qu'ils n'ont cessé d'être des merveilles que par l'habitude que nous avons prise de n'y point réfléchir !

Cependant quelque admirable que cet ouvrage nous paraisse, ce n'est pas dans l'individu qu'est la plus grande merveille ; c'est dans la succession, dans le renouvellement et dans la durée des espèces que la nature paraît tout à fait inconcevable, *ou plutôt, en remontant plus haut, dans l'ordre institué entre les parties du tout, par une sagesse infinie et par une main toute-puissante ; car cet ordre une fois institué, les effets quelque surprenants qu'ils soient, sont des suites nécessaires, et simples des lois du mouvement. La machine est faite, et les heures se marquent sous l'œil de l'horloger. Mais entre les suites du mécanisme, il faut convenir que cette faculté de produire son semblable qui réside dans les animaux et dans les végétaux, cette espèce d'unité toujours subsistante et qui paraît éternelle ; cette vertu procréatrice qui s'exerce perpétuellement sans se détruire jamais, est pour nous, quand nous la considérons en elle-même, et sans aucun rapport à l'ordre institué par le Tout-puissant, un mystère dont il ne nous est pas permis de sonder la profondeur.*

La matière inanimé, cette pierre, cette argile qui est sous nos pieds, a bien quelques propriétés : son existence seule en suppose un très grand nombre ; et la matière la moins organisée ne laisse pas que d'avoir, en vertu de son existence, une infinité de rapports avec toutes les autres parties de l'univers. Nous ne dirons pas, avec quelques philosophes, que la matière sous quelque forme qu'elle soit, connaît son existence et ses facultés relatives : cette opinion tient à une question de métaphysique, qu'on peut voir discutée à l'article AME. Il nous suffira de faire sentir que, n'ayant pas nous-mêmes la connaissance de tous les rapports que nous pouvons avoir avec tous les objets extérieurs, nous ne devons pas douter que la matière inanimée n'ait infiniment moins de cette connaissance ; et que d'ailleurs nos sensations ne ressemblant en aucune façon aux objets qui les causent, nous devons conclure par analogie, que la matière inanimée n'a ni sentiment, ni sensation, ni conscience d'existence ; et que lui attribuer quelques-unes de ces facultés, ce serait lui donner celle de penser, d'agir et de sentir, à peu près dans le même ordre et de la même façon que nous pensons, agissons et sentons, ce qui répugne autant à la raison qu'à la religion. *Mais une considération qui s'accorde avec l'une et l'autre, et qui nous est suggérée par le spectacle de la nature dans les individus, c'est que l'état de cette faculté de penser, d'agir, de sentir, réside dans quelques hommes dans un degré éminent, dans un degré moins éminent en d'autres hommes, va en s'affaiblissant à mesure qu'on suit la chaîne des êtres en descendant, et s'éteint apparemment dans quelque point de la chaîne très éloigné : placé entre le règne animal et le règne végétal, point dont nous approcherons de plus en plus par les observations, mais qui nous échappera à jamais ; les expériences resteront toujours en deçà, et les sytèmes iront toujours au-delà ; l'expérience marchant pied à pied, et l'esprit de système allant toujours par sauts et par bonds.*

Nous dirons donc qu'étant formés de terre, et composés de poussière, nous avons en effet avec la terre et la poussière des rapports communs qui nous lient à la matière en général ; tels sont l'étendue, l'impénétrabilité, la pesanteur, etc. Mais comme nous n'apercevons pas ces rapports purement matériels ; comme ils ne font aucune impression au-dedans de nous-mêmes ; comme ils subsistent sans notre participation, et qu'après la mort ou avant la vie, ils existent et ne nous affectent point du tout, on ne peut pas dire qu'ils fassent partie de notre être ; c'est donc l'organisation, la vie, l'âme, qui fait proprement notre existence. La matière considérée sous ce point de vue, en est moins le sujet que l'accessoire ; c'est une enveloppe étrangère dont l'union nous est inconnue et la présence nuisible ; et cet ordre de pensées qui constitue notre être, en est peut-être tout à fait indépendant. *Il me semble que l'historien de la nature accorde ici aux métaphysiciens bien plus qu'ils n'oseraient lui demander. Quelle que soit la manière dont nous penserons quand notre âme sera débarrassée de son enveloppe, et sortira de l'état de chrysalide ; il est constant que cette coque méprisable dans laquelle elle reste détenue pour un temps, influe prodigieusement sur l'ordre de pensées qui constitue son être ; et malgré les suites quelquefois très fâcheuses de cette influence, elle n'en montre pas moins évidemment la sagesse de la providence, qui se sert de cet aiguillon pour nous rappeler sans cesse à la conservation de nous-mêmes et de notre espèce.*

Nous existons donc sans savoir comment, et nous pensons sans savoir pourquoi. *Cette proposition me paraît évidente ; mais on peut observer, quant à la seconde partie, que l'âme est sujette à une sorte d'inertie, en conséquence de laquelle elle resterait perpétuellement appliquée à la même pensée, peut-être à la même idée, si elle n'en était tirée par quelque chose d'extérieur à elle qui l'avertit, sans toutefois prévaloir sur sa liberté. C'est par cette dernière faculté qu'elle s'arrête ou qu'elle passe légèrement d'une contemplation à une autre. Lorsque l'exercice de cette faculté cesse, elle reste fixée sur la même contemplation ; et tel est peut-être l'état de celui qui s'endort, de celui même qui dort, et de celui qui médite très profondément. S'il arrive à ce dernier de parcourir successivement différents objets, ce n'est point par un acte de sa volonté que cette succession s'exécute, c'est la liaison des objets mêmes qui l'entraîne ; et je ne connais rien d'aussi machinal que l'homme absorbé dans une méditation profonde, si ce n'est l'homme plongé dans un profond sommeil.*

Mais quoi qu'il en soit de notre manière d'être ou de sentir ; quoi qu'il en soit de la vérité ou de la fausseté, de l'apparence ou de la réalité de nos sensations, les résultats de ces mêmes sensations n'en sont pas moins certains par rapport à nous. Cet ordre d'idées, cette suite de pensées qui existe au-dedans de nous-mêmes, quoique fort différente des objets qui les causent, ne laissent pas d'être l'affection la plus réelle de notre individu, et de nous donner des relations avec les objets extérieurs, que nous pouvons regarder comme des rapports réels, puisqu'ils sont invariables, et toujours les mêmes relativement à nous. Ainsi nous ne devons pas douter que les différences ou les ressemblances que nous apercevons entre les objets, ne soient des différences et des ressemblances certaines et réelles dans l'ordre de notre existence par rapport à ces mêmes objets. Nous pouvons donc nous donner le premier rang dans la nature. Nous devons ensuite donner la seconde place aux animaux ; la troisième aux végétaux, et enfin la dernière aux minéraux. Car quoique nous ne distinguions pas bien nettement les qualités que nous avons en vertu de notre animalité seule, de celles que nous avons en vertu de la spiritualité de notre âme, ou plutôt de la supériorité de notre entendement sur celui des bêtes, nous ne pouvons guère douter que les animaux étant doués comme nous des mêmes sens, possédant les mêmes principes de vie et de mouvement, et faisant une infinité d'actions semblables aux nôtres, ils n'aient avec les objets extérieurs, des rapports du même ordre que les nôtres, et que par conséquent nous ne leur ressemblions à bien des égards. Nous différons beaucoup des végétaux, cependant nous leur ressemblons plus qu'ils ne ressemblent aux minéraux ; et cela, parce qu'ils ont une espèce de forme vivante, une organisation animée, semblable en quelque façon à la nôtre ; au lieu que les minéraux n'ont aucun organe.

Pour faire donc l'histoire de *l'animal,* il faut d'abord reconnaître avec exactitude l'ordre général des rapports qui lui sont propres, et distinguer ensuite les rapports qui lui sont communs avec les végétaux et les minéraux. L'*animal* n'a de commun avec le minéral que les qualités de la matière prise généralement ; sa substance a les mêmes propriétés virtuelles ; elle est étendue, pesante, impénétrable, comme tout le reste de la matière : mais son économie est toute différente. Le minéral n'est qu'une matière brute, insensible, n'agissant que par la contrainte des lois de la mécanique, n'obéissant qu'à la force généralement répandue dans l'univers, sans organisation, sans puissance, dénuée de toutes facultés, même de celle de se reproduire ; substance informe, faite pour être foulée aux pieds par les hommes et les animaux, laquelle malgré le nom de *métal précieux,* n'en est pas moins méprisée par le sage, et ne peut avoir qu'une valeur arbitraire, toujours subordonnée à la volonté, et toujours dépendante de la convention des hommes. L'*animal* réunit toutes les puissances de la nature ; les sources qui l'animent lui sont propres et particulières ; il veut, il agit, il se détermine, il opère, il communique par ses sens avec les objets les plus éloignés ; son individu est un centre où tout se rapporte ; un point où l'univers entier se réfléchit ; un monde en raccourci. Voilà les rapports qui lui sont propres : ceux qui lui sont communs avec les végétaux, sont les facultés de croître, de se développer, de se reproduire, de se multiplier. *On conçoit bien que toutes ces vérités s'obscurcissent sur les limites des règnes, et qu'on aurait bien de la peine à les apercevoir distinctement sur le passage du minéral au végétal, et du végétal à l'animal. Il faut donc dans ce qui précède et ce qui suit, instituer la comparaison entre un animal, un végétal, et un minéral bien décidé, si l'on ne veut s'exposer à tourner à l'infini dans un labyrinthe dont on ne sortirait jamais.*

L'observateur est forcé de passer d'un individu à un autre : mais l'historien de la nature est contraint de l'embrasser par grandes masses, de ces masses il les coupe dans les endroits de la chaîne où les nuances lui paraissent trancher le plus vivement ; et il se garde bien d'imaginer que ces divisions soient l'ouvrage de la nature.

La différence la plus apparente entre les animaux et les végétaux, paraît être cette faculté de se mouvoir et de changer de lieu dont les animaux sont doués, et qui n'est pas donnée aux végétaux. Il est vrai que nous ne connaissons aucun végétal qui ait le mouvement progressif ; mais nous voyons plusieurs espèces d'animaux, comme les huîtres, les galle-insectes, etc., auxquelles ce mouvement paraît avoir été refusé. Cette différence n'est donc pas générale et nécessaire.

Une différence plus essentielle pourrait se tirer de la faculté de *sentir,* qu'on ne peut guère refuser aux animaux, et dont il semble que les végétaux soient privés. Mais ce mot *sentir* renferme un si grand nombre d'idées, qu'on ne doit pas le prononcer avant que d'en avoir faire l'analyse : car si par *sentir* nous entendons seulement faire une action de mouvement à l'occasion d'un choc ou d'une résistance, nous trouverons que la plante appelée *sensitive,* est capable de cette espèce de sentiment comme les animaux. Si au contraire on veut dire que *sentir* signifie *apercevoir* et comparer des perceptions, nous ne sommes pas sûrs que les animaux aient cette espèce de sentiment ; et si nous accordons quelque chose de semblable aux chiens, aux éléphants, etc., dont les actions semblent avoir les mêmes causes que les nôtres, nous le refuserons à une infinité d'espèces d'animaux, et surtout à ceux qui nous paraissent être immobiles et sans action. Si on voulait que les huîtres, par exemple, eussent du sentiment comme les chiens, mais à un degré fort inférieur, pourquoi n'accorderait-on pas aux végétaux ce même sentiment dans un degré encore au-dessous ? Cette différence entre les animaux et les végétaux n'est pas générale ; elle n'est pas même bien décidée. *Mais n'y a-t-il que ces deux manières de* sentir, *ou se mouvoir à l'occasion d'un choc ou d'une résistance, ou apercevoir et comparer des perceptions ? Il me semble que ce qui s'appelle en moi sentiment de plaisir, de douleur, etc., sentiment de mon existence, etc., n'est ni mouvement, ni perception et comparaison de perceptions. Il me semble qu'il en est du sentiment pris dans ce troisième sens commun de la pensée, qu'on ne peut comparer à rien, parce qu'elle ne ressemble à rien ; et qu'il pourrait bien y avoir quelque chose de ce sentiment dans les animaux.*

Une troisième différence pourrait être dans la manière de se nourrir. Les animaux par le moyen de quelques organes extérieurs, saisissent les choses qui leur conviennent, vont chercher leur pâture, choisissent leurs aliments ; les plantes au contraire paraissent être réduites à recevoir la nourriture que la terre veut bien leur fournir. Il semble que cette nourriture soit toujours la même ; aucune diversité dans la manière de se la procurer ; aucun choix dans l'espèce ; l'humidité de la terre est leur seul aliment. Cependant si l'on fait attention à l'organisation et à l'action des racines et des feuilles, on reconnaîtra bientôt que ce sont là les organes extérieurs dont les végétaux se servent pour pomper la nourriture : on verra que les racines se détournent d'un obstacle ou d'une veine de mauvais terrain pour aller chercher la bonne terre ; que même ces racines se divisent, se multiplient, et vont jusqu'à changer de forme pour procurer de la nourriture à la plante. La différence entre les animaux et les végétaux, ne peut donc pas s'établir sur la manière dont ils se nourrissent. *Cela peut être, d'autant plus que cet air de spontanéité qui nous frappe dans les animaux qui se meuvent, soit quand ils cherchent leur proie ou dans d'autres occasions, et que nous ne voyons point dans les végétaux, est peut-être un préjugé, une illusion de nos sens trompés par la variété des mouvements animaux ; mouvements qui seraient cent fois encore plus variés qu'ils n'en seraient pas pour cela plus libres. Mais pourquoi, me demandera-t-on, ces mouvements sont-ils si variés dans les animaux, et si uniformes dans les végétaux ? C'est, ce me semble, parce que les végétaux ne sont mus que par la résistance ou le choc ; au lieu que les animaux ayant des yeux, des oreilles, et tous les organes de la sensation comme nous, et ces organes pouvant être affectés ensemble ou séparément, toute cette combinaison de résistance ou de choc, quand il n'y aurait que cela, et que l'animal serait purement passif, doit l'agiter d'une infinité de diverses manières ; en sorte que nous ne pouvons plus remarquer d'uniformité dans son action. De là il arrive que nous disons que la pierre tombe nécessairement, et que le chien appelé vient librement ; que nous ne nous plaignons point d'une tuile qui nous casse un bras, et que nous nous emportons contre un chien qui nous mord la jambe, quoique toute la différence qu'il y ait peut-être entre la tuile et le chien, c'est que toutes les tuiles tombent de même, et qu'un chien ne se meut pas deux fois dans sa vie précisément de la même manière. Nous n'avons d'autre idée de la* nécessité, *que celle qui nous vient de la permanence et de l'uniformité de l'événement.*

Cet examen nous conduit à reconnaître évidemment qu'il n'y a aucune différence absolument essentielle et générale entre les animaux et les végétaux : mais que la nature descend par degrés et par nuances imperceptibles, d'un animal qui nous paraît le plus parfait, à celui qui l'est le moins, et de celui-ci au végétal. Le polype d'eau douce sera, si l'on veut, le dernier des animaux, et la première des plantes.

Après avoir examiné les différences, si nous cherchons les ressemblances des animaux et des végétaux, nous en trouverons d'abord une qui est très générale et très essentielle ; c'est la faculté commune à tous deux de se reproduire, faculté qui suppose plus d'analogie et de choses semblables que nous ne pouvons l'imaginer, et qui doit nous faire croire que, pour la nature, les animaux et les végétaux sont des êtres à peu près de même ordre.

Une seconde ressemblance peut se tirer du développement de leurs parties, propriété qui leur est commune ; car les végétaux ont aussi bien que les animaux, la faculté de croître ; et si la manière dont ils se développent est différente, elle ne l'est pas totalement ni essentiellement, puisqu'il y a dans les animaux des parties très considérables, comme les os, les cheveux, les ongles, les cornes, etc., dont le développement est une vraie végétation, et que dans les premiers temps de la formation le fœtus végète plutôt qu'il ne vit.

Une troisième ressemblance, c'est qu'il y a des animaux qui se reproduisent comme les plantes, et par les mêmes moyens ; la multiplication des pucerons, qui se fait sans accouplement, est semblable à celle des plantes par les graines ; et celle des polypes, qui se fait en les coupant, ressemble à la multiplication des arbres par boutures.

On peut donc assurer, avec plus de fondement encore, que les animaux et les végétaux sont des êtres du même ordre, et que la nature semble avoir passé des uns aux autres par des nuances insensibles, puisqu'ils ont entre eux des ressemblances essentielles et générales, et qu'ils n'ont aucune différence qu'on puisse regarder comme telle.

Si nous comparons maintenant les animaux aux végétaux par d'autres faces, par exemple, par le nombre, par le lieu, par la grandeur, par la forme, etc., nous en tirerons de nouvelles inductions.

Le nombre des espèces d'animaux est beaucoup plus grand que celui des espèces de plantes ; car dans le seul genre des insectes, il y a peut-être un plus grand nombre d'espèces, dont la plupart échappent à nos yeux, qu'il n'y a d'espèces de plantes visibles sur la surface de la terre. Les animaux même se ressemblent en général beaucoup moins que les plantes, et c'est cette ressemblance entre les plantes qui fait la difficulté de les reconnaître et de les ranger ; c'est là ce qui a donné naissance aux méthodes de botanique, auxquelles on a par cette raison beaucoup plus travaillé qu'à celles de la zoologie, parce que les animaux ayant en effet entre eux des différences bien plus sensibles que n'en ont les plantes entre elles, ils sont plus aisés à reconnaître et à distinguer, plus faciles à nommer et à décrire.

D'ailleurs il y a encore un avantage pour reconnaître les espèces d'animaux, et pour les distinguer les unes des autres ; c'est qu'on doit regarder comme la même espèce celle qui, au moyen de la copulation, se perpétue et conserve la similitude de cette espèce, et comme des espèces différentes celles qui, par les mêmes moyens, ne peuvent rien produire ensemble ; de sorte qu'un renard sera une espèce différente d'un chien, si en effet, par la copulation d'un mâle et d'une femelle de ces deux espèces, il ne résulte rien ; et quand même il résulterait un animal mi-parti, une espèce de mulet, comme ce mulet ne produirait rien, cela suffirait pour établir que le renard et le chien ne seraient pas de la même espèce, puisque nous avons supposé que pour constituer une espèce, il fallait une production continue, perpétuelle, invariable, semblable en un mot à celle des autres animaux. Dans les plantes, on n'a pas le même avantage ; car quoiqu'on ait prétendu y reconnaître des sexes, et qu'on ait établi des divisions de genres par les parties de la fécondation, comme cela n'est ni aussi certain, ni aussi apparent que dans les animaux, et que d'ailleurs la production des plantes se fait de plusieurs autres façons où les sexes n'ont aucune part, et où les parties de la fécondation ne sont pas nécessaires ; on n'a pu employer avec succès cette idée, et ce n'est que sur une analogie mal entendue, qu'on a prétendu que cette méthode sexuelle devait nous faire distinguer toutes les espèces différentes de plantes.

Le nombre des espèces d'animaux est donc plus grand que celui des espèces de plantes : mais il n'en est pas de même du nombre d'individus dans chaque espèce : comme dans les plantes le nombre d'individus est beaucoup plus grand dans le petit que dans le grand, l'espèce des mouches est peut-être cent millions de fois plus nombreuse que celle de l'éléphant ; de même, il y a en général beaucoup plus d'herbes que d'arbres, plus de chiendent que de chênes. Mais si l'on compare la quantité d'individus des animaux et des plantes, espèce à espèce, on verra que chaque espèce de plante est plus abondante que chaque espèce d'animal. Par exemple, les quadrupèdes ne produisent qu'un petit nombre de petits, et dans des intervalles assez considérables. Les arbres au contraire produisent tous les ans une grande quantité d'arbres de leur espèce.

M. de Buffon s'objecte lui-même que sa comparaison n'est pas exacte, et que pour la rendre telle, il faudrait pouvoir comparer la quantité de graine que produit un arbre, avec la quantité de germes que peut contenir la semence d'un animal ; et que peut-être on trouverait alors que les animaux sont encore plus abondants en germes que les végétaux. Mais il répond que si l'on fait attention qu'il est possible en ramassant avec soin toutes les graines d'un arbre, par exemple d'un orme, et en les semant, d'avoir une centaine de milliers de petits ormes de la production d'une seule année, on avouera nécessairement que, quand on prendrait le même soin pour fournir à un cheval toutes les juments qu'il pourrait saillir en un an, les résultats seraient fort différents dans la production de l'animal, et dans celle du végétal. Je n'examine donc pas (dit M. de Buffon) la quantité des germes ; premièrement parce que dans les animaux nous ne la connaissons pas ; et en second lieu, parce que dans les végétaux il y a peut-être de même des germes séminaux, et que la graine n'est point un germe, mais une production aussi parfaite que l'est le fœtus d'un animal, à laquelle, comme à celui-ci, il ne manque qu'un plus grand développement.

M. de Buffon s'objecte encore la prodigieuse multiplication de certaines espèces d'insectes, comme celle des abeilles dont chaque femelle produit trente à quarante mille mouches : mais il répond qu'il parle du général des animaux comparé au général des plantes, et que d'ailleurs cet exemple des abeilles, qui peut-être est celui de la plus grande multiplication que nous connaissions dans les animaux ne fait pas une preuve ; car de trente ou quarante mille mouches que la mère abeille produit, il n'y en a qu'un très petit nombre de femelles, quinze cents ou deux mille mâles, et tout le reste ne sont que des mulets ou plutôt des mouches neutres, sans sexe, et incapables de produire. [...]

Il paraît par tout ce qui précède, que les espèces les plus viles, les plus abjectes, les plus petites à nos yeux, sont les plus abondantes en individus, tant dans les animaux que dans les plantes. A mesure que les espèces d'animaux nous paraissent plus parfaites, nous les voyons réduites à un moindre nombre d'individus. [...]

Au reste, la différence la plus générale et la plus sensible entre les animaux et les végétaux est celle de la forme. [...]

ART
(Diderot)

« On n'a presque rien écrit sur les arts mécaniques, déclare Diderot dans le Prospectus de l'Encyclopédie ; *car, qu'est-ce que le peu qu'on en rencontre dans les auteurs, en comparaison de l'étendue et de la fécondité du sujet ? »*

*L'*Encyclopédie, *dont l'époque est celle du premier essor du machinisme (on disait alors les « mécaniques »), accorde une importance de premier ordre à la description des techniques et des métiers. Son titre précise bien,* *d'ailleurs, cette préoccupation : ...* Dictionnaire raisonné des sciences, des arts et des métiers. *Certains collaborateurs de l'*Encyclopédie, *et des plus célèbres, ne dédaignèrent pas les études sur les « arts mécaniques » :*

Daubenton : Mémoires sur le premier drap de laine superfine du cru de la France. *Lille 1764 ;*

Diderot : L'Histoire et le secret de la peinture en cire. Exposé du procédé découvert en 1749 par le peintre G.-J. Bachelier. *S.l.n.d. ;*

Holbach (Baron d') : Traduction de Néri. Art de la verrerie. *Paris 1752.*

Signalons enfin l'importance des travaux de Vaucanson (voir en particulier le mémoire intitulé Jugement de l'Académie royale des sciences sur une nouvelle méthode de tisser la soie et de l'apprêter).

Notons les raisons que l'auteur donne de la supériorité d'une manufacture sur une autre : il place au premier rang la concentration des ouvriers qui permet de pousser très loin la division du travail et qui développe l'émulation. Karl Marx a souligné l'importance de la division du travail dans la manufacture : elle y revêt sa « forme classique ».

Se reporter aux articles « Bas », « Industrie », « Manufacture », « Métallurgie ».

Albert Soboul

*Un des articles les plus importants de l'*Encyclopédie, *par son contenu mais aussi par les principes de méthode qu'il expose : toute connaissance a pour point de départ l'observation et l'expérience à partir desquelles on dégage des lois. Cette théorie, déjà exposée dans le* Discours préliminaire *et dérivée du sensualisme de Locke et des principes de Newton, permet à Diderot d'entrevoir le rôle essentiel de la pratique et en particulier du travail (de transformation de la nature) dans l'origine des sciences.*

Dans sa Lettre sur le commerce de la librairie, *Diderot compara de façon encore plus nette les produits de l'esprit humain et les produits de la terre.*

Les conséquences sociales qui en découlent — elles seront exposées dans de nombreux articles — sont de première importance, en particulier la réhabilitation du travail manuel. Ceux qui traditionnellement sont au sommet de la hiérarchie sociale — la noblesse — ne sont pour Diderot que des parasites. Même si une telle conception sociale peut paraître sommaire, et assurément moins élaborée que celle de Quesnay, elle sape les fondements idéologiques de la société d'Ancien Régime. Elle conduit Diderot à critiquer le principe de dérogeance — tout noble s'engageant directement dans une activité économique perdait son titre de noblesse — et à faire l'éloge de Colbert. Cet éloge du mercantilisme, en contradiction avec les thèmes exposés dans l'article « Agriculture », montre que Diderot, même fortement influencé par les idées physiocratiques, n'en partage point leur caractère systématique, reconnaissant à l'activité manufacturière un rôle dans la production des richesses.

*La fin de l'article illustre le souci du concret qui est celui de l'*Encyclopédie. *Relevons particulièrement la place attribuée aux progrès de la division du travail et de l'innovation technique, et la reconnaissance du caractère social de cette dernière.*

En réalité l'exemple choisi, celui de la manufacture lyonnaise, ne correspond pas tout à fait à la division du travail telle l'on a pu l'entendre après la révolution industrielle. A Lyon, les maîtres artisans dépendaient des marchands négociants qui livraient la matière première et commercialisaient le produit fini, mais ils restaient possesseurs de leur métier. La séparation du producteur direct avec les moyens de production était loin d'être complète. Cependant on constate déjà une certaine concentration : beaucoup de maîtres possédaient plusieurs métiers. En 1720, il y avait 5 067 métiers et à peu près 3 299 maîtres contre 400 marchands-négociants environ. En 1769, on comptait 2,7 métiers par atelier. Par ailleurs, les opérations complexes du tissage nécessitaient un grand nombre de travailleurs spécialisés.

Cet article fondamental qui dit « la gloire de l'agriculture et du commerce, c'est-à-dire de la nation au travail »[40] *et semble même lui donner plus d'éclat que les activités de l'esprit, renverse l'échelle dominante des valeurs de la société d'Ancien Régime.*

Philippe Goujard

ART, terme abstrait et métaphysique. On a commencé par faire des observations sur la nature, le service, l'emploi, les qualités des êtres et de leurs symboles ; puis on a donné le nom de *science* ou d'*art* ou de *discipline* en général au centre, ou point de réunion, auquel on a rapporté les observations qu'on avait faites, pour en former un système ou de règles ou d'instruments, et de règles tendant à un même but ; car voilà ce que c'est que *discipline* en général. *Exemple.* On a réfléchi sur l'usage et l'emploi des mots, et l'on a inventé ensuite le mot *grammaire. Grammaire* est le nom d'un système d'instruments et de règles relatifs à un objet déterminé ; et cet objet est le son articulé, les signes de la parole, l'expression de la pensée, et tout ce qu'il y a rapport : il en est de même des autres sciences ou *arts.*

ORIGINE DES SCIENCES ET DES ARTS. C'est l'industrie de l'homme appliquée aux productions de la nature, ou par ses besoins, ou par son luxe, ou par son amusement, ou par sa curiosité, etc., qui a donné naissance aux sciences et aux *arts ;* et ces points de réunion de nos différentes réflexions ont reçu les dénominations de *science* et d'*art,* selon la nature de leurs objets *formels,* comme disent les logiciens. Si l'objet s'exécute, la collection et la disposition technique des règles selon lesquelles il s'exécute s'appellent *art.*

Si l'objet est contemplé seulement sous différentes faces, la collection et la disposition technique des observations relatives à cet objet s'appellent *science ;* ainsi la *métaphysique* est une science et la *morale* est

---

40. E. Labrousse, *Hist. éco. et soc. de la France, op. cit.,* p. 719.

un *art*. Il en est de même de la théologie et de la pyrotechnie.

DISTRIBUTION DES ARTS EN LIBÉRAUX ET EN MÉCANIQUES. En examinant les productions des arts, on s'est aperçu que les unes étaient plus l'ouvrage de l'esprit que de la main, et qu'au contraire d'autres étaient plus l'ouvrage de la main que de l'esprit. Telle est *en partie* l'origine de la prééminence que l'on a accordée à certains *arts* sur d'autres, et de la distribution qu'on a faite des *arts* en *arts libéraux* et en *arts mécaniques*. Cette distinction, quoique bien fondée, a produit un mauvais effet, en avilissant des gens très estimables et très utiles, et en fortifiant en nous je ne sais quelle paresse naturelle, qui ne nous portait déjà que trop à croire que donner une application constante et suivie à des expériences et à des objets particuliers, sensibles et matériels, c'était déroger à la dignité de l'esprit humain ; et que de pratiquer ou même d'étudier les *arts mécaniques*, c'était s'abaisser à des choses dont la recherche est laborieuse, la méditation ignoble, l'exposition difficile, le commerce déshonorant, le nombre inépuisable, et la valeur minutielle. Préjugé qui tendait à remplir les villes d'orgueilleux raisonneurs et de contemplateurs inutiles, et les campagnes de petits tyrans ignorants, oisifs et dédaigneux. Ce n'est pas ainsi qu'ont pensé Bacon, un des premiers génies de l'Angleterre ; Colbert, un des plus grands ministres de la France ; enfin les bons esprits et les hommes sages de tous les temps. Bacon regardait l'histoire des *arts mécaniques* comme la branche la plus importante de la vraie philosophie ; il n'avait donc garde d'en mépriser la pratique. Colbert regardait l'industrie des peuples et l'établissement des manufactures comme la richesse la plus sûre d'un royaume. Au jugement de ceux qui ont aujourd'hui des idées saines de la valeur des choses, celui qui peupla la France de graveurs, de peintres, de sculpteurs et d'artistes en tout genre ; qui surprit aux Anglais la machine à faire des bas, le velours aux Génois, les glaces aux Vénitiens, ne fit guère moins pour l'État que ceux qui battirent ses ennemis et leur enlevèrent leurs places fortes ; et aux yeux du philosophe il y a peut-être plus de mérite réel à avoir fait naître les Le Brun, les Le Sueur et les Audran, peindre et graver les batailles d'Alexandre, et exécuter en tapisserie les victoires de nos généraux, qu'il n'y en a à les avoir remportées. Mettez dans un des côtés de la balance les avantages réels des sciences les plus sublimes et des *arts* les plus honorés, et dans l'autre côté ceux des *arts mécaniques,* et vous trouverez que l'estime qu'on a faite des uns et celle qu'on a faite des autres n'ont pas été distribuées dans le juste rapport de ces avantages, et qu'on a bien plus loué les hommes occupés à faire croire que nous étions heureux, que les hommes occupés à faire que nous le fussions en effet. Quelle bizarrerie dans nos jugements ! nous exigeons qu'on s'occupe utilement, et nous méprisons les hommes utiles.

DE LA SUPÉRIORITÉ D'UNE MANUFACTURE SUR UNE AUTRE. Mais ce qui donnera la supériorité à une manufacture sur une autre, ce sera surtout la bonté des matières qu'on y emploiera jointe à la célérité du travail et à la perfection de l'ouvrage. Quant à la bonté des matières, c'est une affaire d'inspection. Pour la célérité du travail et la perfection de l'ouvrage, elles dépendent entièrement de la multitude des ouvriers rassemblés. Lorsqu'une manufacture est nombreuse, chaque opération occupe un homme différent. Tel ouvrier ne fait et ne fera de sa vie qu'une seule et unique chose : d'où il arrive que chacune s'exécute bien et promptement, et que l'ouvrage le mieux fait est encore celui qu'on a à meilleur marché. D'ailleurs le goût et la façon se perfectionnent nécessairement entre un grand nombre d'ouvriers parce qu'il est difficile qu'il ne s'en rencontre quelques-uns capables de réfléchir, de combiner, et de trouver enfin le seul moyen qui puisse les mettre au-dessus de leurs semblables ; le moyen ou d'épargner la matière, ou d'allonger le temps, ou de surfaire l'industrie, soit par une machine nouvelle, soit par une manœuvre plus commode. Si les manufactures étrangères ne l'emportent pas sur nos manufactures de Lyon, ce n'est pas qu'on ignore ailleurs comment on travaille là ; on a partout les même métiers, les mêmes soies, et à peu près les mêmes pratiques : mais ce n'est qu'à Lyon qu'il a 30 000 ouvriers rassemblés et s'occupant tous de l'emploi de la même matière.

ATOMISME

C'est avec une sympathie visible qu'est exposée la doctrine des matérialistes de l'Antiquité : Leucippe, Démocrite, Epicure, Lucrèce. A l'opposé des idéalistes, tels Platon et les Stoïciens, ils donnèrent à leur réflexion un sens humain et pratique. Epicure surtout, contemporain d'événements tragiques — les cités grecques vaincues et asservies, la misère grandissante —, exprime le désir de sécurité de tous les malheureux et veut apporter aux hommes une philosophie qui les aide. D'abord, les affranchir des tourments et des craintes qu'inspire la religion. Pour cela, la connaissance est efficace, puisqu'elle montre que l'univers s'explique par lui-même, sans nul besoin des dieux. Les atomistes ont été des précurseurs. Par leur matérialisme, ils se sont élevés à des vues hardies qui devancent la science de leur temps : ils ont eu l'idée de la pluralité des mondes, de l'infinité de l'univers, et Lucrèce celle de la transformation de toutes les choses, y compris des êtres vivants.

*Conformément à l'une des tactiques de l'*Encyclopédie, *l'auteur de l'article, après avoir fort bien résumé les principes essentiels de l'atomisme, déclare superflu de les réfuter. Quant à la prétendue compatibilité de la doctrine des atomes et de celle des substances immatérielles, elle n'est qu'affirmée et on laisse à la sagacité du lecteur de décider si vraiment* les mêmes principes, les mêmes maximes, *peuvent conduire à admettre des opinions radicalement différentes.*

Voir l'article « Corpusculaire ».

Albert Soboul

*Pour bien saisir la portée de cet article, il est utile d'exposer brièvement les connaissances du lecteur potentiel de l'*Encyclopédie. *En schématisant outrancièrement on peut dire qu'on lui avait enseigné dès son enfance que la création de l'univers par Dieu correspondait à un plan de la Providence divine : assurer le salut des hommes. Cela postulait la fin du monde.*

*Or cet article veut ruiner une telle façon de voir, en reprenant les leçons des matérialistes de l'Antiquité. Il affirme que la matière est éternelle, alors que dans la conception chrétienne seul Dieu possédait évidemment cette qualité d'éternité. Transférer cette qualité à la matière signifiait qu'elle n'avait ni commencement ni fin. Il ne pouvait plus y avoir de fin du monde. En second lieu, affirmer que « le tout s'est fait par hasard » ou que « rien n'a été fait avec dessein » équivalait à nier un quelconque plan de la Providence divine. Cette négation visait aussi le finalisme systématique qui avait été développé notamment par Fénelon. Certes cette école avait déjà été critiquée dans les manuscrits clandestins du curé Meslier, mais on conviendra que l'*Encyclopédie *permit une autre diffusion de la théorie matérialiste.*

Philippe Goujard

ATOMISME, physique corpusculaire très ancienne. Strabon, en parlant de l'érudition des Phéniciens, dit : « S'il faut en croire Posidonius, le dogme des atomes est ancien et vient d'un Sidonien nommé *Moschus,* qui a vécu avant la guerre de Troie. »

Pythagore paraît avoir appris cette doctrine en Orient ; et Ecphantus, célèbre pythagoricien, a témoigné que les unités dont Pythagore disait que tout est composé n'étaient que des atomes ; ce qu'Aristote assure aussi en divers endroits. Empédocle, pythagoricien, disait de même que la nature de tous les corps ne venait que *du mélange et de la séparation des particules ;* et quoiqu'il admît les quatre éléments il prétendait que ces éléments étaient eux-mêmes composés d'atomes ou de corpuscules. Ce n'est donc pas sans raison que Lucrèce loue si fort Empédocle, puisque sa physique est, à plusieurs égards, la même que celle d'Epicure. Pour Anaxagore, quoiqu'il fût aussi atomiste, il avait un sentiment particulier, qui est que chaque chose était composée des atomes de son espèce ; les os, d'atomes d'os ; les corps rouges, d'atomes rouges, etc.

La doctrine des atomes n'a été proprement réduite en système que par Leucippe et Démocrite ; avant ces deux philosophes, elle n'avait passé que pour une partie du système philosophique qui servait à expliquer les phénomènes des corps. Ils allèrent plus loin et firent de ce dogme le fondement d'un système entier de philosophie. C'est ce qui a fait que Diogène Lærce et plusieurs autres auteurs les en ont regardés comme les inventeurs. On associe ordinairement ensemble les noms de ces deux philosophes.

Il n'y a point de meilleur moyen pour se faire une idée complète de l'*atomisme* que de lire le fameux poème de Lucrèce. Voici en peu de mots le fond de ce système tel que nous le trouvons dans ce poète latin et dans divers endroits de Cicéron où il en est parlé.

Le monde est nouveau, et tout est plein des preuves de sa nouveauté ; mais la matière dont il est composé est éternelle. Il y a toujours eu une quantité immense et réellement infinie d'atomes en corpuscules durs, crochus, carrés, oblongs et de toutes figures ; tous indivisibles, tous en mouvement et faisant effort pour avancer ; tous descendant et traversant le vide : s'ils avaient toujours continué leur route de la sorte, il n'y aurait jamais eu d'assemblages et le monde ne serait pas ; mais quelques-uns allant un peu de côté, cette légère déclinaison enferra et accrocha plusieurs ensemble : de là se sont formées diverses masses ; un ciel, un soleil, une terre, un homme, une intelligence et une sorte de liberté. Rien n'a été fait avec dessein : il faut bien se garder de croire que les jambes de l'homme aient été faites dans l'intention de porter le corps d'une place à une autre ;

que les doigts aient été pourvus d'articulations pour mieux saisir ce qui nous serait nécessaire ; que la bouche ait été garnie de dents pour broyer les aliments ; ni que les yeux ayant été adroitement suspendus sur des muscles souples et mobiles pour pouvoir se tourner avec agilité et pour voir de toutes parts en un instant. Non, ce n'est point une intelligence qui a disposé ces parties afin qu'elles puissent nous servir ; mais nous faisons usage de ce que nous trouvons capable de nous rendre service.

Le tout s'est fait par hasard, le tout se continue, et les espèces se perpétuent les mêmes par hasard : le tout se dissoudra un jour par hasard : tout le système se réduit là. Il serait superflu de s'arrêter à la réfutation de cet amas d'absurdités ; ou s'il était nécessaire de les combattre on peut consulter l'anti-Lucrèce du cardinal de Polignac.

L'ancien *atomisme* était un pur athéisme ; mais on aurait tort de faire rejaillir cette accusation sur la philosophie corpusculaire en général. L'exemple de Démocrite, de Leucippe et d'Epicure, tous trois aussi grands athées qu'atomistes, a fait croire à bien des gens que dès que l'on admettait les corpuscules on rejetait la doctrine qui établit des êtres immatériels, comme la divinité et les âmes humaines. Néanmoins non seulement la pneumatologie[41] n'est pas incompatible avec la doctrine des atomes, mais même elles ont beaucoup de liaison ensemble : aussi les mêmes principes de philosophie qui avaient conduit les anciens à reconnaître les atomes les conduisirent aussi à croire qu'il y a des choses immatérielles ; et les mêmes maximes qui leur persuadèrent que les formes corporelles ne sont pas des entités distinctes de la substance des corps, leur persuadèrent aussi que les âmes ne sont ni engendrées avec le corps, ni anéanties avec sa mort.

---

41. Pneumatologie : ce qui traite de l'esprit. A.S.

AUTORITÉ dans les discours et dans les écrits

La première règle de la méthode énoncée par Descartes est de ne recevoir jamais aucune chose pour vraie qu'on ne la connaisse évidemment être telle. Ainsi est sapée l'une des bases essentielles de la scolastique fondée sur le principe d'autorité. *L'auteur de l'article rejette ici le principe d'autorité du domaine de la science pour ne lui reconnaître de valeur que dans ceux de la religion et de l'histoire.*

Se reporter à l'article « Critique dans les sciences ».

Albert Soboul

On notera la référence à saint Augustin, manière de recourir au principe d'autorité pour mieux le ruiner. Cet article ne peut se comprendre indépendamment de l'article « Critique dans les sciences ». Si l'autorité est admise ici en matière de religion et d'histoire, elle est niée dans l'autre article. On peut expliquer cette contradiction par des divergences d'opinion entre les auteurs admises par Diderot — voir l'article « Éditeurs » — mais aussi par l'utilisation d'une méthode de dissimulation de la pensée autre que celle utilisée dans l'article « Aigle ». Pour mieux tromper la censure, on dissimulait une critique subversive dans plusieurs articles. Étant donné le peu de divergences philosophiques entre les auteurs nous penchons pour cette dernière hypothèse.

Philippe Goujard

AUTORITÉ DANS LES DISCOURS ET DANS LES ÉCRITS. J'entends par *autorité dans le discours* le droit qu'on a d'être cru dans ce qu'on a dit : ainsi plus on a le droit d'être cru sur parole, plus on a d'*autorité*. Ce droit et fondé sur le degré de science et de bonne foi qu'on reconnaît dans la personne qui parle. La science empêche qu'on ne se trompe soi-même et écarte l'erreur qui pourrait naître de l'ignorance. La bonne foi empêche qu'on ne trompe les autres et réprime le mensonge que la malignité chercherait à accréditer. C'est donc les lumières et la sincérité qui font la vraie mesure de l'*autorité* dans le discours. Ces deux qualités sont essentiellement nécessaires. Le plus savant et le plus éclairé des hommes ne mérite plus d'être cru dès qu'il est fourbe ; non plus que l'homme le plus pieux et le plus saint, dès qu'il parle de ce qu'il ne sait pas ; de sorte que saint Augustin avait raison de dire que ce n'était pas le nombre, mais le mérite des auteurs qui devait emporter la balance. Au reste, il ne faut pas juger du mérite par la réputation, surtout à l'égard des gens qui sont membres d'un corps ou portés par une cabale. La vraie pierre de touche, quand on est capable et à portée de s'en servir, c'est une comparaison judicieuse du discours avec la matière qui en est le sujet, considérée en elle-même : ce n'est pas le nom de l'auteur qui doit faire estimer l'ouvrage, c'est l'ouvrage qui doit obliger à rendre justice à l'auteur.

L'*autorité* n'a de force et n'est de mise, à mon sens, que dans les faits, dans les matières de religion, et dans l'histoire. Ailleurs, elle est inutile et hors d'œuvre. Qu'importe que d'autres aient pensé de même ou autrement que nous, pourvu que nous pensions juste, selon les règles du bon sens et conformément à la vérité ? Il est assez indifférent que votre opinion soit celle d'Aristote, pourvu qu'elle soit selon les lois du syllogisme. A quoi bon ces fréquentes citations, lorsqu'il s'agit de choses qui dépendent uniquement du témoignage de la raison et des sens ? A quoi bon m'assurer qu'il est jour quand j'ai les yeux ouverts et que le soleil luit ? Les grands noms ne sont bons qu'à éblouir le peuple, à tromper les petits esprits et à fournir du babil aux demi-savants. Le peuple qui admire tout ce qu'il n'entend pas croit toujours que celui qui parle le plus et le moins naturellement est le plus habile. Ceux à qui il manque assez d'étendue dans l'esprit pour penser eux-mêmes se contentent des pensées d'autrui et comptent les suffrages. Les demi-savants qui ne sauraient se taire, et qui prennent le silence et la modestie pour des symptômes d'ignorance ou d'imbécillité, se font des magasins inépuisables de citations.

Je ne prétends pas néammoins que l'*autorité* ne soit absolument d'aucun usage dans les sciences. Je veux seulement faire entendre qu'elle doit servir à nous appuyer et non pas à nous conduire ; et qu'autrement elle entreprendrait sur les droits de la raison : celle-ci est un flambeau allumé par la nature et destiné à nous éclairer ; l'autre n'est tout au plus qu'un bâton fait de la main des hommes et bon pour nous soutenir, en cas de faiblesse, dans le chemin que la raison nous montre.

Ceux qui se conduisent dans leurs études par l'*autorité* seule ressemblent assez à des aveugles qui marchent sous la conduite d'autrui. Si leur guide est mauvais, il les jette dans des routes égarées où il les laisse las et fatigués avant que d'avoir fait un pas dans le vrai chemin du savoir. S'il est habile, il leur fait à la vérité parcourir un grand espace en peu de temps mais ils n'ont point eu le plaisir de remarquer ni le but où ils allaient, ni les objets qui ornaient le rivage et le rendaient agréable.

Je me représente ces esprits qui ne veulent rien devoir à leurs propres réflexions, et qui se guident sans cesse d'après les idées des autres, comme des enfants dont les jambes ne s'affermissent point, ou des malades qui ne sortent point de l'état de convalescence et ne feront jamais un pas sans un bras étranger.

AUTORITÉ POLITIQUE
(Diderot)

La monarchie absolue — comme celle qui gouvernait la France au XVIII*e siècle — s'appuyait sur deux théories politiques. La première fondait l'autorité sur la volonté divine ; la seconde, illustrée particulièrement par l'anglais Filmer, assimilait le pouvoir royal au pouvoir paternel : la source de l'autorité se situait alors dans la* *nature. Au* XVIIe *siècle, certains théoriciens politiques, particulièrement Hobbes (1588-1673), Grotius (1583-1645), Pufendorf (1632-1694) et Locke (1632-1704), avaient contesté cette origine divine ou naturelle du pouvoir. Ce sont leurs théories que Diderot résume ici. Pour ces théoriciens politiques, c'était la volonté des individus, qui avaient décidé, par contrat, de s'unir en société, qui était la source de l'autorité. Ce n'était pas la théorie du contrat qui, en elle-même, ruinait la conception du droit divin — certains théologiens admettaient l'existence d'un contrat, voulu par Dieu — mais celle du consentement libre des individus. A la différence de l'autorité paternelle, le pouvoir politique n'était donc pas naturel. D'abord la théorie du consentement postulait une égalité naturelle entre les contractants, alors que les partisans de l'origine naturelle du pouvoir estimaient qu'il y avait une inégalité naturelle des individus. Ensuite, la puissance paternelle n'était que provisoire, alors que le contrat fondait une société politique permanente.*

On le voit, une telle conception marquait une rupture importante dans la pensée politique, elle laïcisait la science politique en la séparant de la théologie, en même temps qu'elle pouvait fonder implicitement une conception démocratique de la souveraineté nationale. Seul, parmi les tenants de l'école contractualiste, Rousseau lui donna ce contenu démocratique.

Le texte de Diderot montre quelques-unes des limites de la théorie du contrat telle qu'elle se présentait en Europe dans les années 1750. Ces limites concernent d'abord la nature du consentement. Ce dernier pouvait être libre et volontaire, il pouvait aussi être tacite — la conquête militaire équivalait chez certains (dont Pufendorf) à un consentement tacite. Reprenant cette distinction — la fin de son article refuse le droit à la rebellion — Diderot n'exprime pas ici une idée originale : la plupart des théoriciens politiques, sauf peut-être Locke, refusaient cette possibilité. Une fois l'accord passé, le rapport de subordination était permanent et intangible, même si le souverain violait le contrat. En fait, le pacte de soumission était plus important que celui d'association. Voir l'article « État ».

Si elles doivent être relevées, ces limites ne doivent cependant pas être exagérées. L'essentiel reste la rupture que représentait un tel article. Nous ne répéterons pas qu'il contribuait à saper les fondements théoriques de la monarchie. Il contribuait à limiter de fait le pouvoir monarchique, même si la conception exposée par Diderot ne s'apparentait pas avec la théorie de la monarchie limitée exposée par Montesquieu. En effet cette limitation du pouvoir monarchique était la contrepartie du refus du droit de rebellion, qui se déduisait de l'obligation pour les sujets de respecter les termes du contrat. Mais le souverain avait ce même devoir. Les limites de son pouvoir pouvaient avoir une double origine, comme le montre l'article. D'abord le contrat lui-même en fixait des bornes précises plus ou moins importantes ; sur ce point les opinions des contractualistes divergeaient : selon Diderot la seule loi fixée par le contrat était celle de la succession. Ensuite, comme on le montrera à propos d'autres articles, le but du contrat était d'assurer la sécurité et le bonheur des sujets. La politique du souverain devait donc être conforme à ce but. De surcroît, les sujets conservaient certains droits naturels inaliénables, puisque le pouvoir, n'ayant pas son fondement dans la nature, ne pouvait les détruire. Au contraire, le contrat avait pour but de garantir ces droits parmi lesquels la plupart des théoriciens rangeaient la liberté et la propriété.

Il est piquant de relever que cet exposé par Diderot de la théorie contractualiste fait référence d'une part à la volonté de Dieu pour mieux contester l'origine divine du pouvoir, d'autre part à Henri IV archétype du roi-père pour mieux détruire d'idée du pouvoir paternel. Soulignons enfin que si les théories contractualistes étaient connues en France dans la première moitié du XVIIIe *siècle leur diffusion restait limitée. Ce fut l'*Encyclopédie *qui leur donna une audience étendue.*

Philippe Goujard

Aucun homme n'a reçu de la nature le droit de commander aux autres. La liberté est un présent du ciel, et chaque individu de la même espèce a le droit d'en jouir aussitôt qu'il jouit de la raison. Si la nature a établi quelque *autorité,* c'est la puissance paternelle ; mais la puissance paternelle a ses bornes, et dans l'état de nature elle finirait aussitôt que les enfants seraient en état de se conduire. Toute autre *autorité* vient d'une autre origine que de la nature. Qu'on examine bien, et on la fera toujours remonter à l'une de ces deux sources : ou la force et la violence de celui qui s'en est emparé, ou le consentement de ceux qui s'y sont soumis par un contrat fait ou supposé entre eux et celui à qui ils ont déféré l'*autorité.*

La puissance qui s'acquiert par la violence n'est qu'une usurpation et ne dure qu'autant que la force de celui qui commande l'emporte sur celle de ceux qui obéissent ; en sorte que si ces derniers deviennent à leur tour les plus forts et qu'ils secouent le joug, ils le font avec autant de droit et de justice que l'autre qui le leur avait imposé. La même loi qui a fait l'*autorité,* la défait alors : c'est la loi du plus fort.

Quelquefois l'*autorité* qui s'établit par la violence change de nature : c'est lorsqu'elle continue et se maintient du consentement exprès de ceux qu'on a soumis ; mais elle entre par là dans la seconde espèce dont je vais parler ; et celui qui se l'était arrogée, devenant alors prince, cesse d'être tyran.

La puissance qui vient du consentement des peuples suppose nécessairement des conditions qui en rendent l'usage légitime, utile à la société, avantageux à la république, et qui la fixent et la restreignent entre des limites ; car l'homme ne doit ni ne peut se donner entièrement et sans réserve à un autre homme parce qu'il a un maître supérieur au-dessus de tout, à qui seul il appartient tout entier. C'est Dieu, dont le pouvoir est toujours immédiat sur la créature, maître aussi jaloux qu'absolu, qui ne perd jamais de ses droits, et ne les communique point. Il permet, pour le bien commun et pour le maintien de la société, que les hommes établissent entre eux un ordre de subordination, qu'ils obéissent à l'un d'eux ; mais il veut que ce soit par raison et avec mesure, et non pas aveuglément et sans réserve, afin que la créature ne s'arroge pas les droits du créateur. Toute autre soumission est le véritable crime d'idolâtrie. Fléchir le genou devant un homme ou devant une image n'est qu'une cérémonie extérieure, dont le vrai Dieu qui demande le cœur et l'esprit ne se soucie guère, et qu'il abandonne à l'institution des hommes pour en faire, comme il leur conviendra, des marques d'un culte civil et politique, ou d'un culte de religion. Ainsi ce ne sont point ces cérémonies en elles-mêmes, mais l'esprit de leur établissement qui en rend la pratique innocente ou criminelle. Un Anglais n'a point de scrupule à servir le roi le genou en terre ; le cérémonial ne signifie que ce qu'on a voulu qu'il signifiât ; mais livrer son cœur, son esprit et sa conduite sans aucune réserve à la volonté et au caprice d'une pure créature, en faire l'unique et le dernier motif de ses actions, c'est assurément un crime de lèse-majesté divine au premier chef : autrement ce pouvoir de Dieu, dont on parle tant, ne serait qu'un vain bruit dont la politique humaine userait à sa fantaisie, et dont l'esprit d'irréligion pourrait se jouer à son tour ; de sorte que toutes les idées de puissance et de subordination venant à se confondre, le prince se jouerait de Dieu et le sujet du prince.

La vraie et légitime puissance a donc nécessairement des bornes. Aussi l'Écriture nous dit-elle : « Que votre soumission soit raisonnable. » « Toute puisssance qui vient de Dieu et une puissance réglée. » Car c'est ainsi qu'il faut entendre ces paroles, conformément à la droite raison et au sens littéral, et non conformément à l'interprétation de la bassesse et de la flatterie, qui prétendent que toute puissance, quelle qu'elle soit, vient de Dieu. Quoi donc, n'y a-t-il point de puissances injustes ? n'y a-t-il pas des *autorités* qui, loin de venir de Dieu, s'établissent contre ses ordres et contre sa volonté ? les usurpateurs ont-ils Dieu pour eux ? faut-il obéir en tout aux persécuteurs de la vraie religion ? et pour fermer la bouche à l'imbécillité, la puissance de l'Antéchrist sera-t-elle légitime ? Ce sera pourtant une grande puissance. Énoch et Élie, qui lui résisteront, seront-ils des rebelles et des séditieux qui auront oublié que toute puissance vient de Dieu, ou des hommes raisonnables, fermes et pieux, qui sauront que toute puissance cesse de l'être dès qu'elle sort des bornes que la raison lui a prescrites, et qu'elle s'écarte des règles que le souverain des princes et des sujets a établies ; des hommes enfin qui penseront, comme saint Paul, que toute puissance n'est de Dieu qu'autant qu'elle est juste et réglée.

Le prince tient de ses sujets mêmes l'*autorité* qu'il a sur eux ; et cette *autorité* est bornée par les lois de la nature et de l'État. Les lois de la nature et de l'État sont les conditions sous lesquelles ils se sont soumis, ou sont censés s'être soumis à son gouvernement. L'une de ces conditions est que n'ayant de pouvoir et d'*autorité* sur eux que par leur choix et de leur consentement, il ne peut jamais employer cette *autorité* pour casser l'acte ou le contrat par lequel elle lui a été déférée : il agirait, dès lors, contre lui-même, puisque son *autorité* ne peut subsister que par le titre qui l'a établie. Qui annule l'un détruit l'autre. Le prince ne peut donc pas disposer de son pouvoir et de ses sujets sans le consentement de la nation, et indépendamment du choix marqué dans le contrat de soumission. S'il en usait autrement, tout serait nul, et les lois le relèveraient des promesses et des serments qu'il aurait pu faire, comme un mineur qui aurait agi sans connaissance de cause, puisqu'il aurait prétendu disposer de ce qu'il n'avait qu'en dépôt et avec clause de substitution, de la même manière que s'il l'avait eu en toute propriété et sans aucune condition.

D'ailleurs le gouvernement, quoique héréditaire dans une famille, et mis entre les mains d'un seul, n'est pas un bien particulier mais un bien public, qui par conséquent ne peut jamais être enlevé au peuple, à qui seul il appartient essentiellement et en pleine propriété. Aussi est-ce toujours lui qui en fait le bail : il intervient toujours dans le contrat qui en adjuge l'exercice. Ce n'est pas l'État qui appartient au prince, c'est le prince qui appartient à l'État, mais il appartient au prince de gouverner dans l'État, parce que l'État l'a choisi pour cela, qu'il s'est engagé envers les peuples à l'administration des affaires, et que ceux-ci de leur côté se sont engagés à lui obéir conformément aux lois. Celui qui porte la couronne peut bien s'en décharger absolument s'il le veut ; mais il ne peut la remettre sur la tête d'un autre sans le consentement de la nation qui l'a mise sur la sienne. En un mot, la couronne, le gouvernement, et l'*autorité* publique sont des biens dont le corps de la nation est propriétaire, et dont les princes sont les usufruitiers, les ministres et les dépositaires. Quoique chefs de l'État, ils n'en sont pas moins membres, à la vérité les premiers, les plus vénérables et les plus puissants, pouvant tout pour gouverner, mais ne pouvant rien légitimement pour changer le gouvernement établi, ni pour mettre un autre chef à leur place. Le sceptre de Louis XV passe nécessairement à son fils aîné, et il n'y a aucune puissance qui puisse s'y opposer : ni celle de la nation, parce que c'est la condition du contrat, ni celle de son père, par la même raison.

Le dépôt de l'*autorité* n'est quelquefois que pour un temps limité, comme dans la république romaine. Il est quelquefois pour la vie d'un seul homme, comme en Pologne ; quelquefois pour tout le temps que subsistera une famille, comme en Angleterre ; quelquefois pour le temps que subsistera une famille, par les mâles seulement, comme en France.

Ce dépôt est quelquefois confié à un certain ordre dans la société ; quelquefois à plusieurs choisis de tous les ordres, et quelquefois à un seul.

Les conditions de ce pacte sont différentes dans les différents États. Mais partout la nation est en droit de maintenir envers et contre tous le contrat qu'elle a fait ; aucune puissance ne peut le changer ; et quand il n'a plus lieu, elle rentre dans le droit et dans la pleine liberté d'en passer un nouveau avec qui et comme il lui plaît. C'est ce qui arriverait en France, si, par le plus grand des malheurs, la famille entière régnante venait à s'éteindre jusque dans ses moindres rejetons ; alors le sceptre et la couronne retourneraient à la nation.

Il semble qu'il n'y ait que des esclaves dont l'esprit serait aussi borné que le cœur serait bas qui pussent penser autrement. Ces sortes de gens ne sont nés ni pour la gloire du prince ni pour l'avantage de la société : ils n'ont ni vertu ni grandeur d'âme. La crainte et l'intérêt sont les ressorts de leur conduite. La nature ne les produit que pour servir de lustre aux hommes vertueux ; et la Providence s'en sert pour former les puissances tyranniques, dont elle châtie pour l'ordinaire les peuples et les souverains qui offensent Dieu ; ceux-ci en usurpant, ceux-là en accordant trop à l'homme de ce pouvoir suprême que le Créateur s'est réservé sur la créature.

L'observation des lois, la conservation de la liberté et l'amour de la patrie sont les sources fécondes de toutes grandes choses et de toutes belles actions. Là se trouvent le bonheur des peuples, et la véritable illustration des princes qui les gouvernent. Là, l'obéissance est glorieuse, et le commandement auguste. Au contraire, la flatterie, l'intérêt particulier, et l'esprit de servitude sont l'origine de tous les maux qui accablent un État, et de toutes les lâchetés que le déshonorent. Là, les sujets sont misérables, et les princes haïs ; là, le monarque ne s'est jamais entendu proclamer *le bien-aimé*[42], la soumission y est honteuse, et la domination cruelle. Si je rassemble sous un même point de vue la France et la Turquie, j'aperçois d'un côté une société d'hommes que la raison unit, que la vertu fait agir, et qu'un chef également sage et glorieux gouverne selon les lois de la justice ; de l'autre, un troupeau d'animaux que l'habitude assemble, que la loi de la verge fait marcher, et qu'un maître absolu mène selon son caprice.

Mais pour donner aux principes répandus dans cet article toute l'*autorité* qu'il peuvent recevoir, appuyons-les du témoignage d'un de nos plus grands rois. Le discours qu'il tint à l'ouverture de l'assemblée des

42. Allusion au surnom donné à Louis XV. P.G.

notables de 1586, plein d'une sincérité que les souverains ne connaissent guère, était bien digne des sentiments qu'il y porta. « Persuadé, dit M. de Sully, que les rois ont deux souverains, Dieu et la loi ; que la justice doit présider sur le trône, et que la douceur doit être assise à côté d'elle ; que Dieu étant le vrai propriétaire de tous les royaumes, et les rois n'en étant que les administrateurs, ils doivent représenter aux peuples celui dont ils tiennent la place, qu'ils ne régneront comme lui, qu'autant qu'ils régneront en père ; que dans les États monarchiques héréditaires, il y a une erreur qu'on peut appeler aussi *héréditaire,* c'est que le souverain est maître de la vie et des biens de tous ses sujets, que moyennant ces quatre mots : *tel est notre plaisir,* il est dispensé de manifester les raisons de sa conduite, ou même d'en avoir ; que quand cela serait, il n'y a point d'imprudence pareille à celle de se faire haïr de ceux auxquels on est obligé de confier à chaque instant sa vie, et que c'est tomber dans ce malheur que d'emporter tout de vive force. Ce grand homme, persuadé, dis-je, de ces principes que tout l'artifice du courtisan ne bannira jamais du cœur de ceux qui lui ressembleront, déclara que, pour éviter tout air de violence et de contrainte, il n'avait pas voulu que l'assemblée se fît par des députés nommés par le souverain, et toujours aveuglément asservis à toutes ses volontés ; mais que son intention était qu'on y admît librement toutes sortes de personnes, de quelque état et condition qu'elles pussent être, afin que les gens de savoir et de mérite eussent le moyen d'y proposer sans crainte ce qu'ils croiraient nécessaire pour le bien public ; qu'il ne prétendait encore en ce moment leur prescrire aucunes bornes ; qu'il leur enjoignait seulement de ne pas abuser de cette permission pour l'abaissement de l'*autorité* royale, qui est le principal nerf de l'État ; de rétablir l'union entre ses membres ; de soulager les peuples ; de décharger le trésor royal de quantité de dettes, auxquelles il se voyait sujet, sans les avoir contractées ; de modérer avec la même justice les pensions excessives, sans faire tort aux nécessaires, enfin d'établir pour l'avenir un fonds suffisant et clair pour l'entretien des gens de guerre. Il ajouta qu'il n'aurait aucune peine à se soumettre à des moyens qu'il n'aurait point imaginés lui-mêmes, d'abord qu'il sentirait qu'ils avaient été dictés par un esprit d'équité et de désintéressement ; qu'on ne le verrait point chercher dans son âge, dans son expérience et dans ses qualités personnelles, un prétexte bien moins frivole que celui dont les princes ont coutume de se servir pour éluder les règlements ; qu'il montrerait au contraire, par son exemple, qu'ils ne regardent pas moins les rois, pour les faire observer, que les sujets, pour s'y soumettre. *Si je faisais gloire,* continua-t-il, *de passer pour un excellent orateur, j'aurais apporté ici plus de belles paroles que de bonne volonté ; mais mon ambition tend à quelque chose de plus haut que de bien parler. J'aspire au glorieux titre de libérateur et de restaurateur de la France. Je ne vous ai point ici appelés, comme faisaient mes prédécesseurs, pour vous obliger d'approuver aveuglément mes volontés ; je vous ai fait assembler pour recevoir vos conseils, pour les croire, pour les suivre ; en un mot, pour me mettre en tutelle entre vos mains. C'est une envie qui ne prend guère aux rois, aux barbes grises et aux victorieux comme moi ; mais l'amour que je porte à mes sujets, et l'extrême désir que j'ai de conserver mon État, me font trouver tout facile et tout honorable.* »

« Ce discours achevé, Henri se leva et sortit, ne laissant que M. de Sully dans l'assemblée, pour y communiquer les états, les mémoires et les papiers dont on pouvait avoir besoin. »

On n'ose proposer cette conduite pour modèle, parce qu'il y a des occasions où les princes peuvent avoir moins de déférence, sans toutefois s'écarter des sentiments qui font que le souverain dans la société se regarde comme le père de famille, et ses sujets comme ses enfants. Le grand monarque que nous venons de citer nous fournira encore l'exemple de cette sorte de douceur mêlée de fermeté, si requise dans les occasions où la raison est si visiblement du côté du souverain, qu'il a droit d'ôter à ses sujets la liberté du choix, et de ne leur laisser que le parti de l'obéissance. L'édit de Nantes ayant été vérifié, après bien des difficultés du parlement, du clergé et de l'université, Henri IV dit aux évêques : « Vous m'avez exhorté de mon devoir ; je vous exhorte du vôtre. Faisons bien à l'envi les uns des autres. Mes prédécesseurs vous ont donné de belles paroles ; mais moi, avec ma jaquette, je vous donnerai de bons effets : je verrai vos cahiers, et j'y répondrai le plus favorablement qu'il me sera possible. » Et il répondit au parlement qui était venu lui faire des remontrances : « Vous me voyez en mon cabinet où je viens vous parler, non pas en habit royal, ni avec l'épée et la cape, comme mes prédécesseurs, mais vêtu comme un père de famille, en pourpoint, pour parler familièrement à ses enfants. Ce qui j'ai à vous dire est que je vous prie de vérifier l'édit que j'ai accordé à ceux de la religion. Ce que j'en ai fait est pour le bien de la paix. Je l'ai faite au dehors, je veux la faire au dedans de mon royaume. » Après leur avoir exposé les raisons qu'il avait eues de faire l'édit, il ajouta : « Ceux qui empêchent que mon édit ne passe veulent la guerre ; je la déclarerai demain à ceux de la religion ; mais je ne la ferai pas ; je les y enverrai. J'ai fait l'édit ; je veux qu'il s'observe. Ma volonté devrait servir de raison ; on ne la demande jamais au prince dans un État obéissant. Je suis roi. Je vous parle en roi. Je veux être obéi. »

Voilà comment il convient à un monarque de parler à ses sujets, quand il a évidemment la justice de son côté : et pourquoi ne pourrait-il pas ce que peut tout homme qui a l'équité de son côté ? Quant aux sujets, la première loi que la religion, la raison et la nature leur imposent, est de respecter eux-mêmes les conditions du contrat qu'ils ont fait de ne jamais perdre de vue la nature de leur gouvernement ; en France, de ne point oublier que tant que la famille régnante subsistera par les mâles, rien ne les dispensera jamais de l'obéissance ; d'honorer et de craindre leur maître comme celui par lequel ils ont voulu que l'image de Dieu leur fût présente et visible sur la terre ; d'être encore attachés à des sentiments par un motif de reconnaissance de la tranquillité et des biens dont ils jouissent à l'abri du nom royal ; si jamais il leur arrivait d'avoir un roi injuste, ambitieux et violent, de n'opposer au malheur qu'un seul remède : celui de l'apaiser par leur soumission, et de fléchir Dieu par leurs prières ; parce que ce remède est le seul qui soit légitime, en conséquence du contrat de soumission juré au prince régnant anciennement, et à ses descendants par les mâles, quels qu'ils puissent être ; et de considérer que tous ces motifs qu'on croit avoir de résister ne sont, à les bien examiner, qu'autant de prétextes d'infidélités subtilement colorées ; qu'avec cette conduite, on n'a jamais corrigé les princes, ni aboli les impôts, et qu'on a seulement ajouté aux malheurs dont on se plaignait déjà un nouveau degré de misère. Voilà les fondements sur lesquels les peuples et ceux qui gouvernent pourraient établir leur bonheur réciproque.

BAS
(Diderot)

L'Encyclopédie *ne se borne pas à l'étude de l'aspect économique et social de la production : elle accorde une extrême importance aux techniques des métiers — on disait alors les « arts ». La production étant encore dans une très large mesure artisanale, c'est aux artisans que s'attache Diderot, lui-même fils d'un artisan coutelier de Langres. Son œuvre technologique est considérable : on lui doit la plupart des descriptions techniques si nombreuses dans l'*Encylopédie *et le recueil des planches qui les accompagnent et les expliquent. Diderot, pour mieux accomplir cette tâche, se fait « apprenti », comme il le dit, allant jusqu'à faire construire des machines pour mieux en comprendre le mécanisme. L'*Encyclopédie *a réhabilité le travail manuel, elle est à l'origine d'une science nouvelle : la technologie.*

Les planches qui illustrent l'article « Bas » figurent au volume II des planches, sous le titre « Faiseur de métiers à bas et faiseur de bas ».

Se reporter à l'article « Art ».

Albert Soboul

Cet article illustre le niveau de développement technique atteint par l'artisanat français au milieu du XVIIIe siècle. Si Diderot utilise le terme de machine, celle-ci reste avant tout un outil qui, tout perfectionné et complexe qu'il soit, reste secondaire par rapport aux qualités manuelles et intellectuelles du travailleur. Elle lui permet de travailler plus rapidement mais elle n'est point qualitativement différente d'un outil plus rudimentaire.

L'autre aspect important de l'article « Bas » est le souci de créer une littérature technique qui soit claire, et qui explique la méthode de présentation : il s'agit avant tout de dégager les caractères principaux de telle ou telle activité. Cette application aux problèmes *techniques de principes philosophiques distingua l'*Encyclopédie *des ouvrages technologiques qui l'avaient précédée, écrits le plus souvent dans une langue obscure. Cette volonté de clarté répondait aussi à une autre préoccupation : celle de faire connaître le plus largement possible les différentes techniques de l'époque : l'*Encyclopédie, *dans chacune de ces parties techniques, ne s'adressait pas aux spécialistes d'une discipline particulière mais en fait à ceux des autres disciplines, afin d'améliorer leurs connaissances. On ne peut donc séparer cette volonté de lutte contre le secret technologique qui inspire d'autres articles. Voir « Privilège exclusif ».*

Voir planche 1.

Philippe Goujard

BAS, c'est la partie de notre vêtement qui sert à nous couvrir les jambes : elle se fait de laine, de peau, de toile, de drap, de fil, de filoselle, de soie ; elle se tricote à l'aiguille ou métier.

Voici la description du *bas* au métier, et la manière de s'en servir. Nous avertissons, avant que de commencer, que nous citerons ici deux sortes de planches : celles du métier à *bas,* qui sont relatives à la machine ; et celles du *bas* au métier, qui ne concernent que la main-d'œuvre.

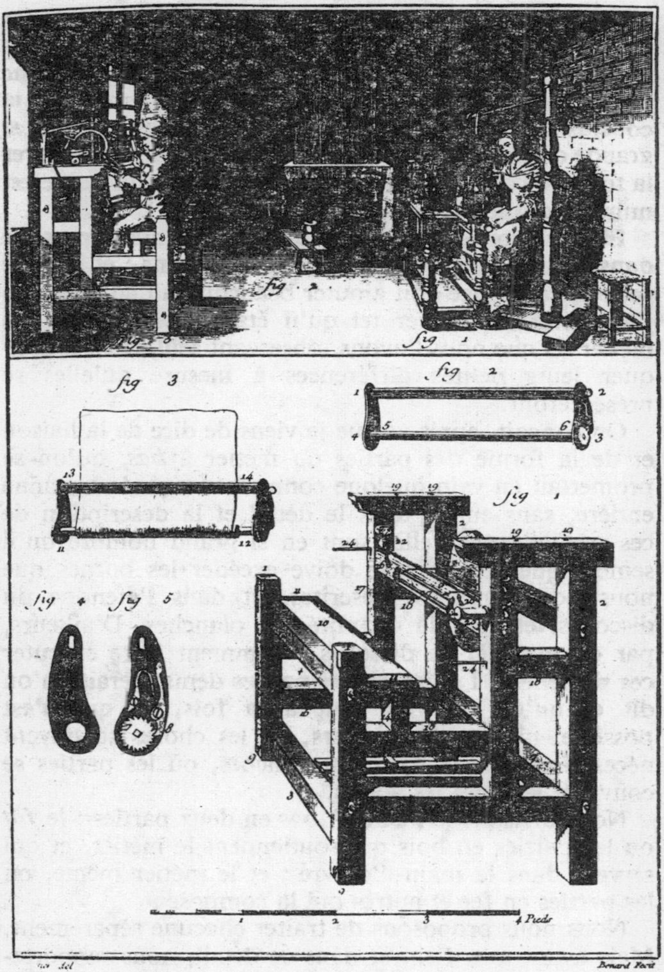

Planche 1 : Métier à faire des bas.

Le métier à faire des bas est une des machines les plus compliquées et les plus conséquentes que nous ayons : on peut la regarder comme un seul et unique raisonnement, dont la fabrication de l'ouvrage est la conclusion ; aussi règne-t-il entre ses parties une si grande dépendance qu'en retrancher une seule, ou altérer la forme de celles qu'on juge les moins importantes, c'est nuire à tout le mécanisme.

Elle est sortie des mains de son inventeur presque dans l'état de perfection où nous la voyons ; et comme cette circonstance doit ajouter beaucoup à l'admiration, j'ai préféré le métier tel qu'il était anciennement au métier tel que nous l'avons, observant seulement d'indiquer leurs petites différences à mesure qu'elles se présenteront.

On conçoit, après ce que je viens de dire de la liaison et de la forme des parties du métier à *bas,* qu'on se promettait en vain quelque connaissance de la machine entière, sans entrer dans le détail et la description de ces parties : mais elles sont en si grand nombre qu'il semble que cet ouvrage doive excéder les bornes que nous nous sommes prescrites, et dans l'étendue du discours, et dans la quantité des planches. D'ailleurs, par où entamer ce discours ? comment faire exécuter ces planches ? La liaison des parties demanderait qu'on dît et qu'on montrât tout à la fois, ce qui n'est possible, ni dans le discours, où les choses se suivent nécessairement, ni dans les planches, où les parties se couvrent les unes les autres.

Nous divisons le métier à *bas* en deux parties ; le *fût* ou les parties en bois qui soutiennent le métier, et qui servent dans la main-d'œuvre ; et le métier même, ou les parties en fer et autres qui la composent.

Nous nous proposons de traiter chacune séparément. Mais avant que d'entrer dans ce détail, nous rapporterons le jugement que faisait de cette machine un homme qui a très bien senti le prix des inventions modernes. Voici comment M. Perrault s'en exprime dans un ouvrage qui plaira d'autant plus qu'on aura moins de préjugés.

« Ceux qui ont assez de génie non pas pour inventer de semblables choses, mais pour les comprendre, tombent dans un profond étonnement à la vue des ressorts presque infinis dont la machine à *bas* est composée, et du grand nombre de ses divers et extraordinaires mouvements. Quand on voit tricoter des *bas,* on admire la souplesse et la dextérité des mains de l'ouvrier, quoiqu'il ne fasse qu'une seule maille à la fois ; qu'est-ce donc quand on voit une machine qui forme des centaines de mailles à la fois, c'est-à-dire qui fait en un moment tous les divers mouvements que les mains ne font qu'en plusieurs heures ? Combien de petits ressorts tirent la soie à eux, puis la laissent aller pour la reprendre et la faire passer d'une maille dans l'autre d'une manière inexplicable ? et tout cela sans que l'ouvrier qui remue la machine y comprenne rien, en sache rien, et même y songe seulement : en quoi on la peut comparer à la plus excellente machine que Dieu ait faite, etc.

« Il est bien fâcheux et bien injuste, *ajoute M. Perrault,* qu'on ne sache point les noms de ceux qui ont imaginé des machines si merveilleuses, pendant qu'on nous force d'apprendre ceux des inventeurs de mille autres machines qui se présentent si naturellement à l'esprit, qu'il suffirait d'être venus des premiers au monde pour les imaginer. »

Il est constant que la machine *à bas* a pris naissance en Angleterre, et qu'elle nous est venue par une de ces surpercheries que les nations se sont permises de tout temps les unes envers les autres. On fait sur son auteur et sur son invention des contes puérils, qui amuseraient peut-être ceux qui, n'étant pas en état d'entendre la machine, seraient bien aises d'en parler, mais que les autres mépriseraient avec raison, etc.

L'auteur du *Dictionnaire du commerce*[43] dit que les Anglais se vantent en vain d'en être les inventeurs, et

---

43. Il s'agit du *Dictionnaire universel de commerce, contenant tout ce qui concerne le commerce qui se fait dans les quatre parties du monde ...,* par Savary (trois volumes parus de 1723 à 1730). A.S.

que c'est inutilement qu'ils en veulent ravir la gloire à la France ; que tout le monde sait maintenant qu'un Français ayant trouvé ce métier si utile et si surprenant, et rencontrant des difficultés à obtenir un privilège exclusif qu'il demandait pour s'établir à Paris, passa en Angleterre, où la machine fut admirée et l'ouvrier récompensé. Les Anglais devinrent si jaloux de cette invention, qu'il fut longtemps défendu, sous peine de la vie, de la transporter hors de l'île ni d'en donner le modèle aux étrangers : mais un Français les avait enrichis de ce présent, un Français la restitua à sa patrie, par un effort de mémoire et d'imagination, qui ne se concevra bien qu'à la fin de cet article ; il fit construire à Paris, au retour d'un voyage à Londres, le premier métier, celui sur lequel on a construit ceux qui sont en France et en Hollande. Voilà ce qu'on pense parmi nous de l'invention du métier *à bas* . J'ajouterai seulement au témoignage de M. Savary qu'on ne sait à qui l'attribuer en Angleterre, le pays du monde où les honneurs qu'on rend aux inventeurs de la nation leur permettent le moins de rester ignorés.[44]

BONHEUR

Après avoir rappelé la définition que diverses écoles ont donné du bonheur (Épicure le définit par le plaisir : encore s'agit-il de préciser ce qu'est le plaisir), l'auteur remarque avec une fausse naïveté, que la religion chrétienne ne fait point renoncer à l'amour du plaisir : mais la source du plaisir n'est point la même pour le chrétien que pour l'homme profane (entendons le philosophe). Le chrétien est plus heureux par ce qu'il espère dans l'au-délà, que par ce qu'il possède ici-bas.

---

44. Notons l'éloge de l'Angleterre économiquement en avance sur la France, et qui est souvent proposée en modèle par les philosophes. On a pu parler de l'anglomanie du XVIIIe siècle. A.S.

Une conception nouvelle de la vie et de la société remplace en effet, au XVIII*e siècle, la conception traditionnelle que l'Église avait fait triompher et qui reposait sur la préparation du salut en vue de la vie future. Les philosophes instaurent un idéal de bonheur terrestre (le « bonheur de l'existence » est une expression de Montesquieu) fondé sur les conquêtes de la science et la croyance au progrès indéfini de l'humanité. En bons représentants de la bourgeoisie, qui contrôle toute l'activité économique, les philosophes donnent pour but à l'activité de l'homme la domination des forces de la nature et l'augmentation de la richesse générale : ainsi se réaliseront les conditions matérielles de ce bonheur terrestre et deviendra possible le plein épanouissement de la société humaine.*

Aux morales de renoncement, se substituent donc, élaborés par la raison, un idéal de vie, une technique du bonheur. Mais le XVIII*e siècle est par excellence un siècle bourgeois. Son idéal, plus que dans le cynique épicurien ou le mondain futile, s'incarne dans le bourgeois laborieux et vertueux. Bonheur et vertu se concilient dans la bienfaisance, vertu par excellence de ce siècle sociable.*

Voir :

Robert Mauzi : l'idée de bonheur dans la littérature et la pensée française au XVIIIe siècle *(1960). Il s'agit ici du bonheur individuel, non du bonheur collectif. Se reporter à l'article « Homme » (morale).*

Albert Soboul

La conception du bonheur, « idée neuve en Europe » découle de la théorie sensualiste (voir « sensation »), qui réhabilitait la notion de plaisir. La sensation de plaisir, présente en tout individu, y compris chez le chrétien, le pousse à agir ; elle fixe comme règle de vie la recherche du bonheur.

On le voit, cette attitude rompait doublement avec la morale chrétienne, d'une part, par son idéal d'un bonheur terrestre, d'autre part par son attaque du discours chrétien d'alors qui mettait en valeur le mépris du monde, la peur du châtiment éternel et l'obsession de la mort. Mais cet éloge du plaisir pouvait conduire à l'immoralisme, on pouvait trouver son bonheur dans le malheur d'autrui, son plaisir dans la souffrance de l'autre. Cet immoralisme, auquel se rallia le marquis de Sade, tenta aussi Diderot. Mais les principes de raison et d'utilité sociale l'entraînèrent, comme la plupart des philosophes du XVIII*e siècle, à repousser cette tentation. La raison devait gouverner les passions de l'homme, et le principe d'utilité sociale devait permettre de distinguer entre passions utiles, donc bonnes, et passions nuisibles, donc mauvaises. C'était là un autre élément de rupture avec la morale chrétienne. Ce n'était plus Dieu — ou ses représentants — qui devaient juger du bien et du mal mais l'ensemble de la société. La notion de péché était abolie, et remplacée par celle de crime. Car la nouvelle conception du bonheur ne justifiait pas le laxisme. La raison était potentiellement présente en tout être humain, mais de manière inégale. Pour Diderot et tous les philosophes qui comme lui croyaient au déterminisme absolu des conduites humaines par les passions, la société devait jouer le rôle tenu par la raison dans la conduite du philosophe, en empêchant les individus de lui nuire et en particulier de porter atteinte au droit fondamental qu'est le droit de propriété — condition essentielle du bonheur.*

Philippe Goujard

BONHEUR se prend ici pour un état, une situation telle qu'on en désirerait la durée sans changement ; et en cela le *bonheur* est différent du plaisir, qui n'est qu'un sentiment agréable, mais court et passager, et qui ne peut jamais être un état. La douleur aurait plutôt le privilège d'en pouvoir être un.

Tous les hommes se réunissent dans le désir d'être heureux. La nature nous a fait à tous une loi de notre propre *bonheur*. Tout ce qui n'est point *bonheur* nous est étranger : lui seul a un pouvoir marqué sur notre cœur ; nous y sommes tous entraînés par une pente rapide, par un charme puissant, par un attrait vainqueur ; c'est une impression ineffaçable de la nature qui l'a gravé dans nos cœurs, il en est le charme et la perfection.

Les hommes se réunissent encore sur la nature du *bonheur*. Ils conviennent tous qu'il est le même que le plaisir, ou du moins qu'il doit au plaisir ce qu'il a de plus piquant et de plus délicieux. Un *bonheur* que le plaisir n'anime point par intervalles et sur lequel il ne verse pas ses faveurs est moins un vrai *bonheur* qu'un état et une situation tranquilles : c'est un triste *bonheur* que celui-là. Si l'on nous laisse dans une indolence paresseuse, où notre activité n'ait rien à saisir, nous ne pouvons être heureux. Pour remplir nos désirs, il faut nous tirer de cet assoupissement où nous languissons ; il faut faire couler la joie jusqu'au plus intime de notre cœur, l'animer par des sentiments agréables, l'agiter par de douces secousses, lui imprimer des mouvements délicieux, l'enivrer des transports d'une volupté pure, que rien ne puisse altérer. Mais la condition humaine ne comporte point un tel état : tous les moments de notre vie peuvent être filés par les plaisirs. L'état le plus délicieux a beaucoup d'intervalles languissants. Après que la première vivacité du sentiment s'est éteinte, le mieux qui puisse lui arriver, c'est de devenir un état tranquille. Notre *bonheur* le plus parfait dans cette vie n'est donc, comme nous l'avons dit au commencement de cet article, qu'un état tranquille, *semé çà et là de quelques plaisirs qui en égaient le fond.*

Ainsi la diversité des sentiments des philosophes sur le *bonheur* regarde non sa nature, mais sa cause efficiente. Leur opinion se réduit à celle d'Épicure, qui faisait consister essentiellement la félicité dans le plaisir. *Voyez cet article.* La possession des biens est le fondement de notre *bonheur,* mais ce n'est pas le *bonheur* même ; car que serait-ce si les ayant en notre puissance nous n'en avions pas le sentiment ? Ce fou d'Athènes, qui croyait que tous les vaisseaux qui arrivaient au Pirée lui appartenaient, goûtait le *bonheur* des richesses sans les posséder ; et peut-être que ceux à qui ces vaisseaux appartenaient véritablement les possédaient sans en avoir de plaisir. Ainsi, lorsque Aristote fait consister la félicité dans la connaissance et dans l'amour du souverain bien il a apparemment entendu définir le *bonheur* par ses fondements : autrement il se serait grossièrement trompé ; puisque, si vous sépariez le plaisir de cette connaissance et de cet amour, vous verriez qu'il vous faut encore quelque chose pour être heureux. Les stoïciens, qui ont enseigné que le *bonheur* consistait dans la possession de la sagesse, n'ont pas été si insensés que de s'imaginer qu'il fallût séparer de l'idée du *bonheur* la satisfaction intérieure que cette sagesse leur inspirait. Leur joie venait de l'ivresse de leur âme, qui s'applaudissait d'une fermeté qu'elle n'avait point. Tous les hommes en général conviennent nécessairement de ce principe ; et je ne sais pourquoi il a plu à quelques auteurs de les mettre en opposition les uns avec les autres ; tandis qu'il est constant qu'il n'y a jamais eu parmi eux une plus grande uniformité de sentiments que sur cet article. L'avare ne se repaît que de l'espérance de jouir de ses richesses, c'est-à-dire de sentir le plaisir qu'il trouve à les posséder. Il est vrai qu'il n'en use point : mais c'est que son plaisir est de les conserver. Il se réduit au sentiment de leur possession, il se trouve heureux de cette façon ; et puisqu'il l'est, pourquoi lui contester son *bonheur ?* chacun n'a-t-il pas droit d'être heureux selon que son caprice en décidera ? L'ambitieux ne cherche les dignités que par le plaisir de se voir élevé au-dessus des autres. Le vindicatif ne se vengerait point, s'il n'espérait de trouver sa satisfaction dans la vengeance.

Il ne faut point opposer à cette maxime, qui est certaine, la morale et la religion de Jésus-Christ, notre législateur et en même temps notre Dieu, lequel n'est point venu pour anéantir la nature, mais pour la perfectionner. Il ne nous fait point renoncer à l'amour du plaisir et ne condamne point la vertu à être malheureuse ici-bas. Sa loi est pleine de charmes et d'attraits ; elle est toute comprise dans l'amour de Dieu et du prochain. La source des plaisirs légitimes ne coule pas moins pour le chrétien que pour l'homme profane : mais dans l'ordre de la grâce il est infiniment plus heureux parce qu'il espère que parce qu'il possède. Le bonheur qu'il goûte ici-bas devient pour lui le germe d'un *bonheur* éternel. Ses plaisirs sont ceux de la modération, de la bienfaisance, de la tempérance, de la conscience ; plaisirs purs, nobles, spirituels, et fort supérieurs aux plaisirs des sens.

Un homme qui prétendrait tellement subtiliser la vertu qu'il ne lui laissât aucun sentiment de joie et de plaisir ne ferait assurément que rebuter notre cœur. Telle est sa nature qu'il ne s'ouvre qu'au plaisir ; lui seul en sait manier tous les replis et en faire jouer les ressorts les plus secrets. Une vertu que n'accompagnerait pas le plaisir pourrait bien avoir notre estime, mais non notre attachement. J'avoue qu'un même plaisir n'en est pas un pour tous : les uns sont pour le plaisir grossier, et les autres pour le plaisir délicat ; les uns pour le plaisir vif, les autres pour le plaisir durable ; les uns pour le plaisir des sens, et les autres pour le plaisir de l'esprit ; les uns enfin pour le plaisir du sentiment, et les autres pour le plaisir de la réflexion ; mais tous sans exception sont pour le plaisir.

CARÊME

*Voici l'un de ces articles faussement naïfs, comme il en est tant dans l'*Encyclopédie*. L'auteur se contente de suggérer, par l'énumération des formes diverses du carême à travers l'histoire et le monde, que ce n'est là qu'une institution humaine et sujette à variations. Quel crédit, dès lors, accorder aux prescriptions de l'Église ?*

Se reporter aux articles « Aigle », « Autorité ».

Albert Soboul

L'Église catholique attachait une importance primordiale aux prescriptions des pères de l'Église et à la tradition, leur conférant dans une certaine mesure autant d'autorité que les Écritures. La méthode choisie ici, qui donne toute son efficacité à cet article, consiste à relever les contradictions entre ces différents éléments.

Philippe Goujard

CARÊME, temps de pénitence, pendant lequel on jeûne quarante jours, pour se préparer à célébrer la fête de Pâques.

Anciennement, dans l'Église latine, le *carême* n'était que de trente-six jours. Dans le cinquième siècle, pour imiter plus précisément le jeûne de quarante jours que Jésus-Christ souffrit au désert, quelques-uns ajoutèrent quatre jours, et cet usage a été suivi dans l'Occident, si l'on en excepte l'église de Milan, qui a conservé l'ancien usage, de ne faire *carême* que de trente-six jours.

Suivant saint Jérôme, saint Léon, saint Augustin et plusieurs autres, le *carême* a été institué par les apôtres. Voici comment ils raisonnent. Tout ce que l'on trouve établi généralement dans toute l'Église, sans en voir l'institution dans aucun concile, doit passer pour un établissement fait par les apôtres : or tel est le jeûne du *carême*. On n'en trouve l'institution dans aucun concile ; au contraire, le premier concile de Nicée, celui de Laodicée, aussi bien que les Pères grecs et latins, surtout Tertullien, parlent du *carême* comme d'une chose générale et très ancienne.

Calvin et les protestants prétendent que le jeûne du *carême* a été d'abord institué par une espèce de superstition et par des gens simples qui voulurent imiter le jeûne de Jésus-Christ. Ils prétendent prouver ce fait par un mot de saint Irénée, cité par Eusèbe : preuve très faible, ou pour mieux dire de nulle valeur, quand on a contre elle le témoignage constant de tous les autres Pères et la pratique de l'Église universelle.

D'autres disent que ce fut le pape Télesphore qui l'institua vers le milieu du second siècle ; d'autres conviennent que l'on observait à la vérité le *carême* dans l'Église, c'est-à-dire un jeûne de quarante jours avant Pâques, du temps des apôtres ; mais que c'était volontairement, et qu'il n'y eut de loi que vers le milieu du troisième siècle. Le précepte ecclésiastique, quand il serait seul, formerait une autorité que les réformateurs auraient dû respecter, s'ils avaient moins pensé à introduire le relâchement dans les mœurs, que la réforme.

Les Grecs diffèrent des Latins par rapport à l'abstinence du *carême ;* ils le commencent une semaine plus tôt, mais ils ne jeûnent point les samedis comme les Latins, excepté le samedi de la semaine sainte.

Les anciens moines latins faisaient trois *carêmes ;* le grand avant Pâques ; l'autre, avant Noël, qu'on appelait de la *saint Martin ;* et l'autre, de *saint Jean-Baptiste,* après la Pentecôte, tous trois de quarante jours.

Outre celui de Pâques, les Grecs en observaient quatre autres qu'ils nommaient les *carêmes des apôtres, de l'Assomption, de Noël, et de la Transfiguration :* mais ils les réduisaient à sept jours chacun ; les Jacobites en font un cinquième, qu'ils appellent de la *pénitence de Ninive ;* et les Maronites six, y ajoutant celui de l'exaltation de la Sainte-Croix.

Le huitième canon du concile de Tolède ordonne que ceux qui, sans aucune nécessité évidente, auront mangé de la chair pendant le *carême* n'en mangeront point pendant toute l'année et ne communieront point à Pâques.

Quelques-uns prétendent que l'on jeûne les quarante jours que dure le *carême*, en mémoire du déluge, qui dura autant de temps ; d'autres, des quarante années pendant lesquelles les Juifs errèrent dans le désert ; d'autres veulent que ce soit en mémoire des quarante jours qui furent accordés aux Ninives pour faire pénitence ; les uns, des quarante coups de fouets que l'on donnait aux malfaiteurs pour les corriger ; les autres, des quarante jours de jeûne que Moïse observa en recevant la loi, ou des quarante jours que jeûna Élie, ou enfin des quarante jours de jeûne qu'observa Jésus-Christ.

CITOYEN
(Diderot)

Cet article est d'abord une réponse au philosophe Hobbes. Si celui-ci était un des pères de la théorie contractualiste, il l'avait formulée pour justifier l'absolutisme. Il s'agissait en fait d'un pacte de domination par lequel les sujets se faisaient en quelque sorte les esclaves du souverain. Alors que, comme il l'a exposé dans l'article « Autorité politique », Diderot estime que le contrat maintient les droits naturels. Mais, même s'il les minimisent, Diderot est aussi conscient des effets possibles de la double nature du souverain — voir l'article « État ». La fin de l'article en attaquant Rousseau nie la possibilité de l'égalité réelle. C'est la référence à l'espèce humaine qui justifie ce refus, mais peut-être l'attachement de Diderot au droit de propriété explique-t-il surtout ce refus.

Philippe Goujard

[...] Hobbes ne met aucune différence entre le sujet et le *citoyen ;* ce qui est vrai, en prenant le terme de *sujet* dans son acception stricte, et celui de *citoyen* dans son acception la plus étendue ; et en considérant que celui-ci est par rapport aux lois seules, ce que l'autre est par rapport à un souverain. Ils sont également commandés, mais l'un par un être moral, et l'autre par une personne physique. Le nom de *citoyen* ne convient ni à ceux qui vivent subjugués, ni à ceux qui vivent isolés ; d'où il s'ensuit que ceux qui vivent absolument dans l'état de nature, comme les souverains, et ceux qui ont parfaitement renoncé à cet état comme les esclaves, ne peuvent point être regardés comme *citoyens ;* à moins qu'on ne prétende qu'il n'y a point de société raisonnable où il n'y ait un être moral, immuable, et au-dessus de la personne physique souveraine. Pufendorf, sans égard à cette exception, a divisé son ouvrage *Des Devoirs* en deux parties, l'une des devoirs de l'homme, l'autre des devoirs du *citoyen.*

Comme les lois des sociétés libres de familles ne sont pas les mêmes partout, et comme il y a dans la plupart de ces sociétés un ordre hiérarchique constitué par les dignités, le *citoyen* peut encore être considéré et relativement aux lois de sa société, et relativement au rang qu'il occupe dans l'ordre hiérarchique. Dans le second cas, il y aura quelque différence entre le *citoyen* magistrat et le *citoyen* bourgeois ; et dans le premier, entre le *citoyen* d'Amsterdam et celui de Bâle.

Aristote, en admettant les distinctions de sociétés civiles et d'ordre de *citoyens* dans chaque société, ne reconnaît cependant de vrais *citoyens* que ceux qui ont part à la judicature, et qui peuvent se promettre de passer de l'état de simples bourgeois aux premiers grades de la magistrature ; ce qui ne convient qu'aux démocraties pures. Il faut convenir qu'il n'y a guère que celui qui jouit de ces prérogatives, qui soit vraiment homme public ; et qu'on n'a aucun caractère distinctif du sujet et du *citoyen,* sinon que ce dernier doit être homme public, et que le rôle du premier ne peut jamais être que celui de particulier, de *quidam.*

Pufendorf, en restreignant le nom de *citoyen* à ceux qui par une réunion première de familles ont fondé l'État, et à leurs successeurs de père en fils, introduit une distinction frivole qui répand peu de jour dans son ouvrage, et qui peut jeter beaucoup de trouble dans une société civile, en distinguant les *citoyens* originaires des naturalisés, par une idée de noblesse mal entendue. Les *citoyens* en qualité de *citoyens,* c'est-à-dire dans leurs sociétés, sont tous également nobles ; la noblesse se tirant non des ancêtres, mais du droit commun aux premières dignités de la magistrature.

L'être moral souverain étant par rapport au *citoyen* ce que la personne physique despotique est par rapport au sujet, et l'esclave le plus parfait ne transférant pas tout son être à son souverain ; à plus forte raison le *citoyen* a-t-il des droits qu'il se réserve, et dont il ne se départ jamais. Il y a des occasions où il se trouve sur la même ligne, je ne dis pas avec ses concitoyens, mais avec l'être moral qui leur commande à tous. Cet être a deux caractères, l'un particulier, et l'autre public : celui-ci ne doit point trouver de résistance ; l'autre peut en éprouver de la part des particuliers, et succomber même dans la contestation. Puisque cet être moral a des domaines, des engagements, des fermes, des fermiers, etc., il faut, pour ainsi dire, distinguer en lui le souverain et le sujet de la souveraineté. Il est dans ces occasions juge et partie. C'est un inconvénient sans doute ; mais il est de tout gouvernement en général, et il ne prouve pour ou contre, que par sa rareté ou par sa fréquence, et non par lui-même. Il est certain que les sujets ou *citoyens* seront d'autant moins exposés aux injustices, que l'être souverain physique ou moral sera plus rarement juge et partie, dans les occasions où il sera attaqué comme particulier.

Dans les temps de troubles, le *citoyen* s'attachera au parti qui est pour le système établi ; dans les dissolutions de systèmes, il suivra le parti de sa cité, s'il est unanime ; et s'il y a division dans la cité, il embrassera celui qui sera pour l'égalité des membres et la liberté de tous.

Plus les *citoyens* approcheront de l'égalité de prétentions et de fortune, plus l'État sera tranquille : cet avantage paraît être de la démocratie pure, exclusivement à tout autre gouvernement ; mais dans la démocratie même la plus parfaite, l'entière égalité entre les membres est une chose chimérique, et c'est peut-être là le principe de dissolution de ce gouvernement, à moins qu'on n'y remédie par toutes les injustices de l'ostracisme. Il en est d'un gouvernement en général, ainsi que de la vie animale ; chaque pas de la vie est un pas vers la mort. Le meilleur gouvernement n'est pas celui qui est immortel, mais celui qui dure le plus longtemps et le plus tranquillement.

CORPUSCULAIRE

*Ce remarquable article, qui complète celui sur l'*Atomisme, *expose très clairement la philosophie des matérialistes de l'Antiquité. Rejetant toute idée de création et toute intervention divine, ils expliquaient le monde par les combinaisons infinies d'atomes doués de divers mouvements. Les avantages de cette philosophie, c'est-à-dire du matérialisme, sont fortement soulignés ici. La clarté de ses explications, de type mécaniste, qui rendent le monde intelligible, est opposée aux « formes substantielles », héritées d'Aristote, aux « qualités occultes » et autres « vertus dormitives » de la scolastique. C'est, en effet, un trait fondamental de tout matérialisme, que de tenir le réel pour connaissable. Mais ce qui donne à cet article une importance extrême, c'est l'argument, d'une irréfutable logique, qui met les idéalistes dans l'obligation de déterminer exactement les propriétés des corps avant de prétendre « qu'il y a quelque chose dans le monde, outre les corps ».*

Et ne nous étonnons pas de lire, quelques lignes plus loin, le contraire : la philosophie corpusculaire prouverait qu'il existe nécessairement des substances immatérielles. *C'est là une malice fréquente dans l'*Encyclopédie, *qui rend l'article très innocent pour des* censeurs *peu subtils.*

Voir l'article « Atomisme ».

Albert Soboul

CORPUSCULAIRE, c'est ainsi qu'on appelle cette physique qui cherche la raison des phénomènes dans la configuration, la disposition et le mouvement des parties des corps. En voici une idée un peu plus étendue. La physique *corpusculaire* suppose que le corps n'est autre chose qu'une masse étendue, et n'y reconnaît rien que ce qui est renfermé dans cette idée, c'est-à-dire une certaine grandeur jointe à la divisibilité des parties, où l'on remarque une figure, une certaine situation, du mouvement et du repos qui sont des modes de la substance étendue. Par là on prétend pouvoir rendre raison des propriétés de tous les corps sans avoir recours à aucune forme substantielle, ni à aucune qualité qui soit distincte de ce qui résulte de l'étendue, de la divisibilité, de la figure, de la situation, du mouvement et du repos. Cette physique ne reconnaît aucune espèce intentionnelle, ni aucun écoulement par le moyen desquels on aperçoive les objets.[45] Les qualités sensibles de la lumière, des couleurs, du chaud, du froid, des saveurs ne sont dans les corps que la disposition des particules dont ils se trouvent composés, et en nous que des sensations de notre âme causées par l'ébranlement des organes.

Ce sont là les opinions de Descartes, mais il a des précurseurs dans l'Antiquité.

Leucippe et Démocrite furent les premiers qui enseignèrent dans la Grèce la physique *corpusculaire ;* Épicure l'apprit d'eux et la perfectionna tellement qu'à la fin elle prit son nom et qu'on l'appela *la philosophie d'Épicure.*

---

45. Suivant certains philosophes de l'Antiquité notamment les stoïciens, les objets envoyaient des sortes d'émanations par lesquelles ils étaient perçus. A.S.

La physique *corpusculaire* a encore divers avantages. Voici les deux principaux : 1° Elle rend le monde corporel intelligible, puisque le mécanisme est une chose que nous entendons et qu'hors cela nous ne concevons rien distinctement dans le corps. Dire qu'une chose se fait par le moyen d'une forme ou d'une qualité occulte[46] n'est autre chose que dire que nous ne savons pas comment elle se fait, ou plutôt c'est faire l'ignorance où nous sommes de la cause d'un effet, la cause de cet effet-là, en la déguisant sous les termes de formes et de qualités. On conçoit encore clairement que le froid, le chaud, etc. peuvent être des modifications de notre âme, dont les mouvements des corps extérieurs sont des occasions. Mais on ne saurait comprendre que ce soient des qualités des corps mêmes, distinctes de la disposition de leurs particules. 2° L'autre avantage de la physique *corpusculaire* c'est qu'elle prépare l'esprit à trouver plus facilement la preuve de l'existence des substances corporelles en établissant une notion distincte du corps. Il faut que celui qui veut prouver qu'il y a quelque chose dans le monde, outre les corps, détermine exactement les propriétés des corps, autrement il prouverait seulement qu'il y a quelque chose outre un certain je ne sais quoi qu'il ne connaît pas et qu'il appelle *corps*. Ceux qui rejettent la philosophie *corpusculaire* composent les corps de deux substances, dont l'une est la matière destituée de toute forme, par conséquent incorporelle ; l'autre est la forme, qui étant sans matière est aussi immatérielle.[47] Par là on confond si fort les idées de ce

---

46. Les formes substantielles et les qualités occultes étaient des abstractions par lesquelles la scolastique prétendait expliquer la nature et les propriétés des corps. Ainsi, l'opium faisait dormir parce qu'il avait une *vis dormitiva* (puissance dormitive). Une pierre était pierre parce qu'elle possédait la « pierréité », etc. De ce système, François Bacon et Descartes ont fait une critique décisive, lui opposant une philosophie scientifique fondée sur l'expérience et la raison. A.S.

47. L'opposition de la forme et de la matière vient d'Aristote : la matière par elle-même serait inerte, sans figure, sans loi, donc inconcevable ; c'est la forme, principe spirituel, qui lui donnerait toutes ses propriétés et déterminerait la nature spécifique des êtres. la forme suprême est Dieu. A.S.

qui est matériel et immatériel qu'on ne peut rien prouver concernant leur nature.

Le corps lui-même devient incorporel ; car tout ce qui est composé de choses immatérielles est nécessairement immatériel, et ainsi il n'y aurait rien du tout de corporel dans la nature. Au lieu que la philosophie *corpusculaire*, établissant une notion distincte du corps, montre clairement jusqu'où ses opérations peuvent s'étendre, où celles des substances immatérielles commencent, et par conséquent qu'il faut de nécessité que ces dernières existent dans le monde.

CORRUPTION

L'auteur détruit, en se référant à la méthode expérimentale, la théorie de la génération spontanée. Par ailleurs, rejetant le principe d'autorité, il s'élève contre les assertions de Buffon dans son Histoire naturelle *(1749). Ainsi est administrée une rigoureuse leçon de méthode scientifique.*

Se reporter aux articles « Critique dans les sciences », « Naître ».

Albert Soboul

Cet article illustre parfaitement l'idée de la liaison entre principes philosophiques et état des connaissances. Au nom de concepts philosophiques, étayés sur les connaissances scientifiques les plus récentes, l'auteur critique les opinions spontanéistes de Buffon. Buffon, qui se proclamait partisan de la génération spontanée, contribua par ses travaux à ruiner lui-même cette théorie. Cette question fut au cœur des débats scientifiques du milieu du XVIIIe siècle, opposant Buffon, partisan de la génération spontanée, à Reaumur qui y était hostile.

Philippe Goujard

Corruption, en philosophie, est l'état par lequel une chose cesse d'être ce qu'elle était ; on peut dire que le bois est *corrompu* quand nous ne le voyons plus subsister et qu'au lieu du bois nous trouvons du feu : de même l'œuf est *corrompu* quand il cesse d'être un œuf et que nous trouvons un poulet à sa place ; car *corruption* n'est pas pris ici dans le sens vulgaire. De là cet axiome de philosophie, que *la corruption d'une chose est la génération d'une autre.*

La corruption diffère donc de la *génération* comme deux contraires diffèrent l'un de l'autre. [...]

Mais comme dans la génération aucune matière n'est véritablement créée, ainsi dans la *corruption* rien n'est réellement anéanti, que cette modification particulière qui constituait la forme d'un être et qui le déterminait à être de telle ou telle espèce.

Les anciens croyaient que plusieurs insectes s'engendraient par *corruption.* On regarde aujourd'hui cette opinion comme une erreur, quoiqu'elle paraisse appuyée par des expériences journalières. En effet, ce qui se corrompt produit toujours des vers : mais ces vers n'y naissent que parce que d'autres insectes y ont déposé leurs œufs. Une expérience sensible prouve cette vérité.

Prenez du bœuf tout nouvellement tué ; mettez-en un morceau dans un pot découvert, et un autre morceau dans un pot bien net, que vous couvrirez sur-le-champ avec une pièce d'étoffe de soie afin que l'air y passe sans qu'aucun insecte y puisse déposer ses œufs. Il arrivera au premier morceau ce qui est ordinaire : il se couvrira de vers parce que les mouches y font leurs œufs en liberté ; l'autre morceau s'altérera par le passage de l'air, se flétrira, se réduira en poudre par l'évaporation ; mais on n'y trouvera ni œufs, ni vers, ni mouches. Tout au plus les mouches attirées par l'odeur viendront en foule sur le couvercle, essayeront d'entrer et jetteront quelques œufs sur l'étoffe de soie, ne pouvant entrer plus avant. [...]

Cependant, quelques philosophes modernes paraissent encore favorables à l'opinion ancienne de la génération par *corruption,* du moins en certains cas. M. de Buffon, dans son *Histoire naturelle,* paraît incliner à cette opinion. Après avoir exposé son système des molécules organiques, dont il sera parlé à l'article *Génération,* il en conclut qu'il y a peut-être autant d'êtres, soit vivants, soit végétants qui se produisent par l'assemblage fortuit des molécules organiques, qu'il y en a qui se produisent par la voie ordinaire de la génération ; c'est dit-il, à la production de cette espèce d'êtres qu'on doit appliquer l'axiome des anciens, *corruptio unius generatio alterius*[48]. Les anguilles qui se forment dans la colle faite avec de la farine n'ont pas d'autre origine, selon lui, que la réunion des molécules organiques de la partie la plus substantielle du grain. Les premières anguilles qui paraissent, dit-il, ne sont certainement pas produites par d'autres anguilles ; cependant, quoique non engendrées, elles en engendrent d'autres vivantes. On peut voir sur cela un plus grand détail dans l'endroit que nous abrégeons. On ne peut nier que, généralement parlant, les particules qui composent un insecte ne puissent être rassemblées par une autre voie que par celle de la génération : du moins nous connaissons trop peu les voies et le mécanisme de la nature pour avancer là-dessus une assertion trop exclusive. Il est certain par l'expérience que dans la plupart des cas où les insectes paraissent engendrés par *corruption* ils le sont par génération ; mais est-il démontré dans tous les cas que la *corruption* ne puisse jamais engendrer de corps animé ? C'est ce qu'il faut bien se garder d'affirmer d'une manière positive. Au reste, M. de Buffon lui-même avoue qu'il lui faudrait plus d'observations pour établir entre ces êtres ainsi engendrés des classes et des genres.

48. La corruption de l'une est la génération de l'autre. A.S.

CRITIQUE DANS LES SCIENCES
(Marmontel)

*L'une des plus grandes nouveautés de l'*Encyclopédie *est d'avoir affirmé que la méthode scientifique s'applique aussi aux faits humains, et en particulier à l'histoire, sacrée comme profane. Tout en s'en défendant (l'histoire sainte est révélée, elle est une matière de foi), Marmontel donne une leçon de méthode appliquée à l'étude des textes sacrés. La caution de Pascal ne saurait cacher ce qu'une telle critique a de dangereux pour la vérité révélée. Quant à l'histoire, Marmontel, à la suite de Voltaire, élargit considérablement son champ : à l'histoire des rois, il substitue celle des peuples et des civilisations.*

Se reporter aux articles « Agnus scythicus », « Aigle », « Alcatrace », « Carême », « Corruption ».

Albert Soboul

L'ordre d'exposition choisi par Marmontel ne doit point tromper. Les rigoureuses méthodes d'analyse critique qu'il présente à propos des phénomènes d'« histoire naturelle et profane » doivent s'appliquer aussi à l'histoire sainte. Il radicalise et systématise ici une méthode d'érudition critique appliquée aux Écritures Saintes.

Sans remonter aux prémisses de cette méthode apparues dans certains courants de l'humanisme italien des XIV*e et* XV*e siècles, elle fut surtout mise au point par l'oratorien Richard Simon dans son* Histoire critique du Vieux Testament, *(1679). Simon appuya sa lecture critique sur la philologie, montrant qu'il fallait examiner la Bible comme tout autre texte ancien et l'éclairer par la connaissance de la civilisation hébraïque. Mais Simon ne remit jamais en cause l'autorité de l'Église. En 1690, Pierre Bayle entreprit un* Dictionnaire historique et critique *où il affirma la nécessité de distinguer religion* *et philosophie soulignant le caractère indémontrable de la Révélation tout en la respectant. Mais, l'œuvre la plus importante fut l'*Historia critica philosophiæ *de Brucker. Ce pasteur allemand, né en 1696, chercha à établir que la religion chrétienne s'était elle aussi trompée. Il voulut montrer le lien entre les écoles philosophiques et les caractères de la période où elles étaient apparues. Critiquant systématiquement les sources, il traita la religion comme un objet de science. Mais ni Simon, ni Bayle, ni Brucker ne remirent en cause la Révélation. La philosophie des Lumières, dédaignant cet aspect de leurs œuvres, en retint seulement avant tout l'aspect critique.*

Le programme, en matière d'histoire profane, est vaste. Il découle de la philosophie exposée par le Discours préliminaire. *Dans ce renouvellement de la conception de l'histoire, Montesquieu et Voltaire* (Essai sur les mœurs, *1740) jouèrent également un rôle essentiel.*

Philippe Goujard

CRITIQUE DANS LES SCIENCES. Les sciences se réduisent à trois points : à la démonstration des vérités anciennes, à l'ordre de leur exposition, à la découverte des nouvelles vérités.

Les vérités anciennes sont ou de fait ou de spéculation. Les faits sont ou moraux ou physiques. Les faits moraux composent l'histoire des hommes, dans laquelle souvent il se mêle du physique, mais toujours relativement au moral.

Comme l'histoire sainte est révélée, il serait impie de la soumettre à l'examen de la raison ; mais il est une manière de la discuter pour le triomphe même de la foi. Comparer les textes et les concilier entre eux ; rapprocher les événements des prophéties qui les annoncent ; faire prévaloir l'évidence morale à l'impossibilité physique ; vaincre la répugnance de la raison par l'ascendant des témoignages ; prendre la tradition dans sa source pour la présenter dans toute sa force ; exclure enfin du nombre des preuves de la vérité tout argument vague, faible ou non concluant, espèce d'armes communes à toutes les religions, que le faux zèle emploie et dont l'impiété se joue : tel serait l'emploi du *critique* dans cette partie. Plusieurs l'ont entrepris avec autant de succès que de zèle, parmi lesquels Pascal doit occuper la première place, pour la céder à celui qui exécutera ce qu'il n'a fait que méditer.

Dans l'histoire profane, donner plus ou moins d'autorité aux faits, suivant leur degré de possibilité, de vraisemblance, de célérité, et suivant le poids de témoignages qui les confirment ; examiner le caractère de la situation des historiens : s'ils ont été libres de dire la vérité, à portée de la connaître, en état de l'approfondir, sans intérêt de la déguiser ; pénétrer après eux dans la source des événements, apprécier leurs conjectures, les comparer entre eux et les juger l'un par l'autre : quelles fonctions pour un *critique* et s'il veut s'en acquitter, combien de connaissances à acquérir ! Les mœurs, le naturel des peuples, leurs intérêts respectifs, leurs richesses et leurs forces domestiques, leurs ressources étrangères, leur éducation, leurs lois, leurs préjugés et leurs principes ; leur politique en dedans, leur discipline au dehors ; leur manière de s'exercer, de se nourrir, de s'armer et de combattre ; les talents, les passions, les vices, les vertus de ceux qui ont présidé aux affaires publiques ; les sources des projets, des troubles, des révolutions, des succès et des revers ; la connaissance des hommes, des lieux et des temps ; enfin tout ce qui, en morale et en physique, peut concourir à former, à entretenir, à changer, à détruire et à rétablir l'ordre des choses humaines doit entrer dans le plan d'après lequel un savant discute l'histoire. Combien un seul trait dans cette partie ne demande-t-il pas souvent, pour être éclairci, de réflexions et de lumières ? Qui osera décider si Annibal eut tort de s'arrêter à Capoue, et si Pompée combattait à Pharsale pour l'empire ou pour la liberté ?

Les faits purement physiques composent l'histoire naturelle, et la vérité s'en démontre de deux manières : ou en répétant les observations et les expériences ; ou en pesant les témoignages, si l'on n'est pas à portée de les vérifier. C'est faute d'expérience qu'on a regardé comme des fables une infinité de faits que Pline rapporte, et qui se confirment de jour en jour par les observations de nos naturalistes.

Les anciens avaient soupçonné la pesanteur de l'air, Torricelli et Pascal l'ont démontrée. Newton avait annoncé l'aplatissement de la terre, des philosophes ont passé d'un hémisphère à l'autre pour la mesurer. Le miroir d'Archimède confondait notre raison, et un physicien, au lieu de nier ce phénomène, a tenté de le reproduire et le prouve en le répétant. Voilà comme on doit *critiquer* les faits. Mais suivant cette méthode, les sciences auront peu de *critiques.* Il est plus court et plus facile de nier ce qu'on ne comprend pas ; mais est-ce à nous de marquer les bornes des possibles, à nous qui voyons chaque jour imiter la foudre, et qui touchons peut-être au secret de la diriger ?

Ces exemples doivent rendre un critique bien circonspect dans ses décisions. La crédulité est le partage des ignorants ; l'incrédulité décidée, celui des demi-savants ; le doute méthodique, celui des sages. Dans les connaissances humaines, un philosophe démontre ce qu'il peut ; croit ce qui lui est démontré ; rejette ce qui y répugne, et suspend son jugement sur tout le reste.

DROIT NATUREL
(Diderot)

Quelles que soient leurs divergences, les différentes écoles contractualistes assimilaient le problème du fondement de l'autorité à celui de son origine. Tous affirmaient que l'autorité avait son origine dans un contrat passé entre les hommes vivant à l'état de nature, dans le but de leur apporter la sécurité. Une fois ce principe affirmé, les divergences étaient profondes : elles portaient sur la nature du pouvoir issu du contrat, mais aussi sur la situation des hommes dans l'état de nature. Celui-ci étant — qu'ils en soient conscients ou non — une fiction, la description qu'ils en donnaient résultait de leur conception du pouvoir politique et notamment de ses buts ou bien de leur conception philosophique plus générale. Cette dernière attitude est particulièrement vraie pour Diderot qui adapte ici aux théories contractualistes sa vision de l'homme « animal doué de raison ». Diderot a tiré de ses théories sa vision politique mais peut-être surtout un approfondissement de ses conceptions philosophiques.

Comme animal, l'homme obéit à ses passions, il est privé de tout sentiment moral. Mais, doué de raison, il a tout de même potentiellement cette conscience morale. Plus exactement l'instinct de conservation dont il est porteur, l'entraîne à vouloir sortir de l'état de guerre qu'est l'état de nature par le recours au contrat. Mais la conception de Diderot, tout en reprenant les termes des théoriciens contractualistes, en diffère profondément. Diderot ne se contente pas d'en reprendre les leçons comme il le faisait dans l'article « Autorité politique ». Si les théoriciens politiques raisonnaient en terme de corps social et politique, Diderot lui raisonne en terme d'espèce humaine. Il donne à cette dernière les caractères que les philosophes politiques donnaient au corps social. Il reprend donc la conception rousseauiste de l'infaillibilité de la volonté générale, mais il l'applique à l'humanité en tant qu'espèce et non en tant que société politiquement organisée. Conception plus large et moins politique.

Conception plus large qui explique ses profondes divergences avec les théoriciens contractualistes. Affirmant, contre Rousseau, la continuité entre l'homme naturel et l'homme social, mais refusant au premier des qualités morales, il postule une volonté générale de l'espèce s'imposant à chacun de ses membres par leur faculté de raisonner. C'est par ce processus que l'homme prend conscience du juste et de l'injuste. Ainsi la permanence de l'espèce est-elle assurée non plus par l'instinct, comme dans le cas de l'animal, mais par la raison. On mesure par là la place centrale du concept de raison dans le système philosophique de Diderot. Il tient fondamentalement à son matérialisme et à sa conception de l'univers.

Conception moins politique : la volonté générale de Diderot est celle du genre humain et non celle du corps politique, mode d'existence particulier du genre humain. Et les lois politiques existantes, quelles qu'elles soient ne sont que des expressions de la loi de l'espèce. La vision de Diderot contenait cependant des conséquences pratiques, même si la logique de son raisonnement les rend difficilement perceptibles. Conséquences pratiques qu'il emprunte d'ailleurs à Rousseau : c'est le cas du rôle fondamental du pouvoir législatif et de la revendication de l'égalité civile, revendication la plus subversive des années 1750.

Philippe Goujard

DROIT NATUREL *(Morale).* L'usage de ce mot est si familier, qu'il n'y a presque personne qui ne soit convaincu au-dedans de soi-même que la chose lui est évidemment connue. Ce sentiment intérieur est commun au philosophe et à l'homme qui n'a point réfléchi ; avec cette seule différence qu'à la question, *qu'est-ce que le droit ?* celui-ci manquant aussitôt et de termes et d'idées, vous renvoie au tribunal de la conscience et reste muet ; et que le premier n'est réduit au silence et à des réflexions plus profondes, qu'après avoir tourné dans un cercle vicieux qui le ramène au point même d'où il était parti, ou le jette dans quelque autre question non moins difficile à résoudre que celle dont il se croyait débarrassé par sa définition.

Le philosophe interrogé dit, *le droit est le fondement ou la raison première de la justice.* Mais qu'est-ce que la justice ? *c'est l'obligation de rendre à chacun ce qui lui appartient.* Mais qu'est-ce qui appartient à l'un plutôt qu'à l'autre dans un état de choses où tout serait à tous, et où peut-être l'idée distincte d'obligation n'existerait pas encore ? et que devrait aux autres celui qui leur permettrait tout, et ne leur demanderait rien ? C'est ici que le philosophe commence à sentir que de toutes les notions de la morale, celle du *droit naturel* est une des plus importantes et des plus difficiles à déterminer ! Aussi croirions-nous avoir fait beaucoup dans cet article, si nous réussissions à établir clairement quelques principes à l'aide desquels on pût résoudre les difficultés les plus considérables qu'on a coutume de proposer contre la notion du *droit naturel.* Pour cet effet il est nécessaire de reprendre les choses de haut, et de ne rien avancer qui ne soit évident, du moins de cette évidence dont les questions morales sont susceptibles, et qui satisfait tout homme sensé.

I. Il est évident que si l'homme n'est pas libre, ou que si ses déterminations instantanées, ou même ses oscillations, naissant de quelque chose de matériel qui soit extérieur à son âme, son choix n'est point l'acte pur d'une substance incorporelle et d'une faculté simple de cette substance ; il n'y aura ni bonté ni méchanceté raisonnées, quoiqu'il puisse y avoir bonté et méchanceté animales ; il n'y aura ni bien ni mal moral, ni juste ni injuste, ni obligation ni droit. D'où l'on voit, pour le dire en passant, combien il importe d'établir solidement la réalité, je ne dis pas du *volontaire,* mais de la *liberté* qu'on ne confond que trop ordinairement avec le *volontaire. Voyez* les articles VOLONTÉ et LIBERTÉ.

II. Nous existons d'une existence pauvre, contentieuse, inquiète. Nous avons des passions et des besoins. Nous voulons être heureux ; et à tout moment l'homme injuste et passionné se sent porter à faire à autrui ce qu'il ne voudrait pas qu'on lui fît à lui-même. C'est un jugement qu'il prononce au fond de son âme, et qu'il ne peut se dérober. Il voit sa méchanceté, et il faut qu'il se l'avoue, ou qu'il accorde à chacun la même autorité qu'il s'arroge.

III. Mais quels reproches pourrons-nous faire à l'homme tourmenté par des passions si violentes, que la vie même lui devient un poids onéreux, s'il ne les satisfait, et qui, pour acquérir le droit de disposer de l'existence des autres, leur abandonne la sienne ? Que lui répondrons-nous, s'il dit intrépidement : « Je sens que je porte l'épouvante et le trouble au milieu de l'espèce humaine ; mais il faut ou que je sois malheureux, ou que je fasse le malheur des autres ; et personne ne m'est plus cher que je me le suis à moi-même. Qu'on ne me reproche point cette abominable prédilection ; elle n'est pas libre. C'est la voix de la nature qui ne s'explique jamais plus fortement en moi que quand elle me parle en ma faveur. Mais n'est-ce que dans mon cœur qu'elle se fait entendre avec la même violence ? O hommes, c'est à vous que j'en appelle ! Quel est celui d'entre vous qui sur le point de mourir, ne rachèterait pas sa vie aux dépens de la plus grande partie du genre humain, s'il était sûr de l'impunité et du secret ? » Mais, continuera-t-il, « je suis équitable et sincère. Si mon bonheur demande que je me défasse de toutes les existences qui me seront importunes ; il faut aussi qu'un individu, quel qu'il soit, puisse se défaire de la mienne, s'il en est importuné. La raison le veut, et j'y souscris. Je ne suis pas assez injuste pour exiger d'un autre un sacrifice que je ne veux point lui faire. »

IV. J'aperçois d'abord une chose qui me semble avouée par le bon et par le méchant, c'est qu'il faut raisonner en tout, parce que l'homme n'est pas seulement un animal, mais un animal qui raisonne ; qu'il y a par conséquent dans la question dont il s'agit des moyens de découvrir la vérité ; que celui qui refuse de la chercher renonce à la qualité d'homme, et doit être traité par le reste de son espèce comme une bête farouche ; et que la vérité une fois découverte, quiconque refuse de s'y conformer, est insensé ou méchant d'une méchanceté morale.

V. Que répondrons-nous donc à notre raisonneur violent, avant que de l'étouffer ? que tout son discours se réduit à savoir s'il acquiert un droit sur l'existence des autres, en leur abandonnant la sienne ; car il ne veut pas seulement être heureux, il veut encore être équitable, et par son équité écarter loin de lui l'épithète de *méchant ;* sans quoi il faudrait l'étouffer sans lui répondre. Nous lui ferons donc remarquer que quand bien même ce qu'il abandonne lui appartiendrait si parfaitement, qu'il en pût disposer à son gré, et que la condition qu'il propose aux autres leur serait encore avantageuse, il n'a aucune autorité légitime pour la leur faire accepter ; que celui qui dit, *je veux vivre,* a autant de raison que celui qui dit, *je veux mourir ;* que celui-ci n'a qu'une vie, et qu'en l'abandonnant il se rend maître d'une infinité de vies ; que son échange serait à peine équitable, quand il n'y aurait que lui et un autre méchant sur toute la surface de la terre ; qu'il est absurde de faire vouloir à d'autres ce qu'on veut ; qu'il est incertain que le péril qu'il fait courir à son semblable, soit égal à celui auquel il veut bien s'exposer ; que ce qu'il permet au hasard peut n'être pas d'un prix proportionné à ce qu'il me force de hasarder ; que la question du *droit naturel* est beaucoup plus compliquée qu'elle ne lui paraît ; qu'il se constitue juge et partie, et que son tribunal pourrait bien n'avoir pas la compétence dans cette affaire.

VI. Mais si nous ôtons à l'individu le droit de décider de la nature du juste et de l'injuste, où porterons-nous cette grande question ? où ? devant le genre humain : c'est à lui seul qu'il appartient de la décider, parce que le bien de tous est la seule passion qu'il ait. Les volontés particulières sont suspectes ; elles peuvent être bonnes ou méchantes, mais la volonté générale est toujours bonne : elle n'a jamais trompé, elle ne trompera jamais.

Si les animaux étaient d'un ordre à peu près égal au nôtre ; s'il y avait des moyens sûrs de communication entre eux et nous ; s'ils pouvaient nous transmettre évidemment leurs sentiments et leurs pensées, et connaître les nôtres avec la même évidence : en un mot s'ils pouvaient voter dans une assemblée générale, il faudrait les y appeler ; et la cause du *droit naturel* ne se plaiderait plus par-devant *l'humanité,* mais par-devant *l'animalité.* Mais les animaux sont séparés de nous par des barrières invariables et éternelles ; et il s'agit ici d'un ordre de connaissances et d'idées particulières à l'espèce humaine, qui émanent de sa dignité et qui la constituent.

VII. C'est à la volonté générale que l'individu doit s'adresser pour savoir jusqu'où il doit être homme, citoyen, sujet, père, enfant, et quand il lui convient de vivre ou de mourir. C'est à elle à fixer les limites de tous les devoirs. Vous avez le *droit naturel* le plus sacré à tout ce qui ne vous est point contesté par l'espèce entière. C'est elle qui vous éclairera sur la nature de vos pensées et de vos désirs. Tout ce que vous concevrez, tout ce que vous méditerez, sera bon, grand, élevé, sublime, s'il est de l'intérêt général et commun. Il n'y a de qualité essentielle à votre espèce, que celle que vous exigez dans tous vos semblables pour votre bonheur et pour le leur. C'est cette conformité de vous à eux tous et d'eux tous à vous, qui vous marquera quand vous sortirez de votre espèce, et quand vous y resterez. Ne la perdez donc jamais de vue, sans quoi vous verrez les notions de la bonté, de la justice, de l'humanité, de la vertu, chanceler dans votre entendement. Dites-vous souvent : Je suis homme, et je n'ai d'autres *droits naturels* véritablement inaliénables que ceux de l'humanité.

VIII. Mais, me direz-vous, où est le dépôt de cette volonté générale ? Où pourrai-je la consulter ?... Dans les principes du droit écrit de toutes les nations policées ; dans les actions sociales des peuples sauvages et barbares ; dans les conventions tacites des ennemis du genre humain entre eux ; et même dans l'indignation et le ressentiment, ces deux passions que la nature semble avoir placées jusque dans les animaux pour suppléer au défaut des lois sociales et de la vengeance publique.

IX. Si vous méditez donc attentivement tout ce qui précède, vous resterez convaincu, 1° que l'homme qui n'écoute que sa volonté particulière, est l'ennemi du genre humain ; 2° que la volonté générale est dans chaque individu un acte pur de l'entendement qui raisonne dans le silence des passions sur ce que l'homme peut exiger de son semblable, et sur ce que son semblable est en droit d'exiger de lui ; 3° que cette considération de la volonté générale de l'espèce et du désir commun, est la règle de la conduite relative d'un particulier à un particulier dans la même société ; d'un particulier envers la société dont il est membre, et de la société dont il est membre, envers les autres sociétés ; 4° que la soumission à la volonté générale est le lien de toutes les sociétés, sans en excepter celles qui sont formées par le crime. Hélas, la vertu est si belle, que les voleurs en respectent l'image dans le fond même de leurs cavernes ! 5° que les lois doivent être faites pour tous et non pour un ; autrement cet être solitaire ressemblerait au raisonneur violent que nous avons étouffé dans le paragraphe V ; 6° que, puisque des deux volontés, l'une générale, et l'autre particulière, la volonté générale n'erre jamais, il n'est pas difficile de voir à laquelle il faudrait pour le bonheur du genre humain que la puissance législative appartînt, et quelle vénération l'on doit aux mortels augustes dont la volonté particulière réunit et l'autorité et l'infaillibilité de la volonté générale ; 7° que quand on supposerait la notion des espèces dans un flux perpétuel, la nature du *droit naturel* ne changerait pas, puisqu'elle serait toujours relative à la volonté générale et au désir commun de l'espèce entière ; 8° que l'équité est à la justice comme la cause est à son effet, ou que la justice ne peut être autre chose que l'équité déclarée ; 9° enfin que toutes ces conséquences sont évidentes pour celui qui raisonne, et que celui qui ne veut pas raisonner, renonçant à la qualité d'homme, doit être traité comme un être dénaturé.

ÉCLECTISME
(Diderot)

Une philosophie éclectique est celle qui entend créer un système nouveau avec des théories tirées des systèmes antérieurs, et qu'elle juge bonnes. Encore s'agit-il de savoir sur quels principes fonder ce choix. Pour Diderot, ce ne peuvent être que l'expérience et la raison. Son éclectique, c'est le philosophe du XVIII*e* *siècle qui, à la suite de Descartes, applique la méthode scientifique à tous les faits, y compris les faits humains.*

Se reporter à l'article « Philosophie ».

Albert Soboul

*Diderot met ici en valeur la fonction essentiellement critique de la raison, fondée sur l'observation et l'expérience. Le philosophe doit rejeter tout ce qui n'est pas prouvé. La raison s'oppose donc avant tout à l'autorité et à la tradition, fondements de l'enseignement catholique. Ce refus de jouer un rôle pédagogique peut surprendre, il correspond à l'attitude de Diderot qui, contrairement à Voltaire par exemple, est très peu intervenu dans les grandes « affaires du siècle », l'affaire Calas notamment. Aux interventions ponctuelles, il préférait l'exposé de principes généraux en matière de politique et de morale. De cette façon, pensait-il, la philosophie avait une fonction sociale, en même temps qu'elle guide l'homme dans sa vie individuelle et sociale. Sa volonté de poursuivre l'*Encyclopédie *le porta aussi à prendre quelques précautions et à adopter cette attitude de retrait.*

Philippe Goujard

ÉCLECTISME. L'éclectique est un philosophe qui, foulant aux pieds le préjugé, la tradition, l'ancienneté, le consentement universel, l'autorité, en un mot tout ce qui subjugue la foule des esprits, ose penser de lui-même, remonter aux principes généraux les plus clairs, les examiner, les discuter, n'admettre rien que sur le témoignage de son expérience et de sa raison ; et de toutes les philosophies, qu'il a analysées sans égard et sans partialité, s'en faire une particulière et domestique qui lui appartienne : je dis *une philosophie particulière et domestique,* parce que l'ambition de l'éclectique est moins d'être le précepteur du genre humain que son disciple ; de réformer les autres que de se réformer lui-même ; de connaître la vérité que de l'enseigner. Ce n'est point un homme qui plante ou qui sème ; c'est un homme qui recueille et qui crible. Il jouirait tranquillement de la récolte qu'il aurait faite, il vivrait heureux, et mourrait ignoré, si l'enthousiasme, la vanité, ou peut-être un sentiment plus noble ne le faisait sortir de son caractère. [...]

D'où l'on voit qu'il y a deux sortes d'*éclectisme ;* l'un expérimental, qui consiste à rassembler les vérités connues et les faits donnés, et à en augmenter le nombre par l'étude de la nature ; l'autre systématique, qui s'occupe à comparer entre elles les vérités connues et à combiner les faits donnés pour en tirer ou l'explication d'un phénomène ou l'idée d'une expérience. L'*éclectisme* expérimental est le partage des hommes laborieux ; l'*éclectisme* systématique est celui des hommes de génie ; celui qui les réunira verra son nom placé entre les noms de Démocrite, d'Aristote et de Bacon.

ÉCOLE (PHILOSOPHIE DE L')

(d'Alembert)

*Critique brillante de la philosophie scolastique encore enseignée officiellement à l'époque de l'*Encyclopédie. *Sur le même thème, d'Alembert avait écrit déjà l'article « Collège », qui lui valut une violente attaque de la part du père Tholomas, des jésuites de Lyon, dans une* *conférence tenue le* 30 *novembre* 1764, Pro scholis publicis adversus Encyclopaedistas.

Albert Soboul

D'Alembert applique ici un des principes philosophiques exposés dans le Discours préliminaire *et dans d'autres articles de l'*Encyclopédie *en montrant le rapport entre la naissance de la scolastique et le niveau atteint par le savoir à l'époque qui la vit naître. Au* XVIII*e* *siècle la méthode scolastique, même si son influence avait beaucoup diminué, continuait de marquer l'enseignement traditionnel qui avait formé tous les philosophes du* XVIII*e* *siècle. Ce qui explique la sévérité de leur critique mais aussi leur connaissance profonde de cette discipline.*

Philippe Goujard

ÉCOLE *(Philosophie de l'),* on désigne par ces mots l'espèce de philosophie qu'on nomme autrement et plus communément *scolastique,* qui a substitué les mots aux choses, et les questions frivoles ou ridicules aux grands objets de la véritable philosophie ; qui explique par des termes barbares des choses inintelligibles ; qui a fait naître ou mis en honneur les universaux, les catégories, les prédicaments, les degrés métaphysiques, les secondes intentions, l'horreur du vide, etc. Cette philosophie est née de l'esprit et de l'ignorance. On peut rapporter son origine, ou du moins sa plus brillante époque, au XIIe siècle, dans le temps où l'université de Paris a commencé à prendre une forme éclatante et durable. Le peu de connaissances qui était alors répandu dans l'univers, le défaut de livres, d'observations, et le peu de facilité qu'on avait à s'en procurer tournèrent tous les esprits du côté des questions oisives ; on raisonna sur les abstractions, au lieu de raisonner sur les êtres réels : on créa pour ce nouveau genre d'étude une langue nouvelle, et on se crut savant parce qu'on avait appris cette langue. On ne peut trop regretter que la plupart des auteurs scolastiques aient fait un usage si misérable de la sagacité et de la subtilité extrême qu'on remarque dans leurs écrits ; tant d'esprit mieux employé eût fait faire aux sciences de grands progrès dans un autre temps.

C'est à Descartes que nous avons l'obligation principale d'avoir secoué le joug de cette barbarie ; ce grand homme nous a détrompés de la philosophie de l'*école* (et peut-être même, sans le vouloir, de la sienne ; mais ce n'est pas de quoi il s'agit ici). L'université de Paris, grâce à quelques professeurs vraiment éclairés, se délivre insensiblement de cette lèpre ; cependant elle n'en est pas encore tout à fait guérie. Mais les universités d'Espagne et du Portugal, grâce à l'Inquisition qui les tyrannise, sont beaucoup moins avancées ; la philosophie y est encore dans le même état où elle a été parmi nous depuis le XIIe jusqu'au XVIIe siècle ; les professeurs jurent même de n'en jamais enseigner d'autres : cela s'appelle prendre toutes les précautions possibles contre la lumière. Dans un des journaux des savants de l'année 1752, à l'article des *Nouvelles littéraires,* on ne peut lire, sans étonnement et sans affliction, le titre de ce livre nouvellement imprimé à Lisbonne (au milieu du XVIIIe siècle) : *Systema aristotelicum de formis substantialibus, etc., cum dissertatione de accidentibus absolutis* (Ulyssipone, 1750). On serait tenté de croire que c'est une faute d'impression, et qu'il faut lire 1550.

Nous serait-il permis d'observer que la nomenclature inutile et fatigante, dont plusieurs sciences sont encore chargées, est peut-être un mauvais reste de l'ancien goût pour la philosophie de l'*école ?*

ÉCONOMIE POLITIQUE
(Jean-Jacques Rousseau)

Cet article qui expose la théorie politique de Jean-Jacques Rousseau à un moment donné de son évolution contient encore des contradictions qui disparurent dans le Contrat social. *Mais déjà certains de ses principes sont nettement affirmés ou bien simplement pressentis. Rallié à la théorie du contrat, il refuse l'assimilation du pouvoir politique au pouvoir paternel, et croit, comme Hobbes, au pouvoir absolu de la souveraineté générale.*

Mais certaines de ses conceptions le différencient des théoriciens contractualistes ou d'autres philosophes du XVIIIe *siècle. Selon lui, c'est la liberté et non la raison qui définit l'homme. Droit naturel, la liberté est inaliénable. Cette affirmation oppose Rousseau aux autres théoriciens politiques. Et le contrat devant permettre l'exercice de la liberté, l'absolutisme de la volonté générale ne saurait être la négation de la liberté individuelle puisque son but est le bonheur individuel des citoyens.*

L'autre divergence réside dans le statut qu'il assigne au droit de propriété qu'il considère comme un facteur essentiel d'inégalité : il engendre le heurt des intérêts et peut rendre la domination du riche sur le pauvre aussi tyrannique que celle du prince sur ses sujets. Aussi affirme-t-il que la volonté générale doit limiter le droit de propriété en maintenant entre les citoyens une certaine égalité car, droit naturel, celle-ci ne peut non plus être abolie. C'est à ce prix que l'on peut empêcher l'oppression dans la société politique. Jean-Jacques Rousseau rompt donc avec les autres philosophes du siècle qui considéraient que la principale tâche de l'État était la protection de la propriété afin de mieux assurer le bonheur commun. Mais en même temps, l'idée selon laquelle l'impôt doit être librement consenti montre qu'il considère encore le droit de propriété comme un droit naturel. Il fallut attendre le Contrat social *pour voir Rousseau dépasser cette contradiction.*

Il n'en reste pas moins vrai que Rousseau est dès lors en possession des éléments majeurs de sa théorie. Pour être vraiment équitable et surmonter le choc des intérêts particuliers, la volonté générale doit s'exercer sur des problèmes généraux et s'exprimer par des lois. Et surtout Rousseau affirme une liaison entre liberté et égalité réelle *que ne reconnaissaient pas les autres philosophes :*

le libre exercice de la liberté n'est possible que si les citoyens libres sont en même temps égaux. Mais si ses divergences avec les autres philosophes du XVIII*e siècle sont profondes, il rejette avec eux les fondements théoriques traditionnels du pouvoir monarchique.*

Philippe Goujard

Le mot d'ÉCONOMIE ou d'ŒCONOMIE vient de *σίχος*, *maison,* et de *νόμός*, *loi,* et ne signifie originairement que le sage et légitime gouvernement de la maison pour le bien commun de toute la famille. Le sens de ce terme a été dans la suite étendu au gouvernement de la grande famille, qui est l'État. Pour distinguer ces deux acceptions, on l'appelle, dans ce dernier cas, *économie générale* ou *politique ;* et dans l'autre, *économie domestique* ou *particulière.* Ce n'est que de la première qu'il est question dans cet article.

Quand il y aurait entre l'État et la famille autant de rapport que plusieurs auteurs le prétendent, il ne s'ensuivrait pas pour cela que les règles de conduite propres à l'une de ces deux sociétés fussent convenables à l'autre : elles diffèrent trop en grandeur pour pouvoir être administrées de la même manière ; et il y aura toujours une extrême différence entre le gouvernement domestique, où le père peut tout voir par lui même, et le gouvernement civil, où le chef ne voit presque rien que par les yeux d'autrui. Pour que les choses devinssent égales à cet égard, il faudrait que les talents, la force, et toutes les facultés du père, augmentassent en raison de la grandeur de la famille, et que l'âme d'un puissant monarque fût à celle d'un homme ordinaire comme l'étendue de son empire est à l'héritage d'un particulier.

Mais comment le gouvernement de l'État pourrait-il être semblable à celui de la famille, dont le fondement est si différent ? Le père étant physiquement plus fort que ses enfants, aussi longtemps que son secours leur est nécessaire, le pouvoir paternel passe avec raison pour être établi par la nature. Dans la grande famille, dont tous les membres sont naturellement égaux, l'autorité politique, purement arbitraire quant à son institution, ne peut être fondée que sur des conventions, ni le magistrat commander aux autres qu'en vertu des lois. Le pouvoir du père sur les enfants, fondé sur leur avantage particulier, ne peut, par sa nature, s'étendre jusqu'au droit de vie et de mort ; mais le pouvoir souverain, qui n'a d'autre objet que le bien commun, n'a d'autres bornes que celles de l'utilité publique bien entendue ; distinction que j'expliquerai dans son lieu. Les devoirs du père lui sont dictés par des sentiments naturels, et d'un ton qui lui permet rarement de désobéir. Les chefs n'ont point de semblable règle, et ne sont réellement tenus envers le peuple qu'à ce qu'ils lui ont promis de faire, et dont il est en droit d'exiger l'exécution. Une autre différence plus importante encore, c'est que, les enfants n'ayant rien que ce qu'ils reçoivent du père, il est évident que tous les droits de propriété lui appartiennent, ou émanent de lui. C'est tout le contraire dans la grande famille, où l'administration générale n'est établie que pour assurer la propriété particulière, qui lui est antérieure. Le principal objet des travaux de toute la maison est de conserver et d'accroître le patrimoine du père, afin qu'il puisse un jour le partager entre ses enfants sans les appauvrir : au lieu que la richesse du fisc n'est qu'un moyen, souvent fort mal entendu, pour maintenir les particuliers dans la paix et dans l'abondance. En un mot, la petite famille est destinée à s'éteindre, et à se résoudre un jour en plusieurs autres familles semblables : mais la grande étant faite pour durer toujours dans le même état, il faut que la première s'augmente pour se multiplier ; et non-seulement il suffit que l'autre se conserve, mais on peut trouver aisément que toute augmentation lui est plus préjudiciable qu'utile.

Par plusieurs raisons tirées de la nature de la chose, le père doit commander dans la famille. Premièrement, l'autorité ne doit pas être égale entre le père et la mère ; mais il faut que le gouvernement soit un, et que, dans les partages d'avis, il y ait une voix prépondérante qui décide. 2° Quelque légères qu'on veuille supposer les incommodités particulières à la femme, comme elles sont toujours pour elle un intervalle d'inaction, c'est une raison suffisante pour l'exclure de cette primauté : car, quand la balance est parfaitement égale, une paille suffit pour la faire pencher. De plus, le mari doit avoir inspection sur la conduite de sa femme, parce qu'il lui importe de s'assurer que les enfants, qu'il est forcé de reconnaître et de nourrir, n'appartiennent pas à d'autres qu'à lui. La femme, qui n'a rien de semblable à craindre, n'a pas le même droit sur le mari. 3° Les enfants doivent obéir au père, d'abord par nécessité, ensuite par reconnaissance ; après avoir reçu de lui leurs besoins durant la moitié de leur vie, ils doivent consacrer l'autre à pourvoir aux siens. 4° A l'égard des domestiques, ils lui doivent aussi leurs services en échange de l'entretien qu'il leur donne, sauf à rompre le marché dès qu'il cesse de leur convenir. Je ne parle point de l'esclavage, parce qu'il est contraire à la nature, et qu'aucun droit ne peut l'autoriser.

Il n'y a rien de tout cela dans la société politique. Loin que le chef ait un intérêt naturel au bonheur des particuliers, il ne lui est pas rare de chercher le sien dans leur misère. La magistrature est-elle héréditaire, c'est souvent un enfant qui commande à des hommes : est-elle élective, mille inconvénients se font sentir dans les élections ; et l'on perd, dans l'un et l'autre cas, tous les avantages de la paternité. Si vous n'avez qu'un seul chef, vous êtes à la discrétion d'un maître qui n'a nulle raison de vous aimer ; si vous en avez plusieurs, il faut supporter à la fois leur tyrannie et leurs divisions. En un mot, les abus sont inévitables, et leurs suites funestes dans toute société où l'intérêt public et les lois n'ont aucune force naturelle, et sont sans cesse attaqués par l'intérêt personnel et les passions du chef et des membres.

Quoique les fonctions du père de famille et du premier magistrat doivent tendre au même but, c'est par des voies si différentes, leur devoir et leurs droits sont tellement distingués, qu'on ne peut les confondre sans se former de fausses idées des lois fondamentales de la société, et sans tomber dans des erreurs fatales au genre humain. En effet, si la voix de la nature est le meilleur conseil que doive écouter un bon père pour bien remplir ses devoirs, elle n'est, pour le magistrat, qu'un faux guide qui travaille sans cesse à l'écarter des siens, et qui l'entraîne tôt ou tard à sa perte ou à celle de l'État, s'il n'est retenu par la plus sublime vertu. La seule précaution nécessaire au père de famille est de se garantir de la dépravation, et d'empêcher que les inclinations naturelles ne se corrompent en lui ; mais ce sont elles qui corrompent le magistrat. Pour bien faire, le premier n'a qu'à consulter son cœur ; l'autre devient un traître au moment qu'il écoute le sien : sa raison même lui doit être suspecte, et il ne doit suivre d'autre règle que la raison publique, qui est la loi. Aussi la nature a-t-elle fait une multitude de bons pères de famille ; mais, depuis l'existence du monde, la sagesse humaine a fait bien peu de bons magistrats.

De tout ce que je viens d'exposer, il s'ensuit que c'est avec raison qu'on a distingué l'*économie publique* de l'*économie particulière,* et que la cité n'ayant rien de commun avec la famille que l'obligation qu'ont les chefs de rendre heureuses l'une et l'autre, leurs droits ne sauraient dériver de la même source, ni les mêmes règles de conduite convenir à toutes les deux. J'ai cru qu'ils suffirait de ce peu de lignes pour renverser l'odieux système que le chevalier Filmer a tâché d'établir dans un ouvrage intitulé *Patriarcha,* auquel deux hommes illustres ont fait trop d'honneur en écrivant des livres pour lui répondre : au reste, cette erreur est fort ancienne, puisque Aristote même, qui l'adopte en certains lieux de ses *Politiques,* juge à propos de la combattre en d'autres.

Je prie mes lecteurs de bien distinguer encore l'*économie publique,* dont j'ai à parler, et que j'appelle *gouvernement,* de l'autorité suprême que j'appelle *souveraineté,* distinction qui consiste en ce que l'une a le droit législatif, et oblige, en certains cas, le corps même de la nation, tandis que l'autre n'a que la puissance exécutrice, et ne peut obliger que les particuliers. *Voyez* POLITIQUE et SOUVERAINETÉ.

Qu'on permette d'employer pour un moment une comparaison commune et peu exacte à bien des égards, mais propre à me faire mieux entendre. [...]

Le corps politique est donc aussi un être moral qui a une volonté, et cette volonté générale, qui tend toujours à la conservation et au bien-être du tout et de chaque partie, et qui est la source des lois, est, pour tous les membres de l'État, par rapport à eux et à lui, la règle du juste et de l'injuste ; vérité qui, pour le dire en passant, montre avec combien de sens tant d'écrivains ont traité de vol la subtilité prescrite aux enfants de Lacédémone pour gagner leur frugal repas ; comme si tout ce qu'ordonne la loi pouvait ne pas être légitime. *Voyez au mot* DROIT la source de ce grand et lumineux principe, dont cet article est le développement. [...]

Toute société politique est composée d'autres sociétés plus petites de différentes espèces, dont chacune a ses intérêts et ses maximes : mais ces sociétés, que chacun aperçoit parce qu'elles ont une forme extérieure et autorisée, ne sont pas les seules qui existent réellement dans l'État ; tous les particuliers qu'un intérêt commun réunit en composent autant d'autres, permanentes ou passagères, dont la force n'est pas moins réelle pour être moins apparente, et dont les divers rapports bien observés font la véritable connaissance des mœurs. Ce sont toutes ces associations tacites ou formelles qui modifient de tant de manières les apparences de la volonté publique par l'influence de la leur. La volonté de ces sociétés particulières a toujours deux relations : pour les membres de l'association, c'est une volonté générale ; pour la grande société, c'est une volonté particulière, qui très souvent se trouve droite au premier égard, et vicieuse au second; Tel peut être prêtre dévot, ou brave soldat, ou patricien zélé, et mauvais citoyen. Telle délibération peut être avantageuse à la petite communauté et très pernicieuse à la grande. Il est vrai que, les sociétés particulières étant toujours subordonnées à celles qui les contiennent, on doit obéir à celles-ci préférablement aux autres ; que les devoirs du citoyen vont avant ceux du sénateur, et ceux de l'homme avant ceux du citoyen : mais malheureusement l'intérêt personnel se trouve toujours en raison inverse du devoir, et augmente à mesure que l'association devient plus étroite et l'engagement moins sacré ; preuve invincible que la volonté la plus générale est aussi toujours la plus juste, et que la voix du peuple est en effet la voix de Dieu.

Il ne s'ensuit pas pour cela que les délibérations publiques soient toujours équitables ; elles peuvent ne l'être pas lorsqu'il s'agit d'affaires étrangères ; j'en ai dit la raison. Ainsi il n'est pas impossible qu'une république bien gouvernée fasse une guerre injuste, il ne l'est pas non plus que le conseil d'une démocratie passe de mauvais décrets et condamne les innocents : mais cela n'arrivera jamais que le peuple ne soit séduit par des intérêts particuliers, qu'avec du crédit et de l'éloquence quelques hommes adroits sauront substituer aux siens. Alors autre chose sera la délibération publique, et autre chose la volonté générale. Qu'on ne m'oppose donc point la démocratie d'Athènes, parce qu'Athènes n'était point en effet une démocratie, mais une aristocratie très tyrannique, gouvernée par des savants et des orateurs. Examinez avec soin ce qui se passe dans une délibération quelconque, et vous verrez que la volonté générale est toujours pour le bien commun, mais très souvent il se fait une scission secrète, une confédération tacite, qui, pour des vues particulières, sait éluder la disposition naturelle de l'assemblée. Alors le corps social se divise réellement en d'autres dont les membres prennent une volonté générale, bonne et juste à l'égard de ces nouveaux corps, injuste et mauvaise à l'égard du tout dont chacun d'eux se démembre.

On voit avec quelle facilité l'on explique, à l'aide de ces principes, les contradictions apparentes qu'on remarque dans la conduite de tant d'hommes remplis de scrupule et d'honneur à certains égards, trompeurs et fripons à d'autres ; foulant aux pieds les plus sacrés devoirs, et fidèles jusqu'à la mort à des engagements souvent illégitimes. C'est ainsi que les hommes les plus corrompus rendent toujours quelque sorte d'hommage à la foi publique ; c'est ainsi que les brigands mêmes, qui sont les ennemis de la vertu dans la grande société, en adorent le simulacre dans leurs cavernes.

En établissant la volonté générale pour premier principe de l'*économie* publique et règle fondamentale du gouvernement, je n'ai pas cru nécessaire d'examiner sérieusement si les magistrats appartiennent au peuple ou le peuple aux magistrats, et si, dans les affaires publiques, on doit consulter le bien de l'État ou celui des chefs. Depuis longtemps cette question a été décidée d'une manière par la pratique, et d'une autre par la raison ; et en général ce serait une grande folie d'espérer que ceux qui dans le fait sont les maîtres préféreront un autre intérêt au leur. Il serait donc à propos de diviser encore l'*économie* publique en populaire et tyrannique. La première est celle de tout État où règne entre le peuple et les chefs unité d'intérêt et de volonté ; l'autre existera nécessairement partout où le gouvernement et le peuple auront des intérêts différents, et par conséquent des volontés opposées. Les maximes de celle-ci sont inscrites au long dans les archives de l'histoire et dans les satires de Machiavel. Les autres ne se trouvent que dans les écrits des philosophes qui osent réclamer les droits de l'humanité.

I. La première et plus importante maxime du gouvernement légitime ou populaire, c'est-à-dire de celui qui a pour objet le bien du peuple, est donc, comme je l'ai dit, de suivre en tout la volonté générale : mais pour la suivre il faut la connaître, et surtout la bien distinguer de la volonté particulière en commençant par soi-même ; distinction toujours fort difficile à faire, et pour laquelle il n'appartient qu'à la plus sublime vertu de donner de suffisantes lumières. Comme pour vouloir il faut être libre, une autre difficulté, qui n'est guère moindre, est d'assurer à la fois la liberté publique et l'autorité du gouvernement. Cherchez les motifs qui ont porté les hommes, unis par leurs besoins mutuels dans la grande société, à s'unir plus étroitement par des sociétés civiles, vous n'en trouverez point d'autre que celui d'assurer les biens, la vie et la liberté de chaque membre par la protection de tous : or, comment forcer des hommes à défendre la liberté de l'un d'entre eux sans porter atteinte à celle des autres ? et comment pourvoir aux besoins publics sans altérer la propriété particulière de ceux qu'on force d'y contribuer ? De quelques sophismes qu'on puisse colorer tout cela, il est certain que, si l'on peut contraindre ma volonté, je ne suis plus libre ; et que je ne suis plus maître de mon bien, si quelque autre peut y toucher. Cette difficulté, qui devait sembler insurmontable, a été levée avec la première par la plus sublime de toutes les institutions humaines, ou plutôt par une inspiration céleste, qui apprit à l'homme à imiter ici-bas les décrets immuables de la Divinité. Par quel art inconcevable a-t-on pu trouver le moyen d'assujettir les hommes pour les rendre libres ; d'employer au service de l'État les biens, les bras et la vie même de tous ses membres, sans les contraindre et sans les consulter ; d'enchaîner leur volonté de leur propre aveu ; de faire valoir leur consentement contre leur refus, et de les forcer à se punir eux-mêmes quand ils font ce qu'ils n'ont pas voulu ? Comment se peut-il faire qu'ils obéissent et que personne ne commande, qu'ils servent et n'aient point de maître ; d'autant plus libres en effet, que, sous une apparente sujétion, nul ne perd de sa liberté que ce qui peut nuire à celle d'un autre ? Ces prodiges sont l'ouvrage de la loi. C'est à la loi seule que les hommes doivent la justice et la liberté ; c'est cet organe salutaire de la volonté de tous qui rétablit dans le droit l'égalité naturelle entre les hommes ; c'est cette voie céleste qui dicte à chaque citoyen les préceptes de la raison publique, et lui apprend à agir selon les maximes de son propre jugement, et à n'être pas en contradiction avec lui-même. C'est elle seule aussi que les chefs doivent faire parler quand ils commandent ; car sitôt qu'indépendamment des lois un homme en prétend soumettre un autre à sa volonté privée, il sort à l'instant de l'état civil, et se met vis-à-vis de lui dans le pur état de nature, où l'obéissance n'est jamais prescrite que par la nécessité.

Le plus pressant intérêt du chef, de même que son devoir le plus indispensable, est donc de veiller à l'observation des lois dont il est le ministre, et sur lesquelles est fondée toute son autorité. S'il doit les faire observer aux autres, à plus forte raison doit-il les observer lui-même, qui jouit de toute leur faveur : car son exemple est de telle force, que, quand même le peuple voudrait bien souffrir qu'il s'affranchît du joug de la loi, il devrait se garder de profiter d'une si dangereuse prérogative, que d'autres s'efforceraient bientôt d'usurper à leur tour, et souvent à son préjudice. Au fond, comme tous les engagements de la société sont réciproques par leur nature, il n'est pas possible de se mettre au-dessus de la loi sans renoncer à ses avantages ; et personne ne doit rien à quiconque prétend ne rien devoir à personne. Par la même raison nulle exemption de la loi ne sera jamais accordée, à quelque titre que ce puisse être, dans un gouvernement bien policé. Les citoyens mêmes qui ont bien mérité de la patrie doivent être récompensés par des honneurs, et jamais par des privilèges ; car la république est à la veille de sa ruine, sitôt que quelqu'un peut penser qu'il est beau de ne pas obéir aux lois. Mais si jamais la noblesse, ou le militaire, ou quelque autre ordre de l'État, adoptait une pareille maxime, tout serait perdu sans ressource.

La puissance des lois dépend encore plus de leur propre sagesse que de la sévérité de leurs ministres, et la volonté publique tire son plus grand poids de la raison qui l'a dictée : c'est pour cela que Platon regarde comme une précaution très importante de mettre toujours à la tête des édits un préambule raisonné qui en montre la justice et l'utilité. En effet, la première des lois est de respecter les lois : la rigueur des châtiments n'est qu'une vaine ressource imaginée par de petits esprits pour substituer la terreur à ce respect qu'ils ne peuvent obtenir. On a toujours remarqué que les pays où les supplices sont le plus terribles sont aussi ceux où ils sont le plus fréquents ; de sorte que la cruauté des peines ne marque guère que la multitude des infracteurs, et qu'en punissant tout avec la même sévérité l'on force les coupables de commettre des crimes pour échapper à la punition de leurs fautes.

Mais quoique le gouvernement ne soit pas le maître de la loi, c'est beaucoup d'en être le garant et d'avoir mille moyens de la faire aimer. Ce n'est qu'en cela que consiste le talent de régner. Quand on a la force en main, il n'y a point d'art à faire trembler tout le monde, et il n'y en a pas même beaucoup à gagner les cœurs ; car l'expérience a depuis longtemps appris au peuple à tenir grand compte à ses chefs de tout le mal qu'ils ne lui font pas, et à les adorer quand il n'en est pas haï. Un imbécile obéi peut, comme un autre, punir les forfaits : le véritable homme d'État sait les prévenir ; c'est sur les volontés encore plus que sur les actions qu'il étend son respectable empire. S'il pouvait obtenir que tout le monde fît bien, il n'aurait lui-même plus rien à faire, et le chef-d'œuvre de ses travaux serait de pouvoir rester oisif. Il est certain, du moins, que le plus grand talent des chefs est de déguiser leur pouvoir pour le rendre moins odieux, et de conduire l'État si paisiblement qu'il semble n'avoir pas besoin de conducteurs.

Je conclus donc que, comme le premier devoir du législateur est de conformer les lois à la volonté générale, la première règle de l'*économie* publique est que l'administration soit conforme aux lois. C'en sera même assez pour que l'État ne soit pas mal gouverné, si le législateur a pourvu, comme il le devait, à tout ce qu'exigeaient les lieux, le climat, le sol, les mœurs, le voisinage, et tous les rapports particuliers du peuple qu'il avait à instituer. Ce n'est pas qu'il ne reste encore une infinité de détails de police et d'*économie,* abandonnés à la sagesse du gouvernement ; mais il a toujours deux règles infaillibles pour se bien conduire dans ces occasions : l'une est l'esprit de la loi, qui doit servir à la décision des cas qu'elle n'a pu prévoir ; l'autre est la volonté générale, source et supplément de toutes les lois, et qui doit toujours être consultée à leur défaut. Comment, me dira-t-on, connaître la volonté générale dans les cas où elle ne s'est point expliquée ? faudra-t-il assembler toute la nation à chaque événement imprévu ? Il faudra d'autant moins l'assembler, qu'il n'est pas sûr que sa décision fût l'expression de la volonté générale ; que ce moyen est impraticable dans un grand peuple, et qu'il est rarement nécessaire quand le gouvernement est bien intentionné : car les chefs savent assez que la volonté générale est toujours pour le parti le plus favorable à l'intérêt public, c'est-à-dire le plus équitable ; de sorte qu'il ne faut qu'être juste pour s'assurer de suivre la volonté générale. Souvent, quand on la choque trop ouvertement, elle se laisse apercevoir malgré le frein terrible de l'autorité publique. Je cherche le plus près qu'il m'est possible les exemples à suivre en pareil cas. A la Chine, le prince a pour maxime constante de donner le tort à ses officiers dans toutes les altercations qui s'élèvent entre eux et le peuple. Le pain est-il cher dans une province, l'intendant est mis en prison. Se fait-il dans une autre une émeute, le gouverneur est cassé, et chaque mandarin répond sur sa tête de tout le mal qui arrive dans son département. Ce n'est pas qu'on n'examine ensuite l'affaire dans un procès régulier : mais une longue expérience en a fait prévenir ainsi le jugement. L'on a rarement en cela quelque injustice à réparer ; et l'empereur, persuadé que la clameur publique ne s'élève jamais sans sujet, démêle toujours, au travers des cris séditieux qu'il punit, de justes griefs qu'il redresse.

C'est beaucoup que d'avoir fait régner l'ordre et la paix dans toutes les parties de la république ; c'est beaucoup que l'État soit tranquille et la loi respectée : mais, si l'on ne fait rien de plus, il y aura dans tout cela plus d'apparence que de réalité, et le gouvernement se fera difficilement obéir s'il se borne à l'obéissance. S'il est bon de savoir employer les hommes tels qu'ils sont, il vaut beaucoup mieux encore les rendre tels qu'on a besoin qu'ils soient : l'autorité la plus absolue est celle qui pénètre jusqu'à l'intérieur de l'homme, et ne s'exerce pas moins sur la volonté que sur les actions. Il est certain que les peuples sont à la longue ce que le gouvernement les fait être ; guerriers, citoyens, hommes, quand il le veut ; populace et canaille, quand il lui plaît : et tout prince qui méprise ses sujets se déshonore lui-même en montrant qu'il n'a pas su les rendre estimables. Formez donc des hommes, si vous voulez commander à des hommes ; si vous voulez qu'on obéisse aux lois, faites qu'on les aime, et que, pour faire ce qu'on doit, il suffise de songer qu'on le doit faire. C'était là le grand art des gouvernements anciens, dans ces temps reculés où les philosophes donnaient des lois aux peuples, et n'employaient leur autorité qu'à les rendre sages et heureux. De là tant de lois somptuaires, tant de règlements sur les mœurs, tant de maximes publiques admises ou rejetées avec le plus grand soin. Les tyrans mêmes n'oubliaient pas cette importante partie de l'administration, et on les voyait attentifs à corrompre les mœurs de leurs esclaves avec autant de soin qu'en avaient les magistrats à corriger celles de leurs concitoyens. Mais nos gouvernements modernes, qui croient avoir tout fait quand ils ont tiré de l'argent, n'imaginent pas même qu'il soit nécessaire ou possible d'aller jusque-là.

II. Seconde règle essentielle de l'*économie* publique, non moins importante que la première. Voulez-vous que la volonté générale soit accomplie, faites que toutes les volontés particulières s'y rapportent ; et comme la vertu n'est que cette conformité de la volonté particulière à la générale, pour dire la même chose en un mot, faites régner la vertu. [...]

Mais quand les citoyens aiment leur devoir, et que les dépositaires de l'autorité publique s'appliquent sincèrement à nourrir cet amour par leur exemple et par leurs soins, toutes les difficultés s'évanouissent : l'administration prend une facilité qui la dispense de cet art ténébreux dont la noirceur fait tout le mystère. Ces esprits vastes, si dangereux et si admirés, tous ces grands ministres dont la gloire se confond avec les malheurs du peuple, ne sont plus regrettés : les mœurs publiques suppléent au génie des chefs ; et plus la vertu règne, moins les talents sont nécessaires. L'ambition même est mieux servie par le devoir que par l'usurpation : le peuple, convaincu que ses chefs ne travaillent qu'à faire son bonheur, les dispense par sa déférence de travailler à affermir leur pouvoir ; et l'histoire nous montre en mille endroits que l'autorité qu'il accorde à ceux qu'il aime et dont il est aimé est cent fois plus absolue que toute la tyrannie des usurpateurs. Ceci ne signifie pas que le gouvernement doive craindre d'user de son pouvoir, mais qu'il n'en doit user que d'une manière légitime. On trouvera dans l'histoire mille exemples des chefs ambitieux ou pusillanimes que la mollesse ou l'orgueil ont perdus ; aucun qui se soit mal trouvé de n'être qu'équitable. Mais on ne doit pas confondre la négligence avec la modération, ni la douceur avec la faiblesse. Il faut être sévère pour être juste. Souffrir la méchanceté qu'on a le droit et le pouvoir de réprimer, c'est être méchant soi-même. *Sicuti enim est aliquando misericordia puniens, ita est crudelitas parcens.* (Aug., ep. LIV.)

Ce n'est pas assez de dire aux citoyens : « Soyez bons; » il faut leur apprendre à l'être ; et l'exemple même, qui est à cet égard la première leçon, n'est pas le seul moyen qu'il faille employer : l'amour de la patrie est le plus efficace ; car, comme je l'ai déjà dit, tout homme est vertueux quand sa volonté particulière est conforme en tout à la volonté générale, et nous voulons volontiers ce que veulent les gens que nous aimons. [...]

C'est donc une des plus importantes affaires du gouvernement de prévenir l'extrême inégalité des fortunes, non en enlevant les trésors à leurs possesseurs, mais en ôtant à tous les moyens d'en accumuler, ni en bâtissant des hôpitaux pour les pauvres, mais en garantissant les citoyens de le devenir. Les hommes inégalement distribués sur le territoire, et entassés dans un lieu tandis que les autres se dépeuplent ; les arts d'agrément et de pure industrie favorisés aux dépens des métiers utiles et pénibles ; l'agriculture sacrifiée au commerce ; le publicain rendu nécessaire par la mauvaise administration des deniers de l'État ; enfin la vénalité poussée à tel excès, que la considération se compte avec les pistoles, et que les vertus mêmes se vendent à prix d'argent : telles sont les causes les plus sensibles de l'opulence et de la misère, de l'intérêt particulier substitué à l'intérêt public, de la haine mutuelle des citoyens, de leur indifférence pour la cause commune, de la corruption du peuple, et de l'affaiblissement de tous les ressorts du gouvernement. Tels sont par conséquent les maux qu'on guérit difficilement quand ils se font sentir, mais qu'une sage administration doit prévenir, pour maintenir avec les bonnes mœurs le respect pour les lois, l'amour de la patrie, et la vigueur de la volonté générale.

Mais toutes ces précautions seront insuffisantes, si l'on ne s'y prend de plus loin encore. Je finis cette partie de l'*économie* publique par où j'aurais dû la commencer. La patrie ne peut subsister sans liberté, ni la liberté sans la vertu, ni la vertu sans les citoyens : vous aurez tout si vous formez des citoyens ; sans cela vous n'aurez que de méchants esclaves, à commencer par les chefs de l'État. Or, former des citoyens n'est pas l'affaire d'un jour ; et, pour les avoir hommes, il faut les instruire enfants. Qu'on me dise que quiconque a des hommes à gouverner ne doit pas chercher hors de leur nature une perfection dont ils ne sont pas susceptibles ; qu'il ne doit pas vouloir détruire en eux les passions, et que l'exécution d'un pareil projet ne serait pas plus désirable que possible. Je conviendrai d'autant mieux de tout cela, qu'un homme qui n'aurait point de passions serait certainement un fort mauvais citoyen : mais il faut convenir aussi que, si l'on n'apprend point aux hommes à n'aimer rien, il n'est pas impossible de leur apprendre à aimer un objet plutôt qu'un autre, et ce qui est véritablement beau, plutôt que ce qui est difforme. Si, par exemple, on les exerce assez tôt à ne jamais regarder leur individu que par ses relations avec le corps de l'État, et à n'apercevoir, pour ainsi dire, leur propre existence que comme une partie de la sienne, ils pourront parvenir enfin à s'identifier en quelque sorte avec ce plus grand tout, à se sentir membres de la patrie, à l'aimer de ce sentiment exquis que tout homme isolé n'a que pour soi-même, à élever perpétuellement leur âme à ce grand objet, et à transformer ainsi en une vertu sublime cette disposition dangereuse d'où naissent tous nos vices. Non seulement la philosophie démontre la possibilité de ces nouvelles directions, mais l'histoire en fournit mille exemples éclatants : s'ils sont si rares parmi nous, c'est que personne ne se soucie qu'il y ait des citoyens, et qu'on s'avise encore moins de s'y prendre assez tôt pour les former. Il n'est plus temps de changer nos inclinations naturelles quand elles ont pris leur cours et que l'habitude s'est jointe à l'amour-propre ; il n'est plus temps de nous tirer hors de nous-mêmes quand une fois le *moi humain* concentré dans nos cœurs y a acquis cette méprisable activité qui absorbe toute vertu et fait la vie des petites âmes. Comment l'amour de la patrie pourrait-il germer au milieu de tant d'autres passions qui l'étouffent ? et que reste-t-il pour les concitoyens d'un cœur déjà partagé entre l'avarice, une maîtresse, et la vanité ?

C'est du premier moment de la vie qu'il faut apprendre à mériter de vivre ; et, comme on participe en naissant aux droits des citoyens, l'instant de notre naissance doit être le commencement de l'exercice de nos devoirs. S'il y a des lois pour l'âge mûr, il doit y en avoir pour l'enfance, qui enseignent à obéir aux autres ; et, comme on ne laisse pas la raison de chaque homme unique arbitre de ses devoirs, on doit d'autant moins abandonner aux lumières et aux préjugés des pères l'éducation de leurs enfants, qu'elle importe à l'État encore plus qu'aux pères ; car selon le cours de la nature, la mort du père lui dérobe souvent les derniers fruits de cette éducation, mais la patrie en sent tôt ou tard les effets ; l'État demeure, et la famille se dissout. Que si l'autorité publique, en prenant la place des pères et se chargeant de cette importante fonction, acquiert leurs droits en remplissant leurs devoirs, ils ont d'autant moins sujet de s'en plaindre, qu'à cet égard ils ne font proprement que changer de nom, et qu'ils auront en commun, sous le nom de citoyens, la même autorité sur leurs enfants qu'ils exerçaient séparément sous le nom de pères, et n'en seront pas moins obéis en parlant au nom de la loi, qu'ils l'étaient en parlant au nom de la nature. L'éducation publique, sous des règles prescrites par le gouvernement, et sous des magistrats établis par le souverain, est donc une des maximes fondamentales du gouvernement populaire ou légitime. Si les enfants sont élevés en commun dans le sein de l'égalité, s'ils sont imbus des lois de l'État et des maximes de la volonté générale, s'ils sont instruits à les respecter par-dessus toutes choses, s'ils sont environnés d'exemples et d'objets qui leur parlent sans cesse de la tendre mère qui les nourrit, de l'amour qu'elle a pour eux, des biens inestimables qu'ils reçoivent d'elle, et du retour qu'ils lui doivent, ne doutons pas qu'ils n'apprennent ainsi à se chérir mutuellement comme des frères, à ne vouloir jamais que ce que veut la société, à substituer des actions d'hommes et de citoyens au stérile et vain babil des sophistes, et à devenir un jour les défenseurs et les pères de la patrie, dont ils auront été si longtemps les enfants.

Je ne parlerai point des magistrats destinés à présider à cette éducation, qui certainement est la plus importante affaire de l'État. On sent que si de telles marques de la confiance publique étaient légèrement accordées, si cette fonction sublime n'était pour ceux qui auraient dignement rempli toutes les autres le prix de leurs travaux, l'honorable et doux repos de leur vieillesse et le comble de tous les honneurs, toute l'entreprise serait inutile et l'éducation sans succès : car, partout où la leçon n'est pas soutenue par l'autorité, et le précepte par l'exemple, l'instruction demeure sans fruit ; et la vertu même perd son crédit dans la bouche de celui qui ne la pratique pas. Mais que des guerriers illustres, courbés sous le faix de leurs lauriers, prêchent le courage ; que des magistrats intègres, blanchis dans la pourpre et sur les tribunaux, enseignent la justice ; les uns et les autres se formeront ainsi de vertueux successeurs, et transmettront d'âge en âge aux générations suivantes l'expérience et les talents des chefs, le courage et la vertu des citoyens, et l'émulation commune à tous de vivre et mourir pour la patrie. [...]

III. Ce n'est pas assez d'avoir des citoyens et de les protéger, il faut encore songer à leur subsistance ; et pourvoir aux besoins publics est une suite évidente de la volonté générale, et le troisième devoir essentiel du gouvernement. Ce devoir n'est pas, comme on doit le sentir, de remplir les greniers des particuliers et les dispenser du travail, mais de maintenir l'abondance tellement à leur portée, que, pour l'acquérir, le travail soit toujours nécessaire et ne soit jamais inutile. Il s'étend aussi à toutes les opérations qui regardent l'entretien du fisc et les dépenses de l'administration publique. Ainsi, après avoir parlé de l'*économie* générale par rapport au gouvernement des personnes, il nous reste à la considérer par rapport à l'administration des biens.

Cette partie n'offre pas moins de difficultés à résoudre ni de contradictions à lever que la précédente. Il est certain que le droit de propriété est le plus sacré de tous les droits des citoyens, et plus important, à certains égards, que la liberté même ; soit parce qu'il tient de plus près à la conservation de la vie, soit parce que les biens étant plus faciles à usurper et plus pénibles à défendre que la personne, on doit plus respecter ce qui peut se ravir plus aisément, soit enfin parce que la propriété est le vrai fondement de la société civile, et le vrai garant des engagemens des citoyens : car, si les biens ne répondaient pas des personnes, rien ne serait si facile que d'éluder ses devoirs et de se moquer des lois. D'un autre côté, il n'est pas moins sûr que le maintien de l'État et du gouvernement exige des frais et de la dépense ; et, comme quiconque accorde la fin ne peut refuser les moyens, il s'ensuit que les membres de la société doivent contribuer de leurs biens à son entretien. De plus, il est difficile d'assurer d'un côté la propriété des particuliers sans l'attaquer d'un autre, il n'est pas possible que tous les règlements qui regardent l'ordre des successions, les testaments, les contrats, ne gênent les citoyens à certains égards, sur la disposition de leur propre bien, et par conséquent sur leur droit de propriété.

Mais, outre ce que j'ai dit ci-devant de l'accord qui règne entre l'autorité de la loi et la liberté du citoyen, il y a, par rapport à la disposition des biens, une remarque importante à faire, qui lève bien des difficultés : c'est, comme l'a montré Puffendorff, que, par la nature du droit de propriété, il ne s'étend point au delà de la vie du propriétaire, et qu'à l'instant qu'un homme est mort, son bien ne lui appartient plus. Ainsi, lui prescrire les conditions sous lesquelles il en peut disposer, c'est au fond moins altérer son droit en apparence que l'étendre en effet.

En général, quoique l'institution des lois qui règlent le pouvoir des particuliers dans la disposition de leur propre bien n'appartienne qu'au souverain, l'esprit de ces lois, que le gouvernement doit suivre dans leur application, est que, de père en fils et de proche en proche, les biens de la famille en sortent et s'aliènent le moins qu'il est possible. Il y a une raison sensible de ceci en faveur des enfants, à qui le droit de propriété serait fort inutile si le père ne leur laissait rien, et qui, de plus, ayant souvent contribué par leur travail à l'acquisition des biens du père, sont de leur chef associés à son droit. Mais une autre raison plus éloignée, non moins importante, est que rien n'est plus funeste aux mœurs et à la république que les changements continuels d'état et de fortune entre les citoyens ; changements qui sont la preuve et la source de mille désordres, qui bouleversent et confondent tout, et par lesquels ceux qui sont élevés pour une chose, se trouvant destinés pour une autre, ni ceux qui montent, ni ceux qui descendent, ne peuvent prendre les maximes ni les lumières convenables à leur nouvel état, et beaucoup moins en remplir les devoirs. Je passe à l'objet des finances publiques.

Si le peuple se gouvernait lui-même, et qu'il n'y eût rien d'intermédiaire entre l'administration de l'État et les citoyens, ils n'auraient qu'à se cotiser dans l'occasion, à proportion des besoins publics et des facultés des particuliers ; et, comme chacun ne perdrait jamais de vue le recouvrement ni l'emploi des deniers, il ne pourrait se glisser ni fraude ni abus dans leur maniement ; l'État ne serait jamais obéré de dettes, ni le peuple accablé d'impôts, ou du moins la sûreté de l'emploi le consolerait de la dureté de la taxe. Mais les choses ne sauraient aller ainsi ; et, quelque borné que soit un État, la société civile y est toujours trop nombreuse pour pouvoir être gouvernée par tous ses membres. Il faut nécessairement que les deniers publics passent par les mains des chefs, lesquels, outre l'intérêt de l'État, ont tous le leur particulier, qui n'est pas le dernier écouté. Le peuple de son côté, qui s'aperçoit plutôt de l'avidité des chefs et de leurs folles dépenses que des besoins publics, murmure de se voir dépouiller du nécessaire pour fournir au superflu d'autrui ; et, quand une fois ces manœuvres l'ont aigri jusqu'à un certain point, la plus intègre administration ne viendrait pas à bout de rétablir la confiance. Alors, si les contributions sont volontaires, elles ne produisent rien ; si elles sont forcées, elles sont illégitimes ; et c'est dans cette cruelle alternative de laisser périr l'État ou d'attaquer le droit sacré de la propriété, qui en est le soutien, que consiste la difficulté d'une juste et sage *économie.*

La première chose que doit faire, après l'établissement des lois, l'instituteur d'une république, c'est de trouver un fonds suffisant pour l'entretien des magistrats et autres officiers, et pour toutes les dépenses publiques. Ce fonds s'appelle *ærarium* ou *fisc,* s'il est en argent ; *domaine public,* s'il est en terres ; et ce dernier est de beaucoup préférable à l'autre, par des raisons faciles à voir. Quiconque aura suffisamment réfléchi sur cette matière ne pourra guère être à cet égard d'un autre avis que Bodin, qui regarde le domaine public comme le plus honnête et le plus sûr de tous les moyens de pourvoir aux besoins de l'État ; et il est à remarquer que le premier soin de Romulus, dans la division des terres, fut d'en destiner le tiers à cet usage. J'avoue qu'il n'est pas impossible que le produit du domaine mal administré se réduise à rien ; mais il n'est pas de l'essence du domaine d'être mal administré.

Préalablement à tout emploi, ce fonds doit être assigné ou accepté par l'assemblée du peuple ou des états du pays, qui doit ensuite en déterminer l'usage. Après cette solennité, qui rend ces fonds inaliénables, ils changent pour ainsi dire de nature, et leurs revenus deviennent tellement sacrés, que c'est non seulement le plus infâme de tous les vols, mais un crime de lèse-majesté, que d'en détourner la moindre chose au préjudice de leur destination. [...]

Quand une fois les fonds publics sont établis, les chefs de l'État en sont de droit les administrateurs ; car cette administration fait une partie du gouvernement, toujours essentielle, quoique non toujours également : son influence augmente à mesure que celle des autres ressorts diminue ; et l'on peut dire qu'un gouvernement est parvenu à son dernier degré de corruption, quand il n'a plus d'autre nerf que l'argent : or, comme tout gouvernement tend sans cesse au relâchement, cette seule raison montre pourquoi nul État ne peut subsister si ses revenus n'augmentent sans cesse.

Le premier sentiment de la nécessité de cette augmentation est aussi le premier signe du désordre intérieur de l'État, et le sage administrateur, en songeant à trouver de l'argent pour pourvoir au besoin présent, ne néglige pas de rechercher la cause éloignée de ce nouveau besoin, comme un marin, voyant l'eau gagner son vaisseau, n'oublie pas, en faisant jouer les pompes, de faire aussi chercher et boucher la voie.

De cette règle découle la plus importante maxime de l'administration des finances, qui est de travailler avec beaucoup plus de soin à prévenir les besoins qu'à augmenter les revenus. De quelque diligence qu'on puisse user, le secours qui ne vient qu'après le mal, et plus lentement, laisse toujours l'État en souffrance : tandis qu'on songe à remédier à un mal, un autre se fait déjà sentir, et les ressources mêmes produisent de nouveaux inconvénients ; de sorte qu'à la fin la nation s'obère, le peuple est foulé, le gouvernement perd toute sa vigueur, et ne fait plus que peu de chose avec beaucoup d'argent. Je crois que de cette grande maxime bien établie découlaient les prodiges des gouvernements anciens, qui faisaient plus avec leur parcimonie que les nôtres avec tous leurs trésors ; et c'est peut-être de là qu'est dérivée l'acception vulgaire du mot d'*économie,* qui s'entend plutôt du sage ménagement de ce qu'on a que des moyens d'acquérir ce que l'on n'a pas. [...]

Si l'on examine comment croissent les besoins d'un État, on trouvera que souvent cela arrive à peu près comme chez les particuliers, moins par une véritable nécessité que par un accroissement de désirs inutiles, et que souvent on n'augmente la dépense que pour avoir le prétexte d'augmenter la recette, de sorte que l'État gagnerait quelquefois à se passer d'être riche, et que cette richesse apparente lui est au fond plus onéreuse que ne serait la pauvreté même. On peut espérer, il est vrai, de tenir les peuples dans une dépendance plus étroite, en leur donnant d'une main ce qu'on leur a pris de l'autre, et ce fut la politique dont usa Joseph avec les Égyptiens ; mais ce vain sophisme est d'autant plus funeste à l'État, que l'argent ne rentre plus dans les mêmes mains dont il est sorti, et qu'avec de pareilles maximes on n'enrichit que des fainéants de la dépouille des hommes utiles.

Le goût des conquêtes est une des causes les plus sensibles et les plus dangereuses de cette augmentation. Ce goût, engendré souvent par une autre espèce d'ambition que celle qu'il semble annoncer, n'est pas toujours ce qu'il paraît être, et n'a pas tant pour véritable motif le désir apparent d'agrandir la nation que le désir caché d'augmenter au dedans l'autorité des chefs, à l'aide de l'augmentation des troupes et à la faveur de la diversion que font les objets de la guerre dans l'esprit des citoyens.

Ce qu'il y a du moins de très certain c'est que rien n'est si foulé ni si misérable que les peuples conquérants, et que leurs succès mêmes ne font qu'augmenter leurs misères : quand l'histoire ne nous l'apprendrait pas, la raison suffirait pour nous démontrer que plus un État est grand, et plus les dépenses y deviennent proportionnellement fortes et onéreuses ; car il faut que toutes les provinces fournissent leur contingent aux frais de l'administration générale, et que chacune, outre cela, fasse pour la sienne particulière la même dépense que si elle était indépendante. Ajoutez que toutes les fortunes se font dans un lieu et se consomment dans un autre ; ce qui rompt bientôt l'équilibre du produit et de la consommation, et appauvrit beaucoup de pays pour enrichir une seule ville.

Autre source de l'augmentation des besoins publics, qui tient à la précédente. Il peut venir un temps où les citoyens, ne se regardant plus comme intéressés à la cause commune, cesseraient d'être les défenseurs de la patrie, et où les magistrats aimeraient mieux commander à des mercenaires qu'à des hommes libres, ne fût-ce qu'afin d'employer en temps et lieu les premiers pour mieux assujettir les autres. Tel fut l'État de Rome sur la fin de la république et sous les empereurs ; car toutes les victoires des premiers Romains, de même que celles d'Alexandre, avaient été remportées par de braves citoyens, qui savoient donner au besoin leur sang pour la patrie, mais qui ne le vendaient jamais. Ce ne fut qu'au siège de Véies qu'on commença de payer l'infanterie romaine ; et Marius fut le premier qui, dans la guerre de Jugurtha, déshonora les légions, en y introduisant des affranchis, vagabonds, et autres mercenaires. Devenus les ennemis des peuples qu'ils s'étaient chargés de rendre heureux, les tyrans établirent des troupes réglées, en apparence pour contenir l'étranger, et en effet pour opprimer l'habitant. Pour former ces troupes, il fallut enlever à la terre des cultivateurs dont le défaut diminua la quantité des denrées, et dont l'entretien introduisit des impôts qui en augmentèrent le prix. Ce premier désordre fit murmurer les peuples : il fallut, pour les réprimer, multiplier les troupes, et par conséquent la misère ; et plus le désespoir augmentait, plus on se voyait contraint de l'augmenter encore pour en prévenir les effets. D'un autre côté ces mercenaires, qu'on pouvait estimer sur le prix auquel ils se vendaient eux-mêmes, fiers de leur avilissement, méprisant les lois dont ils étaient protégés, et leurs frères dont ils mangeaient le pain, se crurent plus honorés d'être les satellites de César que les défenseurs de Rome ; et, dévoués à une obéissance aveugle, tenaient par état le poignard levé sur leurs concitoyens, prêts à tout égorger au premier signal. Il ne serait pas difficile de montrer que ce fut là une des principales causes de la ruine de l'empire romain. [...]

Il faut se ressouvenir ici que le fondement du pacte social est la propriété ; et sa première condition, que chacun soit maintenu dans la paisible jouissance de ce qui lui appartient. Il est vrai que, par le même traité, chacun s'oblige, au moins tacitement, à se cotiser dans les besoins publics : mais cet engagement ne pouvant nuire à la loi fondamentale, et supposant l'évidence du besoin reconnue par les contribuables, on voit que, pour être légitime, cette cotisation doit être volontaire, non d'une volonté particulière, comme s'il était nécessaire d'avoir le consentement de chaque citoyen, et qu'il ne dût fournir que ce qu'il lui plaît, ce qui serait directement contre l'esprit de la confédération, mais d'une volonté générale, à la pluralité des voix, et sur un tarif proportionnel qui ne laisse rien d'arbitraire à l'imposition. [...]

ÉDITEUR
(Diderot)

*Diderot, sur qui reposa l'immense tâche de préparer les dix-sept volumes de l'*Encyclopédie, *nous renseigne ici sur la manière dont il conçut son rôle et le respect qu'il eut de la liberté de ses collaborateurs. Ainsi s'expliquent, dans une certaine mesure, les diverses nuances et parfois les contradictions que présente l'*Encyclopédie. *S'il y a un esprit encyclopédiste qui se définit par quelques traits essentiels et particulièrement* *par le recours continuel à la raison, par la croyance dans le progrès aussi bien matériel que moral, on ne découvre point cependant dans l'ensemble de l'œuvre un système rigide auquel auraient dû se plier les multiples collaborateurs de l'entreprise. Chaque auteur, dans la perspective générale de l'œuvre, conserva son originalité : et c'est là assurément ce qui fait l'un des charmes de l'*Encyclopédie.

Se reporter à l'article « Encyclopédie ».

Albert Soboul

*L'expérience de Diderot, homme de lettres contraint par la médiocrité de sa fortune à vivre de sa plume, explique très largement la conception de l'œuvre littéraire exposée ici. Si Diderot la considère comme une marchandise, elle est pour lui d'une nature particulière : elle n'est pas seulement le produit d'un travail, et vaut plus pour celui qui la vend — l'auteur — que pour celui qui l'achète, l'éditeur au sens actuel du terme. De cette conception découle une double attitude : de la part de l'auteur, une fidélité totale au contrat qui le lie à son éditeur — c'est pourquoi Diderot refusa avec obstination d'abandonner les éditeurs de l'*Encyclopédie *—, de la part de l'éditeur, l'interdiction de changer le texte, l'auteur conservant un droit moral sur son travail, même après paiement de celui-ci. Dans les conditions de la vie intellectuelle de l'époque, une telle opinion peut être considérée comme subversive, car elle est aussi une critique implicite de la censure officielle.*

Philippe Goujard

ÉDITEUR ; on donne ce nom à un homme de lettres qui veut bien prendre le soin de publier les ouvrages d'un autre.

Il y a deux qualités essentielles à un *éditeur ;* c'est de bien entendre la langue dans laquelle l'ouvrage est écrit et d'être suffisamment instruit de la matière qu'on y traite.

Ceux qui nous ont donné les premières éditions des anciens auteurs grecs et latins ont été des hommes savants, laborieux et utiles.

Il y a tel ouvrage dont l'édition suppose plus de connaissances qu'il n'est donné à un seul homme d'en posséder. L'*Encyclopédie* est singulièrement de ce nombre. Il semble qu'il faudrait pour sa perfection, que chacun fût éditeur de ses articles ; mais ce moyen entraînerait trop de dépenses et de lenteur.

Comme les *éditeurs* de l'*Encyclopédie* ne s'arrogent aucune sorte d'autorité sur les productions de leurs collègues, il serait aussi mal de les blâmer de ce qu'on y pourra remarquer de faible, que de les louer de ce qu'on y trouvera d'excellent.

Nous ne dissimulerons point qu'il ne nous arrive quelquefois d'apercevoir dans les articles de nos collègues des choses que nous ne pouvons nous empêcher de désapprouver intérieurement, de même qu'il arrive, selon toute apparence, à nos collègues d'en apercevoir dans les nôtres, dont ils ne peuvent s'empêcher d'être mécontents.

Mais chacun a une manière de penser et de dire qui lui est propre et dont on ne peut exiger le sacrifice dans une association où l'on n'est entré que sur la convention tacite qu'on y conserverait toute sa liberté.

Cette observation tombe particulièrement sur les éloges et sur les critiques. Nous nous regarderions comme coupables d'une infidélité très répréhensible envers un auteur si nous nous étions jamais servis de son nom pour faire passer un jugement favorable ou défavorable ; et le lecteur serait très injuste à notre égard s'il nous en soupçonnait.

S'il y a quelque chose de nous dans cet ouvrage que nous fassions scrupule d'attribuer à d'autres, c'est le bien et le mal que nous pouvons y dire des ouvrages.

ÉGALITÉ NATURELLE

(de Jaucourt)

Les philosophes du XVIII*e siècle ont longuement disputé sur l'égalité entre les hommes, sur sa nature réelle, sur les causes qui l'empêchent ou la restreignent et sur les moyens de la rétablir. Dans son* Discours sur l'origine et les fondements de l'inégalité parmi les hommes *(1754), Rousseau voit dans la propriété la cause essentielle de l'inégalité. Voltaire, qui traduit les tendances de la haute bourgeoisie, écrit à l'article « Égalité » de son* Dictionnaire philosophique : *« L'égalité est... à la fois la chose la plus naturelle et en même temps la plus chimérique. » Le chevalier de Jaucourt a, dans cet article, une position voisine de celle de Montesquieu dans* l'Esprit des lois *(VIII,* III*) : « Autant que le ciel est éloigné de la terre, autant le véritable esprit d'égalité l'est-il de l'esprit d'égalité extrême. »*

Représentants conscients des intérêts de la bourgeoisie, les philosophes ne pouvaient revendiquer l'égalité pour tout le peuple. Aussi distinguèrent-ils égalité naturelle, égalité politique, égalité sociale... Si tous furent d'accord pour affirmer la première, ils se refusèrent à admettre l'égalité politique et sociale.

Seuls Rousseau et les penseurs qui subirent son influence, comme Mably, firent de l'égalité une revendication hautement proclamée : « Si l'on recherche en quoi consiste précisément le plus grand bien de tous, qui doit être la fin de tout système de législation, on trouvera qu'il se réduit à ces deux objets principaux : la liberté et l'égalité. » (Du contrat social, *1762.)*

L'œuvre des Constituants traduit bien ces contradictions de la pensée bourgeoise. Si la Déclaration des droits de l'homme et du citoyen *de 1789 proclame en son article premier : « Les hommes naissent et demeurent libres et égaux en droits », toute l'organisation politique et sociale que la bourgeoisie mit sur pied en 1789-1790 pour assurer son pouvoir, s'attacha à priver le peuple de ces droits théoriquement proclamés et à le placer pratiquement en tutelle.*

Albert Soboul

Quelles que puissent nous apparaître aujourd'hui les limites de cet article, il porte tout de même loin dans le contexte politique et social du XVIII*e siècle. Son refus de l'égalité sociale était la conséquence de l'affirmation du droit de propriété comme droit absolu, naturel, et garanti par le pacte fondateur de la société. Cependant les conséquences de ce principe d'égalité naturelle ne sont pas minces. Il justifie en effet le droit au respect et à la justice, le refus de l'arbitraire, le droit à des formes élémentaires de solidarité humaine.*

Dans le cadre de la société d'Ancien Régime, où l'inégalité était fondée sur la naissance, ce texte particulièrement critique postulait l'égalité naturelle des hommes, tout en refusant d'autres formes d'égalité. Cela revenait à dire que c'était en fait la propriété qui fondait l'inégalité sociale. Ainsi perçait dès le début de la seconde moitié du XVIII*e siècle l'aspiration à une société censitaire, c'est-à-dire sans privilège et reposant sur le seul pouvoir de l'argent.*

Philippe Goujard

ÉGALITÉ NATURELLE est celle qui est entre tous les hommes par la constitution de leur nature seulement. Cette *égalité* est le principe et le fondement de la liberté.

L'*égalité naturelle* ou *morale* est donc fondée sur la constitution de la nature humaine commune à tous les hommes, qui naissent, croissent, subsistent et meurent de la même manière.

Puisque la nature humaine se trouve la même dans tous les hommes, il est clair que selon le droit naturel chacun doit estimer et traiter les autres comme autant d'êtres qui lui sont naturellement égaux, c'est-à-dire qui sont hommes aussi bien que lui.

De ce principe de l'*égalité naturelle* des hommes, il résulte plusieurs conséquences. Je parcourrai les principales.

1° Il résulte de ce principe que tous les hommes sont naturellement libres, et que la raison n'a pu les rendre dépendants que pour leur bonheur.

2° Que malgré toutes les inégalités produites dans le gouvernement politique par la différence des conditions, par la noblesse, la puissance, les richesses, etc., ceux qui sont les plus élevés au-dessus des autres doivent traiter leurs inférieurs comme leur étant naturellement égaux, en évitant tout outrage, en n'exigeant rien au-delà de ce qu'on leur doit, et en exigeant avec humanité ce qui leur est dû le plus incontestablement.

3° Que quiconque n'a pas acquis un droit particulier, en vertu duquel il puisse exiger quelque préférence, ne doit rien prétendre plus que les autres, mais au contraire les laisser jouir également des mêmes droits qu'il s'arroge lui-même.

4° Qu'une chose qui est de droit commun, doit être ou commune en jouissance, ou possédée alternativement, ou divisée par égales portions entre ceux qui ont le même droit, ou par compensation équitable et réglée ; ou qu'enfin, si cela est impossible, on doit en remettre la décision au sort : expédient assez commode, qui ôte tout soupçon de mépris et de partialité sans rien diminuer de l'estime des personnes auxquelles il ne se trouve pas favorable.

Enfin, pour dire plus, je fonde sur le principe incontestable de *l'égalité naturelle* tous les devoirs de charité, d'humanité et de justice auxquels les hommes sont obligés les uns envers les autres ; et il ne serait pas difficile de le démontrer.

Le lecteur tirera d'autres conséquences, qui naissent du principe de l'*égalité naturelle* des hommes. Je remarquerai seulement que c'est la violation de ce principe qui a établi l'esclavage politique et civil. Il est arrivé de là que dans les pays soumis au pouvoir arbitraire les princes, les courtisans, les premiers ministres, ceux qui manient les finances possèdent toutes les richesses de la nation, pendant que le reste des citoyens n'a que le nécessaire, et que la plus grande partie du peuple gémit dans la pauvreté.

Cependant, qu'on ne me fasse pas le tort de supposer que par un esprit de fanatisme j'approuvasse dans un État cette chimère de l'*égalité* absolue, que peut à peine enfanter une république idéale ; je ne parle ici que de l'*égalité naturelle* des hommes ; je connais trop la nécessité des conditions différentes, des grades, des honneurs, des distinctions, des prérogatives, des subordinations qui doivent régner dans tous les gouvernements ; et j'ajoute même que l'*égalité naturelle* ou *morale* n'y est point opposée. Dans l'état de nature, les hommes naissent bien dans l'*égalité,* mais ils n'y sauraient rester ; la société la leur fait perdre, et ils ne redeviennent égaux que par les lois. Aristote rapporte que Phaléas de Chalcédoine avait imaginé une façon de rendre égales les fortunes de la république où elles ne l'étaient pas ; il voulait que les riches donnassent des dots aux pauvres et n'en reçussent pas, et que les pauvres reçussent de l'argent pour leurs filles et n'en donnassent pas.

Mais (comme le dit l'auteur de l'*Esprit des lois)* aucune république s'est-elle jamais accommodée d'un règlement pareil ? Il met les citoyens sous des conditions dont les différences sont si frappantes qu'ils haïraient cette *égalité* même que l'on chercherait à établir, et qu'il serait fou de vouloir introduire.

ENCYCLOPÉDIE
(Diderot)

*Diderot définit ici le but de l'*Encyclopédie *et précise l'esprit dans lequel doit être menée l'entreprise.*

Se reporter à l'article « Éditeur ».

Albert Soboul

L'enthousiasme de ce texte est révélateur de l'attitude de Diderot au début de l'entreprise. Les années finales furent plus amères. Il est également le reflet de l'optimisme des philosophes des Lumières qui croyaient proche le triomphe de la raison sur l'obscurantisme.

Philippe Goujard

ENCYCLOPÉDIE, ce mot signifie *enchaînement de connaissances ;* il est composé de la préposition grecque ϵθ, *en,* et des substantifs χύχμό, *cercle,* et παιδϵία, *connaissance.*

En effet, le but d'une *Encyclopédie* est de rassembler les connaissances éparses sur la surface de la terre ; d'en exposer le système général aux hommes avec qui nous vivons, et de le transmettre aux hommes qui viendront après nous ; afin que les travaux des siècles passés n'aient pas été des travaux inutiles pour les siècles qui succéderont ; que nos neveux, devenant plus instruits, deviennent en même temps plus vertueux et plus heureux, et que nous ne mourions pas sans avoir bien mérité du genre humain. [...]

Nous avons vu que l'*Encyclopédie* ne pouvait être que la tentative d'un siècle philosophe ; que ce siècle était arrivé ; que la renommée, en portant à l'immortalité les noms de ceux qui l'achèveraient peut-être ne dédaignerait pas de se charger des nôtres ; et nous nous sommes sentis ranimés par cette idée si consolante et si douce qu'on s'entretiendrait aussi de nous, lorsque nous ne serions plus ; par ce murmure si voluptueux, qui nous faisait entendre dans la bouche de quelques-uns de nos contemporains, ce que diraient de nous des hommes à l'instruction et au bonheur desquels nous nous immolions, que nous estimions et que nous aimions, quoiqu'ils ne fussent pas encore. Nous avons senti se développer en nous ce germe d'émulation qui envie au trépas la meilleure partie de nous-mêmes et ravit au néant les seuls moments de notre existence dont nous soyons réellement flattés. En effet, l'homme se montre à ses contemporains et se voit tel qu'il est, composé bizarre de qualités sublimes et de faiblesses honteuses. Mais les faiblesses suivent la dépouille mortelle dans le tombeau et disparaissent avec elle ; la même terre les couvre ; il ne reste que les qualités éternisées dans les monuments qu'il s'est élevés à lui-même, ou qu'il doit à la vénération et à la reconnaissance publiques ; honneurs dont la conscience de son propre mérite lui donne une jouissance anticipée ; jouissance aussi pure, aussi forte, aussi réelle qu'aucune autre jouissance, et dans laquelle il ne peut y avoir d'imaginaire que les titres sur lesquels on fonde ses prétentions. Les nôtres sont déposés dans cet ouvrage ; la postérité les jugera.

J'ai dit qu'il n'appartenait qu'à un siècle philosophe de tenter une *Encyclopédie ;* et je l'ai dit parce que cet ouvrage demande partout plus de hardiesse dans l'esprit qu'on n'en a communément dans les siècles pusillanimes du goût. Il faut tout examiner, tout remuer sans exception et sans ménagement... Il faut fouler aux pieds toutes ces vieilles puérilités ; renverser les barrières que la raison n'aura point posées ; rendre aux sciences et aux arts une liberté qui leur est si précieuse, et dire aux admirateurs de l'antiquité, appelez le *Marchand de Londres,* comme il vous plaira, pourvu que vous conveniez que cette pièce étincelle de beautés sublimes. Il fallait un temps raisonneur, où l'on ne cherchât plus les règles dans les auteurs, mais dans la nature, et où l'on sentît le faux et le vrai de tant de poétiques arbitraires : je prends le terme de *poétique* dans son acception la plus générale, pour un système de règles données, selon lesquelles, en quelque genre que ce soit, on prétend qu'il faut travailler pour réussir.

ÉTAT

Les philosophes du XVIII*e siècle ne sont point parvenus à la notion de classe sociale, encore moins à celle de lutte des classes. Représentants authentiques de la* *bourgeoisie, ils estimaient leur système valable pour l'ensemble des hommes. Aussi n'ont-ils eu sur bien des points qu'une position idéaliste. Ainsi en ce qui concerne l'État.*

*L'État, loin d'avoir toujours existé, apparaît avec la division de la société en classes distinctes ; il naît de la nécessité de tenir en bride les antagonismes des classes ; il est l'expression politique et juridique de la classe économiquement dominante. D'où il ressort qu'il n'y a pas un État en soi, comme l'estime l'*Encyclopédie, *mais divers types d'État correspondants aux divers stades de l'évolution sociale.*

Se reporter à l'article « Monarchie ».

Albert Soboul

C'est avec beaucoup plus de rigueur et de clarté que dans l'article « Autorité politique » qu'est ici exposée la théorie du contrat. L'État résulte d'un pacte d'union noué entre les hommes, visant à leur garantir des droits incertains dans l'état de nature. Dès lors sujets et souverain sont liés par des obligations mutuelles. Sans vouloir répéter l'importance de cette conception, on relèvera seulement que le recours à l'autorité divine est purement formel car n'est plus la source de l'autorité politique.

L'interprétation du contrat, qui est celle de l'auteur de l'article, est profondément différente de celle de Hobbes auquel l'utilisation du mot « multitude » fait directement référence. Selon Hobbes, le contrat avait pour effet de transformer le peuple en multitude, le souverain devenant la seule incarnation du peuple. Pour l'auteur de l'article, le contrat transforme la multitude en peuple. Mais la différence majeure avec la théorie de Hobbes est ailleurs. A bien lire l'article, on s'aperçoit qu'il y a un double contrat, d'association d'abord, de soumission-transfert de souveraineté au souverain ensuite. Or, pour Hobbes, le contrat se nouait entre individus au profit d'un tiers, le souverain, qui recueillait la totalité du pouvoir politique. L'objectif de Hobbes était de donner à l'absolutisme de meilleurs fondements théoriques que le droit divin ou l'autorité paternelle.

La théorie du double contrat fut formulée par Pufendorf. Pendant un siècle, elle l'emporta sur celle de Hobbes avant que Rousseau n'impose la sienne. Mais cette théorie portait en elle une contradiction qui perce à la fin de l'article. Si elle posait pour buts de l'État la garantie des droits naturels et le bonheur des hommes, elle confiait cet État à un souverain — ou à un ensemble de personnes — dont l'intérêt particulier pouvait contredire l'intérêt général, ce qui explique la possibilité du mauvais gouvernement évoquée à la fin de l'article. Or cette théorie du double contrat qui répartissait la souveraineté entre le peuple et le souverain accordait plus d'importance au pacte de soumission qu'au pacte d'association et refusait aux sujets le droit à la rébellion. Dès lors, si le but de l'État était la garantie de certains droits, on ne donnait les moyens réels de cette garantie. Ainsi l'article qu'on va lire est muet sur les moyens de guérir une éventuelle maladie de l'État.

Il fallut « la force des choses » (Saint-Just) c'est-à-dire une révolution politique réelle pour résoudre la contradiction théorique. Alors le droit de résistance à l'oppression fut affirmé clairement dans la loi. Mais on conviendra qu'en dépit de ses limites, cet article qui proclame comme but de l'État le bonheur commun marquait une rupture idéologique essentielle. Ainsi étaient posées les conditions politiques nécessaires à la réalisation de l'idéal exprimé dans l'article « Bonheur » : une bonne organisation politique et de bonnes lois. En même temps, la double nature du souverain ouvrait la possibilité de critiquer des décisions jugées mauvaises qu'il pouvait prendre.

Philippe Goujard

ÉTAT, terme générique qui désigne une société d'hommes vivant ensemble sous un gouvernement quelconque, heureux ou malheureux.

De cette manière, l'on peut définir l'*État* une société civile par laquelle une multitude d'hommes sont unis ensemble sous la dépendance d'un souverain, pour jouir, par sa protection et par ses soins, de la sûreté et du bonheur qui manquent dans l'*État* de nature. [...]

On peut considérer l'*État* comme une personne morale, dont le souverain est la tête, et les particuliers les membres : en conséquence, on attribue à cette personne certaines actions qui lui sont propres, certains droits distincts de ceux de chaque citoyen, et que chaque citoyen, ni plusieurs, ne sauraient s'arroger.

Cette union de plusieurs personnes en un seul corps, produite par le concours des volontés et des forces de chaque particulier, distingue l'*État* d'une multitude : car une multitude n'est qu'un assemblage de plusieurs personnes, dont chacune a sa volonté particulière ; au lieu que l'*État* est une société animée par une seule âme qui en dirige tous les mouvements d'une manière constante relativement à l'utilité commune. Voilà l'*État* heureux, l'*État* par excellence.

Il fallait pour former cet *État* qu'une multitude d'hommes se joignissent ensemble d'une façon si particulière que la conservation des uns dépendît de la conservation des autres, afin qu'ils fussent dans la nécessité de s'entre-secourir ; et que par cette union de forces et d'intérêts ils pussent aisément repousser les insultes dont ils n'auraient pu se garantir chacun en particulier ; contenir dans le devoir ceux qui voudraient s'en écarter, et travailler plus efficacement au bien commun.

Ainsi deux choses contribuent principalement à maintenir l'*État*. La première, c'est l'engagement même par lequel les particuliers se sont soumis à l'empire du souverain ; engagement auquel l'autorité divine et la religion du serment ajoutent beaucoup de poids. La seconde, c'est l'établissement d'un pouvoir supérieur propre à contenir les méchants par la crainte des peines qu'il peut leur infliger. C'est donc de l'union des volontés, soutenue par un pouvoir supérieur, que résulte le corps politique, ou l'*État ;* et sans cela on ne saurait concevoir de société civile.

Au reste, il en est du corps politique comme du corps humain : on distingue un *État* sain et bien constitué d'un *État malade*. Ses maladies viennent ou de l'abus du pouvoir souverain ou de la mauvaise constitution de l'État ; et il faut en chercher la cause dans les défauts de ceux qui gouvernent ou dans les vices du gouvernement.

ÉTHIOPIENS (PHILOSOPHIE DES)

(Diderot)

Les philosophes du XVIII*e siècle ont souvent prêté à des peuples lointains, Chinois, Égyptiens ou Éthiopiens, leurs propres idées, pour les mieux répandre sous le couvert de l'exotisme. Ainsi dans cet article consacré à la philosophie des Éthiopiens, où nous trouvons à la fois des indications critiques sur l'origine des religions, sur le développement de l'astronomie et sur les idées morales.*

Albert Soboul

Cette manière de procéder soulignée par A. Soboul ne trompa pas les lecteurs favorables ou hostiles. Le janséniste Chaumeix accusa Diderot d'avoir exposé ses idées dans cet article.

Philippe Goujard

ÉTHIOPIENS *(Philosophie des)*. Les *Éthiopiens* ont été les voisins des Égyptiens, et l'histoire de la philosophie des uns n'est pas moins incertaine que l'histoire de la philosophie des autres. Il ne nous est resté aucun monument digne de foi sur l'état des sciences et des arts dans ces contrées. Tout ce qu'on nous raconte de l'Éthiopie paraît avoit été imaginé par ceux qui, jaloux de mettre Apollonius de Tyane en parallèle avec Jésus-Christ, ont écrit la vie du premier d'après cette vie.

Si l'on compare les vies de la plupart des législateurs, on les trouvera calquées à peu près sur un même modèle ; et une règle de critique qui serait assez sûre, ce serait d'examiner scrupuleusement ce qu'elles auraient chacune de particulier, avant que de l'admettre comme vrai, et de rejeter comme faux tout ce qu'on y remarquerait de commun. Il y a une forte présomption que ce qu'on attribue de merveilleux à tant de personnages différents n'est vrai d'aucun.

Les *Éthiopiens* se prétendaient plus anciens que les Égyptiens, parce que leur contrée avait été plus fortement frappées des rayons du soleil qui donne la vie à tous les êtres.

D'où l'on voit que ces peuples n'étaient pas éloignés de regarder les animaux comme des développements de la terre mise en fermentation par la chaleur du soleil et de conjecturer en conséquence que les espaces avaient subi une infinité de transformations diverses avant que de parvenir sous la forme où nous les voyons ; que dans leur première origine les animaux naquirent isolés ; qu'ils purent être ensuite mâles tout à la fois et femelles, comme on en voit encore quelques-uns ; et que la séparation des sexes n'est peut-être qu'un accident et la nécessité de l'accouplement qu'une voie de génération analogue à notre organisation actuelle. [...]

On attribue aux *Éthiopiens* l'invention de l'astronomie et de l'astrologie ; et il est certain que la sérénité continuelle de leur ciel, la tranquillité de leur vie et la température toujours égale de leur climat, ont dû les porter naturellement à ce genre d'études.

Les phases différentes de la lune sont, à ce qu'on dit, les premiers phénomènes célestes dont ils furent frappés ; et, en effet, les inconstances de cet astre me semblent plus propres à incliner les hommes à la méditation que le spectacle constant du soleil, toujours le même sous un ciel toujours serein. Quoique nous ayons l'expérience journalière de la vicissitude des êtres qui nous environnent, il semble que nous nous attendions à les trouver constamment tels que nous les avons vus une première fois ; et quand le contraire est arrivé, nous le remarquons avec un mouvement de surprise : or, l'observation et l'étonnement sont les premiers pas de l'esprit vers la recherche des causes. Les *Éthiopiens* rencontrèrent celle des phases de la lune ; ils assurèrent que cet astre ne brille que d'une lumière empruntée. Les révolutions et même les irrégularités des autres corps célestes ne leur échappèrent pas, ils formèrent des conjectures sur la nature de ces êtres ; ils en firent des causes physiques générales ; ils leur attribuèrent différents effets et ce fut ainsi que l'astrologie naquit parmi eux de la connaissance astronomique. [...]

La philosophie morale des *Éthiopiens* se réduisait à quelques points, qu'ils enveloppaient des voiles de l'énigme et du symbole : « Il faut, disaient-ils, adorer les dieux, ne faire de mal à personne, s'exercer à la fermeté et mépriser la mort ; la vérité n'a rien de commun ni avec la terreur des arts magiques, ni avec l'appareil imposant des miracles et du prodige ; la tempérance est la base de la vertu ; l'excès dépouille l'homme de sa dignité ; il n'y a que les biens acquis avec peine dont on jouisse avec plaisir ; le faste et l'orgueil sont des marques de petitesse ; il n'y a que vanité dans les visions et dans les songes, etc. »

Nous ne pouvons dissimuler que le sophiste, qui fait honneur de cette doctrine aux *Éthiopiens,* ne paraisse s'être proposé secrètement de rabaisser un peu la vanité puérile de ses concitoyens qui renfermaient dans leur petite contrée toute la sagesse de l'univers.

Au reste, en faisant des *Éthiopiens* l'objet de ses éloges, il avait très bien choisi. Dès le temps d'Homère, ces peuples étaient connus et respectés des Grecs pour l'innocence et la simplicité de leurs mœurs. Les dieux mêmes, selon leur poète, se plaisaient à demeurer au milieu d'eux. *Jupiter s'en était allé chez les peuples innocents de l'Éthiopie, et avec lui tous les dieux (Iliade).*

FANATISME

*Un des griefs principaux que les philosophes font à la religion catholique, c'est son intolérance, cette « passion féroce », dira l'*Encyclopédie, *qui porte à haïr et à persécuter ceux que l'on croit dans l'erreur. L'intolérance est due à un zèle outrancier pour la religion. « On entend aujourd'hui par fanatisme, écrit Voltaire dans son* Dictionnaire philosophique, *une folie religieuse, sombre et cruelle ; c'est une maladie qui se gagne comme la petite vérole. » Au fanatisme, les philosophes opposent la tolérance et l'humanité.*

*Il faut, pour bien comprendre la campagne tenace de l'*Encyclopédie *en faveur de la tolérance, ne pas oublier les rigueurs de l'époque : d'après un* Recueil de pièces sur l'État des protestants en France, *dont l'auteur est, sans doute, Condorcet, de 1745 à 1770, huit pasteurs furent pendus pour cause de religion.*

Se reporter aux articles « Persécution », « Superstition », « Tolérance ».

Albert Soboul

FANATISME, c'est un zèle aveugle et passionné, qui naît des opinions superstitieuses et fait commettre des actions ridicules, injustes et cruelles, non seulement sans honte et sans remords, mais encore avec une sorte de joie et de consolation. Le *fanatisme* n'est donc que la superstition mise en action. [...]

Le *fanatisme* a fait beaucoup plus de mal au monde que l'impiété. Que prétendent les impies ? Se délivrer d'un joug, au lieu que les *fanatiques* veulent étendre leurs fers sur toute la terre. Zélotypie infernale ! A-t-on vu des sectes d'incrédules s'attrouper et marcher en armes contre la divinité ? Ce sont des âmes trop faibles pour prodiguer le sang humain ; cependant, il faut quelque force pour pratiquer le bien sans motif, sans espoir et sans intérêt[49]. Il y a de la jalousie et de la

49. Éloge discret de l'athéisme. A.S.

méchanceté à troubler des âmes en possession d'elles-mêmes, parce qu'elles n'ont ni les prétentions, ni les moyens que vous avez... On se garde bien au reste d'adopter de semblables raisonnements, qui ont fait le tourment de tant d'hommes aussi célèbres par leurs disgrâces que par les écrits qui les leur ont attirées.

Mais s'il était permis d'emprunter un moment, en faveur de l'humanité, le style enthousiaste, tant de fois employé contre elle, voici l'unique prière qu'on opposerait aux *fanatiques :*

« Toi qui veux le bien de tous les hommes et qu'aucun ne périsse ; puisque tu ne prends aucun plaisir à la mort du méchant, délivre-nous, non par des ravages de la guerre et des tremblements de terre, ce sont des maux passagers, limités, et d'ailleurs inévitables, mais de la fureur des persécuteurs qui invoquent ton saint nom. Enseigne-leur que tu hais le sang, que l'odeur des viandes immolées ne monte point jusqu'à toi, et qu'elle n'a point la vertu de dissiper la foudre dans les airs, ni de faire descendre la rosée du ciel. Éclaire tes zélateurs, afin qu'ils se gardent au moins de confondre l'holocauste avec l'homicide. Remplis-les tellement de l'amour d'eux-mêmes qu'ils puissent oublier leur prochain, puisque leur pitié n'est qu'une vertu destructive. Hé ! quel est l'homme que tu as chargé du soin de tes vengeances, qui ne les mérite cent fois plus que les victimes qu'il t'immole ? Fais entendre que ce n'est ni la raison ni la force, mais ta lumière et ta bonté qui conduisent les âmes dans tes voies, et que c'est insulter à ton pouvoir que d'y mêler le bras de l'homme. Quand tu voulus former l'univers, l'appelas-tu à ton secours ? et s'il te plaît de m'introduire à ton banquet, n'es-tu pas infini dans tes merveilles ? mais tu ne veux pas nous sauver malgré nous. Pourquoi n'imite-t-on pas la douceur de ta grâce et prétend-on m'inviter par la crainte à t'aimer ? Répands l'esprit d'humanité sur la terre, et cette bienveillance universelle, qui nous remplit de vénération pour tous les êtres avec qui nous partageons le don précieux du sentiment et qui fait que l'or et les émeraudes fondus ensemble ne sauraient jamais égaler devant toi le vœu d'un cœur tendre et compatissant, encore moins expier l'horreur d'un homicide. »

FERMIERS
(Quesnay)

*Quesnay (1694-1774), le principal représentant de l'école physiocratique, écrivit dans l'*Encyclopédie *les articles « Fermiers » et « Grains », où les grands thèmes de la doctrine sont rassemblés. Quesnay devait développer ses idées dans deux ouvrages essentiels :* Maximes générales du gouvernement économique d'un royaume agricole *(1760) et* Physiocratie ou Constitution naturelle du gouvernement le plus avantageux au genre humain *(1768). Parmi les principaux représentants de l'école physiocratique, citons encore Dupont de Nemours qui publia en 1764* De l'exportation et de l'importation des grains, *Mercier de la Rivière, auteur de l'*Ordre naturel et essentiel des sociétés politiques *(1767), Turgot, qui exposa ses idées dans ses* Réflexions sur la formation et la distribution des richesses *(1766).*

Les physiocrates partent de cet axiome que l'agriculture est seule vraiment productive : parce qu'elle procure, outre la subsistance de ses ouvriers et la rémunération des fermiers et métayers, un profit de surcroît en faveur du propriétaire, un produit net sur lequel l'État peut prélever sa part pour ses besoins, sans nuire à la bonne marche des entreprises. L'industrie et le commerce apparaissent aux physiocrates comme stériles, car ils n'y découvrent la formation d'aucun surprofit : le développement relativement faible des entreprises industrielles et commerciales, vers le milieu du XVIII*e siècle, ne présentait aucun exemple comparable à celui des grandes propriétés foncières. Le produit net ne peut se développer que si l'exploitation agricole dispose de capitaux importants. Il faut donc favoriser le maintien et le développement d'une classe de grands fermiers qui* *prennent à bail pour un terme assez long, de vastes domaines ; il faut faciliter le retour à la terre des capitaux, en évitant qu'ils ne soient absorbés par les emprunts d'État ou les entreprises commerciales, qui ne peuvent être qu'onéreuses comme celles des détaillants, ou aléatoires comme celles du trafic lointain. Cette grande agriculture, que préconisent les physiocrates, exige la disparition de l'agriculture traditionnelle fondée sur l'existence des biens communaux et des servitudes collectives (assolement obligatoire, vaine pâture, parcours), contraires à toute exploitation rationnelle.*

La prospérité de la grande agriculture préconisée par les physiocrates repose sur le bon prix : le prix de vente des grains et des autres denrées agricoles doit dépasser assez largement le prix de revient. Il faut donc développer la consommation intérieure : affranchir la circulation des produits agricoles de toutes les taxes et de tous les contrôles ; assurer par la libre concurrence une égalisation des cours qui sera avantageuse aux producteurs : abolir la réglementation traditionnelle des marchés ; éviter tout ce qui pourrait, en renchérissant les produits de l'industrie, aggraver les dépenses des cultivateurs... Quant à l'organisation politique, tout gouvernement est bon pour les physiocrates, qui respecte la propriété et les libertés qui en découlent ; le meilleur sera celui d'un roi, héréditaire comme tout propriétaire foncier et contrôlé par un corps politique qui ne comprendra naturellement que les propriétaires de la terre et les grands fermiers qui en dirigent la culture.

Karl Marx a montré l'importance et les limites de la doctrine des physiocrates. C'est à eux que revient l'honneur d'avoir analysé le capital, et en cela ils sont les véritables créateurs de l'économie moderne : Adam Smith, sur ce point, a pris leur succession. A juste raison, ils établissent le principe fondamental : seul est productif le travail qui crée de la plus-value. Pour eux, le travail agricole est le seul productif parce que le seul qui crée de la plus-value, et qu'ils ne connaissent d'autre forme de la plus-value que la rente foncière. Par là, la théorie des physiocrates porte encore l'empreinte du système féodal et du régime des propriétaires fonciers ; « la féodalité s'embourgeoise et la bourgeoisie prend des allures féodales », dit Marx ; et encore « le système physiocrate se présente comme la nouvelle société capitaliste s'installant dans le cadre de la société féodale ». De là ses contradictions.

Sur les physiocrates et leur système, voir :

Karl Marx : Histoire des doctrines économiques, *tome I :* Depuis les origines de la théorie de la plus-value jusqu'à Adam Smith. A, les Physiocrates, *Éditions Costes, p. 1-160.*

J. Weulersse : le Mouvement physiocratique en France, de 1756 à 1770, *1910, 2 vol. :* la Physiocratie à la fin du règne de Louis XV, 1770-1774, *1959 ;* la Physiocratie sous les ministères de Turgot et de Necker, 1774-1781, *1950.*

Se reporter aux articles « Foire », « Grains », « Impôt », « Laboureur ».

Albert Soboul

Partant d'une description de la paysannerie française, Quesnay expose, dans cet article, les conceptions physiocratiques. Il est amené à présenter la situation de façon déformée.

Il est exact que la grande exploitation agricole joua un rôle moteur dans l'agriculture française du XVIIIe siècle. N'assimilons point d'ailleurs le terme « fermiers » à une condition purement juridique : au XVIIIe siècle il recouvre à la fois la condition de locataire et de propriétaire. Le fermier cumulait souvent revenus fonciers et location des droits féodaux et seigneuriaux. Sa caractéristique essentielle était donc de concentrer les moyens de production : il disposait notamment de plusieurs trains de charrue et d'un bétail important. Cela lui permettait de vendre une grande partie de sa production, quelle que fût l'importance de la récolte. Tout cela entraînait sa domination sur les autres catégories paysannes — petite paysannerie parcellaire et journaliers. Ce rapport de dépendance, évident pour les journaliers, était plus complexe dans le cas des petits paysans. Ces derniers étaient contraints de louer au gros paysan ses trains de labour. En période de disette, ils lui achetaient — cher — leurs subsistances. Enfin, la possession de capitaux par les « fermiers » en faisait des usuriers. Grâce à leur aisance et à leur influence, ils étaient les dirigeants de la communauté rurale, mais aussi les principaux bénéficiaires des biens communaux.

Ce tableau doit évidemment être précisé dans l'espace et dans le temps. Dans l'espace, puisqu'il caractérise surtout la France du Nord. Dans le temps, car les tendances à la concentration s'accentuèrent dans la seconde moitié du XVIII*e siècle.*

C'est dans cette catégorie sociale, très minoritaire, que les physiocrates virent les forces essentielles du progrès de l'agriculture. Cette opinion, juste pour l'essentiel, mérite d'être nuancée. En effet, porteurs de l'innovation technique, les grands fermiers étaient aussi liés au système féodal, facteur majeur de blocage.

Il y a peu à ajouter à la présentation des conceptions physiocratiques faites par Albert Soboul. Quelques remarques suffiront à la compléter. Contrairement à ce que pensait Quesnay, l'exode rural ne venait pas seulement de l'attirance de la ville et de ses perversions. Il trouvait aussi son origine dans la concentration des terres qui privait une partie des paysans de la possibilité de louer des exploitations. Cet exode rural était important : à Chartres, la population se maintint autour de 13 000 habitants dans la seconde moitié du XVIII*e siècle uniquement à cause de l'immigration. Le cas de Rouen, à un autre niveau, est à peu près comparable.*

Il importe enfin de situer le courant physiocratique parmi les autres courants économiques et sociaux. Les divergences sont incontestables. Seuls les physiocrates virent dans l'agriculture l'unique source de la richesse, alors que les autres philosophes reconnurent l'importance des autres activités économiques. (Voir l'article « Manufacture ».) A l'inverse de Voltaire, les physiocrates trouvaient essentielle la scolarisation des campagnes.

Mais toutes les réflexions économiques et sociales du siècle se retrouvaient autour d'un point commun : une nouvelle conception, bourgeoise, de l'argent, qui devait être accumulé et non plus étalé dans des dépenses ostentatoires. L'argent devenait un capital et cessait d'être une manière de manifester un prestige social que définissaient d'autres critères que la seule richesse. Cette mutation des valeurs, qui explique la condamnation du luxe, était le symptôme d'un changement d'ordre social qu'accomplit la Révolution française.

Philippe Goujard

FERMIERS, ce sont ceux qui afferment et font valoir les biens des campagnes et qui procurent les richesses et les ressources les plus essentielles pour le soutien de l'État ; ainsi l'emploi du *fermier* est un objet très important dans le royaume et mérite une grande attention de la part du gouvernement. [...]

Les habitants des villes croient ingénument que ce sont les bras des paysans qui cultivent la terre et que l'agriculture ne dépérit que parce que les hommes manquent dans les campagnes. Il faut, dit-on, en chasser les maîtres d'école qui, par les instructions qu'ils donnent aux paysans, facilitent leur désertion : on imagine ainsi des petits moyens, aussi ridicules que désavantageux ; on regarde les paysans comme les esclaves de l'État ; la vie rustique paraît la plus dure, la plus pénible et la plus méprisable, parce qu'on destine les habitants des campagnes aux travaux qui sont réservés aux animaux. Quand le paysan laboure lui-même la terre, c'est une preuve de sa misère et de son inutilité. Quatre chevaux cultivent plus de cent arpents de terre ; quatre hommes n'en cultiveraient pas huit. A la réserve du vigneron, du jardinier, qui se livrent à cette espèce de travail, les paysans sont employés par les riches *fermiers* à d'autres ouvrages plus avantageux pour eux et plus utiles à l'agriculture. Dans les provinces riches, où la culture est bien entretenue, les paysans ont beaucoup de ressources ; ils ensemencent quelques arpents de terre en blé et autres grains : ce sont les *fermiers* pour lesquels ils travaillent qui en font les labours, et c'est la femme et les enfants qui en recueillent les produits ; ces petites moissons qui leur donnent une partie de leur nourriture, leur produisent des fourrages et des fumiers. Ils cultivent du lin, du chanvre, des herbes potagères, des légumes de toute espèce ; ils ont des bestiaux et des volailles qui leur fournissent de bons aliments, et sur lesquels ils retirent des profits ; ils se procurent par le travail de la moisson du laboureur d'autres grains pour le reste de l'année ; ils sont toujours employés aux travaux de la campagne ; ils vivent sans contrainte et sans inquiétude ; ils méprisent la servitude des domestiques, valets, esclaves des autres hommes ; ils n'envient pas le sort du bas peuple qui habite les villes, qui loge au sommet des maisons, qui est borné à un gain à peine suffisant au besoin présent, qui, étant obligé de vivre sans aucune prévoyance et sans aucune provision pour les besoins à venir, est continuellement exposé à languir dans l'indigence.[50]

Les paysans ne tombent dans la misère et n'abandonnent la province que quand ils sont trop inquiétés par les vexations auxquelles ils sont exposés ou quand il n'y a pas de *fermiers* qui leur procurent du travail et que la campagne est cultivée par de pauvres métayers bornés à une petite culture, qu'ils exécutent eux-mêmes fort imparfaitement. La portion que ces métayers retirent de leur petite récolte, qui est partagée avec le propriétaire, ne peut suffire que pour leurs propres besoins ; ils ne peuvent réparer ni améliorer les biens.

Ces pauvres cultivateurs, si peu utiles à l'État, ne représentent point le vrai laboureur, le riche *fermier* qui cultive en grand, qui gouverne, qui commande, qui multiplie les dépenses pour augmenter les profits ; qui, ne négligeant aucun moyen, aucun avantage particulier, fait le bien général ; qui emploie utilement les habitants

---

50. C'est ici une description vraiment idyllique de la vie des travailleurs agricoles, manouvriers ou petits paysans, qui vivent sous la dépendance du grand fermier. La réalité était plus rude. A.S.

de la campagne, qui peut choisir et attendre les temps favorables pour le débit de ses grains, pour l'achat et pour la vente de ses bestiaux.

Ce sont les richesses des *fermiers* qui fertilisent les terres, qui multiplient les bestiaux, qui attirent, qui fixent les habitants des campagnes et qui font la force et la prospérité de la nation.

Les manufactures et le commerce entretenus par les désordres du luxe accumulent les hommes et les richesses dans les grandes villes, s'opposent à l'amélioration des biens, dévastent les campagnes, inspirent du mépris pour l'agriculture, augmentent excessivement les dépenses des particuliers, nuisent au soutien des familles, s'opposent à la propagation des hommes et affaiblissent l'État.

La décadence des empires a souvent suivi de près un commerce florissant. Quand une nation dépense par le luxe ce qu'elle gagne par le commerce, il n'en résulte qu'un mouvement d'argent sans augmentation réelle de richesses. C'est la vente du superflu qui enrichit les sujets et le souverain. Les productions de nos terres doivent être la matière première des manufactures et l'objet du commerce : tout autre commerce qui n'est pas établi sur ces fondements est peu assuré ; plus il est brillant dans un royaume, plus il excite l'émulation des nations voisines et plus il se partage. Un royaume riche en terres fertiles ne peut être imité dans l'agriculture par un autre qui n'a pas le même avantage. Mais, pour en profiter, il faut éloigner les causes qui font abandonner les campagnes, qui rassemblent et retiennent les richesses dans les grandes villes. Tous les seigneurs, tous les gens riches, tous ceux qui ont des rentes ou des pensions suffisantes pour vivre commodément fixent leur séjour à Paris ou dans quelque autre grande ville, où ils dépensent presque tous les revenus des fonds du royaume. Ces dépenses attirent une multitude de marchands, d'artisans, de domestiques et de manouvriers : cette mauvaise distribution des hommes et des richesses est inévitable, mais elle s'étend beaucoup trop loin ; peut-être y aura-t-on d'abord beaucoup contribué, en protégeant plus les citoyens que les habitants des campagnes. Les hommes sont attirés par l'intérêt et par la tranquillité. Qu'on procure ces avantages à la campagne, elle ne sera pas moins peuplée à proportion que les villes. Tous les habitants des villes ne sont pas riches ni dans l'aisance. La campagne a ses richesses et ses agréments : on ne l'abandonne que pour éviter les vexations auxquelles on y est exposé ; mais le gouvernement peut remédier à ces inconvénients. Le commerce paraît florissant dans les villes, parce qu'elles sont remplies de riches marchands. Mais qu'en résulte-t-il, sinon que presque tout l'argent du royaume est employé à un commerce qui n'augmente point les richesses de la nation ? Locke le compare au jeu, où après le gain et la perte des joueurs, la somme d'argent reste la même qu'elle était auparavant. Le commerce intérieur est nécessaire pour procurer les besoins, pour entretenir le luxe et pour faciliter la consommation ; mais il contribue peu à la force et à la prospérité de l'État. Si une partie des richesses immenses qu'il retient, et dont l'emploi produit si peu au royaume, était distribuée à l'agriculture, elle procurerait des revenus bien plus réels et plus considérables. L'agriculture est le patrimoine du souverain : toutes ses productions sont visibles ; on peut les assujettir convenablement aux impositions ; les richesses pécuniaires échappent à la répartition des subsides, le gouvernement n'y peut prendre que par des moyens onéreux à l'État.

FOIRE
(Turgot)

Turgot développe ici une idée chère aux physiocrates, celle de la liberté entière du commerce, synthétisée dans la formule célèbre « Laisser faire, laisser passer ». La libre concurrence doit, dans l'esprit des promoteurs du système, profiter aux propriétaires fonciers, en abaissant au plus juste le prix des produits que leur fournit l'industrie. Sous l'action des physiocrates, le contrôle du commerce des produits agricoles se relâcha quelque peu : dès 1758, les laines bénéficièrent de la pleine franchise de circulation ; en 1763 ce sont les bestiaux ; et, par la déclaration du 25 mai 1763, l'ensemble des denrées agricoles : « ... pour encourager les cultivateurs en augmentant le prix du blé, de manière qu'ils puissent tirer leurs frais », permission était donnée à tous les sujets « de transporter librement d'une province dans une autre toutes espèces de grains et denrées sans être obligés de faire aucune déclaration ni prendre aucun congé », et faites « très expresses interdictions et défenses à tous les officiers du roi et à ceux des seigneurs d'exiger aucunes formalités, sous quelque prétexte que ce puisse être ».

Sur les théories économiques de Turgot, voir :

Karl Marx : Histoire des doctrines économiques, *t. I, chap.* VII, *Éditions Costes, p. 61-72.*

Se reporter aux articles « Fermiers », « Grains », « Laboureur ».

Albert Soboul

Le principe de la liberté de commerce conduit Turgot à critiquer l'existence des grandes foires. Cette opinion peut paraître paradoxale mais la solution de l'apparente contradiction est donnée : les facilités, notamment fiscales, accordées aux marchands fréquentant ces grandes foires entraînaient un accroissement des droits levés sur les autres marchés.[51] *La thèse que défend cet article implique une nécessaire correspondance entre l'intérêt politique et l'intérêt économique. Les lois de l'économie doivent l'emporter sur l'intérêt particulier — le plus souvent mal compris — du prince. L'article postule*

---

51. Les foires jouaient un rôle important dans l'économie française. Le produit de la foire de Caen passe de 2,5 millions de livres en 1715 à 9 millions en 1767, celui de la foire de Beaucaire de 14 millions en 1750 à plus de 41 millions en 1788. Cette poussée était due non seulement à l'augmentation des prix mais aussi à l'accroissement des quantités vendues.

donc un ordre économique rationnel : laisser jouer librement les lois de l'économie est le meilleur moyen de satisfaire l'intérêt général que l'État doit servir. C'était là préconiser le non-interventionnisme. A l'origine de cette théorie on trouve bien évidemment la conception du droit de propriété, droit naturel absolu et imprescriptible.

Philippe Goujard

FOIRE, ce mot qui vient de forum, place publique, a été dans son origine synonyme de celui de *marché,* et l'est encore à certains égards : l'un et l'autre signifient *un concours de marchands et d'acheteurs,* dans des lieux et des temps marqués ; mais le mot de *foire* paraît présenter l'idée d'un concours plus nombreux, plus solennel, et par conséquent plus rare. Cette différence qui frappe au premier coup d'œil paraît être celle qui détermine ordinairement dans l'usage l'application de ces deux mots ; mais elle provient elle-même d'une autre différence plus cachée, et pour ainsi dire plus radicale entre ces deux choses. Nous allons la développer.

Il est évident que les marchands et les acheteurs ne peuvent se rassembler dans certains temps et dans certains lieux sans un attrait, un intérêt, qui compense ou même qui surpasse les frais du voyage et du transport des denrées ; sans cet attrait, chacun resterait chez soi : plus il sera considérable, plus les denrées supporteront de longs transports, plus le concours des marchands et des acheteurs sera nombreux et solennel, plus le district, dont ce concours est le centre, pourra être étendu. Le cours naturel du commerce suffit pour former ce concours et pour l'augmenter jusqu'à un certain point. La concurrence des vendeurs limite le prix des denrées, et le prix des denrées limite à son tour le nombre des vendeurs : en effet, tout commerce devant nourrir celui qui l'entreprend, il faut bien que le nombre des ventes dédommage le marchand de la modicité des profits qu'il fait sur chacune et que par conséquent le nombre des marchands se proportionne au nombre actuel des consommateurs, en sorte que chaque marchand corresponde à un certain nombre de ceux-ci. Cela posé, je suppose que le prix d'une denrée soit tel que pour en soutenir le commerce, il soit nécessaire d'en vendre pour la consommation de trois cents familles ; il est évident que trois villages, dans chacun desquels il n'y aura que cent familles, ne pourront soutenir qu'un seul marchand de cette denrée ; ce marchand se trouvera probablement dans celui des trois villages, où le plus grand nombre des acheteurs pourra se rassembler plus commodément, ou à moins de frais, parce que cette diminution de frais fera préférer le marchand établi dans ce village à ceux qui seraient tentés de s'établir dans l'un des deux autres ; mais plusieurs espèces de denrées seront vraisemblablement dans le même cas, et les marchands de chacune de ces denrées se réuniront dans le même lieu, par la même raison de la diminution des frais et par ce qu'un homme qui a besoin de deux espèces de denrées, aime mieux ne faire qu'un voyage pour se les procurer que d'en faire deux ; c'est réellement comme s'il payait chaque marchandise moins cher. Le lieu devenu plus considérable par cette réunion même des différents commerces, le devient de plus en plus ; parce que tous les artisans que le genre de leur travail ne retient pas à la campagne, tous les hommes à qui leur richesse permet d'être oisifs, s'y rassemblent pour y chercher les commodités de la vie. La concurrence des acheteurs attire les marchands par l'espérance de vendre ; il s'en établit plusieurs pour la même denrée. La concurrence des marchands attire les acheteurs par l'espérance du bon marché ; et toutes deux continuent à s'augmenter mutuellement, jusqu'à ce que le désavantage de la distance compense pour les acheteurs éloignés le bon marché de la denrée produit par la concurrence, et même ce que l'usage et la force de l'habitude ajoutent à l'attrait du bon marché. Ainsi se forment naturellement différents centres de commerce ou marchés, auxquels répondent autant de cantons ou d'arrondissements plus ou moins étendus, suivant la nature des denrées, la facilité plus ou moins grande des communications et l'état de la population plus ou moins nombreuse. Et telle est, pour le dire en passant, la première et la plus commune origine des bourgades et des villes...

Mais il ne faut qu'une distance assez médiocre pour que cet intérêt et le bon marché produit par la concurrence soient contrebalancés par les frais de voyage et de transport de denrées. Ce n'est donc point au cours naturel d'un commerce animé par la liberté qu'il faut attribuer ces grandes *foires,* où les productions d'une partie de l'Europe se rassemblent à grands frais, et qui semblent être le rendez-vous des nations. L'intérêt qui doit compenser ces frais exorbitants ne vient point de la nature des choses ; mais il résulte des privilèges et des franchises accordées au commerce en certains lieux et en certains temps, tandis qu'il est accablé partout ailleurs de taxes et de droits. Il n'est pas étonnant que l'état de gêne et de vexation habituelle dans lequel le commerce s'est trouvé longtemps dans toute l'Europe en ait déterminé le cours avec violence dans les lieux où on lui offrait un peu plus de liberté. C'est ainsi que les princes, en accordant des exemptions de droits, ont établi tant de *foires* dans les différentes parties de l'Europe ; et il est évident que ces *foires* doivent être d'autant plus considérables que le commerce dans les temps ordinaires est plus surchargé de droits.

Une *foire* et un marché sont donc l'un et l'autre un concours de marchands et d'acheteurs dans des lieux et des temps marqués ; mais, dans les marchés, c'est l'intérêt réciproque que les vendeurs et les acheteurs ont de se chercher ; dans les *foires,* c'est le désir de jouir de certains privilèges qui forme ce concours : d'où il suit qu'il doit être bien plus nombreux et bien plus solennel dans les *foires.* Quoique le cours naturel du commerce suffise pour établir des marchés, il est arrivé, par une suite de ce malheureux principe, qui dans presque tous les gouvernements a si longtemps infecté l'administration du commerce, je veux dire la manie de tout conduire, de tout régler, et de ne jamais s'en rapporter aux hommes sur leur propre intérêt ; il est arrivé, dis-je, que pour établir des marchés on a fait intervenir la police ; qu'on en a borné le nombre, sous prétexte d'empêcher qu'ils ne se nuisent les uns aux autres ; qu'on a défendu de vendre certaines marchandises ailleurs que dans certains lieux désignés, soit pour la commodité des commis chargés, soit parce qu'on a voulu les assujettir à des formalités de visite et de marque, et qu'on ne peut pas mettre partout des bureaux. On ne peut trop saisir toutes les occasions de combattre ce système fatal à l'industrie, il s'en trouvera plus d'une dans l'*Encyclopédie*.

Sans doute une *foire* doit enrichir le lieu où elle se tient et faire la grandeur d'une ville particulière : et lorsque toute l'Europe gémissait dans les entraves multipliées du gouvernement féodal ; lorsque chaque village, pour ainsi dire, formait une souveraineté indépendante ; lorsque les seigneurs renfermés dans leur château ne voyaient dans le commerce qu'une occasion d'augmenter leurs revenus en soumettant à des contributions et à des péages exorbitants tous ceux que la nécessité forçait de passer sur leurs terres ; il n'est pas douteux que ceux qui les premiers furent assez éclairés pour sentir qu'en se relâchant un peu de la rigueur de leurs droits ils seraient plus que dédommagés par l'augmentation du commerce et des consommations, virent bientôt les lieux de leur résidence enrichis, agrandis, embellis. Il n'est pas douteux que lorsque les rois et les empereurs eurent assez augmenté leur autorité, pour soustraire aux taxes levées par leur vassaux les marchandises destinées pour les *foires* de certaines villes qu'ils voulaient favoriser, ces villes devinrent nécessairement le centre d'un très grand commerce et virent accroître leur puissance avec leurs richesses ; mais depuis que toutes ces petites souverainetés se sont réunies pour ne former qu'un grand état sous un seul prince, si la négligence, la force de l'habitude, la difficulté de réformer les abus lors même qu'on le veut, et la difficulté de le vouloir, ont engagé à laisser subsister et les mêmes gênes et les mêmes droits locaux, et les mêmes privilèges qui avaient été établis lorsque chaque province et chaque ville obéissaient à différents souverains, n'est-il pas singulier que cet effet du hasard ait été non seulement loué, mais imité comme l'ouvrage d'une sage politique ? n'est-il pas singulier qu'avec de très bonnes intentions et dans la vue de rendre le commerce florissant on ait encore établi de nouvelles *foires,* qu'on ait augmenté encore les privilèges et les exemptions de certaines villes, qu'on ait même empêché certaines branches de commerce de s'établir dans des provinces pauvres dans la crainte de nuire à quelques autres villes, enrichies depuis longtemps par ces mêmes branches de commerce ? Eh ! qu'importe que ce soit Pierre ou Jacques, le Maine ou la Bretagne qui fabriquent telle ou telle marchandise, pourvu que l'État s'enrichisse et que des Français vivent ? Qu'importe qu'une étoffe soit vendue à Beaucaire ou dans le lieu de sa fabrication, pourvu que l'ouvrier reçoive le prix de son travail ? Une masse énorme de commerce rassemblée dans un lieu et amoncelée sous un seul coup d'œil frappera d'une manière plus sensible les yeux des politiques superficiels. Les eaux rassemblées artificiellement dans des bassins et des canaux amusent les voyageurs par l'étalage d'un luxe frivole ; mais les eaux que les pluies répandent uniformément sur la surface des campagnes, que la seule pente des terrains dirige et distribue dans tous les vallons pour y former des fontaines, portent partout la richesse et la fécondité. Qu'importe qu'il se fasse un grand commerce dans une certaine ville et dans un certain moment, si ce commerce momentané n'est grand que par les causes mêmes qui gênent le commerce et qui tendent à le diminuer dans tout autre temps et dans toute l'étendue de l'État ? [...]

On dit : « L'État ne peut se passer de revenus ; il est indispensable, pour subvenir à ses besoins, de charger les marchandises de différentes taxes : cependant il n'est pas moins nécessaire de faciliter le débit de nos productions, surtout chez l'étranger ; ce qui ne peut se faire sans en baisser le prix autant qu'il est possible. Or on concilie ces deux objets en indiquant des lieux et des temps de franchise, où le bas prix des marchandises invite l'étranger et produit une consommation extraordinaire, tandis que la consommation habituelle et nécessaire fournit suffisamment aux revenus publics. L'envie même de profiter de ces moments de grâce donne aux vendeurs et aux acheteurs un empressement que la solennité de ces grandes *foires* augmente encore par une espèce de séduction, d'où résulte une augmentation dans la masse totale du commerce. » Tels sont les prétextes qu'on allègue pour soutenir l'utilité des grandes *foires*. Mais il n'est pas difficile de se convaincre qu'on peut par des arrangements généraux, et en favorisant également tous les membres de l'État, concilier avec bien plus d'avantages les deux objets que le gouvernement peut se proposer; En effet, puisque le prince consent à perdre une partie de ses droits, et à les sacrifier aux intérêts du commerce, rien n'empêche qu'en rendant tous les droits uniformes il ne diminue sur la totalité la même somme qu'il consent à perdre ; l'objet de décharger des droits la vente à l'étranger, en les laissant subsister sur les consommations intérieures, sera même bien plus aisé à remplir en exemptant de droits toutes les marchandises qui sortent : car, enfin, on ne peut nier que nos *foires* ne fournissent à une grande partie de notre consommation intérieure. Dans cet arrangement, la consommation extraordinaire qui se fait dans le temps des *foires* diminuerait beaucoup ; mais il est évident que la modération des droits dans les temps ordinaires rendrait la consommation générale bien plus abondante ; avec cette différence que dans le cas du droit uniforme, mais modéré, le commerce gagne tout ce que le prince veut lui sacrifier : au lieu que, dans le cas du droit général plus fort avec des exemptions locales et momentanées, le roi peut sacrifier beaucoup, et le commerce ne gagner presque rien, ou, ce qui est la même chose, les denrées baisser de prix beaucoup moins que les droits ne diminuent ; et cela parce qu'il faut soustraire de l'avantage que donne cette diminution les frais du transport des denrées nécessaires pour en profiter, le changement de séjour, les loyers des places de *foire* enchéris encore par le monopole des propriétaires, enfin le risque de ne pas vendre dans un espace de temps assez court et d'avoir fait un long voyage en pure perte : or il faut toujours que la marchandise paye tous ses frais et ses risques. Il s'en faut donc beaucoup que le sacrifice des droits du prince soit aussi utile au commerce par les exemptions momentanées et locales, qu'il le serait par une modération légère sur la totalité des droits ; il s'en faut beaucoup que la consommation extraordinaire augmente autant par l'exemption particulière, que la consommation journalière diminue par la surcharge habituelle. Ajoutons qu'il n'y a point d'exemption particulière qui ne donne lieu à des fraudes pour en profiter, à des gênes nouvelles, à des multiplications de commis et d'inspecteur pour empêcher ces fraudes, à des peines pour les punir ; nouvelle perte d'argent et d'hommes pour l'État. Concluons que les grandes *foires* ne sont jamais aussi utiles que la gêne qu'elles supposent est nuisible ; et que bien loin d'être la preuve de l'État florissant du commerce, elles ne peuvent exister au contraire que dans des États où le commerce est gêné, surchargé de droits, et par conséquent médiocre.

GENÈVE
(d'Alembert)

*En novembre 1757 paraît le septième volume de l'*Encyclopédie, *contenant l'article « Genève », par d'Alembert. Après un long développement sur le rôle religieux de Genève, d'Alembert signale l'absence de théâtre dans cette ville : il en profite pour s'élever contre le sort fait encore au* XVIIIe *siècle aux comédiens, considérés comme des parias (ils ne peuvent être inhumés en terre consacrée). Ce serait pour Genève une gloire de réformer l'Europe sur ce point.*

Les controverses sur le théâtre, si nombreuses au XVIIe *siècle, s'étaient poursuivies au* XVIIIe *siècle. Déprave-t-il les mœurs, ou contribue-t-il, à les réformer ? Les philosophes sont de fervents adeptes du théâtre, Voltaire en particulier, tandis que l'Église considère toujours les comédiens comme un objet d'anathème. En 1751 paraissent de* Nouvelles Observations au sujet des condamnations prononcées contre les comédiens. *La polémique rebondit après la parution du septième volume de l'*Encyclopédie. *Les pasteurs de Genève protestent et Rousseau intervient dans une œuvre retentissante :* J.-J. Rousseau, citoyen de Genève, à M. d'Alembert, de l'Académie française, sur son article « Genève », dans le septième volume de l'*Encyclopédie,* et particulièrement sur le projet d'établir un théâtre de comédie en cette ville *(mars 1758). C'est une condamnation sans appel du théâtre. Le libraire d'Amsterdam, Rey, éditeur de la* Lettre *de Roussseau à d'Alembert, ayant demandé à Malesherbes, directeur de la Librairie, d'en permettre l'entrée en France, celui-ci consulta d'Alembert. « J'ai lu l'ouvrage de M. Rousseau contre moi, lui répondit ce dernier, le 22 juillet 1758 ; il m'a fait beaucoup de plaisir. Je ne doute pas qu'il en fasse au public, et je n'y trouve rien qui doive en empêcher l'entrée. »*

Albert Soboul

Un tenant de l'idéologie catholique officielle eût, à propos de Genève, attaqué l'hérésie protestante. D'Alembert se contente de déplorer l'absence du spectacle. La condamnation du « préjugé barbare contre le comédien » qui persistait dans la France du XVIII*e siècle est aussi une réhabilitation du plaisir, permise par la conception d'un bonheur avant tout terrestre. Mais point n'importe quel plaisir cependant. Dans son courant dominant, auquel appartient d'Alembert mais pas le marquis de Sade, le plaisir ne doit pas contredire le principe d'utilité sociale. La condamnation du courtisan, ou du financier, archétypes du parasitisme social, mais aussi le jugement critique de certains spectacles, et la nécessité pour les comédiens de respecter certaines règles montre que c'est l'utilité sociale qui est la valeur fondamentale des Lumières.*

Philippe Goujard

On ne souffre point à *Genève* de comédie ; ce n'est pas qu'on y désapprouve les spectacles en eux-mêmes, mais on craint, dit-on, le goût de la parure, de dissipation et de libertinage que les troupes de comédiens répandent parmi la jeunesse. Cependant ne serait-il pas possible de remédier à cet inconvénient par des lois sévères et bien exécutées sur la conduite des comédiens ? Par ce moyen, *Genève* aurait des spectacles et des mœurs et jouirait de l'avantage des uns et des autres : les représentations théâtrales formeraient le goût des citoyens et leur donneraient une finesse de tact, une délicatesse de sentiment qu'il est très difficile d'acquérir sans ce secours ; la littérature en profiterait, sans que le libertinage fît des progrès, et *Genève* réunirait à la sagesse de Lacédémone la politesse d'Athènes. Une autre considération digne d'une république si sage et si éclairée devrait peut-être l'engager à permettre les spectacles. Le préjugé barbare contre la profession de comédien, l'espèce d'avilissement où nous avons mis ces hommes si nécessaires au progrès et au soutien des arts, est certainement une des principales causes qui contribue au dérèglement que nous leur reprochons ; ils cherchent à se dédommager, par les plaisirs, de l'estime que leur état ne peut obtenir. Parmi nous, un comédien qui a des mœurs est doublement respectable ; mais à peine lui en sait-on quelque gré. Le traitant[52] qui insulte à l'indigence publique et qui s'en nourrit, le courtisan qui rampe et qui ne paye point ses dettes, voilà l'espèce d'hommes que nous honorons le plus. Si les comédiens étaient non seulement soufferts à *Genève,* mais contenus d'abord par des règlements sages, protégés ensuite et même considérés dès qu'ils en seraient dignes, enfin absolument placés sur la même ligne que les autres citoyens, cette ville aurait bientôt l'avantage de posséder ce qu'on croit si rare, et ce qui ne l'est que par notre faute, une troupe de comédiens estimable. Ajoutons que cette troupe deviendrait bientôt la meilleure de l'Europe ; plusieurs personnes pleines de goût et de disposition pour le théâtre, et qui craignent de se déshonorer parmi nous en s'y livrant, accourraient à *Genève* pour cultiver non seulement sans honte, mais même avec estime, un talent si agréable et si peu commun. Le séjour de cette ville, que bien des Français regardent comme triste par la privation des spectacles, deviendrait alors le séjour des plaisirs honnêtes, comme il est celui de la philosophie et de la liberté ; et les étrangers ne seraient plus surpris de voir que dans une ville où les spectacles décents et réguliers sont défendus, on permette des farces grossières et sans esprit, aussi contraires au bon goût qu'aux bonnes mœurs. Ce n'est pas tout : peu à peu l'exemple des comédiens de *Genève,* la régularité de leur conduite et la considération dont elle les ferait jouir serviraient de modèle aux comédiens des autres nations, et de leçon à ceux qui les ont traités jusqu'ici avec tant de rigueur et même d'inconséquence.On ne les verrait pas d'un côté pensionnés par le gouvernement et de l'autre un objet d'anathème ; nos

52. Le « traîtant » était le financier qui se chargeait du recouvrement de certains impôts à des conditions réglées par un « traité » passé avec l'administration royale. On imagine ses bénéfices. A.S.

prêtres perdraient l'habitude de les excommunier et nos bourgeois auraient la gloire d'avoir réformé l'Europe sur ce point, plus important peut-être qu'on ne pense.

GRAINS
(Quesnay)

*Voici l'un des articles les plus célèbres de l'*Encyclopédie, *sorte de manifeste de l'école physiocratique. On y retrouve l'essentiel de sa doctrine : primauté de l'agriculture, critique des industries de luxe, supériorité de l'agriculture capitaliste des « grosses fermes » et des « riches fermiers » sur l'agriculture traditionnelle des « petits fermiers », revendication de la liberté du commerce. Surtout, à propos du prix des grains, Quesnay expose ici la théorie physiocratique du bon prix.*

Se reporter aux articles « Fermiers », « Foire », « Homme » (Politique), « Laboureur ».

Albert Soboul

Les principes physiocratiques — exigence de la liberté du commerce, et le rôle essentiel de la grande culture — sont ici illustrés par Quesnay à propos de la formation des prix. La libre circulation des grains permettrait à la fois l'abondance et des prix élevés. Il n'y aurait plus — comme c'était le cas alors — des régions déficitaires en blé où les prix sont élevés et des régions excédentaires où les prix sont bas. Le transfert de subsistances des secondes régions vers les premières entraînerait un égal approvisionnement partout et une hausse du prix moyen des prix. Une telle perspective de profit inciterait à l'intensification de la culture. En cas de bonne récolte générale, l'exportation des blés soutiendrait les prix. Enfin un tel système régi par les règles de l'offre et de la demande ne provoquerait pas une hausse excessive des prix : dans ce cas l'insuffisance de la demande les ferait baisser.

Il faut souligner l'aspect philosophique de cet article. Il postule l'existence d'un ordre naturel de l'économie — très comparable peut-être à l'ordre providentiel — qui interdit l'intervention de l'État. En intervenant, il dérèglerait ces lois naturelles et nuirait au bonheur de ses sujets qui est sa finalité essentielle.

Philippe Goujard

GRAINS. Les principaux objets du commerce en France sont les *grains,* les vins et eaux-de-vie, le sel, les chanvres et les lins, les laines, et les autres produits que fournissent les bestiaux ; les manufactures des toiles et des étoffes communes peuvent augmenter beaucoup la valeur des chanvres, des lins et des laines, et procurer la subsistance à beaucoup d'hommes qui seraient occupés à des travaux si avantageux. Mais on aperçoit aujourd'hui que la production et le commerce de la plupart de ces denrées sont presque anéantis en France. Depuis longtemps les manufactures de luxe ont séduit la nation ; nous n'avons ni la soie ni les laines convenables pour fabriquer les belles étoffes et les draps fins ; nous nous sommes livrés à une industrie qui nous était étrangère ; et on y a employé une multitude d'hommes dans le temps que le royaume se dépeuplait et que les campagnes devenaient désertes. On a fait baisser le prix de nos blés afin que la fabrication et la main-d'œuvre fussent moins chères que chez l'étranger : les hommes et les richesses se sont accumulés dans les villes ; l'agriculture, la plus féconde et la plus noble partie de notre commerce, la source des revenus du royaume, n'a pas été envisagée comme le fond primitif de nos richesses ; elle n'a paru intéresser que le fermier et le paysan : on a borné leurs travaux à la subsistance de la nation qui, par l'achat des denrées, paye les dépenses de la culture ; et on a cru que c'était un commerce ou un trafic établi sur l'industrie qui devait apporter l'or et l'argent dans le royaume. On a défendu de planter des vignes ; on a recommandé la culture des mûriers ; on a arrêté le débit des productions de l'agriculture et diminué le revenu des terres pour favoriser des manufactures préjudiciables à notre propre commerce.

La France peut produire abondamment toutes les matières du premier besoin ; elle ne peut acheter de l'étranger que des marchandises de luxe : le trafic mutuel entre les nations est nécessaire pour entretenir le commerce. Mais nous nous sommes principalement attachés à la fabrication et au commerce des denrées que nous pouvions tirer de l'étranger ; et par un commerce de concurrence trop recherché nous avons voulu nuire à nos voisins et les priver du profit qu'ils retiraient de nous par la vente de leurs marchandises.

Par cette politique, nous avons éteint entre eux et nous un commerce réciproque qui était pleinement à notre avantage ; ils ont interdit chez eux l'entrée de nos denrées, et nous achetons d'eux par contrebande et fort cher les matières que nous employons dans nos manufactures. Pour gagner quelques millions à fabriquer et à vendre de belles étoffes, nous avons perdu des milliards sur le produit de nos terres ; et la nation, parée de tissus d'or et d'argent, a cru jouir d'un commerce florissant.

Ces manufactures nous ont plongés dans un luxe désordonné, qui s'est un peu étendu parmi les autres nations et qui a excité leur émulation : nous les avons peut-être surpassés par notre industrie ; mais cet avantage a été principalement soutenu par notre propre consommation.

La consommation qui se fait par les sujets est la source des revenus du souverain ; et la vente du superflu à l'étranger augmente les richesses des sujets. La prospérité de l'État dépend du concours de ces deux avantages : mais la consommation entretenue par le luxe est trop bornée ; elle ne peut se soutenir que par l'opulence ; les hommes peu favorisés de la fortune ne peuvent s'y livrer qu'à leur préjudice et au désavantage de l'État.

Le ministère plus éclairé sait que la consommation qui peut procurer de grands revenus au souverain, et qui fait le bonheur de ses sujets, est cette consommation générale qui satisfait aux besoins de la vie. Il n'y a que l'indigence qui puisse nous réduire à boire de l'eau, à manger de mauvais pain et à nous couvrir de hâillons ; tous les hommes tendent par leurs travaux à se procurer de bons aliments et de bons vêtements : on ne peut trop favoriser leurs efforts ; car ce sont les revenus du royaume, les gains et les dépenses du peuple qui font la richesse du souverain. [...]

Les terres cultivées en détail par de petits fermiers exigent plus d'hommes et de dépenses et les profits sont beaucoup plus bornés. Or les hommes et les dépenses ne doivent pas être prodigués à des travaux qui seraient plus profitables à l'État, s'ils étaient exécutés avec moins d'hommes et moins de frais. Ce mauvais emploi des hommes pour la culture des terres serait préjudiciable, même dans un royaume fort peuplé ; car plus il est peuplé plus il est nécessaire de tirer un grand produit de la terre ; mais il serait encore plus désavantageux dans un royaume qui ne serait pas assez peuplé ; car alors il faudrait être plus attentif à distribuer les hommes aux travaux les plus profitables à la nation. Les avantages de l'agriculture dépendent donc beaucoup de la réunion des terres en grosses fermes, mises dans la meilleure valeur par de riches fermiers.

La culture qui ne s'exécute que par le travail des hommes est celle de la vigne ; elle pourrait occuper un plus grand nombre d'hommes en France si on favorisait la vente des vins et si la population augmentait. Cette culture et le commerce des vins et des eaux-de-vie sont trop gênés ; c'est cependant un objet qui ne mérite pas moins d'attention que la culture des *grains*.

Nous n'envisageons pas ici le riche fermier comme un ouvrier qui laboure lui-même la terre ; c'est un entrepreneur qui gouverne et qui fait valoir son entreprise par son intelligence et par ses richesses. L'agriculture conduite par de riches cultivateurs est une profession très honnête et très lucrative, réservée à des hommes libres en état de faire les avances des frais considérables qu'exige la culture de la terre et qui occupe les paysans et leur procure toujours un gain convenable et assuré. Voilà, selon l'idée de M. de Sully, les vrais fermiers ou les vrais financiers qu'on doit établir et soutenir dans un royaume qui possède un grand territoire ; car c'est de leurs richesses que doit naître la subsistance de la nation, l'aisance publique, les revenus du souverain, ceux des propriétaires, du clergé, une grande dépense distribuée à toutes les professions, une nombreuse population, la force et la prospérité de l'État.

Ce sont les grands revenus qui procurent les grandes dépenses ; ce sont les grandes dépenses qui augmentent la population, parce qu'elles étendent le commerce et les travaux et qu'elles procurent des gains à un grand nombre d'hommes. Ceux qui n'envisagent les avantages d'une grande population que pour entretenir de grandes armées jugent mal de la force d'un État. Les militaires n'estiment les hommes qu'autant qu'ils sont propres à faire des soldats ; mais l'homme d'État regrette les hommes destinés à la guerre comme un propriétaire regrette la terre employée à former le fossé qui est nécessaire pour conserver le champ. Les grandes armées l'épuisent ; une grande population et de grandes richesses le rendent redoutable. Les avantages les plus essentiels qui résultent d'une grande population sont les productions et la consommation, qui augmentent ou font mouvoir les richesses pécuniaires du royaume. Plus une nation qui a un bon territoire et un commerce facile est peuplée, plus elle est riche ; et plus elle est riche, plus elle est puissante. Il n'y a peut-être pas moins aujourd'hui de richesses pécuniaires dans le royaume que dans le siècle passé : mais pour juger de l'état de ces richesses, il ne faut pas les considérer simplement par rapport à leur quantité, mais aussi par rapport à leur circulation relative à la quantité, au débit et au bon prix des productions du royaume. Cent septiers de blé à vingt livres le septier sont primitivement une richesse pécuniaire quatre fois aussi grande que cinquante septiers à dix livres le septier : ainsi la quantité des richesses existe aussi réellement dans la valeur des productions que dans les espèces d'or et d'argent, surtout quand le commerce avec l'étranger assure le prix et le débit de ces productions.

Les revenus sont le produit des terres et des hommes. Sans le travail des hommes, les terres n'ont aucune valeur. Les biens primitifs d'un grand État sont les hommes, les terres et les bestiaux. Sans les produits de l'agriculture, une nation ne peut avoir d'autre ressource que la fabrication et le commerce de trafic ; mais l'une et l'autre ne peuvent se soutenir que par les richesses de l'étranger : d'ailleurs de telles ressources sont fort bornées et peu assurées, et elles ne peuvent suffire qu'à de petits États. [...]

OBSERVATIONS SUR LE PRIX DES GRAINS. Les revenus multiplient les dépenses, et les dépenses attirent les hommes qui cherchent le gain ; les étrangers quittent leur patrie pour venir participer à l'aisance d'une nation opulente, et leur affluence augmente encore ses richesses en soutenant par la consommation le bon prix des productions de l'agriculture, et en provoquant par le bon prix l'abondance de ces productions car non seulement le bon prix favorise les progrès de l'agriculture, mais c'est dans le bon prix même que consistent les richesses qu'elle procure. La valeur d'un septier de blé considéré comme richesse ne consiste que dans son prix : ainsi plus le blé, le vin, les laines, les bestiaux sont chers et abondants, plus il y a de richesses dans l'État. *La non-valeur avec l'abondance n'est point richesse. La cherté avec pénurie est misère. L'abondance avec cherté est opulence.* J'entends une cherté et une abondance permanentes ; car une cherté passagère ne procurerait pas une distribution générale de richesses à toute la nation, elle n'augmenterait pas les revenus des propriétaires ni les revenus du roi ; elle ne serait avantageuse qu'à quelques particuliers qui auraient alors des denrées à vendre à haut prix.

Les denrées ne peuvent donc être des richesses pour toute nation que par l'abondance et par le bon prix entretenu constamment par une bonne culture, par une grande consommation et par un commerce extérieur :

on doit même reconnaître que, relativement à toute une nation, l'abondance et un bon prix qui a cours chez l'étranger est grande richesse pour cette nation, surtout si cette richesse consiste dans les productions de l'agriculture. Car c'est une richesse en propriété bornée dans chaque royaume au territoire qui peut la produire ; ainsi elle est toujours par son abondance et par sa cherté à l'avantage de la nation qui en a le plus et qui en vend aux autres : car plus un royaume peut se procurer de richesses en argent, plus il est puissant et plus les facultés des particuliers sont étendues, parce que l'argent est la seule richesse qui puisse se prêter à tous les usages et décider de la force des nations relativement les unes aux autres.

Les nations sont pauvres partout où les productions du pays les plus nécessaires à la vie sont à bas prix ; ces productions sont les biens les plus précieux et les plus commerçables, elles ne peuvent tomber en non-valeur que par le défaut de population et de commerce extérieur. Dans ces cas, la source des richesses pécuniaires se perd dans des pays privés des avantages du commerce, où les hommes, réduits rigoureusement aux biens nécessaires pour exister, ne peuvent se procurer ceux qu'il leur faut pour satisfaire aux autres besoins de la vie et à la sûreté de leur patrie : telles sont nos provinces où les denrées sont à vil prix, ces pays d'abondance et de pauvreté, où un travail forcé et une épargne outrée ne sont pas même des ressources pour se procurer de l'argent. Quand les denrées sont chères, et quand les revenus et les gains augmentent à proportion, on peut, par des arrangements économiques, diversifier les dépenses, payer des dettes, faire des acquisitions, établir des enfants, etc. C'est dans la possibilité de ces arrangements que consiste l'aisance qui résulte du bon prix des denrées. C'est pourquoi les villes et les provinces d'un royaume où les denrées sont chères sont plus habitées que celles où toutes les denrées sont à trop bas prix, parce que ce bas prix éteint les revenus, retranche les dépenses, détruit le commerce, supprime les gains de toutes les autres professions, les travaux et les salaires des artisans et manouvriers : de plus il anéantit les revenus du roi, parce que la plus grande partie du commerce pour la consommation se fait par échange de denrées et ne contribue point de droit à la circulation de l'argent ; ce qui ne procure point de droits au roi sur la consommation des subsistances de ces provinces, et très peu sur les revenus des biens.

Quand le commerce est libre, la cherté des denrées a nécessairement ses bornes fixées par les prix mêmes des denrées des autres nations qui étendent leur commerce partout. Il n'en est pas de même de la non-valeur ou de la cherté des denrées causées par le défaut de liberté du commerce ; elles se succèdent tour à tour et irrégulièrement, elles sont l'une et l'autre fort désavantageuses, et dépendent presque toujours d'un vice du gouvernement.

Le bon prix ordinaire du blé, qui procure de si grands revenus à l'État, n'est point préjudiciable au bas peuple. Un homme consomme trois septiers de blé : si à cause du bon prix il achetait chaque septier quatre livres plus cher, ce prix augmenterait au plus sa dépense d'un sou par jour, son salaire augmenterait aussi à proportion, et cette augmentation serait peu de chose pour ceux qui la payeraient, en comparaison des richesses qui résulteraient du bon prix du blé. Ainsi les avantages du bon prix du blé ne sont point détruits par l'augmentation du salaire des ouvriers ; car alors il s'en faut beaucoup que cette augmentation approche de celle du profit des fermiers, de celle des revenus des propriétaires, de celle du produit des dîmes et de celle des revenus du roi. Il est aisé d'apercevoir aussi que ces avantages n'auraient pas augmenté d'un vingtième, peut-être pas même d'un quarantième de plus le prix de la main-d'œuvre des manufactures qui ont déterminé imprudemment à défendre l'exportation de nos blés et qui ont causé à l'État une perte immense. C'est d'ailleurs un grand inconvénient que d'accoutumer le même peuple à acheter le blé à trop bas prix ; il en devient moins laborieux, il se nourrit de pain à peu de frais et devient paresseux et arrogant ; les laboureurs trouvent difficilement des ouvriers et des domestiques ; aussi sont-ils fort mal servis dans les années abondantes. Il est important que le petit peuple gagne davantage et qu'il soit pressé par le besoin de gagner. Dans le siècle passé, où le blé se vendait beaucoup plus cher, le peuple y était accoutumé, il gagnait à proportion, il devait être plus laborieux et plus à son aise.

Ainsi nous n'entendons pas ici par le mot de *cherté* un prix qui puisse jamais être excessif, mais seulement un prix commun entre nous et l'étranger ; car dans la supposition de la liberté du commerce extérieur, le prix sera toujours réglé par la concurrence du commerce des denrées des nations voisines.

Ceux qui n'envisagent pas dans toute son étendue la distribution des richesses d'un État peuvent objecter que la cherté n'est avantageuse que pour les vendeurs et qu'elle appauvrit ceux qui achètent ; qu'ainsi elle diminue les richesses des uns autant qu'elle augmente celles des autres. La cherté, selon ces idées, ne peut donc pas être dans aucun cas une augmentation de richesses dans l'État.

Mais la cherté et l'abondance des productions de l'agriculture n'augmentent-elles pas les profits des cultivateurs, les revenus du roi, des propriétaires et des bénéficiers qui jouissent des dîmes ? ces richesses elles-mêmes n'augmentent-elles pas aussi les dépenses et les gains ? Le manouvrier, l'artisan, le manufacturier, etc. ne font-ils pas payer leur temps et leurs ouvrages à proportion de ce que leur coûte leur subsistance ? Plus il y a de revenus dans un État, plus le commerce, les manufactures, les arts, les métiers et les autres professions deviennent nécessaires et lucratives.

Mais cette prospérité ne peut subsister que par le bon prix de nos denrées : car lorsque le gouvernement arrête le débit des productions de la terre, et lorsqu'il en fait baisser le prix, il s'oppose à l'abondance et diminue les richesses de la nation à proportion qu'il fait tomber les prix des denrées qui se convertissent en argent.

Cet état de bon prix et d'abondance a subsisté dans le royaume tant que nos *grains* on été un objet de commerce, que la culture des terres a été protégée, et que la population a été nombreuse ; mais la gêne dans le commerce des blés, la forme de l'imposition des subsides, le mauvais emploi des hommes et des richesses aux manufactures de luxe, les guerres continuelles et d'autres causes de dépopulation et d'indigence ont détruit ces avantages ; et l'État perd annuellement plus des trois quarts de produit qu'il retirait, il y a un siècle, de la culture des *grains,* sans y comprendre les autres pertes qui résultent nécessairement de cette énorme dégradation de l'agriculture et de la population.

GUERRE
(de Jaucourt)

Les philosophes du XVIIIe siècle ont nourri pour la guerre une horreur profonde. Persuadés de la toute-puissance de la raison humaine, ils ne pouvaient que condamner le recours à la violence, en considération des maux inouïs qu'elle entraîne pour les peuples. Ne s'étant pas encore élevés à l'idée de nation, ils englobaient dans leur condamnation toutes les guerres, quelles qu'elles soient, ne soupçonnant pas, prisonniers qu'ils étaient de leur cosmopolitisme, qu'un peuple pouvait être amené à prendre les armes pour sauvegarder son existence même ou conquérir sa liberté.

Sur le « pacifisme » du XVIIIe siècle, voir :

Saint-Pierre (Abbé de) : Projet de paix perpétuelle *(1718).*

J.-J. Rousseau : Extrait et jugement du projet de « paix perpétuelle » de l'abbé de Saint-Pierre *(1764).*

Se reporter à l'article « Paix ».

Albert Soboul

GUERRE, c'est, comme on l'a dit plus haut, un différend entre des souverains, qu'on vide par la voie des armes.

Nous avons hérité de nos premiers aïeux,
dès l'enfance du monde ils se faisaient la guerre.

Elle a régné dans tous les siècles sur les plus légers fondements ; on l'a toujours vue désoler l'univers, épuiser les familles d'héritiers, remplir les États de veuves et d'orphelins ; malheurs déplorables, mais ordinaires ! De tout temps les hommes, par ambition, par avarice, par jalousie, par méchanceté, sont venus à se dépouiller, se brûler, s'égorger les uns les autres. Pour le faire plus ingénieusement, ils ont inventé des règles et des principes qu'on appelle l' *art militaire,* et ont attaché à la pratique de ces règles l'honneur, la noblesse et la gloire. [...]

Les lois militaires de l'Europe n'autorisent point à ôter la vie de propos délibéré aux prisonniers de *guerre,* ni à ceux qui demandent quartier, ni à ceux qui se rendent, moins encore aux vieillards, aux femmes, aux enfants, et en général à aucun de ceux qui ne sont ni d'un âge, ni d'une profession à porter les armes, et qui n'ont d'autre part à la *guerre* que de se trouver dans le pays ou dans le parti ennemi.

A plus forte raison les droits de la *guerre* ne s'étendent pas jusqu'à autoriser les outrages à l'honneur des femmes ; car une telle conduite ne contribue point à notre défense, à notre sûreté, ni au maintien de nos droits ; elle ne peut servir qu'à satisfaire la brutalité du soldat effréné.

Il y néanmoins mille autres licences infâmes et mille sortes de rapines et d'horreurs qu'on souffre honteusement dans la *guerre.* Les lois, dit-on, doivent se taire parmi le bruit des armes ; je réponds que s'il faut que les lois civiles, les lois des tribunaux particuliers de chaque État, qui n'ont lieu qu'en temps de paix, viennent à se taire, il n'en est pas de même des lois éternelles, qui sont faites pour tous les temps, pour tous les peuples, et qui sont écrites dans la nature : mais la *guerre* étouffe la voix de la nature, de la justice, de la religion et de l'humanité. Elle n'enfante que des brigandages et des crimes ; avec elle marche l'effroi, la famine et la désolation ; elle déchire l'âme des mères, des épouses et des enfants ; elle ravage les campagnes, dépeuple les provinces et réduit les villes en poudre. Elle épuise les États florissants au milieu des plus grands succès ; elle expose les vainqueurs aux tragiques revers de la fortune : elle déprave les mœurs de toutes les nations et fait encore plus de misérables qu'elle n'en emporte. Voilà les fruits de la *guerre*.

HOBBISME (OU PHILOSOPHIE D'HOBBES)

(Diderot)

A la date où il rédige cet article, Diderot connaît le philosophe anglais Hobbes (1588-1679) surtout par l'ouvrage de Johann Jacob Brucker (1696-1770) : Historia critica philosophiæ *(1742-1744). S'il dénonce son goût pour les systèmes, il est par contre sensible à ses affirmations matérialistes et antireligieuses. En 1765, d'Holbach rapporta d'Angleterre le* Traité sur la nature humaine et le corps politique *(1652), « chef-d'œuvre de logique et de raison » selon Diderot dans son* Plan d'une université pour le gouvernement de Russie, *écrit en 1773-1774 ; il lui devra en particulier de nuancer ses idées sur le droit naturel.*

Albert Soboul

R. Derathé a qualifié cet article de Diderot de « parallèle aussi brillant que facile »[53]*. On peut à la fois partager ce point de vue et le contester. Certes Hobbes considérait l'état de nature comme un état de guerre. Pour en sortir, les hommes confièrent tout le pouvoir à un souverain. Pour Rousseau, l'homme, dans l'état de nature, vivait libre, indépendant et heureux. Mais à s'en tenir à cette seule conception, on comprend mal pourquoi l'homme abandonna sa liberté naturelle pour former avec ses semblables une société politique. En réalité chez Rousseau, le problème est plus complexe. Comme les autres philosophes, il croyait à une évolution de l'homme mais, contrairement à eux, il croyait ses effets négatifs. Pour Rousseau, comme pour les autres philosophes, l'homme est perfectible certes, mais la société l'a perverti. Or cette perversion à commencé dès l'état de nature, au moment précis où l'apparition de la*

---

53. Robert Derathé, *J.-J Rousseau et la science politique de son temps,* Paris 1970, seconde édition, p. 104.

propriété a engendré l'inégalité et la domination des pauvres par les riches. C'est pour éviter cette domination que la société s'est formée. Il y a donc opposition entre le contrat selon Hobbes, contrat de domination et le contrat selon Rousseau, pacte d'association qui doit assurer la liberté et l'égalité qui sont pour Rousseau les seules véritables conditions de la perfectibilité humaine.

Philippe Goujard

CARACTERE d'HOBBES. Hobbes avait reçu de la nature cette hardiesse de penser, et ces dons avec lesquels on en impose aux autres hommes. Il eut un esprit juste et vaste, pénétrant et profond. Ses sentiments lui sont propres, et sa philosophie est peu commune. Quoiqu'il eût beaucoup étudié, et qu'il sût, il ne fit pas assez de cas des connaissances acquises. Ce fut la suite de son penchant à la méditation. Elle le conduisait ordinairement à la découverte des grands ressorts qui font mouvoir les hommes. Ses erreurs même ont plus servi au progrès de l'esprit humain, qu'une foule d'ouvrages tissus de vérités communes. Il avait le défaut des systématiques ; c'est de généraliser les faits particuliers, et de les plier adroitement à ses hypothèses ; la lecture de ses ouvrages demande un homme mûr et circonspect. Personne ne marche plus fermement, et n'est plus conséquent. Gardez-vous de lui passer ses premiers principes, si vous ne voulez pas le suivre partout où il lui plaira de vous conduire. La philosophie de M. Rousseau de Genève, est presque l'inverse de celle de Hobbes. L'un croit l'homme de la nature bon, et l'autre le croit méchant. Selon le philosophe de Genève, l'état de nature est un état de paix ; selon le philosophe de Malmesbury, c'est un état de guerre. Ce sont les lois et la formation de la société qui ont rendu l'homme meilleur, si l'on en croit Hobbes ; et qui l'ont dépravé, si l'on en croit M. Rousseau. L'un était né au milieu du tumulte et des factions ; l'autre vivait dans le monde, et parmi les savants. Autres temps, autres circonstances, autre philosophie. M. Rousseau est éloquent et pathétique ; Hobbes sec, austère et vigoureux. Celui-ci voyait le trône ébranlé, les citoyens armés les uns contre les autres, et sa patrie inondée de sang par les fureurs du fanatisme presbytérien, et il avait pris en aversion le dieu, le ministre et les autels. Celui-là voyait des hommes versés dans toutes les connaissances, se déchirer, se haïr, se livrer à leurs passions, ambitionner la considération, la richesse, les dignités, et se conduire d'une manière peu conformer aux lumières qu'ils avaient acquises, et il méprisa la science et les savants. Ils furent outrés tous les deux. Entre le système de l'un et de l'autre, il y en a un autre qui peut-être est le vrai : c'est que, quoique l'état de l'espèce humaine soit dans une vicissitude perpétuelle, sa bonté et sa méchanceté sont les mêmes ; son bonheur et son malheur circonscrits par des limites qu'elle ne peut franchir. Tous les avantages artificels se compensent par des maux ; tous les maux naturels par des biens...

HOMME
(Diderot)

Diderot examine l'homme d'abord sous l'angle de la morale, puis sous celui de la politique. Du premier point de vue, il souligne la supériorité de l'homme et la puissance de sa raison ; on notera l'opposition entre la religion chargée de préparer le bonheur de l'homme « au delà des temps » et la philosophie qui doit le réaliser « dans cette vie passagère ». Du point de vue de la politique, l'auteur expose ici quelques-unes des idées essentielles des physiocrates : la terre et une population nombreuse sont les véritables sources de la richesse, liberté du commerce, condamnation du luxe...

Se reporter d'une part à l'article « Bonheur », de l'autre aux articles « Fermiers », « Foire », « Grains ».

Albert Soboul

On ne peut dissocier ce texte de l'article « Animal », où l'on a vu que l'homme se distinguait de l'animal par sa faculté de raisonner. Dans la vision dynamique de l'histoire universelle qu'avait Diderot, une telle différence était essentielle. Il avait pressenti que, si l'homme était un être naturel comme tout autre animal, sa raison, mais aussi sa sociabilité naturelle, lui permettaient de produire son histoire, de se créer lui-même. La raison permettait à l'homme d'entretenir un rapport particulier avec la nature, de la transformer. C'est pourquoi Diderot attachait une telle importance au progrès techniques, facteur essentiel du développement humain.

Mais au-delà de cette définition générale et essentielle de la nature de l'homme, c'est la diversité qui caractérise les actions humaines. N'oublions pas que Diderot avait une conception déterministe de la conduite humaine : le plus souvent l'homme agit sous l'emprise de passions non contrôlées par la raison. Cette diversité profonde des actions humaines amena Diderot à rejeter la morale chrétienne, incapable de conseiller une conduite rationnelle de l'être humain.

C'est dans l'organisation politique que Diderot chercha une solution à cette contradiction caractéristique de l'être humain — doué de raison et en même temps privé du libre arbitre. La connaissance de la nature de l'homme — être naturel et culturel — rend nécessaire une bonne organisation politique et sociale permettant ainsi à la raison de maîtriser ses passions ; elle conditionne la possibilité du progrès.

C'est pourquoi la troisième partie de l'article (Homme politique) esquisse un véritable programme de réformes. Aprés avoir rappelé que la richesse était le résultat du travail humain. Diderot expose la thèse « populationniste » qu'il partage avec les autres philosophes du XVIIIe *siècle et qui fut d'ailleurs un des motifs majeurs de leur hostilité au catholicisme. De nouveau est mis en valeur le rôle de l'État qui doit instaurer la liberté de commerce, et encourager les activités utiles. On insistera à ce propos sur deux idées essentielles dont la première est le souci du philosophe d'améliorer le sort des enfants. Les faits auxquels il fait allusion sont au* XVIIIe *siècle réels : la moyenne annuelle des enfants abandonnés à Paris est de 3489 entre 1730 et 1759 et de 6012 entre 1760 et 1789.*[54] *Quant aux effets de la mise en nourrice ils étaient catastrophiques. Cet article est aussi pour Diderot l'occasion — et c'est le second point — de rappeler certaines de ses idées sociales, sur le luxe en particulier. Il ne condamnait pas le luxe avec autant de brutalité que Rousseau ou les physiocrates, mais il le concevait comme un aspect du problème social, comme une expression du trop grand écart des revenus dans la société. Cela le conduisait à en appeler à l'impôt — c'est-à-dire une fois de plus à l'État — pour corriger cet écart et détourner un argent investi souvent dans des dépenses improductives vers des activités productrices des richesses : nouvelles références à la morale de l'utilité sociale et à une conception très bourgeoise de l'argent. Si certaines conceptions matérialistes de Diderot le mettaient à l'écart des courants dominants du siècle, sur bien d'autres points, notamment politiques, il s'en rapprochait.*

Philippe Goujard

HOMME, c'est un être sentant, réfléchissant, pensant, qui se promène librement sur la surface de la terre, qui paraît être à la tête de tous les autres animaux sur lesquels il domine, qui vit en société, qui a inventé des sciences et des arts, qui a une bonté et une méchanceté qui lui est propre, qui s'est donné des maîtres, qui s'est fait des lois, etc.

HOMME *(morale)*. Ce mot n'a de signification précise qu'autant qu'il nous rappelle tout ce que nous sommes mais ce que nous sommes ne peut pas être compris dans une définition : pour en montrer seulement une partie, il faut encore des divisions et des détails. Nous ne

---

54. J.-P. Bardet, *Rouen aux* XVIIe *et* XVIIIe *siècles,* Paris 1983, p. 331.

parlerons point ici de notre forme extérieure ni de l'organisation qui nous range dans la classe des animaux. L'*homme* que nous considérons est cet être qui pense, qui veut et qui agit. Nous chercherons donc seulement quels sont les ressorts qui le font mouvoir et les motifs qui le déterminent. Ce qui peut rendre cet examen épineux c'est qu'on ne voit point dans l'espèce un caractère distinctif auquel on puisse reconnaître tous les individus. Il y a tant de différence entre leurs actions qu'on serait tenté d'en supposer dans leurs motifs. Depuis l'esclave qui flatte indignement son maître, jusqu'à Thamas qui égorge des milliers de ses semblables, pour ne voir personne au-dessus de lui, on voit des variétés sans nombre. Nous croyons apercevoir dans les bêtes des traits de caractère plus marqués. Il est vrai que nous ne connaissons que les apparences grossières de leur instinct. L'habitude de voir, qui seule apprend à distinguer, nous manque par rapport à leurs opérations. En observant les bêtes de près, on les juge plus capables de progrès qu'on ne le croit ordinairement. Mais toutes leurs actions rassemblées laissent encore entre elles et l'*homme* une distance infinie. Que l'empire qu'il a sur elles soit usurpé si l'on veut, il n'en est pas moins une preuve de la supériorité de ses moyens, et par conséquent de sa nature. On ne peut qu'être frappé de cet avantage lorsqu'on regarde les travaux immenses de l'*homme,* qu'on examine le détail de ses arts et le progrès de ses sciences ; qu'on le voit franchir les mers, mesurer les cieux et disputer au tonnerre son bruit et ses effets. Mais comment ne pas frémir de la bassesse ou de l'atrocité des actions par lesquelles s'avilit souvent ce roi de la nature ? Effrayés de ce mélange monstrueux quelques moralistes ont eu recours, pour expliquer l'*homme,* à un mélange de bons et de mauvais principes, qui lui-même a grand besoin d'être expliqué. L'orgueil, la superstition et la crainte ont produit des systèmes et ont embarrassé la connaissance de l'*homme* de mille préjugés que l'observation doit détruire. La religion est chargée de nous conduire dans la route du bonheur qu'elle nous prépare au-delà des temps. La philosophie doit étudier les motifs naturels des actions de l'*homme* pour trouver des moyens, du même genre, de le rendre meilleur et plus heureux pendant cette vie passagère.

HOMME *(politique).* il n'y a de véritables richesses que l'*homme* et la terre. L'*homme* ne vaut rien sans la terre, et la terre ne vaut rien sans l'*homme.*

L'*homme* vaut par le nombre ; plus une société est nombreuse, plus elle est puissante pendant la paix, plus elle est redoutable dans les temps de guerre. Un souverain s'occupera donc sérieusement de la multiplication de ses sujets. Plus il aura de sujets, plus il aura de commerçants, d'ouvriers, de soldats.

Ses États sont dans une situation déplorable, s'il arrive jamais que parmi les *hommes* qu'il gouverne il y en ait un qui craigne de faire des enfants, et qui quitte la vie sans regret.

Mais ce n'est pas assez que d'avoir des *hommes,* il faut les avoir industrieux et robustes.

On aura des *hommes* robustes, s'ils ont de bonnes mœurs et si l'aisance leur est facile à acquérir et à conserver.

On aura des *hommes* industrieux, s'ils sont libres.

L'administration est la plus mauvaise qu'il soit possible d'imaginer si, faute de liberté de commerce, l'abondance devient quelquefois pour une province un fléau aussi redoutable que la disette.

Ce sont les enfants qui font des *hommes.* Il faut donc veiller à la conservation des enfants par une attention spéciale sur les pères, sur les mères et sur les nourrices.

Cinq mille enfants exposés tous les ans à Paris peuvent devenir une pépinière de soldats, de matelots et d'agriculteurs.

Il faut diminuer les ouvriers de luxe et les domestiques. Il y a des circonstances où le luxe n'emploie pas les *hommes* avec assez de profit ; il n'y en a aucune où la domesticité ne les emploie avec perte. Il faudrait asseoir sur les domestiques un impôt à la décharge des agriculteurs.

Si les agriculteurs, qui sont les *hommes* de l'État qui fatiguent le plus, sont les moins bien nourris, il faut qu'ils se dégoûtent de leur État ou qu'ils y périssent. Dire que l'aisance les en ferait sortir, c'est être un ignorant et un *homme* atroce.

On ne se presse d'entrer dans une condition que par l'espoir d'une vie douce. C'est la jouissance d'une vie douce qui y retient et qui y appelle.

Un emploi des *hommes* n'est bon que quand le profit va au-delà des frais du salaire. La richesse d'une nation est le produit de la somme de ses travaux au-delà des frais du salaire.

Plus le produit net est grand et également partagé, plus l'administration est bonne. Un produit net également partagé peut être préférable à un plus grand produit net dont le partage serait très inégal et qui diviserait le peuple en deux classes, dont l'une regorgerait de richesse et l'autre expirerait dans la misère.

Tant qu'il y a des friches dans un État, un *homme* ne peut être employé en manufacture sans perte.

A ces principes clairs et simples, nous en pourrions ajouter un grand nombre d'autres, que le souverain trouvera de lui-même s'il a le courage et la bonne volonté nécessaires pour les mettre en pratique.

HUMAINE (ESPÈCE)

(Diderot)

*Diderot soutient à la fois la théorie de l'unité foncière de l'espèce humaine et celle de sa transformation sous l'influence des facteurs naturels et sociaux. On notera la hardiesse de ces idées pour l'époque. De là découlent en particulier qu'il n'y a pas de race supérieure et que les espèces évoluent en se transformant. Ainsi l'*Encyclopédie *s'opposait-elle à l'Église qui enseigne, d'après la* Genèse, *que le monde a été créé par Dieu et que les espèces sont fixes.*

La monumentale Histoire naturelle *de Buffon parut de 1749 à 1788. Pour l'aider à réaliser cette œuvre immense (36 volumes in-4°), Buffon s'entoura de collaborateurs, en particulier Daubenton. Quelle qu'ait été la prudence de Buffon, il eut cependant à subir la censure de la Sorbonne qui à deux reprises, en 1749 et en 1779, dénonça la* Théorie de la Terre *et le* Traité des époques de la nature *comme contraires au récit de la* Genèse. *Buffon avait promis à l'*Encyclopédie *l'article « Nature » qu'il ne fournit jamais ; Daubenton au contraire y collabora activement.*

La pensée de Diderot fut, en la matière, bien plus hardie que celle de Buffon : dans son Rêve de d'Alembert *(1769) il pressent la théorie du transformisme. « Mettez à la place de Dieu, écrit-il, une matière sensible, en puissance d'abord et puis en acte, et vous avez tout ce qui s'est produit dans l'univers depuis la pierre jusqu'à l'homme. » Et ailleurs : « Tous les êtres circulent les uns dans les autres... tout est en flux perpétuel... Ne convenez-vous pas que tout se tient en nature et qu'il est impossible qu'il y ait un vide dans la chaîne ? »*

Se reporter à l'article « Naître ».

Albert Soboul

Si le XVIII*e siècle ne créa pas l'anthropologie, il la fonda en science. Le progrès des sciences naturelles, mais aussi la multiplication des récits de voyage qui permirent la découverte de la diversité des sociétés humaines y contribuèrent largement. Dès lors on pouvait affirmer scientifiquement — c'est-à-dire par le recours à l'observation, principe de méthode essentiel — que la civilisation judéo-chrétienne n'était pas universelle. En même temps, les philosophes étaient convaincus de l'unité de l'espèce humaine et ces notions d'unité et de diversité leur permirent d'entrevoir aussi certaines lois du développement humain. Cette recherche n'était pas gratuite, en reconnaissant aux diverses religions des bases communes, on esquissait une sociologie du sacré* *mais on sapait aussi certains fondements de la religion chrétienne.*

Philippe Goujard

HUMAINE *(espèce).* L'homme considéré comme un animal offre trois sortes de variétés ; l'une est celle de la couleur ; la seconde est celle de la grandeur et de la forme ; la troisième est celle du naturel des différents peuples. [...]

De ce qui précède, il suit que dans tout le nouveau continent que nous venons de parcourir il n'y a qu'une seule et même race d'hommes, plus ou moins basanés. Les Américains sortent d'une même souche. Les Européens sortent d'une même souche. Du Nord au Midi, on aperçoit les mêmes variétés dans l'un et l'autre hémisphères. Tout concourt donc à prouver que le genre *humain* n'est pas composé d'espèces essentiellement différentes. La différence des blancs aux bruns vient de la nourriture, des mœurs, des usages, des climats ; celle des bruns aux noirs à la même cause.

Il n'y a donc originairement qu'une seule race d'hommes qui, s'étant multipliée et répandue sur la surface de la terre, a donné à la longue toutes les variétés dont nous venons de faire mention ; variétés qui disparaîtraient à la longue, si l'on pouvait supposer que les peuples se déplaçassent tout à coup et que les uns se trouvassent ou nécessairement ou volontairement assujettis aux mêmes causes qui ont agi sur ceux dont ils croient occuper les contrées. (Voyez l'*Histoire naturelle,* de MM. de Buffon et Daubenton.)

HUMANITÉ

Au XVIIe siècle, pour désigner l'ensemble des humains, le genre humain, le mot « humanité » était très rarement employé. Au siècle suivant, il est très répandu. La société s'émancipant du joug de l'Église et la conception *du monde s'élargissant, le mot « humanité » remplace celui de chrétienté. La raison l'emporte sur la foi. A la charité succèdent l'humanité, sentiment des liens qui nous rattachent à tous les autres hommes, et la bienfaisance. Diderot et d'Holbach emploient l'expression « patriotisme humanitaire ». Selon l'abbé Raynal, « l'univers est la patrie d'un grand homme ». Si l'humanité est une forme de la sensibilité dans les rapports avec nos semblables, son fondement rationnel n'en est pas moins évident pour les philosophes. Cet accord de l'expérience et de la raison explique l'essor rapide du sentiment d'humanité dans la société et la littérature du* XVIIIe *siècle. Palissot naturellement s'en moque dans sa comédie* les Philosophes *(1760) :*

> *« Mon esprit épuré par la philosophie*
> *Vit l'univers en grand, l'adopta pour patrie,*
> *Et mettant à profit ma sensibilité,*
> *Je ne m'attendris plus que sur l'humanité. »*

Se reporter à l'article « Sensibilité ».

Albert Soboul

L'article montre certaines conséquences de la nouvelle morale du bonheur terrestre et de l'utilité. Elle est essentiellement une morale active, qui incite à la réforme sociale. Les vertus sont avant tout sociales. A la notion de péché les philosophes substituèrent celle de crime, provoquant une réflexion nouvelle sur le châtiment. Avec Beccaria, théoricien du droit pénal du XVIIIe *siècle, la plupart des philosophes jugèrent qu'il fallait fixer la peine en fonction du préjudice commis par le criminel à la société.*

Philippe Goujard

HUMANITÉ *(morale),* c'est un sentiment de bienveillance pour tous les hommes, qui ne s'enflamme guère dans une âme grande et sensible. Ce noble et sublime enthousiasme se tourmente des peines des autres et du besoin de les soulager ; il voudrait parcourir l'univers pour abolir l'esclavage, la superstition, le vice et le malheur.

Il nous cache les fautes de nos semblables ou nous empêche de les sentir ; mais il nous rend sévères pour les crimes. Il arrache des mains du scélérat l'arme qui serait funeste à l'homme de bien ; il ne nous porte pas à nous dégager des chaînes particulières, il nous rend au contraire meilleurs amis, meilleurs citoyens, meilleurs époux ; il se plaît à s'épancher par la bienfaisance sur les êtres que la nature a placés près de nous. J'ai vu cette vertu, source de tant d'autres, dans beaucoup de têtes et dans fort peu de cœurs.

IMMORTALITÉ

*On saisit ici les procédés de l'*Encyclopédie *pour battre en brèche les dogmes de l'Église : après une concession de façade, insinuer que l'âme pourrait être aussi bien matérielle que spirituelle, mortelle qu'immortelle, opposer la philosophie qui démontre et la foi qui enseigne. Surtout à l'immortalité au sens traditionnel du terme, cet article substitue l'immortalité dans la conscience des générations futures. Sans doute tenu à quelques précautions, l'auteur n'exprime-t-il pas ici toute sa pensée. D'Holbach, dans son* Système de la nature ou les lois du monde physique et du monde moral *(1770), exposa sans ambages la pensée des philosophes matérialistes. « Les hommes, écrit-il ont toujours cru remédier à l'ignorance des choses en inventant des mots auxquels ils ne peuvent jamais attacher un vrai sens. » Et il dénonce, entre autres, ce grand mot d'immortalité, mot vague « que l'on inventa peu à peu à force de subtiliser, pour marquer les attributs de la substance inconnue que l'homme croyait renfermer en lui. »*

Albert Soboul

L'esssentiel de cet article réside dans la rupture avec la conception chrétienne de l'immortalité. Dans ses courants dominants, la philosophie des Lumières considéra que l'existence de l'Être suprême garantissait l'immortalité de l'âme. Les matérialistes croyaient eux en l'immortalité de la matière. Mais si tous luttèrent contre la vision chrétienne de la mort, ils ne purent refouler une certaine angoisse. L'immortalité de leurs œuvres fut une de leurs réponses. Tous accordèrent la plus grande importance à la postérité, moyen de rester vivant dans le souvenir des générations futures. Cette opinion permet d'affirmer la supériorité de la gloire de l'esprit sur celle, purement temporelle, des « grands hommes ». « La postérité pour le philosophe c'est l'autre monde pour l'homme religieux », écrivit Diderot à Falconet.[55]

Philippe Goujard

IMMORTALITÉ, *immortel,* qui ne mourra point, qui n'est point sujet à la dissolution et à la mort. Dieu est *immortel ;* l'âme de l'homme est *immortelle,* non parce qu'elle est spirituelle, mais parce que Dieu, qui est juste et qui a voulu que les bons et les méchants éprouvassent dans l'autre monde un sort digne de leurs œuvres dans celui-ci a décidé et a dû décider qu'elle resterait après la séparation d'avec le corps. Dieu a tiré l'âme du néant ; si elle n'y retombe pas, c'est qu'il lui plaît de la conserver. Matérielle ou spirituelle, elle subsisterait également, s'il lui plaisait de la conserver. Le sentiment de la spiritualité et de l'*immortalité* sont indépendants l'un de l'autre ; l'âme pourrait être spirituelle et mortelle, matérielle et *immortelle.* Socrate, qui n'avait aucune idée de la spiritualité de l'âme, croyait à son *immortalité.* C'est par Dieu et non pas par elle-même que l'âme est ; c'est par Dieu, et ce ne peut être que par Dieu, qu'elle continuera d'être. Les philosophes démontrent que l'âme est spirituelle et la foi nous apprend qu'elle est *immortelle,* et elle nous en apprend aussi la raison.

L'*immortalité* se prend encore pour cette espèce de vie que nous acquérons dans la mémoire des hommes ; ce sentiment qui nous porte quelquefois aux plus grandes actions est la marque la plus forte du prix que nous attachons à l'estime de nos semblables. Nous entendons en nous-mêmes l'éloge qu'ils feront un jour de nous, et nous nous immolons. Nous sacrifions notre vie, nous cessons d'exister réellement pour vivre en leur souvenir. Si l'*immortalité* considérée sous cet aspect est une chimère, c'est la chimère des grandes âmes. Ces âmes qui prisent tant l'*immortalité* doivent priser en même proportion les talents, sans lesquels elles se la promet-

55. Cité dans M. Vovelle, *la Mort et l'Occident,* Paris 1983, p. 410.

traient en vain, la peinture, la sculpture, l'architecture, l'histoire et la poésie. Il y eut des rois avant Agamemnon, mais ils sont tombés dans la mer de l'oubli parce qu'ils n'ont point eu un poète sacré qui les ait *immortalisés :* la tradition altère la vérité des faits et les rend fabuleux. Les noms passent avec les empires sans la voix du poète et de l'historien, qui traverse l'intervalle des temps et des lieux et qui les apprend à tous les siècles et à tous les peuples. Les grands hommes ne sont *immortalisés* que par l'homme de lettres qui pourrait *s'immortaliser* sans eux. Au défaut d'actions célèbres, il chanterait les transactions de la nature et le repos des dieux, et il serait entendu dans l'avenir. Celui donc qui méprisera l'homme de lettres méprisera aussi le jugement de la postérité et s'élèvera rarement à quelque chose qui mérite de lui être transmis.

Mais y a-t-il en effet des hommes en qui le sentiment de l'*immortalité* soit totalement éteint et qui ne tiennent aucun compte de ce qu'on pourra dire d'eux quand ils ne seront plus ? Je n'en crois rien. Nous sommes fortement attachés à la considération des hommes avec lesquels nous vivons ; malgré nous, notre vanité excite du néant ceux qui ne sont pas encore, et nous entendons plus ou moins fortement le jugement qu'ils porteront de nous, et nous le redoutons plus ou moins.

Si un homme me disait, je suppose, qu'il y ait dans un vieux coffre relégué au fond de mon grenier un papier capable de me traduire chez la postérité comme un scélérat et comme un infâme ; je suppose encore que j'aie la démonstration absolue que ce coffre ne sera point ouvert de mon vivant ; eh bien ! je ne me donnerais pas la peine de monter au haut de ma maison, d'ouvrir le coffre, d'en tirer le papier et de le brûler.

Je lui répondrais : « Vous êtes un menteur. »

IMPÔT
(de Jaucourt)

La réforme de l'impôt est l'une des revendications essentielles de la bourgeoisie à la fin de l'Ancien Régime. L'impôt pèse uniquement sur les classes qui travaillent et produisent : les ordres privilégiés, clergé et noblesse jouissent de l'exemption fiscale. L'impôt est très inégalement réparti suivant les provinces. La critique du système fiscal de la royauté est l'un des thèmes favoris des philosophes.

*Le chevalier de Jaucourt, à l'article « Impôt » de l'*Encyclopédie, *s'inspire des idées des physiocrates : critique des industries de luxe, réforme de la taille, impôt foncier qui doit porter non sur le fermier qui exploite la terre, mais sur le propriétaire ; établissement d'impôts de consommation, qui pèsent sur l'ensemble de la population... On notera le ton modéré de ce programme de réformes.*

Se reporter aux articles « Fermiers », « Grains ».

Albert Soboul

Un rapide tableau de la fiscalité de l'Ancien Régime permet à de Jaucourt de proposer quelques réformes. Si le système fiscal était, comme le dit A. Soboul, inégalitaire, il était aussi fort complexe. Cela résultait largement de la superposition de multiples impôts au cours de l'histoire. Parmi les impôts directs, la taille et la capitation reposaient sur une évaluation grossière des fortunes personnelles tandis que le vingtième frappait les revenus. Dans certaines régions septentrionales, en particulier, la taille était levée par des collecteurs élus par la communauté, en réalité désignés par les plus riches, qui devaient répartir la somme à payer par l'ensemble de la communauté : source, on le devine, d'injustice et de favoritisme. L'ensemble des impôts indirects : gabelle, aides, c'est-à-dire droits sur certains produits de consommation, péages intérieurs était plus souvent affermé par l'État à des compagnies de financiers — la plus célèbre étant la Ferme générale — qui se remboursaient très largement, sur le consommateur. L'inégalité présentait aussi un aspect régional puisque les provinces méridionales étaient favorisées.

Tous ces défauts conduisent de Jaucourt à réclamer d'abord une rationalisation du système, à l'image du système anglais qui était très loin d'être un modèle de justice fiscale. Mais surtout la volonté de réforme fiscale trouve son origine dans certains principes économiques et sociaux. Principes économiques : l'impôt doit servir à développer les activités productives. En outre elle doit corriger l'inégalité sociale. C'était là une idée assez banale dans les années 1750 et 1760, qui explique la critique du luxe, qu'on retrouve dans d'autres articles, symbole ici non seulement d'une inégalité sociale jugée excessive mais aussi de dépenses improductives. Enfin perce une certaine exigence d'égalité fiscale, malicieusement appuyée sur une référence à la justice divine. Cette demande s'exprime de façon modérée mais elle était tout de même moins courante dans les années 1750 et 1760. Ajoutons que ce souci d'égalité devant l'impôt mettait en cause le privilège dont l'exemption fiscale était une des principales manifestations. Évidemment, ce programme correspondait aux intérêts de certaines fractions de la bourgeoisie — du moins à ce moment précis de l'évolution. En témoignent deux de ces éléments : la volonté de supprimer certaines fêtes chômées[56] *où se rejoignent morale productiviste et lutte contre la superstition, et celle de faire de l'impôt de consommation le seul impôt. Or le monde populaire détestait particulièrement cette forme du prélèvement fiscal, égalitaire en principe, inégalitaire en fait. Mais ce fut un des caractères essentiels de la pensée bourgeoise que de vouloir créer une autre inégalité sociale que celle de l'Ancien Régime au nom de l'affirmation du principe d'égalité.*

Philippe Goujard

---

56. L'église catholique elle-même supprima des fêtes chômées aux XVIIe et XVIIIe siècles.

IMPÔT, contribution que les particuliers sont censés payer à l'État pour la conservation de leurs vies et de leurs biens. [..]

Tant que les *impôts* dans un royaume de luxe ne seront pas assis de manière qu'on perçoive des particuliers en raison de leur aisance, la condition de ce royaume ne saurait s'améliorer ; une partie des sujets vivra dans l'opulence et mangera dans un repas la nourriture de cent familles, tandis que l'autre n'aura que du pain et dépérira journellement. Tel *impôt* qui retrancherait par an cinq, dix, trente, cinquante louis sur les dépenses frivoles dans chaque famille aisée, ce retranchement fait à proportion de l'aisance de cette famille suffirait avec les revenus courants pour rembourser les charges de l'État ou pour les frais d'une juste guerre, sans que le laboureur en entendît parler que dans les prières publiques.

On croit qu'en France une taxe imposée dans les villes seulement, sur les glaces, l'argenterie, les cochers, les laquais, les carrosses, les chaises à porteurs, les toiles peintes des Indes et autres semblables objets, rendrait annuellement quinze ou vingt millions ; elle ne serait pas moins nécessaire pour mettre un frein à la dépopulation des campagnes que pour achever de répartir les *impôts* de la façon la plus conforme à la justice distributive ; cette façon consiste à les étendre sur le luxe le plus grand, comme le plus onéreux à l'État. C'est une vérité incontestable que le poids des tributs se fait surtout sentir dans ce royaume par l'inégalité de son assiette, et que la force totale du corps politique est prodigieuse.

Passons à la taxe sur les terres, taxe très sage quand elle est faite d'après un dénombrement, une estimation vraie et exacte ; il s'agit d'en exécuter la perception à peu de frais, comme cela se pratique en Angleterre. En France, l'on fait des rôles où l'on met les diverses classes de fonds. Il n'y a rien à dire quand ces classes sont distinguées avec justice et avec lumière ; mais il est difficile de bien connaître les différences de la valeur des fonds, et encore plus de trouver des gens qui ne soient pas intéressés à les méconnaître dans la confection des rôles. Il y a donc deux sortes d'injustices à craindre, l'injustice de l'homme et l'injustice de la chose. Cependant, si la taxe est modique à l'égard du peuple, quelques injustices particulières de gens plus aisés ne mériteraient pas une grande attention. Si au contraire, on ne laisse pas au peuple, par la taxe, de quoi subsister honnêtement, l'injustice deviendra des plus criantes et de la plus grande conséquence. Que quelques sujets par hasard ne payent pas assez dans la foule, le mal est tolérable ; mais que plusieurs citoyens qui n'ont que le nécessaire payent trop, leur ruine se tourne contre le public. Quand l'État proportionne sa fortune à celle du peuple, l'aisance du peuple fait bientôt monter la fortune de l'État.

Il ne faut donc point que la portion des taxes qu'on met sur le fermier d'une terre, à raison de son industrie, soit forte, ou tellement décourageante de sa nature, qu'il craigne de défricher un nouveau champ, d'augmenter le nombre de ses bestiaux, ou de montrer une nouvelle industrie, de peur de voir augmenter cette taxe arbitraire qu'il ne pourrait payer. Alors il n'aurait plus d'émulation d'acquérir, et en perdant l'espoir de devenir riche son intérêt serait de se montrer plus pauvre qu'il n'est réellement. Les gens qui prétendent que le paysan ne doit pas être dans l'aisance débitent une maxime aussi fausse que contraire à l'humanité.

Ce serait encore une mauvaise administration que de taxer l'industrie des artisans ; car ce serait les faire payer à l'État, précisément parce qu'ils produisent dans l'État une valeur qui n'y existait pas ; ce serait un moyen d'anéantir l'industrie, ruiner l'État et lui couper la source des subsides.

Les impôts modérés et proportionnels sur les consommations de denrées, de marchandises, sont les moins onéreux au peuple, ceux qui rendent le plus au souverain, et les plus justes. Ils sont moins onéreux au peuple, parce qu'ils sont payés imperceptiblement et journellement, sans décourager l'industrie, d'autant qu'ils sont le fruit de la volonté et de la faculté de consommer. Ils rendent plus au souverain qu'aucune autre espèce, parce qu'ils s'étendent sur toutes choses qui se consomment chaque jour. Enfin, ils sont les plus justes, parce qu'ils sont proportionnels, parce que celui qui possède les richesses ne peut en jouir sans payer à proportion de ses facultés. Ces vérités, malgré leur évidence, pourraient être appuyées par l'expérience constante de l'Angleterre, de la Hollande, de la Prusse et de quelques villes d'Italie, si tant est que les exemples soient propres à persuader.

Mais il ne faut pas ajouter des *impôts* sur la consommation à des impôts personnels déjà considérables ; ce serait écraser le peuple, au lieu que substituer un *impôt* sur la consommation à un *impôt* personnel c'est tirer plus d'argent d'une manière plus douce et plus imperceptible.

Il y a cent projets pour rendre l'État riche, contre un seul dont l'objet soit de faire jouir chaque particulier de la richesse de l'État. Gloire, grandeur, puissance d'un royaume ! Que ces mots sont vains et vides de sens, auprès de ceux de liberté, aisance et bonheur des sujets ! Quoi donc, ne serait-ce pas rendre une nation riche et puissante que de faire participer chacun de ses membres aux richesses de l'État ? Voulez-vous y parvenir en France ? les moyens s'offrent en foule à l'esprit ; j'en citerai quelques-uns par lesquels je ne puis mieux terminer cet article.

1° Il s'agit de favoriser puissamment l'agriculture, la population et le commerce, sources de richesses du sujet et du souverain. 2° Proportionner le bénéfice des affaires de finances à celui que donnent le négoce et le défrichement des terres en général ; car, alors, les entreprises de finances seront encore les meilleures puisqu'elles sont sans risque, outre qu'il ne faut jamais oublier que le profit des financiers est toujours une diminution des revenus du peuple et du roi. 3° Restreindre l'usage immodéré des richesses et des charges inutiles. 4° Abolir les monopoles, les péages, les privilèges exclusifs, les lettres de maîtrise, le droit d'aubaine, les droits de franc-fief, le nombre et les vexations des fermiers[57]. 5° Retrancher la plus grande partie des fêtes. 6° Corriger les abus et les gênes de la taille, de la milice et de l'imposition du sel. 7° Ne point faire de traités extraordinaires, ni d'affaiblissement dans les monnaies. 8° Souffrir le transport des espèces parce que c'est une chose juste et avantageuse. 9° Tenir l'intérêt de l'argent aussi bas que le permet le nombre combiné des prêteurs et des emprunteurs dans l'État. 10° Enfin, alléger les *impôts* et les répartir suivant les principes de la justice distributive, cette justice par laquelle les rois sont les représentants de Dieu sur la terre. La France serait trop puissante et les Français seraient trop heureux, si ces moyens étaient mis en usage. Mais l'aurore d'un si beau jour est-elle prête à paraître ?

INDIGENT
(Diderot)

Diderot, comme les autres philosophes de son temps, à l'exception de Quesnay, avait une conception assez sommaire des rapports sociaux. Une meilleure administration suffirait, pensaient-ils, à corriger la trop grande inégalité sociale, comme le montre cet article.

Les contours de l'indigence dans la France du XVIII*e siècle sont difficiles à cerner. Les limites entre la pauvreté et la misère n'y étaient pas étanches. En période normale, la part des sans-ressources, invalides et veuves, mais aussi chômeurs occasionnels, représentait dans les campagnes de 5 à 10 % de la population.*[58] *Cette part gonflait en période de crise. Des bandes de mendiants errants se formaient provoquant par exemple la Grande Peur de 1789. Dans les villes, la situation est*

57. Il s'agit des fermiers généraux qui prennent « à ferme » la perception des impôts directs. A.S.

58. G. Lemarchand et al., *les Campagnes françaises*, Paris 1983, p. 182.

plus difficile à apprécier encore, mais il est sûr que tous les salariés étaient guettés par la crise économique, la maladie et la vieillesse qui les conduisaient inéluctablement à la misère. Les quelques efforts de l'État, de l'Église et des municipalités, notamment par la création d'hôpitaux, lieux de renfermement mais aussi d'assistance, fut un échec.

Voir l'article « Peuple ».

Philippe Goujard

INDIGENT, homme qui manque des choses nécessaires à la vie, au milieu de ses semblables, qui jouissent, avec un faste qui l'insulte, de toutes les superfluités possibles. Une des suites les plus fâcheuses de la mauvaise administration, c'est de diviser la société en deux classes d'hommes, dont les uns sont dans l'opulence et les autres dans la misère. L'*indigence* n'est pas un vice, c'est pis. On accueille le vicieux, on fuit l'*indigent*. On ne le voit jamais que la main ouverte et tendue. Il n'y a point d'*indigent* parmi les sauvages.

INDUSTRIE
(de Jaucourt)

Le mot « industrie » avait été longtemps synonyme d'activité et d'ingéniosité. C'est encore en ce sens qu'on l'emploie souvent au XVIIIe *siècle. Les économistes, et en particulier Quesnay, qui a inspiré l'article « Industrie » de l'*Encyclopédie, *appliquent eux aussi ce mot à toute espèce de travaux. Cependant, et dans cet article même, « Industrie » est employée pour désigner plus particulièrement la seule production des biens de consommation dans les ateliers et les manufactures. On notera ici deux des thèmes chers à la bourgeoisie capitaliste et aux économistes du* XVIIIe *siècle : la revendication de la liberté économique par l'abolition de la réglementation (« ils ignorent que les gênes imposés* *à l'*industrie *la détruisent entièrement... »), et l'éloge du machinisme, condition même du développement de la production.*

Longtemps les ouvriers et les corporations avaient été hostiles à l'emploi des machines, dont ils redoutaient la concurrence. Ils réussirent quelque temps à freiner le développement du machinisme. Mais peu à peu les prohibitions tombèrent. Le 15 mars 1754, les métiers à bas étaient autorisés. Un arrêt du Conseil du 10 mai 1763 étendit l'autorisation ; l'emploi des machines fut permis dans diverses industries, qui furent ainsi renouvelées : ganterie, verrerie, coutellerie, sucrerie... C'est l'industrie du coton, industrie neuve, qui donna l'exemple décisif, et d'abord la filature. La concurrence de l'Angleterre obligeait à fabriquer à meilleur compte ; par ailleurs, la bourgeoisie capitaliste et une fraction de la noblesse s'intéressaient à ces progrès fructueux ; les milieux scientifiques, les sociétés savantes encourageaient les recherches, décernaient des prix. La machine à filer le coton, la « jenny », d'origine anglaise, fut autorisée en 1762. Puis vinrent le « water-frame » d'Arkwright (1767), la « navette volante » de John Kay, la machine à carder. De l'industrie cotonnière, le machinisme gagna les industries textiles traditionnelles. Dans l'industrie de la laine vers 1750, apparaît « le moulin à friser » ; puis vint « la machine à tondre ». Dans la filature de la soie, la production fut transformée par le nouveau « tour à filer » et le « moulin à organiser », inventé par Vaucanson. Traduisant cette rénovation s'ouvrit le 11 décembre 1781 un « Musée autorisé par le gouvernement », *œuvre de Pilâtre du Rozier, où le public s'initiait à l'emploi des machines, cependant qu'était créé un « cabinet de mécaniques » du roi, origine de notre actuel Conservatoire des arts et métiers.*

*Un âge nouveau s'annonçait, à la naissance duquel l'*Encyclopédie *avait contribué pour sa part.*

Voir :

*Ch. Ballot : l'*Introduction du machinisme dans l'industrie française *(1924).*

Henri Sée : A propos du mot « industrie », Revue historique, *1925.*

Sur les conséquences du développement du machinisme et la transformation qu'il entraîna de la production manufacturière en production industrielle proprement dite, voir :

Karl Marx : le Capital. *Livre premier :* « le Développement de la production capitaliste. » *Quatrième section :* « la Production de la plus-value relative. » *Chap. XV : le Machinisme et la grande industrie (p. 58-183 du tome II de l'édition du* Capital *aux Éditions sociales, Paris, 1948).*

Se reporter aux articles « Art », « Bas », « Manufacture », « Métallurgie ».

Albert Soboul

Jaucourt reprend ici certains des thèmes développés par Diderot dans l'article « Art » ; en particulier le lien entre développement économique et progrès des connaissances et le rôle joué par les besoins humains dans ce processus, dont la consommation, considérée comme un facteur majeur de l'accroissement de la production. Mais la liberté est la condition essentielle du progrès : en particulier celle du commerce comme le rappelle Jaucourt. Il est donc en contradiction avec l'auteur de l'article « Manufacture » qui préconise lui un certain protectionnisme. Le rapport dialectique entrevu par Jaucourt entre progrès du savoir et développement des forces productives rend inutile le secret en matière d'innovation technique dont l'importance est ici répétée. Ainsi cet article contient un des éléments du programme des encyclopédistes : « Faire prendre conscience au peuple de la force collective qu'il représente et permettre à des possibilités créatrices de s'épanouir librement. »[59]

Philippe Goujard

---

59. J. Proust, *Diderot et l'Encyclopédie, op. cit.*, p. 202. Il faut bien évidemment comprendre le mot peuple dans le sens que lui donnait la plupart des encyclopédistes, entendons tous les gens « utiles ».

INDUSTRIE, ce mot signifie deux choses : ou le simple travail des mains, ou les inventions de l'esprit en machines utiles relativement aux arts et aux métiers ; l'*industrie* renferme tantôt l'une, tantôt l'autre de ces deux choses, et souvent les réunit toutes les deux.

Elle se porte à la culture des terres, aux manufactures et aux arts ; elle fertilise tout et répand partout l'abondance et la vie ; comme les nations destructrices sont des maux qui durent plus qu'elles, les nations industrieuses sont des biens qui ne finissent pas même avec elles.

En Amérique, la terre y produit naturellement beaucoup de fruits dont on se nourrit ; si on laissait en Europe la terre inculte il n'y viendrait guère que des forêts, des chênes, des pins et autres arbres stériles. Ainsi, pour faire valoir la terre en Europe, il y fallait beaucoup de travaux, d'*industrie* et de connaissances ; car l'on voit toujours marcher d'un pas égal les besoins, l'*industrie* et les connaissances. C'est pourquoi dans les États européens l'on doit extrêmement protéger, récompenser les laboureurs et les hommes utilement industrieux. La raison en est évidente ; tout accroissement dans la culture et toute *industrie* multiplient les denrées, les marchandises et attirent dans l'État l'argent qui est le signe de leurs évaluations.

C'est une vérité usée qu'il est presque honteux de répéter ; mais, dans certains pays, il y a des gens qui éludent les expédients qu'on leur donne pour la faire fructifier et sacrifient constamment les principes de cette espèce aux préjugés qui les dominent. Ils ignorent que les gênes imposées à l'*industrie* la détruisent entièrement ; et qu'au contraire les efforts de l'*industrie* qu'on encourage la font prospérer merveilleusement par l'émulation et le profit qui en résulte. Bien loin de mettre des impôts sur l'*industrie,* il faut donner des gratifications à ceux qui auront le mieux cultivé leurs champs et aux ouvriers qui auront porté le plus loin le mérite de leurs ouvrages. Personne n'ignore combien cette pratique a réussi dans les trois royaumes de Grande-Bretagne. On a établi de nos jours par cette seule voie, en Irlande, une des plus importantes manufactures de toile qui soit en Europe.

Comme la consommation des marchandises augmente par le bon marché du prix de cette main-d'œuvre, l'*industrie* influe sur le prix de cette main-d'œuvre toutes les fois qu'elle peut diminuer le travail ou le nombre des mains employées. Tel est l'effet des moulins à eau, des moulins à vent, des métiers et de tant d'autres machines, fruits d'une industrie précieuse. On en peut citer pour exemple les machines inventées par M. de Vaucanson, celle à mouliner les soies connue en Angleterre depuis vingt ans, les moulins à scier les planches, par lesquels, sous l'inspection d'un seul homme et le moyen d'un seul axe, on travaille dans une heure de vent favorable jusqu'à quatre-vingts planches de trois toises de long ; les métiers de rubans à plusieurs navettes ont encore mille avantages ; mais toutes ces choses sont si connues qu'il est inutile de nous y étendre...

Les occasions d'emploi pour les manufacturiers ne connaissent de bornes que celles de la consommation ; la consommation n'en reçoit que du prix du travail. Donc la nation qui possédera la main-d'œuvre au meilleur marché, et dont les négociants se contenteront du gain le plus modéré, fera le commerce le plus lucratif, toutes circonstances égales. Tel est le pouvoir de l'*industrie,* lorsqu'en même temps les voies du commerce intérieur et extérieur sont libres. Alors elle fait ouvrir à la consommation des marchés nouveaux et forcer même l'entrée de ceux qui lui sont fermés.

Qu'on ne vienne plus objecter, contre l'utilité des inventions de l'*industrie,* que toute machine qui diminue la main-d'œuvre de moitié ôte à l'instant à la moitié des ouvriers du métier les moyens de subsister ; que les ouvriers sans emploi deviendront plutôt des mendiants à charge à l'État que d'apprendre un autre métier ; que la consommation a des bornes ; de sorte qu'en la supposant même augmentée du double par la ressource que nous vantons tant elle diminuera dès que l'étranger se sera procuré des machines pareilles aux nôtres ; enfin, qu'il ne restera au pays inventeur aucun avantage de ses inventions d'*industrie.*

Le caractère de pareilles objections est d'être dénué de bon sens et de lumières ; elles ressemblent à celles que les bateliers de la Tamise alléguaient contre la construction du pont de Wesminster. N'ont-ils pas trouvé, ces bateliers, de quoi s'occuper, tandis que la construction du pont dont il s'agit répandit de nouvelles commodités dans la ville de Londres ? Vaut-il pas mieux prévenir l'*industrie* des autres peuples à se servir de machines, que d'attendre qu'ils nous forcent à en adopter l'usage, pour nous conserver la concurrence dans les mêmes marchés ? Le profit le plus sûr sera toujours pour la nation qui aura été la première industrieuse ; et toutes choses égales, la nation, dont l'*industrie* sera la plus libre, sera la plus industrieuse.

Nous ne voulons pas néanmoins désapprouver le soin qu'on aura dans un gouvernement de préparer avec quelque prudence l'usage des machines industrieuses, capables de faire subitement un trop grand tort dans les professions qui emploient les hommes ; cependant, cette prudence même n'est nécessaire que dans l'état de gêne, premier vice qu'il faut commencer par détruire. D'ailleurs, soit découragement d'invention, soit progrès dans les arts, l'*industrie* semble être parvenue au point que ses gradations sont aujourd'hui très douces et ses secousses violentes fort peu à craindre.

Enfin, nous concluons qu'on ne saurait trop protéger l'*industrie,* si l'on considère jusqu'où ses revenus peuvent se porter pour le bien commun dans tous les arts libéraux et mécaniques ; témoin les avantages qu'en retirent la peinture, la gravure, la sculpture, l'imprimerie, l'horlogerie, l'orfèvrerie, les manufactures en fil, en laine, en soie, en or, en argent ; en un mot, tous les métiers et toutes les professions.

INFLUENCE

C'est ici l'un des articles où s'exprime le plus nettement le matérialisme du XVIII*e siècle, illustré par les noms de Diderot, d'Holbach, Helvétius. A propos des* *relations de l'âme et du corps, l'auteur démontre la vanité des systèmes métaphysiques qui veulent étayer la religion révélée. Il critique le système de Leibnitz, de l'harmonie préétablie ; il ridiculise celui de Malebranche, des causes occasionnelles. La solution est simplement suggérée. « L'âme agit physiquement sur le corps et le corps sur l'âme par une action réelle et une véritable influence. » Cette hypothèse est critiquée à son tour. Car on ne peut soutenir ce système « qu'en avouant que l'âme est matérielle, aveu auquel on ne se laissera pas aisément aller, crainte des conséquences ». Admettre que l'âme est matérielle, c'est en effet jeter bas tout l'édifice de la religion et de la métaphysique !*

Albert Soboul

On ne doit pas sous-estimer l'emprunt fait par l'auteur de cet article à Locke qui avait essayé de montrer les influences réciproques de l'âme et du corps. Mais on peut se demander s'il n'avait pas lu aussi Meslier ou d'autres auteurs restés anonymes qui considéraient la pensée comme un produit de la matière. On relèvera enfin la méthode, assez courante, qui consiste à détruire un argument adverse en montrant le ridicule de ses conséquences logiques.

Philippe Goujard

INFLUENCE. Terme dont on s'est servi pour rendre raison du commerce entre l'âme et le corps et qui fait la première des trois hypothèses reçues sur cette matière. On y prétend que l'âme agit physiquement sur le corps et le corps sur l'âme par une action réelle et une véritable *influence*. C'est le système le plus ancien et le plus goûté du vulgaire ; cependant, il ne réveille absolument aucune idée ; il ne présente à l'esprit qu'une qualité occulte ; voici les principales raisons qui empêchent de l'admettre. I. On ne fera jamais comprendre, même à ceux qui admettent l'action d'une substance créée sur l'autre, que deux substances aussi différentes que l'âme et le corps, puissent avoir une communication réelle et physique, et surtout que le corps puisse agir sur l'âme et l'affecter par son action. Supposer dans l'âme et dans le corps un pouvoir à nous inconnu d'agir l'un sur l'autre, c'est ne rien expliquer ; on ne peut soutenir ce système avec quelque apparence, qu'en avouant que l'âme est matérielle, aveu auquel on ne se laissera pas aisément aller, par crainte des conséquences. II. On a aujourd'hui une démonstration contre ce système ; car M. de Leibniz et d'autres grands hommes ont découvert plusieurs lois de la nature qui y sont entièrement contraires et que les plus grands mathématiciens ont cependant reconnues pour certaines ; telles sont celles-ci : 1° qu'il n'y a point d'action dans les corps sans réaction, et que la réaction est toujours égale à l'action ; or, dans l'action du corps sur l'âme, il ne saurait y avoir de réaction, l'âme n'étant pas matérielle ; 2° que dans tout l'univers il se conserve toujours la même quantité de forces vives ou de la force absolue ; 3° qu'il s'y conserve aussi la même quantité de force directive ou la même direction dans tous les corps ensemble, qu'on suppose agir entre eux de quelque manière qu'ils se choquent. Or il est aisé de voir que la seconde loi ne saurait subsister, si l'âme peut donner du mouvement au corps, car en ce cas elle augmentera la quantité des forces vives ou de la force absolue ; et la troisième ne sera pas moins renversée, si l'âme a le pouvoir de changer la direction de son corps et par son moyen celle des autres. Les cartésiens ont déjà senti ces difficultés, qui leur ont fait rejeter l'*influence* physique, quoiqu'ils se soient trompés en disant qu'il se conserve toujours la même quantité de mouvement.

La cause occasionnelle n'est que l'occasion seulement et non pas la cause directe de l'effet qui s'en suit.

L'*influence* rejetée a conduit les philosophes à deux autres systèmes sur l'union de l'âme et du corps. L'un est celui des causes occasionnelles de P. Malebranche, et l'autre celui de l'harmonie préétablie de M. Leibniz.

Ceux qui admettent les causes occasionnelles conçoivent que Dieu est lui-même l'auteur immédiat de l'union que nous remarquons entre l'âme et le corps. Mon âme veut mouvoir mon bras, et Dieu le meut. Je veux jeter une boule, Dieu étend mon bras, applique ma main sur la boule, me la fait empoigner, etc. Tous ces mouvements se font exactement pendant que je le veux, et c'est pour cette raison que je me crois la cause de ces différents mouvements. Les mouvements de l'âme et du corps ne sont donc que l'occasion de ce qui se passe dans l'un et dans l'autre. Pareillement, lorsque des corps étrangers agissent sur nos nerfs, Dieu est l'auteur immédiat des perceptions qui naissent de leur action : pendant que ma main s'applique à la boule, je ne sens point la boule, mais Dieu me donne la perception de cet attouchement.

Ceux dont nous rapportons le sentiment étendent même cette action immédiate de Dieu jusqu'à la communication du mouvement lorsqu'un corps en choque un autre.

Cette opinion est fondée : 1° sur ce que, posé ce commerce réciproque et occasionnel, on comprend aisément que le corps et l'âme sont une seule personne ; car, puisque l'âme est gouvernée à l'occasion du corps, et le corps à l'occasion de l'âme, aucune de ces deux substances n'est totale et complète, aucune par conséquent n'est personne ; 2° en ce qu'il est vraisemblable que Dieu est la seule cause efficiente de ce commerce ; car l'*influence* mutuelle de l'âme sur le corps, et du corps sur l'âme, ne saurait jamais se comprendre.

Mais il y a des philosophes auxquels les conséquences de ce système paraissent ridicules ; par exemple, ce n'est point un boulet de canon qui tue un homme, c'est Dieu qui le fait. Le mouvement du canonnier, dont le bras remué par la puissance de Dieu a porté du feu sur la poudre d'un canon, a déterminé Dieu à enflammer la poudre ; la poudre enflammée a déterminé Dieu à pousser le boulet, et le boulet poussé jusqu'à la superficie extérieure du corps de l'homme a déterminé Dieu à briser les os de cet homme. Un poltron qui s'enfuit ne s'enfuit pas ; mais le mouvement de sa glande pinéale agitée par l'impression d'un bataillon ennemi, qui vient à lui hérissé de baïonnettes au bout du fusil, détermine Dieu à remuer les jambes de ce poltron et à le porter du côté opposé à celui d'où vient ce bataillon.

JOURNALIER
(Diderot)

Diderot n'exagère guère en affirmant que les journaliers forment la majorité de la population. En Bretagne ils formaient plus du tiers de la population. Dans les pays de grande culture du nord de la France, ils représentaient par exemple 55 à 73 % de la population dans la région de Versailles, et 40 % dans certaines régions de Basse-Normandie. A cela, il faudrait ajouter la masse des très petits paysans parcellaires contraints de louer leurs bras aux paysans riches en certaines périodes de l'année.

En ville, il est plus difficile encore d'apprécier leur poids dans la population globale. En effet il n'y avait encore dans la France du XVIIIe *siècle que peu de salariés « purs ». Le monde des travailleurs était à l'image du faible développement des activités industrielles. Un écart souvent important (économique et culturel) séparait les compagnons qualifiés des ouvriers de manufacture, classe ouvrière en formation. On peut cependant risquer quelques évaluations très ponctuelles. A Troyes, centre textile, 40 à 48 % de la population étaient des salariés. A Paris, dans le faubourg Saint-Antoine, les « classes inférieures » représentaient 86 à 90 % de la population du quartier. A Rouen la moitié de la population était ouvrière.*

Voir l'article « Peuple ».

Philippe Goujard

JOURNALIER. Ouvrier qui travaille de ses mains et qu'on paye au jour la journée. Cette espèce d'hommes forme la plus grande partie d'une nation ; c'est son sort qu'un bon gouvernement doit avoir principalement en vue. Si le *journalier* est misérable, la nation est misérable.

LABORIEUX

L'auteur reprend rapidement des thèmes développés ailleurs, l'éloge du travail et la nécessité de garantir le droit de propriété. Il illustre parfaitement, avec cet article, la morale de l'utilité sociale, morale bourgeoise s'il en est.

Philippe Goujard

LABORIEUX, c'est celui qui aime et qui soutient le travail. Montrez un prix, excitez l'émulation, et tous les hommes aimeront le travail, tous se rendront capables de le soutenir. Des taxes sur l'industrie ont plongé les Espagnols dans la paresse où ils croupissent encore, et quelquefois la superstition met la paresse en honneur. Sous le joug du despotisme, les peuples cessent d'être *laborieux* parce que les propriétés sont incertaines. Si l'amour de la patrie, l'honneur, l'amour des lois avaient été les ressorts d'un gouvernement et que, par la corruption des législateurs ou par la conquête de l'étranger, ces ressorts eussent été détruits, il faudrait peut-être bien du temps pour que la cupidité et le désir du bien-être physique rendissent les hommes *laborieux*. Quand on offre de l'argent aux Péruviens pour les faire travailler, ils répondent : *je n'ai pas faim*. Ce peuple qui conserve encore quelques souvenirs de la gloire et du bonheur de ces ancêtres, privé aujourd'hui dans sa patrie des honneurs, des emplois, des avantages de la société, se borne aux besoins de la nature ; la paresse est la consolation des hommes à qui le travail ne promet pas l'espèce de biens qu'ils désirent.

LABOUREUR

Cet article développe les thèmes de la physiocratie. Par laboureur, il faut entendre ici aussi bien le fermier que le propriétaire qui, à la tête d'une grande exploitation, disposant de capitaux importants, pratique la grande culture. Les gros « laboureurs » furent les agents les plus actifs du développement du capitalisme dans la production agricole, et cela dès la fin du XVIIe *siècle en certaines régions. Ainsi au sud de Paris, de riches « fermiers-laboureurs » font valoir, grâce à un important cheptel d'exploitation, de grandes fermes groupant des surfaces labourables considérables, parfois très concentrées ; animées par le marché parisien, il règne déjà dans ces campagnes une agriculture très commercialisée, habituée à compter en numéraire, plus sensible aux fluctuations des prix qu'aux incertitudes des récoltes.*

Voir :

Marc Venard : Bourgeois et paysans au XVIIe siècle. Recherches sur le rôle des bourgeois parisiens dans la vie agricole au sud de Paris, *1957.*

Se reporter aux articles « Fermiers », « Grains », « Impôts ».

Albert Soboul

Cet article reprend des thèses développées aux articles « Fermiers » et « Grains » : éloge de la grande culture, principe de la liberté de commerce et garantie de la propriété. Nous nous contenterons donc de dire que les intérêts qui y sont défendus étaient en contradiction avec ceux de la masse de la paysannerie. S'agissait-il de la liberté de culture ? Elle revenait à mettre en cause les droits collectifs — notamment la possibilité de laisser paître le petit cheptel sur les terres en jachère ou les biens communaux —, complément essentiel de ressources pour la petite paysannerie et les journaliers. S'agissait-il de la liberté de circulation et d'exportation des grains ? Petits paysans et journaliers y étaient hostiles et considéraient qu'elle était cause de disette. A chaque mauvaise récolte éclataient des révoltes visant à empêcher la circulation des grains. L'application d'une partie des principes physiocratiques provoqua en 1774-1775, la « guerre des farines » dont une des causes fut l'hostilité d'une partie de la paysannerie à la liberté du commerce.

Philippe Goujard

Laboureur. Ce n'est point cet homme de peine, ce mercenaire qui panse les chevaux ou les bœufs et qui conduit la charrue. On ignore ce qu'est cet état, et encore plus ce qu'il doit être, si l'on y attache des idées de grossièreté, d'indigence et de mépris. Malheur au pays où il serait vrai que le *laboureur* est un homme pauvre : ce ne pourrait être que dans une nation qui le serait elle-même et chez laquelle une décadence progressive se ferait bientôt sentir par les plus funestes effets.

La culture des terres est une entreprise qui exige beaucoup d'avances, sans lesquelles elle est stérile et ruineuse. Ce n'est point au travail des hommes qu'on doit les grandes récoltes ; ce sont les chevaux ou les bœufs qui labourent ; ce sont les bestiaux qui engraissent les terres : une riche récolte suppose nécessairement une richesse précédente à laquelle les travaux, quelque multipliés qu'ils soient, ne peuvent pas suppléer. Il faut donc que le *laboureur* soit propriétaire d'un fonds considérable, soit pour monter la ferme en bestiaux et en instruments, soit pour fournir aux dépenses journalières dont il ne commence à recueillir le fruit que près de deux ans après ses premières avances.

De toutes les classes de richesses, il n'y a que les dons de la terre qui se reproduisent constamment, parce que les premiers besoins sont toujours les mêmes. Les manufactures ne produisent que très peu au-delà du salaire des hommes qu'elles occupent. Le commerce de l'argent ne produit que le mouvement dans un signe qui, par lui-même, n'a point de valeur réelle. C'est la terre, la terre seule qui donne les vraies richesses, dont la renaissance annuelle assure à un État des revenus fixes, indépendants de l'opinion, visibles, et qu'on ne peut point soustraire à ses besoins. Or les dons de la terre sont toujours proportionnés aux avances du *laboureur* et dépendent des dépenses par lesquelles on les prépare : ainsi la richesse plus ou moins grande des *laboureurs* peut être un thermomètre fort exact de la prospérité d'une nation qui a un grand territoire.

Planche 2 : Agriculture, labourage.

Les yeux du gouvernement doivent donc toujours être ouverts sur cette classe d'hommes intéressants. S'ils sont avilis, foulés, soumis à des exigences dures, ils craindront d'exercer une profession stérile et sans honneur ; ils porteront leurs avances sur des entreprises moins utiles ; l'agriculture languira, dénuée de richesses, et sa décadence jettera sensiblement l'État entier dans l'indigence et l'affaiblissement. Mais par quels moyens assurera-t-on la prospérité de l'État en favorisant l'agriculture ? Par quel genre de faveur engagera-t-on des hommes riches à consacrer à cet emploi leur temps et leurs richesses ? On ne peut l'espérer qu'en assurant au *laboureur* le débit de ses denrées ; en lui laissant pleine liberté dans la culture ; enfin, en le mettant hors de l'atteinte d'un impôt arbitraire qui porte sur les avances nécessaires à la reproduction. S'il est vrai qu'on ne puisse pas établir une culture avantageuse sans de grandes avances, l'entière liberté d'exportation des denrées est une condition nécessaire sans laquelle ces avances ne se feront point. Comment, avec l'incertitude du débit qu'entraîne la gêne sur l'exportation, voudrait-on exposer ses fonds ? Les grains ont un prix fondamental nécessaire. Où l'exportation n'est pas libre, les *laboureurs* sont réduits à craindre l'abondance et une surcharge de denrées dont la valeur vénale est au-dessous des frais auxquels ils ont été obligés. La liberté d'exportation assure, par l'égalité du prix, la rentrée certaine des avances et un produit net, qui est le seul motif qui puisse exciter à de nouvelles. La liberté dans la culture n'est pas une condition moins nécessaire à sa prospérité ; et la gêne à cet égard est inutile autant que dure et ridicule. Vous pouvez forcer un *laboureur* à semer du blé, mais vous ne le forcerez pas à donner à sa terre toutes les préparations et les engrais sans lesquels la culture du blé est infructueuse : ainsi vous anéantissez en pure perte un produit qui eût été avantageux : par une précaution aveugle et imprudente, vous préparez de loin la famine que vous vouliez prévenir.

L'imposition arbitraire tend visiblement à arrêter tous les efforts du *laboureur* et les avances qu'il aurait envie de faire : elle dessèche donc la source des revenus de l'État ; et en répandant la défiance et la crainte elle étouffe tout germe de prospérité. Il n'est pas possible que l'imposition arbitraire ne soit souvent excessive ; mais quand elle ne le serait pas, elle a toujours un vice radical, celui de porter sur les avances nécessaires à la reproduction. Il faudrait que l'impôt non seulement ne fût jamais arbitraire, mais qu'il ne portât point immédiatement sur le *laboureur*. Les États ont des moments de crise où les ressources sont indispensables et doivent être promptes. Chaque citoyen doit alors à l'État le tribut de sont aisance. Si l'impôt sur les propriétaires devient excessif, il ne prend que sur les dépenses qui par elles-mêmes sont stériles. Un grand nombre de citoyens souffrent et gémissent ; mais au moins ce n'est qu'un malaise passager, qui n'a de durée que celle de la contribution extraordinaire ; mais si l'impôt a porté sur les avances nécessaires au *laboureur*, il est devenu spoliatif. La reproduction diminuée par ce qui a manqué du côté des avances entraîne assez rapidement à la décadence.

L'État épuisé languit longtemps et souvent ne reprend pas cet embonpoint qui est le caractère de la force. L'opinion dans laquelle on est que le *laboureur* n'a besoin que de ses bras pour exercer sa profession est en partie l'origine des erreurs dans lesquelles on est tombé à ce sujet. Cette idée destructive n'est vraie qu'à l'égard de quelques pays dans lesquels la culture est dégradée. La pauvreté des *laboureurs* n'y laisse presque point de prise à l'impôt, ni de ressources à l'État.

LIBERTÉ
(de Jaucourt)

Liberté ne s'était longtemps entendu qu'au sens métaphysique, à propos de la querelle du libre arbitre qui opposait entre eux théologiens ou philosophes. Au

XVIIIe siècle, le mot se charge d'une signification politique révolutionnaire. « La liberté, écrit Turgot, les philosophes en avaient parlé quand ils avaient discuté grâce ou déterminisme, mais combien rarement il était sur la langue de l'homme ordinaire ! Tandis que maintenant ! Maintenant, il est sur les lèvres de chacun... Quelle précision il a acquise ! Quelle vitalité ! Quelles conceptions réelles il embrasse dans son champ ; quelles images nettes s'éveillent dans chaque esprit au moment où il est prononcé ! » (Lettre à Dupont de Nemours, 4 janvier 1769.) Liberté résume l'ensemble des revendications de la bourgeoisie : liberté individuelle, liberté civile, liberté politique, liberté du commerce et de la production, liberté de penser, liberté de la presse...

Mais cette liberté, la bourgeoisie la revendique pour elle seule : la liberté est fondée sur la propriété et aucun philosophe (si ce n'est Rousseau) ne va jusqu'à penser que le peuple puisse en jouir. On le vit bien en 1789, lorsque les Constituants, héritiers de la pensée du siècle, s'ils proclamèrent la liberté totale de l'économie qui laissa les travailleurs désarmés devant le patronat, refusèrent à ces mêmes travailleurs la liberté politique par l'établissement d'un régime électoral censitaire.

Liberté politique : se reporter à l'article « Monarchie », Représentants ».

Liberté de penser : se reporter aux articles « Fanatisme », Persécuter », « Superstition », « Tolérance ».

Albert Soboul

Cet article n'est finalement qu'un rappel de quelques principes des Lumières. Il circonscrit d'abord le champ de la liberté en général : la liberté de jugement est limitée par les impératifs de la nature. De Jaucourt reprend ici les théories exposées par son ami Diderot dans « Droit naturel » : c'est l'espèce humaine qui fixe les règles générales du juste et de l'injuste, il reste à la raison individuelle le pouvoir de guider l'homme en fonction des circonstances.

En matière de liberté politique, Jaucourt reprend les principes des théoriciens du contrat — le pouvoir est institué pour garantir la sûreté et la liberté, droits naturels fondamentaux. Mais en même temps, il tente de les concilier avec le principe de séparation des pouvoirs qu'il emprunte à Montesquieu. Conciliation d'ailleurs difficile puisque la plupart des théoriciens contractualistes considéraient que la souveraineté était indivisible à l'image du corps politique uni par contrat. C'est pourquoi il se contente de juxtaposer les deux écoles. On relèvera l'éloge du système politique anglais et surtout la critique très modérée et voilée du sytème politique français.

*Finalement c'est la dernière partie de l'article qui est la plus intéressante, sans doute parce que la revendication de la liberté de penser était l'exigence la plus urgente au moment de publication de l'*Encyclopédie. *Jaucourt rappelle la fonction critique de la raison et insiste sur la nécessité de lutter contre les préjugés hérités de l'éducation. Il faut voir dans ce texte une critique contre le système éducatif contrôlé par l'Église, accusée de maintenir l'humanité dans l'enfance. Jaucourt anticipe donc la célèbre définition des Lumières par Kant dans* Qu'est-ce que l'Aufklärung ? : *« La sortie de l'homme de sa minorité... minorité c'est-à-dire l'incapacité de se servir de son entendement sans la direction d'autrui ».*

Philippe Goujard

LA LIBERTÉ réside dans le pouvoir qu'un être intelligent a de faire ce qu'il veut conformément à sa propre détermination. On ne saurait dire, que dans un sens fort impropre, que cette faculté ait lieu dans les jugements que nous portons sur les vérités par rapport à celles qui sont évidentes ; elles entraînent notre consentement et ne nous laissent aucune *liberté*. Tout ce qui dépend de nous c'est d'y appliquer notre esprit ou de l'en éloigner. Mais dès que l'évidence diminue, la *liberté* rentre dans ses droits, qui varient et se règlent sur les degrés de clarté ou d'obscurité : les biens et les maux en sont les principaux objets. Elle ne s'étend pas pourtant sur les notions générales du bien et du mal. La nature nous a faits de manière que nous ne saurions nous porter que vers le bien et qu'avoir horreur du mal envisagé en général ; mais dès qu'il s'agit du détail, notre *liberté* a un vaste champ et peut nous déterminer de bien des côtés différents suivant les circonstances et les motifs.

LIBERTÉ POLITIQUE. La *liberté politique* d'un État est formée par des lois fondamentales qui y établissent la distribution de la puissance législative, de la puissance exécutrice des choses qui dépendent du droit des gens et de la puissance exécutrice de celles qui dépendent du droit civil, de manière que ces trois pouvoirs sont liés les uns par les autres.

La *liberté politique* du citoyen est cette tranquillité d'esprit qui procède de l'opinion que chacun a de sa sûreté[60] ; et pour qu'on ait cette sûreté, il faut que le gouvernement soit tel qu'un citoyen ne puisse pas craindre un citoyen. De bonnes lois civiles et politiques assurent cette *liberté ;* elle triomphe encore, lorsque les lois criminelles tirent chaque peine de la nature particulière du crime.

Il y a dans le monde une nation qui a pour objet direct de sa constitution la *liberté politique ;* et si les principes sur lesquels elle la fonde sont solides, il faut en reconnaître les avantages. C'est à ce sujet que je me souviens d'avoir ouï dire à un beau génie d'Angleterre que Corneille avait mieux peint la hauteur des sentiments qu'inspire la *liberté politique,* qu'aucun de leurs poètes, dans ce discours que tient Viriate[61] à Sertorius.

Affranchissons le Tage, et laissons faire au Tibre :

---

60. C'est la définition même que donne Montesquieu de la liberté politique dans *l'Esprit des lois* (XI, VI). A.S.

61. Viriate fut le héros des guerres que les peuples d'Espagne soutirent contre les Romains pour sauvegarder leur indépendance. A.S.

La *liberté* n'est rien quand tout le monde est libre.
Mais il est beau de l'être, et voir tout l'univers
Soupirer sous le joug, et gémir dans les fers.
Il est beau d'étaler cette prérogative
Aux yeux du Rhône esclave, et de Rome captive,
Et de voir envier aux peuples abattus
Ce respect que le sort garde pour les vertus.

SERTORIUS, act. IV, sc. VI.

Je ne prétends point décider que les Anglais jouissent actuellement de la prérogative dont je parle ; il me suffit de dire, avec M. de Montesquieu, qu'elle est établie par leurs lois ; et qu'après tout cette *liberté politique* extrême ne doit point mortifier ceux qui n'en ont qu'une modérée, parce que l'excès même de la raison n'est pas toujours désirable et que les hommes en général s'accommodent presque toujours mieux des milieux que des extrémités.

LIBERTÉ DE PENSER. Ces termes, *liberté de penser,* ont deux sens : l'un général, l'autre borné. Dans le premier, ils signifient cette généreuse force d'esprit qui lie notre persuasion uniquement à la vérité. Dans le second, ils expriment le seul effet qu'on peut attendre, selon les esprits forts, d'un examen libre et exact, je veux dire, l'inconviction. Autant que l'un est louable et mérite d'être applaudi, autant l'autre est blâmable et mérite d'être combattu. La véritable *liberté de penser* tient l'esprit en garde contre les préjugés et la précipitation. Guidée par cette sage Minerve, elle ne donne aux dogmes qu'on lui propose qu'un degré d'adhésion proportionné à leur degré de certitude. Elle croit fermement ceux qui sont évidents ; elle range ceux qui ne le sont pas parmi les probabilités ; il en est sur lesquels elle tient sa croyance en équilibre ; mais si le merveilleux s'y joint, elle en devient moins crédule ; elle commence à douter et se méfie des charmes de l'illusion. En un mot, elle ne se rend au merveilleux qu'après s'être bien prémunie contre le penchant trop rapide qui nous y entraîne. Elle ramasse surtout toutes ses forces contre les préjugés que l'éducation de notre enfance nous fait prendre sur la religion, parce que ce sont ceux dont nous nous défaisons le plus difficilement ; il en reste toujours quelque trace, souvent même après nous en être éloignés ; lassés d'être livrés à nous-mêmes, un ascendant plus fort que nous nous tourmente et nous y fait revenir. Nous changeons de mode, de langage ; il est mille choses sur lesquelles insensiblement nous nous accoutumons à penser autrement que dans l'enfance, notre raison se porte volontiers à prendre ces nouvelles formes ; mais les idées qu'elle s'est faites sur la religion sont d'une espèce respectable pour elle ; rarement ose-t-elle les examiner ; et l'impression que ces préjugés ont fait sur l'homme encore enfant ne périt communément qu'avec lui. On ne doit pas s'en étonner ; l'importance de la matière jointe à l'exemple de nos parents que nous voyons en être réellement persuadés sont des raisons plus que suffisantes pour les graver dans notre cœur de manière qu'il soit difficile de les en effacer. Les premiers traits que leurs mains impriment dans nos âmes en laissent toujours des impressions profondes et durables ; telle est notre superstition, que nous croyons honorer Dieu par les entraves où nous mettons notre raison ; nous craignons de nous demasquer à nous-mêmes et de nous surprendre dans l'erreur, comme si la vérité avait à redouter de paraître au grand jour.

MANUFACTURE

Manufacture, qui eut longtemps le sens de fabrication (ce drap est d'une bonne « manufacture », dit-on encore au XVIIe *siècle), finit par désigner le lieu où l'on manufacture.*

La période manufacturière de la production capitaliste se développe du XVIe *siècle à la fin du* XVIIIe. *La manufacture, pour reprendre les termes de Marx, a pour point de départ « la combinaison de métiers divers et indépendants que l'on rend dépendants et simplifie jusqu'au point où ils ne sont plus que des opérations partielles et complémentaires les unes des autres dans la production d'une seule et même marchandise » ; par ailleurs, la manufacture « s'empare de la coopération d'artisans de même genre, décompose le même métier en ses opérations diverses, les isole et les rend indépendantes jusqu'au point où chacune d'elles devient la fonction exclusive d'un travailleur parcellaire ». La manufacture ou bien introduit ou développe la division du travail dans un même métier, ou bien associe et combine des métiers divers et séparés.*

On notera, dans cet article « Manufacture », la timidité de l'auteur. Ce qu'il prône, c'est la manufacture dispersée opposée à la manufacture réunie. Cette dernière répond évidemment à la définition de Marx. Elle s'est développée à partir des métiers ; mais au milieu du XVIIIe *siècle elle n'avait pu s'emparer de toute la production ni la bouleverser en profondeur. A un certain degré de développement, sa base technique insuffisante ne fut plus en rapport avec les besoins de la production qu'elle avait elle-même contribué à créer : le développement du machinisme allait permettre, dans le dernier tiers du* XVIIIe *siècle, à la grande industrie de commencer à se substituer à la manufacture.*

*Quand à la manufacture dispersée de l'*Encyclopédie, *entendons par là l'industrie rurale, si importante encore au* XVIIIe *siècle et qui représente une forme du capitalisme commercial. Dans les régions d'industrie rurale, le* *bourgeois de la ville est* négociant : *il fait travailler le paysan, à qui il fournit la matière première pour son métier à tisser ou sa forge individuelle, et en reçoit le produit fabriqué. La concentration capitaliste ne revêt donc ici qu'une forme encore purement commerciale. Des millions de paysans, au moment où l'*Encyclopédie *paraît, tissent la laine, le chanvre ou le lin, battent le fer, martellent le cuivre pour des négociants urbains, en Bretagne, en Normandie, en Champagne, en Picardie, en Languedoc. La bourgeoisie tire de cette activité d'importants revenus et demeure, pour un large secteur, attachée à cette forme de production : l'article « Manufacture » de l'*Encyclopédie *traduit cet état d'esprit.*

Voir :

Karl Marx : le Capital. *Livre premier :* « le Développement de la production capitaliste. » *Quatrième section :* « la Production de la plus-value relative. » *Chap. XIV : la Division du travail et la manufacture (p. 28-57 du tome II de l'édition du* Capital *aux Éditions sociales, Paris, 1948).*

Sur le problème de l'industrie rurale, voir :

Henri Sée : « l'Industrie rurale en France au XVIIIe *siècle », dans la* Revue historique, *1922.*

E. Tarlé : l'Industrie dans les campagnes en France à la fin de l'Ancien Régime, *1910.*

A titre d'exemple :

— *Pour la métallurgie : Jean Vidalenc :* la Petite Métallurgie rurale en Haute-Normandie sous l'Ancien Régime, *1946.*

— *Pour le textile : François Dornic :* l'Industrie textile dans le Maine et ses débouchés internationaux (1650-1815), *1955.*

Se reporter aux articles « Art », « Industrie », « Métallurgie ».

Albert Soboul

*La partie économique et technique de l'*Encyclopédie *avait un double objectif : décrire l'état réel de l'économie française au début de la seconde moitié du* XVIIIe *siècle* *et esquisser un programme de réforme. Dans cet article, c'est le premier aspect qui l'emporte.*

La supériorité de la manufacture dispersée est manifeste dans les années 1750. La concentration reste très faible particulièrement dans le textile, activité dominante. A Elbeuf, on comptait, en 1717, quatre à huit métiers par ateliers. La dispersion était encore plus grande à la campagne où le travail artisanal s'étendit tout au long du XVIIIe *siècle, particulièrement dans le Languedoc ou le pays de Caux. Lorsque certaines entreprises étaient concentrées, le nombre de travailleurs ruraux était toujours supérieur à celui des urbains. A Abbeville, Van Robais employait mille huit cent ouvriers groupés et dix mille à la campagne.*

*Les explications apportées par l'*Encyclopédie *à cette situation sont exactes : difficultés d'approvisionnement, pénurie de matières premières, frais élevés de l'investissement technologique et manque de capitaux empêchaient le développement de la concentration. Dans les frais de la forge de la chartreuse de Darbon, dans le Dauphiné, la main-d'œuvre n'entrait que pour 9 à 12 % du prix de revient, et les matières premières pour 50 à 70 %. En même temps, la médiocre formation des entrepreneurs provoquait bien des déboires. Dernier élément de supériorité souligné par l'article : le travail artisanal ne constituait pour la masse des paysans qu'un complément de ressources, ce qui permettait de diminuer le prix de la main-d'œuvre. A propos de cette dernière, on notera la présentation quelque peu idyllique de la condition des compagnons dans les petits ateliers. Même s'il est vrai qu'une certaine fraternité, cimentée par des intérêts communs, existait, comme le montra l'exemple des sans-culottes, les conditions de travail étaient dures : les journées de travail pouvaient atteindre dix-huit heures. Certes elles étaient aussi longues pour les maîtres, mais les heurts étaient fréquents entre eux et leurs compagnons. Quant à la condition des travailleurs dans les « manufactures réunies », elle était sans doute plus rude pour les raisons matérielles mais aussi culturelles* *et morales que souligne l'article : discipline plus stricte, déracinement, etc.*

Il fallut donc attendre la fin du XVIIIe *siècle pour assister à un développement de la concentration, particulièrement dans les mines et la métallurgie. En réalité ce qui bloquait le développement industriel c'était l'ensemble de la formation sociale de l'Ancien Régime : arriération technique, poids de la tradition, manque de capitaux, prélèvements divers (féodaux et fiscaux) qui pesaient sur le travail mais aussi valeurs de comportement qui détournaient l'argent de l'investissement productif.*[62]

Philippe Goujard

MANUFACTURE. Lieu où plusieurs ouvriers s'occupent d'une même sorte d'ouvrage. [...]

Par le mot *manufacture,* on entend communément un nombre considérable d'ouvriers réunis dans le même lieu pour faire une sorte d'ouvrage sous les yeux d'un entrepreneur ; il est vrai que comme il y en a plusieurs de cette espèce, et que de grands ateliers surtout frappent la vue et excitent la curiosité, il est naturel qu'on ait ainsi réduit cette idée ; ce nom doit cependant être donné encore à une autre espèce de fabrique : celle qui, n'étant pas réunie dans une seule enceinte ou même dans une seule ville, est composée de tous ceux qui s'y emploient et y concourent en leur particulier, sans y chercher d'autre intérêt que celui que chacun de ces particuliers en retire pour soi-même. De là, on peut distinguer deux sortes de *manufactures :* les unes *réunies* et les autres *dispersées.* Celles du premier genre sont établies de toute nécessité pour les ouvrages qui ne peuvent s'exécuter que par un grand nombre de mains rassemblées, qui exigent, soit pour le premier établissement, soit pour la suite des opérations qui s'y font,

62. Les exemples sont tirés de l'*Histoire économique et sociale de la France,* sous la direction de Braudel et Labrousse. Paris 1970, tome 2, p. 250-266 et p. 664.

des avances considérables, dans lesquelles les ouvrages reçoivent successivement différentes préparations et telles qu'il est nécessaire qu'elles se suivent promptement ; et enfin celles qui, par leur nature, sont assujetties à être placées dans un certain terrain. Telles sont les forges, les fonderies, les tréfileries, les verreries, les *manufactures* de porcelaine, de tapisseries et autres pareilles. Il faut pour que celles de cette espèce soient utiles aux entrepreneurs :

1° Que les objets dont elles s'occupent ne soient point exposés au caprice de la mode, ou qu'ils ne le soient du moins que pour des variétés dans les espèces du même genre ;

2° Que le profit soit assez fixe et assez considérable pour compenser tous les inconvénients auxquels elles sont exposées nécessairement et dont il sera parlé ci-après ;

3° Quelles soient, autant qu'il est possible, établies dans les lieux mêmes où se recueillent et se préparent les matières premières, où les ouvriers dont elles ont besoin puissent facilement se trouver, et où l'importation de ces premières matières et l'exportation des ouvrages puissent se faire facilement et à peu de frais.

Enfin, il faut qu'elles soient protégées par le gouvernement. Cette protection doit avoir pour objet de faciliter la fabrication des ouvrages en modérant les droits sur les matières premières qui s'y consomment et en accordant quelques privilèges et quelques exemptions aux ouvriers les plus nécessaires, et dont l'occupation exige des connaissances et des talents ; mais aussi, en les réduisant aux ouvriers de cette espèce, une plus grande extension serait inutile à la *manufacture* et onéreuse au reste du public. Un autre moyen de protéger les *manufactures* est de diminuer les droits de sortie pour l'étranger et ceux de traite et de détail dans l'intérieur de l'État.

C'est ici l'occasion de dire que la première, la plus générale et la plus importante maxime qu'il y ait à suivre sur l'établissement des *manufactures* est de n'en permettre aucune (hors le cas d'absolue nécessité) dont l'objet soit d'employer les principales matières premières venant de l'étranger, si surtout on peut y suppléer par celles du pays, même en qualité inférieure.

L'autre espèce de *manufacture* est de celles qu'on peut appeler *dispersées,* et telles doivent être toutes celles dont les objets ne sont pas assujettis aux nécessités indiquées dans l'article ci-dessus : ainsi tous les ouvrages qui peuvent s'exécuter par chacun dans sa maison, dont chaque ouvrier peut se procurer par lui-même ou par d'autres les matières premières qu'il peut fabriquer dans l'intérieur de sa famille, avec le secours de ses enfants, de ses domestiques ou de ses compagnons, peut et doit faire l'objet de ces fabriques dispersées. Telles sont les fabriques de draps, de serges, de toiles, de velours, petites étoffes de laine et de soie ou autres pareilles. Une comparaison exacte des avantages et des inconvénients de celles des deux espèces le feront sentir facilement.

Une *manufacture* réunie ne peut être établie et se soutenir qu'avec de très grands frais de bâtiments, d'entretien de ces bâtiments, de directeurs, de contremaîtres, de teneurs de livres, de caissiers, de préposés, valets et autres gens pareils, et enfin qu'avec de grands approvisionnements : il est nécessaire que tous ces frais se répartissent sur les ouvrages qui s'y fabriquent, les marchandises qui en sortent ne peuvent cependant avoir que le prix que le public est accoutumé d'en donner et qu'en exigent les petits fabriquants. De là il arrive presque toujours que les grands établissements de cette espèce sont ruineux à ceux qui les entreprennent les premiers, et ne deviennent utiles qu'à ceux qui profitent à bon marché de la déroute des premiers et, réformant les abus, s'y conduisent avec simplicité et économie ; plusieurs exemples qu'on pourrait citer ne prouvent que trop cette vérité.

Les fabriques dispersées ne sont point exposées à ces inconvénients. Un tisserand en draps, par exemple, ou emploie la laine qu'il a récoltée ou en achète à un prix médiocre, et quand il en trouve l'occasion a un métier dans sa maison où il fait son drap tout aussi bien que dans un atelier bâti à grands frais ; il est à lui-même son directeur, son contremaître, son teneur de livres, son caissier, etc., se fait aider par sa femme et ses enfants, ou par un ou plusieurs compagnons avec lesquels il vit ; il peut, par conséquent, vendre son drap à beaucoup meilleur compte que l'entrepreneur d'une *manufacture.*

A la grande *manufacture* tout se fait au coup de cloche ; les ouvriers sont plus contraints et plus gourmandés. Les commis accoutumés avec eux à un air de supériorité et de commandement qui véritablement est nécessaire avec la multitude les traitent durement et avec mépris ; de là il arrive que ces ouvriers ou sont plus chers, ou ne font que passer dans la *manufacture,* et jusqu'à ce qu'ils aient trouvé à se placer ailleurs.

Chez le petit fabricant, le compagnon est le camarade du maître, vit avec lui, comme avec son égal, a place au feu et à la chandelle, a plus de liberté et préfère enfin de travailler chez lui. Cela se voit tous les jours dans les lieux où il y a des *manufactures* réunies et des fabricants particuliers. Les *manufactures* n'y ont d'ouvriers, que ceux qui ne peuvent pas se placer chez les petits fabricants, ou des coureurs qui s'engagent et quittent journellement, et le reste du temps battent la campagne tant qu'ils ont de quoi dépenser. L'entrepreneur est obligé de les prendre comme il les trouve, il faut que sa besogne se fasse ; le petit fabricant, qui est maître de son temps, et qui n'a point de frais extraordinaires à payer pendant que son métier est vacant, choisit et attend l'occasion avec bien moins de désavantage. Le premier perd son temps et ses frais ; et s'il a des fournitures à faire dans un temps marqué, et qu'il n'y satisfasse pas, son crédit se perd ; le petit fabricant ne perd que son temps, tout au plus. [...]

Tous les avantages ci-dessus mentionnés ont un rapport plus direct à l'utilité personnelle, soit du manufacturier, soit du petit fabricant, qu'au bien général de l'État : mais si l'on considère ce bien général, il n'y a presque plus de comparaison à faire entre ces deux sortes de fabrique. Il est certain, et il est convenu aussi par tous ceux qui ont pensé et écrit sur les avantages du commerce que le premier et le plus général est d'employer, le plus que faire se peut, le temps et les mains des sujets ; que plus le goût du travail et de l'industrie est répandu, moins est cher le prix de la main-d'œuvre ; que plus ce prix est à bon marché, plus le débit de la marchandise est avantageux, en ce qu'elle fait subsister un plus grand nombre de gens ; et en ce que le commerce de l'État pouvant fournir à l'étranger les marchandises à un prix plus bas, à qualité égale, la nation acquiert la préférence sur celles où la main-d'œuvre est la plus dispendieuse. Or la *manufacture* dispersée a cet avantage sur celle qui est réunie. Un laboureur, un journalier de campagne, ou autre homme de cette espèce, a dans le cours de l'année un assez grand nombre de jours et d'heures où il ne peut s'occuper de la culture de la terre ou de son travail ordinaire. Si cet homme a chez lui un métier à drap, à toile, ou à petites étoffes, il y emploie un temps qui autrement serait perdu pour lui et pour l'État. Comme ce travail n'est pas sa principale occupation, il ne le regarde pas comme l'objet d'un profit aussi fort que celui qui en fait son unique ressource. Ce travail même lui est une espèce de délassement des travaux plus rudes de la culture de la terre ; et, par ce moyen, il est en état et en habitude de se contenter d'un moindre profit. Ces petits profits multipliés font des biens très réels. Ils aident à la subsistance de ceux qui se les procurent ; ils soutiennent la main-d'œuvre à un bas prix : or, outre l'avantage qui résulte pour le commerce général de ces bas prix, il en résulte un autre très important pour la culture même des terres. Si la main-d'œuvre des *manufactures* dispersées était à un tel point que l'ouvrier y trouvât une utilité supérieure à celle de labourer la terre, il abandonnerait bien vite cette culture. Il est vrai que par une révolution nécessaire, les denrées servant à la nourriture venant à augmenter en proportion de l'augmentation de la main-d'œuvre, il serait bien obligé ensuite de reprendre son premier métier comme le plus sûr : mais il n'y serait plus fait, et le goût de la culture se serait perdu. Pour que tout aille bien, il faut que la culture de la terre soit l'occupation du plus grand nombre ; et que cependant une grande partie du moins de ceux qui s'y emploient s'occupent aussi de quelque métier, et dans le temps surtout où ils ne peuvent travailler à la campagne. Or ces temps perdus pour l'agriculture sont très fréquents. Il n'y a pas aussi de pays plus aisés que ceux où ce goût de travail est établi ; et il n'est point d'objection qui tienne contre l'expérience. C'est sur ce principe de l'expérience que sont fondées toutes les réflexions qui composent cet article. Celui qui l'a rédigé a vu sous ses yeux les petites fabriques faire tomber les grandes sans autre manœuvre que celle de vendre à meilleur marché. Il a vu aussi de grands établissements prêts à tomber par la seule raison qu'ils étaient grands. Les débitants les voyant chargés de marchandises faites, et dans la nécessité pressante de vendre pour subvenir ou à leurs engagements ou à leur dépense courante, se donnaient le mot pour ne pas se presser d'acheter ; et obligeaient l'entrepreneur à rabattre de son prix, et souvent à perte. Il est vrai qu'il a vu aussi, et il doit le dire à l'honneur du ministère, le gouvernement venir au secours de ces *manufactures* et les aider à soutenir leur crédit et leur établissement.

MÉTALLURGIE
(d'Holbach)

Cette industrie gagne en importance au XVIII*e siècle (le mot se répand vers le milieu du siècle) et se transforme en particulier sous l'influence de la minéralogie. D'Holbach, auteur de cet article, publia toute une série de traductions d'ouvrages sur cette matière :*

Traduction de Henkel : Introduction à la minéralogie. *Paris 1756.*

Traduction de Lehmann : Traité de physique... sciences naturelles... *Paris 1759.* I. L'art des mines. II. La formation des métaux. III. Essai d'histoire naturelle des couches de la Terre.

Traduction d'Orschall : Œuvres métallurgiques, *Paris 1760.*

C'est dans la seconde moitié du XVIII*e siècle que la fonte au coke commence à remplacer la fonte au bois. A la fin du siècle, de grosses entreprises apparaîtront, en Lorraine, au Creusot : société par actions, les établissements du Creusot possédaient « machines à feu » et chemins de fer à chevaux ; leurs quatre hauts fourneaux, leurs deux forges, leur forerie en faisaient l'une des entreprises les plus puissantes d'Europe.*

Voir :

Charles Ballot : « La Révolution technique et les débuts de la grande exploitation dans la métallurgie française. L'introduction de la fonte au coke en France et la fondation du Creusot ». Revue d'histoire économique et sociale, *1912.*

Hubert et Georges Bourgin : l'Industrie sidérurgique en France au début de la Révolution, *1920.*

Marcel Rouff : les Mines de charbon en France au XVIIIe siècle (1744-1791), *1922.*

Bertrand Gille : les Origines de la grande industrie métallurgique en France, *1947.*

Pierre Léon : les Techniques métallurgiques dauphinoises au XVIIIe siècle, *1961.*

Albert Soboul

*Les recommandations de Diderot en matière de présentation des articles techniques et scientifiques avaient été bien entendues par d'Holbach. Dans cet article, il nous présente la métallurgie comme une branche de la chimie plus que comme une activité industrielle. Une fois de plus l'*Encyclopédie *est bien le reflet du faible développement des forces productives de la deuxième moitié du* XVIII*e siècle.*

Baron, riche propriétaire foncier, d'Holbach s'intéressa aux sciences en tant que savant mais aussi en tant que matérialiste soucieux de trouver dans les sciences la justification de ces conceptions philosophiques. Sa connaissance de la métallurgie venait en partie de ses années de jeunesse passées dans la propriété de son oncle dans la principauté de Liège où l'activité minière était importante. Mais il l'avait acquise surtout lors d'études faites à l'université de Leyde, une des plus brillantes universités scientifiques du XVIIIe *siècle. Il approfondit ses connaissances en traduisant l'*Introduction à la minéralogie *de Henkel. Selon d'Holbach, les minéraux ont une histoire qui les combine et les mêle les uns aux autres. Cette conception des processus naturels est analogue à celle des processus rationnels de connaissance exposés dans le* Discours préliminaire. *De là à déduire que la connaissance n'était qu'un processus naturel il n'y avait qu'un pas que d'Holbach franchissait mais que d'autres ne franchissaient pas.*

Voir d'Holbach, Premières Œuvres, *présentation par P. Charbonnel, Éditions sociales, collection « Classiques du peuple », Paris 1971.*

Philippe Goujard

MÉTALLURGIE. C'est ainsi qu'on nomme la partie de la chimie qui s'occupe du traitement des métaux et des moyens de les séparer des substances avec lesquelles ils sont mêlés et combinés dans le sein de la terre, afin de leur donner l'état de pureté qui leur est nécessaire pour pouvoir servir aux différents usages de la vie.

Si la nature nous présentait toujours les métaux parfaitement purs et dégagés de substances étrangères, au point d'avoir la ductilité et la malléabilité, rien ne serait plus aisé que la *métallurgie ;* cet art se bornerait à exposer les métaux à l'action du feu pour les faire fondre et pour leur faire prendre la forme que l'on jugerait à propos. Mais il n'en est point ainsi, et il est très rare de trouver des métaux purs dans le sein de la terre ; et lorsqu'on en trouve de cette espèce ils sont ordinairement en particules déliées, et ils sont attachés à des terres ou à des pierres dont il faut les séparer avant que de pouvoir en former des masses d'une grandeur convenable aux usages auxquels on les destine.

L'état dans lequel on trouve le plus communément les métaux est celui de mine ; alors ils sont combinés avec du soufre ou avec de l'arsenic, ou avec l'un et l'autre à la fois ; souvent dans cet état plusieurs métaux se trouvent confondus ensemble, et toutes ces combinaisons sont si fortes qu'il n'y a que l'action du feu, appliqué de différentes manières, qui puisse les détruire. Joignez à cela que ces mines, qui contiennent les métaux, sont liées à des rochers et à des terres qu'il faut aussi commencer par en séparer avant que de les exposer à l'action du feu. Toutes ces différentes vues ont donné naissance à une infinité de travaux et d'opérations différentes dont la connaissance s'appelle *métallurgie.*

On voit donc que la *métallurgie,* dans toute l'étendue de sa signification, embrasse toutes les opérations qui se font sur les métaux ; par conséquent, elle comprend l'art d'essayer les mines, ou les substances qui contiennent des métaux, qui n'en est qu'une partie et un préliminaire nécessaire : cette partie s'appelle *docimasie* ou *l'art des essais,* et le terme de *métallurgie* se donne par excellence aux travaux en grand sur les matières minérales du contenu desquelles ont s'est assuré par la docimasie. [...]

L'étude de la *métallurgie* ne doit donc point être regardée comme un métier, elle mérite, au contraire, toute l'attention du physicien-chimiste, pour qui les différents travaux sur les métaux et sur les mines fourniront une suite d'expériences propres à faire connaître la vraie nature des substances du règne minéral.

MŒURS

Les idées de Montesquieu eurent une grande influence sur le développement de la science politique. Aux trois espèces de gouvernement qu'il distingue, Montesquieu recherche un principe différent : « Comme il faut de la vertu dans une république et dans une monarchie de l'honneur, il faut de la crainte dans un gouvernement despotique : pour la vertu , elle n'y est point nécessaire, et l'honneur y serait dangereux. » (L'Esprit des lois, III, IX) *De là découlent des mœurs différentes suivant les diverses formes de gouvernement. Les préférences de l'auteur vont évidemment à la monarchie limitée.*

Se reporter à « Monarchie ».

Albert Soboul

Cet article reprend, parfois même textuellement, la théorie de Montesquieu. Constatant la diversité de l'humanité mais refusant l'attitude sceptique qu'elle avait justifiée chez certains philosophes — Montaigne par exemple —, Montesquieu avait cherché à établir les mécanismes de cette diversité tout en refusant l'existence d'une loi universelle abstraite. S'inspirant de Newton, comme tous les autres penseurs de son temps, il fut sans doute un des seuls à appliquer le concept newtonien de loi : non point une règle mais un rapport constant entre les différents éléments constitutifs de la réalité.

Dans l'ordre politique, il identifia trois grandes formes de gouvernement, la république, la monarchie et le despotisme. Chacune de ces formes avait une nature et un principe, le ressort qui le faisait agir. En république, la nature était le gouvernement du peuple et le principe, la vertu ; dans la monarchie, la nature était le gouvernement d'un seul et le principe l'honneur. Quant au despotisme, il était aussi le gouvernement d'un seul, mais son principe était la crainte.

Mais, et là réside sans doute l'apport essentiel de Montesquieu, le principe qui commande le fonctionnement de chacun des systèmes est la résultante d'un certain nombre de déterminations que l'auteur rappelle dans le second paragraphe de l'article.[63] *Mais parmi ces éléments, ce n'est point le climat comme on le croit*

63. *L'Esprit des lois*, XIX, 4.

souvent, mais les mœurs *qui jouent le rôle essentiel, c'est-à-dire « l'esprit général d'une nation »*[64] *et l'ensemble de ces comportements — essentiellement moraux. Finalement, comme l'a bien vu Louis Althusser, il y a une liaison entre les mœurs et le principe qui n'est que « l'expression politique du comportement des hommes ».*

Une telle analyse fonde une vision dialectique de l'histoire : une modification de mœurs, donc du principe, entraîne un mauvais fonctionnement du gouvernement, une modification de sa nature, cette dernière modification entraînant à son tour une profonde décadence des mœurs. Alors aux mains de corrompus, la république se dégrade et cette dégradation accélère le déclin de la vertu. La fin de l'article reprend donc à son compte l'idéal de la « monarchie limitée », défendu par Montesquieu. Cette monarchie, dont le principe était l'honneur, devait être limitée par des pouvoirs intermédiaires, constitués essentiellement par la noblesse, catégorie sociale caractérisée précisément par l'honneur.

Si l'auteur reprend à son compte la conception de Montesquieu, il la détourne en même temps puisque l'article suggère une préférence pour la république ou la monarchie limitée. Car si l'idéal de Montesquieu était ce pouvoir monarchique limité par la noblesse, sa théorie avait nourri aussi à la fin du XVIIIe *siècle, au même titre que la théorie contractualiste, l'idéal politique de la bourgeoisie. Et le grand parlementaire féodal qu'était Montesquieu fut considéré par Marat comme « le plus grand esprit du siècle ».*

Philippe Goujard

MŒURS. Actions libres des hommes, naturelles ou acquises, bonnes ou mauvaises, susceptibles de règle et de direction.

---

64. L. Althusser, *Montesquieu, la politique et l'histoire,* Paris 1969, p. 59. Ouvrage fondamental.

Leur variété chez les divers peuples du monde dépend du climat, de la religion, des lois, du gouvernement, des besoins, de l'éducation, des manières et des exemples. A mesure que dans chaque nation une de ces causes agit avec plus de force, les autres lui cèdent d'autant.

Pour justifier toutes ces vérités, il faudrait entrer dans les détails que les bornes de cet ouvrage ne sauraient nous permettre ; mais en jetant seulement les yeux sur les différentes formes du gouvernement de nos climats tempérés on devinerait assez juste par cette unique considération les *mœurs* des citoyens. Ainsi, dans une république qui ne peut subsister que du commerce d'économie, la simplicité des *mœurs,* la tolérance en matière de religion, l'amour de la frugalité, l'épargne, l'esprit d'intérêt et d'avarice devront nécessairement dominer. Dans une monarchie limitée, où chaque citoyen prend part à l'administration de l'État, la liberté y sera regardée comme un si grand bien que toute guerre entreprise pour la soutenir y passera pour un mal peu considérable ; les peuples de cette monarchie seront fiers, généreux, profonds dans les sciences et dans la politique, ne perdant jamais de vue leurs privilèges, pas même au milieu du loisir et de la débauche. Dans une riche monarchie absolue, où les femmes donnent le ton, l'honneur, l'ambition, la galanterie, le goût des plaisirs, la vanité, la mollesse seront le caractère distinctif des sujets ; et comme ce gouvernement produit encore l'oisiveté, cette oisiveté corrompant les *mœurs,* fera naître à leur place la politesse des manières.

MONARCHIE
(de Jaucourt)

*Les diverses formes de gouvernement avaient été classées dans l'*Esprit des lois *(1748) par Montesquieu, qui en distingue trois : le républicain, le monarchique* *et le despotique. L'*Encyclopédie *suit Montesquieu, et les préférences des encyclopédistes vont à la monarchie, conçue sous une forme limitée, c'est-à-dire contrôlée par les classes possédantes. L'idéal leur paraît être la monarchie anglaise à laquelle, à la suite des révolutions du* XVIIe *siècle, la bourgeoisie capitaliste a su imposer son contrôle, en le partageant d'ailleurs avec l'aristocratie foncière. Cette alliance des deux classes possédantes, pour le partage du pouvoir, dans le cadre d'une monarchie limitée, que souhaitaient les philosophes (à l'exception de Rousseau) fut rendue impossible en France par l'incompréhension de l'aristocratie féodale attachée au maintien intégral de ses privilèges. De là la Révolution de 1789.*

Se reporter aux articles « Liberté politique », « Mœurs », « Représentants ».

Albert Soboul

Les opinions politiques des encyclopédistes étant largement exposées dans d'autres articles, on peut penser que de Jaucourt a préféré ici se contenter de reprendre les thèses de Montesquieu, tolérées par la censure. Comme dans l'article « Liberté » on retrouve leur sympathie pour le système politique anglais. Cet article permet surtout de cerner la personnalité de De Jaucourt : avant tout un compilateur empruntant à la fois à Montesquieu et aux partisans de la théorie contractualiste sans toujours voir les profondes contradictions entre les deux systèmes. Cependant, il ne faut pas surestimer les contradictions théoriques de ces deux écoles du droit politique. Si elles étaient réelles, leur effet pratique était de justifier une critique du fonctionnement du système politique français.

Philippe Goujard

MONARCHIE. Forme de gouvernement ou un seul gouverne par des lois fixes et établies.

La *monarchie* est cet état dans lequel la souveraine puissance, et tous les droits qui lui sont essentiels, réside indivisément dans un seul homme appelé *roi, monarque,* ou *empereur.*

MONARCHIE LIMITÉE. Sorte de *monarchie* où les trois pouvoirs sont tellement fondus ensemble qu'ils se servent l'un à l'autre de balance et de contrepoids. La *monarchie limitée* héréditaire paraît être la meilleure forme de *monarchie,* parce qu'indépendamment de sa stabilité le corps législatif y est composé de deux parties, dont l'une enchaîne l'autre par leur faculté mutuelle d'empêcher ; et toutes les deux sont liées par la puissance exécutrice, qui l'est elle-même par la législative. Tel est le gouvernement d'Angleterre, dont les racines toujours coupées, toujours sanglantes, ont enfin produit après des siècles, à l'étonnement des nations, le mélange égal de la liberté et de la royauté. Dans les autres *monarchies* européennes que nous connaissons, les trois pouvoirs n'y sont point fondus de cette manière ; ils ont chacun une distribution particulière suivant laquelle ils approchent plus ou moins de la liberté politique.

NAÎTRE

C'est l'un des articles où s'affirment le plus hardiment les idées matérialistes des encyclopédistes. Dans le Rêve de d'Alembert, *écrit en 1769, Diderot développe un thème identique : la vie et la mort sont les deux aspects d'une même réalité. « Vivant, j'agis et je réagis en masse... ; mort, j'agis et je réagis en molécules... Je ne meurs donc point ?... Non, sans doute, je ne meurs point en ce sens, ni moi, ni quoi que ce soit... Naître, vivre et passer, c'est changer de formes. »*

Se reporter à l'article « Corruption », « Humaine » (Espèce).

Albert Soboul

NAÎTRE, venir au monde. S'il fallait donner une définition bien rigoureuse de ces deux mots, *naître et mourir,* on y trouverait peut-être de la difficulté. *Ce que nous en allons dire est purement systématique.* A proprement parler, on ne *naît* point, on ne meurt point ; on était dès le commencement des choses, et on sera jusqu'à leur consommation. Un point qui vivait s'est accru, développé jusqu'à un certain terme, par la juxtaposition successive d'une infinité de molécules. Passé ce terme, il décroît et se résout en molécules séparées qui vont se répandre dans la masse générale et commune. La vie ne peut être le résultat de l'organisation ; imaginez les trois molécules A, B, C ; si elles sont sans vie dans la combinaison A, B, C, pourquoi commenceraient-elles à vivre dans la combinaison B, C, A, ou C, A, B ? Cela ne se conçoit pas. Il n'en est pas de la vie comme du mouvement ; c'est autre chose : ce qui a vie a mouvement ; mais ce qui se meut, ne vit pas pour cela. Si l'air, l'eau, la terre et le feu viennent à se combiner, d'inertes qu'ils étaient auparavant ils deviendront d'une mobilité incoercible ; mais ils ne produiront pas la vie. La vie est une qualité essentielle et primitive dans l'être vivant ; il ne l'acquiert point ; il ne la perd point. Il faut distinguer une vie inerte et une vie active : elles sont entre elles comme la force vive et la force morte ; ôtez l'obstacle, et la force morte deviendra force vive ; ôtez l'obstacle, et la vie inerte deviendra vie active. Il y a encore la vie de l'élément et la vie de l'agrégat ou de la masse ; rien n'ôte et ne peut ôter à l'élément sa vie ; l'agrégat ou la masse est avec le temps privée de la sienne ; on vit en un point qui s'étend jusqu'à une certaine limite, sous laquelle la vie est circonscrite en tout sens ; cet espace sous lequel on vit diminue peu à peu ; la vie devient moins active sous chaque point de cet espace ; il y en a même sous lesquels elle a perdu toute son activité avant la dissolution de la masse, et l'on finit par vivre en une infinité d'atomes isolés. Les termes de vie et de mort n'ont rien d'absolu ; ils ne désignent que les états successifs d'un même être.

NATION

C'est au XVIII*e siècle, avec la diffusion des Lumières et les progrès de la bourgeoisie, que se précise l'idée de nation. Le mot « nation » figure au dictionnaire de l'Académie paru en 1694 : une nation est constituée par « tous les habitants d'un même État, d'un même pays qui vivent sous les mêmes lois et usent du même langage ». L'idée de nation se dégage encore mal de celle d'État. Les éditions du dictionnaire de l'Académie de 1740 et de 1762 reproduisent la définition de 1694. Furetière, dans son dictionnaire paru avant celui de l'Académie, en 1690, se contente de cette définition : nation « se dit d'un grand peuple habitant une certaine étendue de terre, renfermée en certaines limites ou même sous une certaine domination ». Le* Dictionnaire de Trévoux *reprend cette définition encore en 1771. C'est elle qu'adopte à peu près l'*Encyclopédie, *dont on doit souligner ici la timidité. Le mot* national *ne figure pas dans l'*Encyclopédie. *Il était cependant en usage, et* *particulièrement en liaison avec les problèmes économiques. Les physiocrates s'en servent, les premiers. Il est question, dans les textes de Quesnay, de « consommation nationale », de « commerçants nationaux ». Dans ses* Éléments du commerce *(1766), Véron de Forbonnais parle d'« approvisionnement national » et Mercier de La Rivière dans l'*Ordre naturel et essentiel des sociétés politiques *(1767), d'« agents nationaux » du commerce. L'absence du mot national dans l'*Encyclopédie *n'en est que plus singulière.*

Voir l'article « Patrie ».

Albert Soboul

Il fallut la Révolution française pour que le mot « nation » prenne tout son sens. En abolissant les corps et les privilèges, la Révolution française fut vécue par la plupart de ses acteurs comme un nouveau pacte fédératif régénérant le corps politique français et lui donnant, sous la forme de la nation, son unité.

Philippe Goujard

NATION. Mot collectif dont on fait usage pour exprimer une quantité considérable de peuple, qui habite une certaine étendue de pays, renfermée dans de certaines limites, et qui obéit au même gouvernement.

OPPRESSEUR

Ce n'est point la théorie contractualiste mais celle de Montesquieu qui nourrit l'argumentation de cet article. En particulier elle lui emprunte l'idée de la décadence de la moralité que provoque l'évolution vers le despotisme. Surtout le texte reprend une idée essentielle de Montesquieu : la crise politique naît d'une contradiction entre la nature *et le* principe *d'un gouvernement et fait naître un nouveau régime harmonisant ces deux éléments. Mais, selon Montesquieu, la république ne pouvait qu'évoluer en monarchie et la monarchie en despotisme. Il n'y a donc pas, dans cet article, un appel à la révolution mais un renvoi à* l'Esprit des lois *que beaucoup de lecteurs de l'*Encyclopédie *avaient lu (sans y voir un tel appel), l'ouvrage de Montesquieu étant une pure réflexion théorique.*

Voir l'article « Tyran ».

Philippe Goujard

OPPRESSEUR, terme relatif au mauvais usage de la puissance. On *opprime,* on mérite le nom d'*oppresseur,* on fait gémir sous l'oppression, lorsque le poids de notre autorité passe sur nos sujets d'une manière qui les écrase, et qui leur rend l'existence odieuse. On rend l'existence odieuse en envahissant la liberté, en épuisant la fortune, en gênant les opinions, etc. Un peuple peut être *opprimé* par son souverain, un peuple par un autre peuple. Fléchier[65] dit qu'il y a peu de sûreté pour les *oppresseurs* de la liberté des peuples ; mais c'est seulement dans les premiers instants de l'oppression. A la longue, on perd tout sentiment ; on s'abrutit, et l'on en vient jusqu'à adorer la tyrannie, et à diviniser ses actions les plus atroces. Alors il n'y a plus de ressource pour une nation que dans une grande révolution qui la régénère. Il lui faut une crise.

---

65. Fléchier (1632-1710) fut évêque de Lavaur, puis de Nîmes. Outre ses sermons et ses oraisons funèbres, dont celle de Turenne, il a laissé des *Mémoires sur les Grands-Jours d'Auvergne de 1665.*

PACIFICATION

Dans le contexte politique de l'époque cet article porte loin. Notons d'abord l'habileté qui consiste à affirmer qu'on ne posera pas une question pour mieux la poser. Le catholicisme restant une religion d'État, les sujets étaient contraints à une même croyance : l'article suggère que le roi est un homme de sang. Ce texte critique au nom de la finalité de l'État — garantir la paix entre les sujets — l'ingérence de la religion dans les affaires politiques. Enfin, la supériorité de l'intérêt économique sur celui de tel ou tel culte est ici affirmée avec force. La rupture avec les principes religieux est radicale : une conception neuve de la vie se fait jour, qui pose comme valeur centrale du comportement l'intérêt matériel. Une fois encore, ce sont les valeurs de la bourgeoisie triomphante qui se font jour. Mais il est possible aussi de voir dans cet article un éloge de la politique de Frédéric II qui instaure la tolérance religieuse pour assurer, par un appel à l'immigration, et pour renforcer la puissance économique de la Prusse.

Se reporter aux articles « Paix », « Tolérance ».

Philippe Goujard

Les protestants se sont plaints avec amertume de la révocation de l'édit de Nantes, et leurs plaintes ont été fortifiées de celles de tous les gens de bien catholiques, qui tolèrent d'autant plus volontiers l'attachement d'un protestant à ses opinions, qu'ils auraient plus de peine à supporter qu'on les troublât dans la profession des leurs ; de celles de tous les philosophes, qui savent combien notre façon de penser religieuse dépend peu de nous, et qui prêchent sans cesse aux souverains la tolérance générale, et aux peuples l'amour et la concorde ; de celles de tous les bons politiques qui savent les pertes immenses que l'État a faites par cet édit de révocation, qui exila du royaume une infinité de familles, et envoya nos ouvriers et nos manufactures chez l'étranger.

Il est certain qu'on viola à l'égard des protestants, la foi des traités et des édits donnés et confirmés par tant de rois ; et c'est ce que Bayle démontre sans réplique dans ses *Lettres critiques* sur l'histoire du Calvinisme. Sans entrer ici dans la question, si le prince a droit ou non de ne point tolérer les sectes opposées à la religion dominante dans son État, je dis que celui qui penserait aujourd'hui qu'un prince doit ramener par la force tous ses sujets à la même croyance, passerait pour un homme de sang ; que grâce à une infinité de sages écrivains, on a compris que rien n'est plus contraire à la saine raison, à la justice, à la bonne politique et à l'intérêt public que la tyrannie sur les âmes.

On ne peut nier que l'État ne soit dans un danger imminent lorsqu'il est divisé par deux cultes opposés, et qu'il est difficile d'établir une paix solide entre ces deux cultes ; mais est-ce une raison pour exterminer les adhérents à l'un des deux ? n'en serait-ce pas plutôt une au contraire pour affaiblir l'esprit de fanatisme, en favorisant tous les cultes indistinctement ; moyen qui appellerait en même temps dans l'État une infinité d'étrangers, qui mettrait sans cesse un homme à la portée d'en voir un autre séparé de lui par la manière de penser sur la religion, pratiquer cependant les mêmes vertus, traiter avec la même bonne foi, exercer les mêmes actes de charité, d'humanité et de bienfaisance ; qui rapprocherait les sujets les uns des autres ; qui leur inspirerait le respect pour la loi civile qui les protégerait tous également ; et qui donnerait à la morale que la nature a gravée dans tous les cœurs, la préférence qu'elle mérite.

PAIX

L'article résume ce qui, selon les encyclopédistes, justifie les principes pacifistes. La guerre résulte de la violation par les princes du contrat qui les lie à leurs sujets et les contraint à assurer leur bonheur et à garantir leurs droits. C'est la supériorité de l'intérêt matériel et économique qui est le motif essentiel du pacifisme. Si, à l'article précédent, cet intérêt justifiait l'exigence de la paix intérieure, dans ce texte il entraîne celle de la paix entre les États.

Se reporter à l'article « Guerre ».

Philippe Goujard

PAIX. La guerre est un fruit de la dépravation des hommes ; c'est une maladie convulsive et violente du corps politique ; il n'est en santé, c'est-à-dire dans son état naturel, que lorsqu'il jouit de la *paix ;* c'est elle qui donne de la vigueur aux empires ; elle maintient l'ordre parmi les citoyens ; elle laisse aux lois la force qui leur est nécessaire ; elle favorise la population, l'agriculture et le commerce ; en un mot elle procure aux peuples le bonheur qui est le but de toute société. La guerre au contraire dépeuple les états ; elle y fait régner le désordre ; les lois sont forcées de se taire à la vue de la licence qu'elle introduit ; elle rend incertaines la liberté et la propriété des citoyens ; elle trouble et fait négliger le commerce ; les terres deviennent incultes et abandonnées. Jamais les triomphes les plus éclatants ne peuvent dédommager une nation de la perte d'une multitude de ses membres que la guerre sacrifie ; ses victoires même lui font des plaies profondes que la *paix* seule peut guérir.

Si la raison gouvernait les hommes, si elle avait sur les chefs des nations l'empire qui lui est dû, on ne les verrait point se livrer inconsidérément aux fureurs de la guerre ; ils ne marqueraient point cet acharnement qui caractérise les bêtes féroces. Attentifs à conserver une tranquillité de qui dépend leur bonheur, ils ne saisiraient point toutes les occasions de troubler celle des autres ; satisfaits des biens que la nature a distribués à tous ses enfants, ils ne regarderaient point avec envie ceux qu'elle a accordés à d'autres peuples ; les souverains sentiraient que des conquêtes payées du sang de leurs sujets ne valent jamais le prix qu'elles ont coûté. Mais par une fatalité déplorable, les nations vivent entre elles dans une défiance réciproque, perpétuellement occupées à repousser les entreprises injustes des autres, ou à en former elles-mêmes, les prétextes les plus frivoles leur mettent les armes à la main, et l'on croirait qu'elles ont une volonté permanente de se priver des avantages que la Providence ou l'industrie leur ont procurés. Les passions aveugles des princes les portent à étendre les bornes de leurs états ; peu occupés du bien de leurs sujets, ils ne cherchent qu'à grossir le nombre des hommes qu'ils rendent malheureux. Ces passions allumées ou entretenues par des ministres ambitieux, ou par des guerriers dont la profession est incompatible avec le repos, ont eu dans tous les âges les effets les plus funestes pour l'humanité. L'histoire ne nous fournit que des exemples de *paix* violées, de guerres injustes et cruelles, de champs dévastés, de villes réduites en cendre. L'épuisement seul semble forcer les princes à la *paix ;* ils s'aperçoivent toujours trop tard que le sang du citoyen s'est mêlé à celui de l'ennemi ; ce carnage inutile n'a servi qu'à cimenter l'édifice chimérique de la gloire du conquérant, et de ses guerriers turbulents ; le bonheur de ses peuples est la première victime qui est immolée à son caprice ou aux vues intéressées de ses courtisans. [...]

PATRIE
(de Jaucourt)

A la suite de La Bruyère qui, dans ses Caractères *(1668), au chapitre « Du souverain ou de la République », écrit qu'il n'y a point de patrie dans le despotisme, les philosophes du* XVIII*e siècle lient les deux idées de patrie et de liberté. Voltaire et Rousseau sont d'accord sur ce point, et le chevalier de Jaucourt les suit dans l'article « Patrie » de l'*Encyclopédie. *« Qu'est-ce donc* *que la patrie ? interroge Voltaire dans ses* Questions sur l'Encyclopédie *(1771). Ne serait-ce pas par hasard un bon champ, dont le possesseur logé commodément dans une maison bien tenue pourrait dire : ce champ que je cultive, cette maison que j'ai bâtie sont à moi ?... » La bourgeoisie a la conviction profonde que seuls les propriétaires ont une patrie. Mettant en scène un jeune garçon pâtissier qui se donne des airs d'aimer sa patrie sans y rien posséder, Voltaire conclut que « dans une patrie un peu étendue il y avait souvent plusieurs millions d'hommes qui n'avaient point de patrie ». Les prolétaires n'ont pas de patrie, dira-t-on au siècle suivant. D'Holbach, cependant, allait plus loin que Voltaire lorsqu'il écrivait dans son* Ethocratie ou le Gouvernement fondé sur la morale *(1776) : « Le patriotisme véritable ne peut se trouver que dans les pays où les citoyens, libres et gouvernés par des lois équitables, se trouvent heureux. »*

Il est significatif que les tenants de l'aristocratie et de la haute société cosmopolite aient eu de la répugnance à employer le mot de patrie. « Un galant homme, selon l'abbé Coyer, dans sa Dissertation sur le mot patrie *(1782), n'écrira pas le mot patrie. Ce serait bien pis s'il le prononçait. » En 1788, le prince de Ligne écrit à Joseph II : « ... patriote, mot honorable qui commence à devenir odieux »* (Lettres et pensées, *publiées par Mme de Staël, 1809).*

Se reporter aux articles « Nation », « Représentants ».

Albert Soboul

PATRIE. Le rhéteur peu logicien, le géographe qui ne s'occupe que de la position des lieux, et le lexicographe vulgaire prennent la *patrie* pour le lieu de la naissance, quel qu'il soit ; mais le philosophe sait que ce mot vient du latin *pater,* qui représente un père et des enfants, et conséquemment, qu'il exprime le sens que nous attachons à celui de *famille,* de *société,* d'*état libre,* dont nous sommes membres, et dont les lois assurent nos libertés et notre bonheur. Il n'est point de *patrie* sous le joug du despotisme. [...]

Les Grecs et les Romains ne connaissent rien de si aimable et de si sacré que la *patrie ;* ils disaient qu'on se doit tout entier à elle ; qu'il n'est pas plus permis de s'en venger, que de son père ; qu'il ne faut avoir d'amis que les siens ; que de tous les augures, le meilleur est de combattre pour elle ; qu'il est beau, qu'il est doux de mourir pour la conserver ; que le ciel ne s'ouvre qu'à ceux qui l'ont servie. Ainsi parlaient les magistrats, les guerriers et le peuple. Quelle idée se formaient-ils donc de la *patrie ?*

La *patrie,* disaient-ils, est une terre que tous les habitants sont intéressés à conserver, que personne ne veut quitter parce qu'on n'abandonne pas son bonheur, et où les étrangers cherchent un asile. C'est une nourrice qui donne son lait avec autant de plaisir qu'on le reçoit. C'est une mère qui chérit tous ses enfants, qui ne les distingue qu'autant qu'ils se distinguent eux-mêmes ; qui veut bien qu'il y ait de l'opulence et de la médiocrité, mais point de pauvres ; des grands et des petits, mais personne d'opprimé ; qui même dans ce partage inégal conserve une sorte d'égalité, en ouvrant à tous le chemin des premières places ; qui ne souffre aucun mal dans sa famille, que ceux qu'elle ne peut empêcher : la maladie et la mort ; qui croirait n'avoir rien fait en donnant l'être à ses enfants, si elle n'y ajoutait le bien-être. C'est une puissance aussi ancienne que la société, fondée sur la nature et l'ordre ; une puissance supérieure à toutes les puissances qu'elle établit dans son sein, archontes, suffètes, éphores, consuls ou rois ; une puissance qui soumet à ses lois ceux qui commandent en son nom comme ceux qui obéissent. C'est une divinité qui n'accepte des offrandes que pour les répandre, qui demande plus d'attachement que de crainte, qui sourit en faisant du bien et qui soupire en lançant la foudre.

Telle est la *patrie !* L'amour qu'on lui porte conduit à la bonté des mœurs, et la bonté des mœurs conduit à l'amour de la *patrie ;* cet amour est l'amour des lois et du bonheur de l'État, amour singulièrement affecté aux démocraties ; c'est une vertu politique par laquelle on renonce à soi-même en préférant l'intérêt public au sien propre ; c'est un sentiment et non une suite de connaissance ; le dernier homme de l'État peut avoir ce sentiment comme le chef de la république.

PÈRE DE L'ÉGLISE
(de Jaucourt)

La méthode scientifique doit s'appliquer aussi aux textes sacrés.

Se reporter aux articles « Aigle », « Carême »...

Albert Soboul

PÈRE DE L'ÉGLISE. On nomme *pères de l'Église* les écrivains ecclésiastiques grecs et latins qui ont fleuri dans les six premiers siècles du christianisme.

On en compte vingt-trois, savoir : saint Ambroise, saint Athanase, Athénagore, saint Augustin, saint Basile, saint Chrysostome, Clément d'Alexandrie, saint Cyprien, saint Cyrille d'Alexandrie, saint Cyrille de Jérusalem, saint Grégoire de Naziance, saint Grégoire de Nysse, saint Grégoire-le-Grand, saint Hilaire, saint Jérôme, saint Irénée, saint Justin, Lactance, saint Léon, Minutius Félix, Origène, Tertullien et Théodoret. On leur joint saint Bernard, qui a fleuri dans le XIIe siècle. Mais nous parlerons de chacun suivant l'ordre des temps.

Ces hommes célèbres à tant d'égards méritent bien que nous discourions d'eux dans ce dictionnaire avec beaucoup de recherche, à cause de leur foi, de leur zèle pour les progrès de la religion et de leurs ouvrages dont nous pouvons tirer de grandes lumières ; cependant, comme en matière de morale, de dogmes et sur quelque sujet que ce soit, il n'y a point d'homme ni de société d'hommes infaillibles ici-bas ; comme on ne doit aucune déférence aveugle à quelqu'autre autorité humaine que ce soit en fait de sciences et de religion, il doit être permis d'apporter dans l'examen des écrits des *pères* la même méthode de critique et de discussion qu'on emploie dans tout autre auteur humain. Le respect même qui n'est dû qu'à l'autorité divine suppose toujours le discernement de la droite raison afin de ne point prendre pour elle ce qui n'en a que l'apparence, et d'éviter de rendre à l'erreur un hommage qui n'est dû qu'à la vérité éternelle.

PERSÉCUTER

L'un des griefs essentiels des philosophes contre l'Église catholique est son intolérance. Au nom de l'Évangile même et au nom de la raison, les philosophes réclament la tolérance et la liberté de penser.

Se reporter aux articles « Fanatisme », « Tolérance ».

Albert Soboul

Deux types d'arguments justifient la critique de la persécution : des arguments « polémiques » où l'on reprend la méthode classique opposant les principes de la morale chrétienne et la conduite réelle des autorités religieuses. En même temps l'intolérance nuit aux intérêts de toute religion oppressive en suscitant la sympathie pour ses victimes. Ensuite et surtout on utilise des arguments philosophiques : la persécution est contraire à la diversité de l'humanité et à ses lois, qui sont jugées fondamentales ; elle est aussi contraire au bon ordre social et politique. On retrouve ici la nouvelle hiérarchie des valeurs proposée par les Lumières. Quant à l'explication de la tolérance par le préjugé et l'ignorance, elle est maintenant classique. Ainsi la description d'une situation désastreuse justifie, par la croyance au futur triomphe de la Raison, un certain optimisme. Mais la Raison ne peut triompher sans un ordre social et politique permettant son libre exercice. Dès lors la critique idéologique d'un système d'oppression entraîne implicitement la revendication d'une réforme politique. Mais il faut encore noter que c'est le premier aspect de la démarche qui est essentiel et que la rupture idéologique justifie, mais à terme seulement, la rupture politique.

Philippe Goujard

PERSÉCUTER, PERSÉCUTEUR ET PERSÉCUTION. La *persécution* est la tyrannie que le souverain exerce ou permet que l'on exerce en son nom contre ceux de ses sujets qui suivent les opinions différentes des siennes en matière de religion.

L'Histoire ne nous fournit que trop d'exemples de souverains aveuglés par un zèle dangereux, ou guidés par une politique barbare, ou séduits par des conseils odieux, qui sont devenus les *persécuteurs* et les bourreaux de leurs sujets lorsque ces derniers avaient adopté des systèmes religieux qui ne s'accordaient point avec les leurs. Sous Rome païenne, les empereurs *persécutèrent* la religion chrétienne avec une violence et une cruauté qui font frémir. Les disciples du Dieu de la paix leur paraissaient des novateurs dangereux qui méritaient les traitements les plus barbares. La providence se servit de ces *persécutions* pour étendre la foi chez tous les peuples de la terre, et le sang des martyrs devint un germe fécond qui multiplia les disciples de Jésus-Christ.

A peine l'Église eût-elle commencé à respirer sous les empereurs chrétiens, que ses enfants se divisèrent sur ses dogmes et l'arianisme, protégé par plusieurs souverains, excita contre les défenseurs de la foi ancienne des *persécutions* qui ne le cédaient guère à celles du paganisme. Depuis ce temps, de siècle en siècle, l'erreur appuyée du pouvoir a souvent *persécuté* la vérité et, par une fatalité déplorable, les partisans de la vérité, oubliant la modération que prescrit l'Évangile et la raison, se sont souvent abandonnés aux mêmes excès qu'ils avaient justement reprochés à leurs oppresseurs. De là ces *persécutions*, ces supplices, ces proscriptions qui ont inondé le monde chrétien de flots de sang et qui souillent l'histoire de l'Église par les traits de la cruauté la plus raffinée. Les passions des *persécuteurs* étaient allumées par un faux zèle et autorisées par la cause qu'ils voulaient soutenir, et ils se sont cru tout permis pour venger l'Etre suprême. On a pensé que le Dieu des miséricordes approuvait de pareils excès, que l'on était dispensé des lois immuables de l'amour du prochain et de l'humanité pour des hommes que l'on cessait de regarder comme ses semblables dès lors qu'ils n'avaient point la même façon de penser. Le meurtre, la violence et la rapine ont passé pour des actions agréables à la Divinité, et par une audace inouïe on s'est arrogé le droit de venger celui qui s'est formellement réservé la vengeance. Il n'y a que l'ivresse du fanatisme et des passions, ou l'imposture la plus intéressée qui ait pu enseigner aux hommes qu'ils pouvaient, qu'ils devaient même détruire ceux qui ont des opinions différentes des leurs, qu'ils étaient dispensés envers eux des lois de la bonne foi et de la probité. Où en serait le monde si les peuples adoptaient ces sentiments destructeurs ? L'univers entier, dont les habitants diffèrent dans leur culte et leurs opinions, deviendrait un théâtre de carnages, de perfidies et d'horreurs. Les mêmes droits qui armeraient les mains des chrétiens allumeraient la fureur insensée du musulman, de l'idolâtre, et toute la terre serait couverte de victimes que chacun croirait immoler à son Dieu.

Si la *persécution* est contraire à la douceur évangélique et aux lois de l'humanité, elle n'est pas moins opposée à la raison et à la saine politique. Il n'y a que les ennemis les plus cruels du bonheur d'un État qui aient pu suggérer à des souverains que ceux de leurs sujets qui ne pensaient point comme eux étaient devenus des victimes dévouées à la mort et indignes de partager les avantages de la société. L'inutilité des violences suffit pour désabuser de ces maximes odieuses. Lorsque les hommes, soit par les préjugés de l'éducation, soit par l'étude et la réflexion, ont embrassé des opinions auxquelles ils croient leur bonheur éternel attaché, les tourments les plus affreux ne font que les rendre plus opiniâtres, l'âme invincible au milieu des supplices s'applaudit de jouir de la liberté qu'on veut lui ravir ; elle brave les vains efforts du tyran et de ses bourreaux. Les peuples sont toujours frappés d'une constance qui leur paraît merveilleuse et surnaturelle ; ils sont tentés de regarder comme des martyrs de la vérité les infortunés pour qui la pitié les intéresse ; la religion du *persécuteur* leur devient odieuse ; la *persécution* fait des hypocrites et jamais des prosélytes.

PEUPLE

Cet article contient, à peine voilée, l'une des critiques les plus fondées que l'on puisse adresser à la société d'Ancien Régime : le peuple qui travaille et produit n'est rien et n'a même droit à aucune considération.

L'opposition entre le luxe vain des financiers et la simplicité de vie des gens du peuple constitue un thème mis à la mode par Rousseau et souvent illustré après lui. Soulignons aussi ce trait bien vu par l'auteur : l'ambition d'ascension si répandue dans les couches supérieures du Tiers État, et qui constitua l'un des ferments révolutionnaires de la société d'Ancien Régime. Le sens du mot « peuple » n'a cessé, au cours du XVIIIe siècle, de se restreindre, pour ne plus comprendre que les paysans et les ouvriers. Financiers, négociants, hommes de lettres ne veulent plus être rangés dans le peuple. Le libraire Hardy, dans son Journal, *englobe sous l'expression « menu peuple » à la fois les classes non-possédantes et la petite bourgeoisie parisienne : petits commerçants, maîtres d'atelier aussi bien que compagnons, manœuvres et indigents. En fait, de la petite bourgeoisie au salariat, les nuances sont nombreuses, comme les antagonismes. Rousseau écrira dans les* Confessions *qu'il était né « dans une famille que ses mœurs distinguaient du peuple » : son père était horloger. L'évolution du mot traduit dans une certaine* *mesure l'évolution sociale ; resserrement qui n'a pas été sans mépris pour ce peuple qui travaille. Le rédacteur de l'*Encyclopédie *réagit ici contre cette tendance : avec quelle émotion il décrit la dure existence des ouvriers et des paysans ! Les encyclopédistes ont su être sensibles à la misère du peuple. Et combien injuste et hâtif nous apparaît ce jugement de Taine, qui accuse les philosophes d'être incapables de « figurer la chose vivante, l'individu réel », pour n'inventer qu'« une abstraction creuse » !*

Voir les articles « Indigent », « Journalier ».

Albert Soboul

Soulignons, à propos de cet article, la subversion profonde des valeurs qu'il sous-entendait en critiquant les modes de comportement des catégories dominantes : goût du paraître, mépris du travail. Il montre aussi l'effet de l'hégémonie de ces valeurs qu'on peut, sans trop forcer le trait, qualifier d'aristocratiques : l'abandon, à partir d'un certain niveau de réussite économique, des activités pratiques. Cette évasion de la bourgeoisie de profit vers l'oisiveté rentière était un élément essentiel du blocage des forces productives dans la société d'Ancien Régime.

Philippe Goujard

Autrefois, en France, le *peuple* était regardé comme la partie la plus utile, la plus précieuse, et par conséquent la plus respectable de la nation. Alors on croyait que le *peuple* pouvait occuper une place dans les États généraux ; et les parlements du royaume ne faisaient qu'une raison de celle du *peuple* et de la leur. Les idées ont changé, et même la classe des hommes faits pour composer le *peuple* se rétrécit tous les jours davantage. Autrefois, le *peuple* était l'état général de la nation, simplement opposé à celui des grands et des nobles. Il renfermait les laboureurs, les ouvriers, les artisans, les négociants, les financiers, les gens de lettres et les gens de lois. Mais un homme de beaucoup d'esprit, qui a publié il y a près de vingt ans une dissertation sur la *nature du peuple,* pense que ce corps de la nation se borne actuellement aux ouvriers et aux laboureurs. Rapportons ses propres réflexions sur cette matière, d'autant mieux qu'elles sont pleines d'images et de tableaux qui servent à prouver son système.

Les gens de lois, dit-il, se sont tirés de la classe du *peuple* en s'ennoblissant sans le secours de l'épée ; les gens de lettres, à l'exemple d'Horace, ont regardé le *peuple* comme profane. Il ne serait pas honnête d'appeler *peuple* ceux qui cultivent les beaux-arts, ni même de laisser dans la classe du *peuple* cette espèce d'artisans, disons mieux, d'artistes maniérés qui travaillent le luxe ; des mains qui peignent *divinement* une voiture, qui montent un diamant au *parfait,* qui ajustent une mode *supérieurement,* de telles mains ne ressemblent point aux mains du *peuple.* Gardons-nous aussi de mêler les négociants avec le *peuple,* depuis qu'on peut acquérir la noblesse par le commerce ; les financiers ont pris un vol si élevé qu'ils se trouvent côte à côte des grands du royaume. Ils se sont faufilés, confondus avec eux, alliés avec les nobles qu'ils pensionnent, qu'ils soutiennent et qu'ils tirent de la misère, mais pour qu'on puisse encore mieux juger combien il serait absurde de les confondre avec le *peuple,* il suffira de considérer un moment la vie des hommes de cette volée et celle du *peuple.*

Les financiers sont logés sous de riches plafonds ; ils appellent l'or et la soie pour filer leurs vêtements ; ils respirent les parfums, cherchent l'appétit dans l'art de leurs cuisiniers ; et, quand le repos succède à leur oisiveté, ils s'endorment nonchalamment sur le duvet. Rien n'échappe à ces hommes riches et curieux ; ni les fleurs d'Italie, ni les perroquets du Brésil, ni les toiles peintes de Masulipatan, ni les magots de Chine, ni les porcelaines de Saxe, de Sèvres et du Japon. Voyez leurs palais à la ville et à la campagne, leurs habits de goût, leurs meubles élégants, leurs équipages lestes, tout cela sent-il le *peuple ?* Cet homme qui a su brusquer la fortune par la porte de la finance mange noblement en un repas la nourriture de cent familles du *peuple,* varie sans cesse ses plaisirs, réforme un vernis, perfectionne un lustre par le secours des gens du métier, arrange une fête et donne de nouveaux noms à ses voitures. Son fils se livre aujourd'hui à un cocher fougueux pour effrayer les passants, demain il sera cocher lui-même pour les faire rire.

Il ne reste donc dans la masse du *peuple* que les ouvriers et les laboureurs. Je contemple avec intérêt leur façon d'exister ; je trouve que cet ouvrier habite ou sous le chaume ou dans quelque réduit que nos villes lui abandonnent, parce qu'on a besoin de sa force. Il se lève avec le soleil et, sans regarder la fortune qui rit au-dessus de lui, il prend son habit de toutes les saisons, il fouille nos mines et nos carrières, il dessèche nos marais, il nettoie nos rues, il bâtit nos maisons, il fabrique nos meubles ; la faim arrive, tout lui est bon ; le jour finit, il se couche durement dans les bras de la fatigue.

Le laboureur, autre homme du *peuple,* est, avant l'aurore, tout occupé à ensemencer nos terres, à cultiver nos champs, à arroser nos jardins. Il souffre le chaud, le froid, la hauteur des grands, l'insolence des riches, le brigandage des traitants, le pillage des commis, le ravage même des bêtes fauves qu'il n'ose écarter de ses moissons par respect pour les plaisirs des puissants. Il est sobre, juste, fidèle, religieux, sans considérer ce qui lui en reviendra. Colas épouse Colette, parce qu'il l'aime. Colette donne son lait à ses enfants, sans connaître le prix de la fraîcheur et du repos. Ils grandissent, ces enfants, et Lucas, ouvrant la terre devant eux, leur apprend à la cultiver. Il meurt et leur laisse son champ à partager également ; si Lucas n'était pas un homme du *peuple,* il le laisserait tout entier à l'aîné. Tel est le portrait des hommes qui composent ce que nous appelons *peuple* et qui forment toujours la partie la plus nombreuse et la plus nécessaire de la nation.

PHILOSOPHIE

Une véritable révolution de l'esprit humain se produisit au cours de la première moitié du XVIIIe *siècle, lorsque se fut répandue la philosophie nouvelle, dont Descartes avait jeté les fondements dans son* Discours de la méthode *(1637). Sans doute la foi religieuse subsiste, et aussi la foi monarchique. Mais ces sentiments traditionnels s'étaient transformés, et d'autres étaient apparus, qui les menaçaient. En même temps de nouveaux domaines s'ouvraient à la raison, maintenant armée d'une méthode dont l'expérience prouvait chaque jour l'efficacité. Cette toute-puissance de la raison caractérise dorénavant la philosophie.*

Un philosophe, d'après l'Académie en 1694, est « celui qui s'applique à l'étude des sciences et qui cherche à connaître les effets par leurs causes et leurs principes ». Sans perdre complètement ce sens primitif, le mot prit une valeur absolument différente.

« Philosopher, écrivait dès le début du XVIIIe *siècle, Mme de Lambert (1647-1733), c'est rendre à la raison toute sa dignité et la faire rentrer dans tous ses droits ; c'est rapporter chaque chose à ses principes propres et secouer le joug de l'opinion et de l'autorité. » Par cet usage de la raison et du libre examen, toutes les connaissances humaines se renouvellent : la philosophie anime toutes les sciences et devient la méthode universelle.*

*Le philosophe, c'est, d'après la définition célèbre de Diderot, « un honnête homme qui agit en tout par la raison ». « Etre philosophe, selon l'*Encyclopédie, *c'est avoir des principes solides et surtout une bonne méthode pour rendre raison des faits et en tirer de légitimes conséquences. » L'article « Philosophie » de l'*Encyclopédie *développe cette définition et dénonce les deux obstacles aux progrès de la philosophie, le principe d'autorité et l'esprit de système.*

Se reporter aux articles « Autorité dans les discours et dans les écrits », « Éclectisme ».

Albert Soboul

Si l'article « Éclectisme » ne retenait que la fonction critique de la philosophie, celui-ci lui assigne une fonction positive. La raison doit, à partir de l'observation rigoureuse des faits et de l'expérience, découvrir les rapports entre les différents éléments et produire des lois. La philosophie est avant tout une présentation organisée des connaissances. Cette affirmation découle de la liaison entre les différentes connaissances exposée dans le Discours préliminaire. *Dans ces conditions, la philosophie est la reine des connaissances, l'expression achevée du savoir humain. Le philosophe s'oppose ainsi aux spécialistes, dont il reprend cependant les travaux, mais aussi au « vulgaire », victime des préjugés. Mais ces distinctions ne sont point oppositions. Même si les hommes capables d'unir sens de l'observation et capacité de réflexion sont rares, tout homme peut devenir philosophe car tout homme est doué de raison.*

Les philosophes du XVIII*e siècle rejetèrent donc tout systématisme : aussi bien le doute systématique que l'esprit de système. Cet effort porta ses fruits. La plupart des articles de l'*Encyclopédie *— en particulier les articles scientifiques — montrent un progrès des connaissances positives. Le* XVIII*e siècle vit ainsi le déclin des grandes constructions métaphysiques. Et si la fin du* XVIII*e siècle avec Kant, et le* XIX*e siècle avec Hegel virent renaître de grands systèmes philosophiques, ils n'avaient rien à voir avec ceux des siècles précédents.*

Philippe Goujard

PHILOSOPHIE signifie, suivant son étymologie, l'*amour de la sagesse*. Ce mot ayant toujours été assez vague, à cause des diverses significations qu'on y a attachées, il faut faire deux choses dans cet article : 1° rapporter historiquement l'origine et les différentes acceptions de ce terme ; 2° en fixer le sens par une bonne définition. [...]

Il est temps de passer au second point de cet article, où il s'agit de fixer le sens du nom de la *philosophie* et d'en donner une bonne définition. Philosopher, c'est donner la raison des choses, ou du moins la chercher ; car tant qu'on se borne à voir et à rapporter ce qu'on voit on n'est qu'historien. Quand on calcule et mesure les proportions des choses, leurs grandeurs, leurs valeurs, on est mathématicien ; mais celui qui s'arrête à découvrir la raison qui fait que les choses sont, et qu'elles sont plutôt ainsi que d'une autre manière, c'est le philosophe proprement dit. [...]

Telle est la saine notion de la *philosophie ;* son but est la certitude, et tous ses pas y tendent par la voie de la démonstration. Ce qui caractérise donc le philosophe et le distingue du vulgaire, c'est qu'il n'admet rien sans preuve, qu'il n'acquiesce point à des notions trompeuses et qu'il pose exactement les limites du certain, du probable et du douteux. Il ne se paye point de mots et n'explique rien par des qualités occultes, qui ne sont autre chose que l'effet même transformé en cause ; il aime beaucoup mieux faire l'aveu de son ignorance toutes les fois que le raisonnement et l'expérience ne sauraient le conduire à la véritable raison des choses. [...]

Le plus grand philosophe est celui qui rend raison du plus grand nombre de choses, voilà son rang assigné avec précision : l'érudition par ce moyen n'est plus confondue avec la *philosophie.* La connaissance des faits est sans contredit utile, elle est même un préalable essentiel à leur explication ; mais être philosophe, ce n'est pas simplement avoir beaucoup vu et beaucoup lu, ce n'est pas aussi posséder l'histoire de la *philosophie,* des sciences et des arts, tout cela ne forme souvent qu'un chaos indigeste ; mais être philosophe, c'est avoir des principes solides, et surtout une bonne méthode pour rendre raison de ces faits, et en tirer de légitimes conséquences.

Deux obstacles principaux ont retardé longtemps les progrès de la *philosophie :* l'autorité et l'esprit systématique.

Un vrai philosophe ne voit point par les yeux d'autrui, il ne se rend qu'à la conviction qui naît de l'évidence. Il est assez difficile de comprendre comment il se peut faire que des gens qui ont de l'esprit aiment mieux se servir de l'esprit des autres dans la recherche de la vérité, que de celui que Dieu leur a donné. Il y a sans doute infiniment plus de plaisir et plus d'honneur à se conduire par ses propres yeux que par ceux des autres, et un homme qui a de bons yeux ne s'avisa jamais de se les fermer ou de se les arracher, dans l'espérance d'avoir un conducteur ; c'est cependant un usage assez universel. [...]

Ces réflexions solides et judicieuses devraient bien nous guérir des préjugés ridicules que nous avons pris en faveur des Anciens. Si notre raison, soutenue de la vanité qui nous est si naturelle, n'est pas capable de nous ôter une humilité si mal entendue, comme si en qualité d'hommes nous n'avions pas droit de prétendre à une aussi grande perfection ; l'expérience du moins sera assez forte pour nous convaincre que rien n'a tant arrêté le progrès des choses, et rien n'a tant borné les esprits, que cette admiration excessive des Anciens. Parce qu'on s'était dévoué à l'autorité d'Aristote, dit M. de Fontenelle, et qu'on ne cherchait la vérité que dans ses écrits énigmatiques, et jamais dans la nature, non seulement la *philosophie* n'avançait en aucune façon, mais elle était tombée dans un abîme de galimatias et d'idées inintelligibles d'où l'on a eu toutes les peines du monde à la retirer. Aristote n'a jamais fait un vrai philosophe, mais il en a beaucoup étouffé qui le fussent devenus s'il eût été permis. Et le mal est qu'une fantaisie de cette espèce une fois établie parmi les hommes, en voilà pour longtemps ; on sera des siècles entiers à en revenir, même après qu'on en aura connu le ridicule. Si l'on allait s'entêter un jour de Descartes, et le mettre à la place d'Aristote, ce serait à peu près le même inconvénient. [...]

L'esprit systématique ne nuit pas moins au progrès de la vérité : par esprit systématique, je n'entends pas celui qui lie les vérités entre elles pour former des démonstrations, ce qui n'est autre chose que le véritable esprit philosophique ; mais je désigne celui qui bâtit des plans et forme des systèmes de l'univers, auxquels il veut ensuite ajuster, de gré ou de force, les phénomènes... Rien n'est plus louable que le parti qu'a pris l'Académie des sciences, de voir, d'observer, de coucher dans ses registres les observations et les expériences, et de laisser à la postérité le soin de faire un système complet lorsqu'il y aura assez de matériaux pour cela ; mais ce temps est encore bien éloigné, si tant est qu'il arrive jamais.

PRÊTRES
(d'Holbach)

*La critique contre la religion établie tient une grande place dans l'*Encyclopédie*. L'article « Prêtres » est l'un des plus violents.*

Se reporter aux articles « Fanatisme », « Persécuter ».

Albert Soboul

*Cet article, effectivement un des plus virulents de l'*Encyclopédie, *a été écrit par d'Holbach, matérialiste convaincu. Il y recourt à l'analyse historique pour accuser les prêtres d'avoir usurpé leur pouvoir sur les hommes, attaque particulièrement rude si on se réfère à la condamnation de l'usurpation par la théorie contractualiste. Selon d'Holbach, le pouvoir clérical s'explique par l'utilisation faite par les prêtres d'un discours terroriste. On peut aujourd'hui juger cette opinion outrancière : mais, comme vient de le montrer Jean Delumeau*[66]*, le discours religieux était alors largement fondé sur la peur.*

---

66. J. Delumeau, *le Péché et la Peur,* Paris 1982.

Mais cet article a aussi une dimension politique. Ponctuelle d'abord : l'accusation portée contre les prêtres de prêcher la désobéissance renvoie aux problèmes du moment. Les jésuites, en particulier, étaient systématiquement accusés d'inciter au régicide. Cette accusation fut d'ailleurs un des motifs de l'interdiction de la Compagnie de Jésus en 1762, en France. Comme son ami Diderot, d'Holbach estimait que c'était essentiellement l'empire des préjugés qui portait le souverain à violer l'intérêt général. Ils pensaient que l'État devait au moins borner les prérogatives de l'Église et soumettre les prêtres à la loi commune. C'était là attaquer le privilège, fondement de la société aristocratique, au nom du pouvoir de l'État né du consentement de tous, ce que n'était pas le pouvoir de l'Église.

Au XVIIIe *siècle l'anticléricalisme était surtout le fait de certains milieux — limités — de possédants dont d'Holbach peut être considéré comme un parfait représentant.*[67] *Il existait également dans certains milieux populaires, mais il est difficile d'apprécier l'ampleur de cette attitude qui ne datait d'ailleurs pas du* XVIIIe *siècle. L'anticléricalisme, comme le matérialisme, pouvait, ou non, se lier à des idées de transformations sociales. Les idées politiques de d'Holbach n'avaient rien à voir avec celles du curé Meslier. Cet anticléricalisme d'une partie de l'élite possédante et celui du monde populaire se rencontrèrent un moment dans le mouvement déchristianisateur de l'an II qui reprit, entre autres griefs, ceux exprimés par cet article, et bien souvent dans les mêmes termes.*[68]

Philippe Goujard

PRÊTRES *(Religion et politique).* On désigne sous ce nom tous ceux qui remplissent les fonctions des cultes religieux établis chez les différents peuples de la terre.

---

67. Ce qui fit dire à Robespierre que l'athéisme était aristocratique.
68. Voir M. Vovelle, *Religion et Révolution,* Paris 1976, p. 205-235.

Le culte extérieur suppose des cérémonies dont le but est de frapper le sens des hommes et de leur imprimer de la vénération pour la divinité à qui ils rendent leurs hommages. La superstition ayant multiplié les cérémonies des différents cultes, les personnes destinées à les remplir ne tardèrent point à former un ordre séparé qui fut uniquement destiné au service des autels ; on crut que ceux qui étaient chargés de soins si importants se devaient tout entiers à la divinité ; dès lors, ils partagèrent avec elle le respect des humains ; les occupations du vulgaire parurent au-dessous d'eux, et les peuples se crurent obligés de pourvoir à la subsistance de ceux qui étaient revêtus du plus saint et du plus important des ministères ; ces derniers, renfermés dans l'enceinte de leurs temples, se communiquèrent peu ; cela dut augmenter encore le respect qu'on avait pour ces hommes isolés ; on s'accoutuma à les regarder comme des favoris des dieux, comme les dépositaires et les interprètes de leurs volontés, comme des médiateurs entre eux et les mortels.

Il est doux de dominer sur ses semblables ; les *prêtres* surent mettre à profit la haute opinion qu'ils avaient fait naître dans l'esprit de leurs concitoyens ; ils prétendirent que les dieux se manifestaient à eux ; ils annoncèrent leurs décrets ; ils enseignèrent des dogmes ; ils prescrivirent ce qu'il fallait croire et ce qu'il fallait rejeter ; ils fixèrent ce qui plaisait ou déplaisait à la divinité ; ils rendirent des oracles ; ils prédirent l'avenir à l'homme inquiet et curieux, ils le firent trembler par la crainte des châtiments dont les dieux irrités menaçaient les téméraires qui oseraient douter de leur mission ou discuter leur doctrine.

Pour établir plus sûrement leur empire, ils peignirent les dieux comme cruels, vindicatifs, implacables ; ils introduisirent des cérémonies, des initiations, des mystères, dont l'atrocité pût nourrir dans les hommes cette sombre mélancolie, si favorable à l'empire du fanatisme ; alors le sang humain coula à grands flots sur les autels, les peuples subjugués par la crainte et enivrés de superstition ne crurent jamais payer trop chèrement la bienveillance céleste : les mères livrèrent d'un œil sec leurs tendres enfants aux flammes dévorantes ; des milliers de victimes humaines tombèrent sous le couteau des sacrificateurs ; on se soumit à une multitude de pratiques et les superstitions les plus absurdes achevèrent d'étendre et d'affermir leur puissance. [...]

Les peuples eussent été trop heureux si les *prêtres* de l'imposture eussent seuls abusé du pouvoir que leur ministère leur donnait sur les hommes ; malgré la soumission et la douceur, si recommandée par l'Évangile, dans des siècles de ténèbres, on a vu des *prêtres* du Dieu de paix arborer l'étendart de la révolte ; armer les mains des sujets contre leurs souverains ; ordonner insolemment aux rois de descendre du trône ; s'arroger le droit de rompre les liens sacrés qui unissent les peuples à leurs maîtres ; traiter de tyrans les princes qui s'opposaient à leurs entreprises audacieuses ; prétendre pour eux-mêmes une indépendance chimérique des lois faite pour obliger également tous les citoyens. Ces vaines prétentions ont été cimentées quelquefois par des flots de sang : elles se sont établies en raison de l'ignorance des peuples, de la faiblesse des souverains et de l'adresse des *prêtres ;* ces derniers sont souvent parvenus à se maintenir dans leurs droits usurpés ; dans les pays où l'affreuse inquisition est établie, elle fournit des exemples fréquents de sacrifices humains, qui ne le cèdent en rien à la barbarie de ceux des *prêtres* mexicains. Il n'en est point ainsi des contrées éclairées par les lumières de la raison et de la philosophie, le *prêtre* n'y oublie jamais qu'il est homme, sujet et citoyen.

PRIVILÈGE

*Cet article traduit la timidité de l'*Encyclopédie *dans le domaine social ; il insiste surtout sur le privilège fiscal. Il est significatif que l'essentiel de l'article soit consacré à l'aspect économique de la notion de privilège,* *au privilège exclusif. On entendait par là le monopole concédé à certains particuliers ou certaines compagnies, de fabriquer et de vendre tel produit. Le 7 janvier 1763, le roi accordait encore à une compagnie le « privilège exclusif » de la cuisson des abatis ! Ce système excluait naturellement la concurrence. Sa critique s'insère dans la critique générale que les économistes et les encyclopédistes ont dressée contre le mercantilisme, au nom de la liberté économique.*

Se reporter aux articles « Foires », « Grains ».

Albert Soboul

Après avoir une nouvelle fois vanté l'utilité sociale du travail et critiqué les valeurs aristocratiques de comportement, l'auteur aborde essentiellement le problème du privilège en matière économique. Soulignons d'ailleurs le caractère dynamique et historique de cette analyse : si, selon l'auteur, les protections et les règlements furent un moment utiles au développement, ils sont devenus un obstacle. C'était le cas des sociétés de commerce qui avaient reçu le monopole des échanges avec les colonies. On avait aussi assisté à une inflation de la réglementation : on dénombra deux cents actes réglementaires de 1669 à 1683 et plus d'un millier de 1683 au milieu du XVIII*e siècle. Enfin, il y eut, de 1660 à 1750, un véritable « envahissement corporatif » (P. Léon) : il y avait soixante corporations à Paris en 1672, et cent vingt-neuf dès 1691. La liberté totale en matière économique fut réclamée par une partie de la bourgeoisie négociante et marchande. L'*Encyclopédie *apporta sa part à cette lutte pour la liberté, en même temps qu'elle dénonçait un autre aspect du privilège en matière économique, le secret technique.*

Cette dénonciation du privilège peut nous paraître ambiguë et limitée. La critique de la noblesse qu'on y trouve était partagée par certains secteurs nobiliaires qui voulaient limiter, voire interdire, l'accès à la noblesse. En réalité il faut se souvenir que le fondement juridique de la société d'Ancien Régime était le privilège : si la noblesse conservait le privilège essentiel, des membres du Tiers État ou certaines régions jouissaient eux aussi de privilèges de moindre importance. Dès lors s'attaquer au moindre d'entre eux, aussi inessentiel soit-il, était une remise en cause implicite du fondement juridique de la formation sociale d'Ancien Régime.

Philippe Goujard

PRIVILÈGE. *Privilège* signifie une distinction utile ou honorable, dont jouissent certains membres de la société et dont les autres ne jouissent pas. [...]

De ces abus de *privilèges* naissent deux inconvénients fort considérables : l'un que la partie des citoyens les plus pauvres est toujours surchargée au-delà de ses forces ; or cette partie est cependant la plus véritablement utile à l'État, puisqu'elle est composée de ceux qui cultivent la terre et procurent la subsistance aux ordres supérieurs ; l'autre inconvénient est que les *privilèges* dégoûtent les gens qui ont du talent et de l'éducation d'entrer dans les magistratures ou des professions qui exigent du travail et de l'application, et leur font préférer de petites charges et de petits emplois où il ne faut que de l'avidité, de l'intrigue et de la morgue pour se soutenir et en imposer au public. De ces réflexions, il faut conclure ce qui a déjà été observé ci-devant, que soit les tribunaux ordinaires chargés de l'administration de la partie de la justice qui a rapport aux impositions et aux *privilèges,* soit ceux qui par état sont obligés de veiller à la répartition particulière des impositions et des autres charges publiques, ne peuvent rien faire de plus convenable et de plus utile, que d'être fort circonspects à étendre les *privilèges,* et qu'ils doivent autant qu'il dépend d'eux, les réduire aux termes précis auxquels ils ont été accordés, en attendant que des circonstances plus heureuses permettent à ceux qui sont chargés de cette partie du ministère de les réduire au point unique où ils seraient tous utiles. Cette vérité leur est parfaitement connue ; mais la nécessité de pourvoir à des remboursements ou des équivalents arrête sur cela leurs désirs, et les besoins publics, renaissant à tous moments, souvent les forcent non seulement à en éloigner l'exécution, mais même à rendre cette exécution plus difficile pour l'avenir. De là aussi est arrivé que la noblesse qui, par elle-même, est ou devrait être la récompense la plus honorable dont le souverain pourrait reconnaître des services importants ou des talents supérieurs, a été prodiguée à des milliers de familles dont les auteurs n'ont eu pour se la procurer que la peine d'employer des sommes, même souvent assez modiques, à acquérir des charges qui la leur donnaient, et dont l'utilité pour le public était nulle, soit par défaut d'objet, soit par défaut de talents. Cet article deviendrait un volume si l'on y recherchait le nombre et la qualité de ces titres, et les abus de tous ces *privilèges ;* mais on a été forcé à se restreindre à ce qu'il y a sur cette matière de plus général, de plus connu et de moins contesté.

PRIVILÈGE EXCLUSIF. On appelle ainsi le droit que le prince accorde à une compagnie, ou à un particulier, de faire un certain commerce, ou de fabriquer et de débiter une certaine sorte de marchandise à l'exclusion de tous autres. Lorsqu'avec les sciences spéculatives, les arts qui en sont la suite naturelle sortirent de l'oubli et du mépris où les troubles publics les avaient ensevelis, il était tout simple que les premiers inventeurs ou restaurateurs fussent récompensés du zèle et des talents qui les portaient à faire des établissement utiles au public et à eux-mêmes. Le défaut ou la rareté des lumières et de l'industrie obligèrent aussi les magistrats à ne confier la fabrication et le débit des choses utiles et surtout des nécessaires, qu'à des mains capables de répondre aux désirs des acheteurs. De là naquirent les *privilèges exclusifs.* Quoiqu'il y ait une fort grande différence entre l'objet d'une fabrique importante et celui d'un métier ordinaire ; entre celui d'une compagnie de commerce et celui d'un débit en boutique ; que tout le monde sente la disproportion qu'il y a entre des établissements aussi différents par leur étendue, il faut convenir cependant que la différence, toute grande qu'elle est, n'est que du plus au moins ; et que s'il y a des points où de différentes sortes de commerce et d'industrie s'éloignent les unes des autres, il y en a aussi où elles se touchent. Elles ont du moins cela de commun que toutes deux tiennent au bien général de l'État. Or, de cette observation, il résulte qu'on peut à certains égards les rassembler sous le même point de vue pour leur prescrire des règles ou plutôt pour que le gouvernement s'en prescrive sur la façon de les protéger et de les rendre plus utiles. Dans l'origine, on regarda comme un moyen d'y parvenir, d'accorder à des compagnies en état d'en faire les avances et d'en supporter les risques, des *privilèges exclusifs,* pour faire certains commerces avec l'étranger, qui exigeaient un appareil auquel de simples particuliers ne pouvaient subvenir par leurs propres forces ; on peut aussi considérer comme des *privilèges exclusifs* les maîtrises qui furent établies pour les métiers les plus ordinaires et qui ne s'acquéraient et ne s'acquièrent encore dans les villes qu'après avoir fait par des apprentissages des preuves de connaissance et de capacité. On donna à ces différents corps des règlements qui tendaient tous à n'y laisser admettre qu'à de certaines conditions, et qui en excluaient tous ceux qui ne pouvaient pas ou ne voulaient pas s'y soumettre. Les métiers les plus bas et les plus faciles furent englobés dans le système général, et personne ne put vendre du pain et des souliers qui ne fût maître boulanger et maître cordonnier. Le gouvernement regarda bientôt comme des *privilèges* les règlements qui accordaient ces droits exclusifs et en tira parti pour subvenir dans les occasions aux besoins de l'État. On fit aux changements de règne payer à ces corps des droits de confirmation de *privilèges,* on y créa des charges, on obligea les corps à les payer, et, pour qu'ils pussent y subvenir, on leur permit de faire des emprunts qui lièrent encore plus étroitement ces corps au gouvernement, qui les autorisa d'autant plus à faire valoir leurs droits exclusifs, à n'admettre de nouveaux maîtres qu'en payant des droits d'entrée et frais de réception et à renchérir d'autant le prix de l'industrie et des marchandises qu'ils débitaient. Ainsi ce qui, dans son origine, avait été établi pour de simple vues d'utilité, devint un abus. Tout homme qui sans tant de façon et de frais aurait pu gagner sa vie en exerçant partout indifféremment un métier qu'il pouvait apprendre facilement, n'eut plus la liberté de le faire ; et comme ces établissements de corps et métier sont faits dans les villes où l'on n'est pas communément élevé à la culture de la terre, ceux qui ne pouvaient y exercer des métiers furent obligés de s'engager dans les troupes, ou, ce qui est encore pis, d'augmenter ce nombre prodigieux de valets qui sont la partie des citoyens la plus inutile et la plus à charge à l'État. Le public de sa part y perdit le renchérissement des marchandises et de la main-d'œuvre. On fut obligé d'acheter trois livres dix sols une paire de souliers faits par un maître, qu'on aurait payée bien moins en la prenant d'un ouvrier qui n'y aurait mis que du cuir et sa façon. Lorsque les connaissances, l'industrie et les besoins se sont étendus, on a senti tous ces inconvénients et on y a remédié autant que la situation des affaires publiques a pu le permettre. On a restreint les *privilèges exclusifs* pour les compagnies de commerce aux objets qui étaient d'une trop grande conséquence, qui exigeaient des établissements trop dispendieux même pour des particuliers réunis en associations et qui tenaient de trop près aux vues politiques du gouvernement pour être confiés indifféremment aux premiers venus. On a suivi à peu près les mêmes vues pour l'établissement des nouvelles manufactures. On s'est refusé aux demandes qui ont été faites fort souvent sous prétexte de nouvelles idées ou qui n'avaient rien de trop recherché, ou qui avaient des objets qui pouvaient être suppléés d'autre manière ; et on s'est contenté d'accorder protection aux établissements qui pouvaient le mériter par leur singularité et leur utilité. Il serait fort à souhaiter que des vues aussi sages pussent s'étendre aux objets subalternes ; que tout homme qui a de l'industrie, du génie ou du talent pût en faire librement usage et ne fût pas assujetti à des formalités et des frais qui ne concourent pour rien au bien public.

Si un ouvrier essaie, sans être assez instruit, à faire une pièce de toile ou de drap et qu'il la fasse mal, outre que le maître en ferait tout autant, il la vendra moins, mais enfin il la vendra, et il n'aura pas perdu entièrement sa matière et son temps, il apprendra, par de premières épreuves qui ne lui auront pas réussi, à faire mieux ; plus de gens travailleront, l'émulation ou plutôt l'envie du succès fera sortir le génie et le talent. La concurrence fera mieux faire et diminuera le prix de la main-d'œuvre, et les villes et les provinces se rempliront successivement d'ouvriers et de débitants qui rassembleront des marchandises, en feront le triage, mettront le prix aux différents degrés de bonté de fabrication, les débiteront dans les lieux qui leur sont propres, feront des avances aux ouvriers et les aideront dans leurs besoins. De ce goût de travail et de petites manufactures dispersées naîtront une circulation d'argent et d'industrie et un emploi constant des talents, des forces et du temps. Les *privilèges exclusifs* de toute espèce seraient réduits aux seuls établissements qui, par la nature de leur objet et par la grandeur nécessaire à ces établissements, seraient au-dessus de la force des simples particuliers et auraient surtout pour objet des choses de luxe et non d'absolue nécessité : or de cette dernière espèce on ne connaît que les forges et les verreries qui, à d'autres égards, méritent une attention particulière en ce qu'il ne faut en permettre l'établissement que dans les lieux où les bois sont abondants, et ne peuvent être employés à d'autres usages ; sur quoi il faut aussi observer de n'en pas surcharger un pays par les raisons qui ont été exposées à l'*articles* FORGE.

PROGRÈS

L'une des idées essentielles sur lesquelles le XVIIIe *siècle a vécu, par lesquelles il contraste fortement avec le siècle précédent, est celle de progrès. Progrès s'appliquait jusque-là à tout mouvement en avant ; la nouveauté, c'est d'avoir mis dans ce mot toute l'ascension de l'humanité. Le* XVIIe *siècle, « le siècle de Louis XIV », se croyait parvenu à un point de perfection où il ne s'agissait que de se fixer. L'abbé de Saint-Pierre (1658-1743), l'auteur du* Projet de paix perpétuelle *(1713), contribua le premier à répandre l'idée de progrès : « Le progrès de la Raison humaine ne saurait jamais être trop grand », écrit-il. Si Montesquieu n'y adhéra pas nettement, si Rousseau la combattit en des paradoxes célèbres (son discours* Si le rétablissement des sciences et des arts a contribué à épurer les mœurs *est de 1750), tous les philosophes du* XVIIIe *siècle la soutinrent avec éclat, et elle constitue comme l'un des dogmes de l'*Encyclopédie. *Turgot en fit en 1750 le thème d'un discours retentissant en Sorbonne :* Tableau philosophique des progrès de l'esprit humain. *Et à la fin du siècle, Condorcet laissait comme testament philosophique de son temps une* Esquisse d'un tableau historique des progrès de l'esprit humain *(1794), où il proclame sa foi inébranlable dans la perfectibilité de l'homme.*

*Il n'en est que plus significatif de ne trouver dans l'*Encyclopédie *qu'un article insignifiant sur le mot progrès : preuve indéniable des précautions auxquelles étaient astreints Diderot et ses collaborateurs, s'ils voulaient, à une époque où l'Église imposait à l'enseignement officiel les idées de création, de fixité et de permanence, mener à bien une œuvre dont la philosophie reposait sur cette idée du mouvement de toutes choses vers le progrès.*

Voir :

J. Deltaille, Essai sur l'histoire de l'idée de progrès, *1919. »*

Albert Soboul

On peut s'étonner de la brièveté de cet article. En fait, c'est dans les autres textes qu'il faut chercher l'opinion des encyclopédistes sur le progrès.

Philippe Goujard

PROGRÈS. Mouvement en avant ; le *progrès* du soleil dans l'écliptique ; le *progrès* du feu ; le *progrès* de cette racine. Il se prend aussi au figuré, et l'on dit *faire des progrès* rapides dans un art, dans une science.

PROPRIÉTÉ

La bourgeoisie du XVIIIe *siècle a placé la propriété au nombre des droits naturels de l'homme. La Déclaration de 1789 devait sanctionner ce droit, sans se soucier de la multitude de ceux qui ne possédaient rien. L'auteur anonyme de l'article critique une théorie que la monarchie absolue avait essayé d'imposer, que le monarque est le propriétaire de tous les biens de ses sujets et peut donc en user à sa guise.*

Se reporter à l'article « Égalité naturelle ».

Albert Soboul

L'origine de la propriété transforme celle-ci en droit naturel et donc imprescriptible, puisque le contrat fondant la société civile a pour but de le garantir, comme nous l'avons déjà vu. Bien évidemment seuls « les despotes et les tyrans » mettent en cause le droit de propriété. Mais, comme la référence au roi de Siam, cette affirmation était une manière de dissimuler une certaine critique du système politique réel, tout en la dévoilant : on affirmait que le souverain français ne violait pas le pacte associatif originel et représentait l'intérêt général, et on multipliait en même temps les exemples de violations concrètes. De la même façon, les appels répétés au souverain pour qu'il impulse une politique conforme à l'intérêt général suggéraient que ce dernier était peu pris en compte.

Philippe Goujard

PROPRIÉTÉ. C'est le droit que chacun des individus dont une société civile est composée a sur les biens qu'il a acquis légitimement.

Une des principales vues des hommes en formant des sociétés civiles a été de s'assurer la possession tranquille des avantages qu'ils avaient acquis ou qu'ils pouvaient acquérir ; ils ont voulu que personne ne pût les troubler dans la jouissance de leurs biens ; c'est pour cela que chacun a consenti à en sacrifier une portion que l'on appelle *impôts* à la conservation et au maintien de la société entière ; on a voulu par là fournir aux chefs qu'on avait choisis les moyens de maintenir chaque particulier dans la jouissance de la portion qu'il s'était réservée. Quelque fort qu'ait pu être l'enthousiasme des hommes pour les souverains auxquels ils se soumettaient, ils n'ont jamais prétendu leur donner un pouvoir absolu et illimité sur tous leurs biens ; ils n'ont jamais compté se mettre dans la nécessité de ne travailler que pour eux. La flatterie des courtisans, à qui les principes les plus absurdes ne coûtent rien, a quelquefois voulu persuader à des princes qu'ils avaient un droit absolu sur les biens de leurs sujets ; il n'y a que les despotes et les tyrans qui aient adopté des maximes si déraisonnables. Le roi de Siam prétend être propriétaire de tous les biens de ses sujets ; le fruit d'un droit si barbare est que le premier rebelle heureux se rend propriétaire des biens du roi de Siam. Tout pouvoir qui n'est fondé que sur la force se détruit par la même voie. Dans les États où l'on suit les règles de la raison, les *propriétés* des particuliers sont sous la protection des lois ; le père de famille est assuré de jouir lui-même et de transmettre à sa postérité les biens qu'il a amassés par son travail ; les bons rois ont toujours respecté les possessions de leurs sujets ; ils n'ont regardé les deniers publics qui leur ont été confiés que comme un dépôt qu'il ne leur était point permis de détourner pour satisfaire ni leurs passions frivoles, ni l'avidité de leurs favoris, ni la rapacité de leurs courtisans.

PYRRHONIENNE OU SCEPTIQUE (PHILOSOPHIE)

(Diderot)

Ce grand article consacré à la philosophie sceptique, dite encore pyrrhonienne, du nom du philosophe grec Pyrrhon (360-270 avant notre ère), est l'occasion non seulement d'attaquer le dogmatisme, mais encore de retracer l'histoire de la libre-pensée moderne et de faire l'éloge de Montaigne et de Pierre Bayle. Dans un passage censuré par le libraire Le Breton, Diderot s'élevait contre les théologiens qui ont « conspiré pour dévier l'image de la raison ». « Veulent-ils que notre croyance soit aveugle, ou veulent-ils qu'elle soit éclairée ?... N'est-ce pas un paradoxe bien étonnant, que ce soient les mêmes hommes qui ont à nous instruire sur les questions les plus profondes et les plus épineuses, par qui la faiblesse de notre raison nous soit prêchée ? » Diderot terminait ainsi : « Quelle folie que de prétendre élever l'autorité de la tradition contre celle de la raison, comme s'il ne fallait pas soumettre l'authenticité de l'une à l'examen de l'autre ! Et qu'est-ce qui m'assurera que je ne me suis point trompé dans cet examen, si l'on m'ôte la confiance dans la lumière naturelle ? »

Albert Soboul

*L'*Encyclopédie *fut également une généalogie du savoir humain. Il s'agissait de montrer l'histoire douloureuse de la lutte contre les préjugés et de marquer les étapes du progrès. Cette méthode, déjà utilisée par Diderot dans son* Histoire de la philosophie, *lui permet ici de dire ses dettes envers Montaigne et Bayle. Ce dernier, fils et frère de pasteur, avait été traumatisé par la révocation de l'Édit de Nantes. Exilé en Hollande, il y écrivit un* Dictionnaire historique et critique. *Appliquant les principes cartésiens à l'histoire, il affirma que tout le monde s'était trompé. Attaché à la Révélation, il en souligna cependant le caractère indémontrable et* *déplora la confusion entre religion et philosophie. Pour lui toute affirmation devait se fonder sur l'observation et l'expérience. A l'occasion des débats provoqués en 1680 par l'apparition d'une comète, il estima que le miracle était contraire à la raison et que supposer Dieu violant les lois qu'il avait lui même établies équivalait à un blasphème. L'histoire humaine ne lui semblant qu'une longue suite de persécutions engendrées par l'erreur, il réclama la tolérance.*

On le voit, son apport à la philosophie des Lumières ne fut pas mince. Cependant Diderot se distingua de Bayle qui estimait que la vérité était inatteignable alors que Diderot ne le pensait pas. Certes, selon lui, beaucoup de questions resteraient longtemps sans réponse mais il serait un jour possible de parvenir à les résoudre, car la liaison universelle des phénomènes rendait possible le processus de connaissance tout en le compliquant. On retrouve ici une idée déjà formulée dans d'autres articles : le refus de l'esprit de système.

Philippe Goujard

PYRRHONIENNE ou SCEPTIQUE, *philosophie.* Les Grecs étaient fatigués de tant de disputes sur le vrai et le faux, sur le bien et le mal, sur le beau et sur le laid, lorsqu'il s'éleva parmi eux une secte qui fit en peu de temps beaucoup de prosélytes. Ce fut la *pyrrhonienne* ou *sceptique.* [...]

Pyrrhon, disciple d'Anaxarque, de la secte éléatique, exerça le premier cette philosophie pusillanime et douteuse, qu'on appelle de son nom *pyrrhonisme* et de sa nature *Scepticisme.* [..]

Mais parmi les sectateurs du pyrrhonisme, nous avons oublié Michel de Montaigne[69], l'auteur de ces *Essais* qui seront lus tant qu'il y aura des hommes qui aimeront la vérité, la force, la simplicité. L'ouvrage de Montaigne est la pierre de touche d'un bon esprit. Prononcez de

69. L'*Encyclopédie* écrit Montagne, conformément à la prononciation classique. A.S.

celui à qui cette lecture déplaît, qu'il a quelque vice de cœur ou d'entendement ; il n'y a presque aucune question que cet auteur n'ait agitée pour et contre, et toujours avec le même air de persuasion. Les contradictions de son ouvrage sont l'image fidèle des contradictions de l'entendement humain. Il suit sans art l'enchaînement de ses idées ; il lui importe fort peu d'où il parte, comment il aille, ni où il aboutisse. La chose qu'il dit, c'est celle qui l'affecte dans le moment. Il n'est ni plus lié, ni plus décousu en écrivant qu'en pensant ou en rêvant. Or il est impossible que l'homme qui pense ou qui rêve soit tout à fait décousu. Il faudrait qu'un effet pût cesser sans cause, et qu'un autre effet pût commencer subitement et de lui-même. Il y a une liaison nécessaire entre les deux pensées les plus disparates ; cette liaison est ou dans la sensation, ou dans les mots, ou dans la mémoire, ou au dedans, ou au dehors de l'homme. C'est une règle à laquelle les fous mêmes sont assujettis dans leur plus grand désordre de raison. Si nous avions l'histoire complète de tout ce qui se passe en eux, nous verrions que tout y tient, ainsi que dans l'homme le plus sage et le plus sensé. Quoique rien ne soit si varié que la suite des objets qui se présentent à notre philosophe, et qu'ils semblent amenés par le hasard, cependant ils se touchent tous d'une ou d'autre manière ; et quoiqu'il y ait bien loin de la matière des coches publics, à la harangue que les Mexicains firent aux Européens, quand ils mirent le pied pour la première fois dans le Nouveau Monde, cependant on arrive de Bordeaux à Cusco sans interruption ; mais, à la vérité, par de bien longs détours. Chemin faisant, il se montre sous toutes sortes de faces, tantôt bon, tantôt dépravé, tantôt compatissant, tantôt vain, tantôt incrédule, tantôt superstitieux. Après avoir écrit avec force contre la vérité des miracles, il fera l'apologie des augures ; mais, quelque chose qu'il dise, il intéresse et il instruit. Mais le scepticisme n'eut, ni chez les anciens ni chez les modernes, aucun athlète plus redoutable que Bayle.

Bayle naquit dans l'année 1647. La nature lui donna l'imagination, la force, la subtilité, la mémoire et l'éducation, tout ce qui peut contribuer à faire sortir les qualités naturelles. Il apprit les langues grecque et latine ; il se livra de bonne heure et presque sans relâche à toutes sortes de lectures et d'études. Plutarque et Montaigne furent ses auteurs favoris. Ce fut là qu'il prit ce germe de Pyrrhonisme, qui se développa dans la suite en lui d'une manière si surprenante. Il s'occupa de la dialectique avant vingt ans. Il était bien jeune encore, lorsqu'il fit la connaissance avec un ecclésiastique qui, abusant[70] des incertitudes dans lesquelles il flottait, lui prêcha la nécessité de s'en rapporter à quelque autorité qui nous décidât, et le détermina à plonger ses parents dans la honte et la douleur en abjurant[71] publiquement la religion qu'il en avait reçue. A peine eut-il fait ce pas inconsidéré[72], que l'esprit de prosélytisme s'empara de lui. Bayle, qui s'est tant déchaîné contre les convertisseurs, le devint ; et il ne tint pas à lui qu'il n'inspirât à ses frères, à ses parents et à ses amis, les sentiments qu'il avait adoptés. Mais son frère, qui n'était pas un homme sans mérite et qui exerçait les fonctions de ministre parmi les réformés, le ramena au culte de sa famille. Le catholicisme n'eut point à s'affliger, ni le protestantisme à se glorifier de ce retour. Bayle ne tarda pas à connaître la fausseté de tous les systèmes religieux[73] et à les attaquer tous, sous prétexte de défendre celui qu'il avait embrassé. Le séjour de la France l'eût exposé aux persécutions, il se retira à Genève. Ce fut là que, passant d'une première abjuration à une seconde, il quitta l'aristotélisme pour le cartésianisme, mais avec aussi peu d'attachement à l'une de ces doctrines, qu'à l'autre ; car on le vit dans la suite opposer les sentiments des philosophes les uns

---

70. Le Breton a censuré en « profitant ». A.S.

71. Texte imprimé par Le Breton : « et le détermina à abjurer publiquement la religion qu'il avait reçue de ses parents ». A.S.

72. « Inconsidéré » fut censuré par Le Breton. A.S.

73. Texte imprimé par Le Breton : « la vanité de la plupart des systèmes ». A.S.

aux autres, et s'en jouer également. Nous ne pouvons nous empêcher de regretter ici le temps qu'il perdit à deux éducations dont il se chargea successivement. [...]

En 1681, parut cette comète fameuse par sa grandeur, et plus peut-être encore par les pensées de Bayle, ouvrage où, à l'occasion de ce phénomène et des terreurs populaires dont il était accompagné, notre philosophe agite les questions les plus importantes sur les miracles, sur la nature de Dieu, sur la superstition.[74] On y remarquera une liberté de philosophie qui plut beaucoup aux gens sensés et qui n'en déplut que davantage aux théologiens.[75] Il s'occupa ensuite à l'examen de l'histoire du calvinisme que le prolixe menteur[76] Maimbourg avait publiée. Maimbourg même louait son ouvrage.[77] Le grand Condé ne dédaigna pas de le lire ; tout le monde le dévorait ; et le gouvernement le faisait brûler. Il commença, en 1684, sa *République des lettres*.[78] Engagé par ce genre de travail à lire toutes sortes d'ouvrages, à approfondir les matières les plus disparates, à discuter des questions de mathématiques, de philosophie, de physique, de théologie, de jurisprudence, d'histoire, quel champ pour un pyrrhonien ! Le théosophe Malebranche parut alors sur la scène.[79] Entre un grand nombre d'opinions qui lui étaient particulières, il avait avancé que toute volupté était bonne. Arnauld[80] crut voir dans cette maxime le renversement de la morale, et l'attaqua.

---

74. La comète parut en réalité en décembre 1680. L'ouvrage de Bayle, *Pensées sur la comète,* est de 1682. A.S.

75. Cette phrase fut supprimée par Le Breton. A.S.

76. Ces trois mots furent supprimés par Le Breton. A.S.

77. Le père jésuite Louis Maimbourg publia en 1682 une *Histoire du calvinisme.* Bayle lui répondit la même année par sa *Critique générale de l'Histoire du calvinisme de M. Maimbourg,* qu'il compléta en 1685 par ses *Nouvelles lettres de l'auteur de la Critique générale de l'Histoire du calvinisme de M. Maimbourg.* A.S.

78. Bayle publia de 1684 à 1687 ses *Nouvelles de la République des lettres,* revue qu'il avait fondée pour faire concurrence au *Journal des savants* de Denis de Sallo et qu'il rédigeait seul. A.S.

79. Selon l'*Encyclopédie,* à l'article « Théosophes », la théosophie est la « spéculation de certains illuminés qui prétendent se mettre en communication avec la divinité ». A.S.

80. Ici commence un passage censuré par Le Breton. A.S.

Bayle intervint dans cette querelle, expliqua les termes et disculpa Malebranche de l'accusation d'Arnault. Celui-ci était un homme opiniâtre et vain, chef d'un parti, disputeur à toute outrance ; il se crut obligé d'honneur à pousser Bayle à verbiager et embrouiller une matière éclaircie, et il s'en acquitta bien. On exerçait alors les vexations les plus inouïes contre les réformés ; on rendait la France catholique en la ruinant ; on avançait l'extirpation d'une hérésie, en violant les lois les plus sacrées de l'humanité et en déshonorant la religion. C'est ce que Bayle montra dans une petite brochure, sur ce que c'était que toute la France catholique.[81] Il lui était déjà échappé, dans quelques autres écrits, des principes favorables à la tolérance ; il s'expliqua nettement sur ce sujet important dans son commentaire philosophique. Cet ouvrage, le meilleur que Bayle ait fait et le plus utile[82], parut par parties. Il plut d'abord également à tous les partis ; il mécontenta ensuite les catholiques et continua de plaire aux réformés ; puis il mécontenta également les uns et les autres et ne conserva d'approbateurs constants que les philosophes. C'est qu'il n'y a d'hommes vraiment tolérants que ceux-ci.[83] [...]

Bayle avait formé depuis longtemps le plan de son *Dictionnaire historique et critique*[84]. Les disputes dans lesquelles il avait misérablement vécu commençaient à s'apaiser, il s'en occupa nuit et jour et il en publia le premier volume en 1697. On connaissait son esprit, ses talents, sa dialectique ; on connut alors l'immensité de son érudition et son penchant décidé au Pyrrhonisme. En effet, quelles sont les questions de politique, de littérature, de critique, de philosophie ancienne et moderne, de théologie, d'histoire, de logique et de morale qui n'y soient examinées pour et contre ? C'est

81. Fin du passage censuré. A.S.
82. Le meilleur... le plus utile : membre de phrase censuré par Le Breton. A.S.
83. Phrase censurée par Le Breton. A.S.
84. Le *Dictionnaire historique et critique* (1697), redressait les erreurs du *Grand dictionnaire historique* de Moréri (1674). A.S.

là qu'on le voit semblable au Jupiter d'Homère qui assemble les nuages ; au milieu de ces nuages on erre étonné et désespéré. Tout ce que Sextus Empiricus et Huet disent contre la raison, l'un dans ses *Hypotyposes*, l'autre dans son traité de la faiblesse de l'esprit humain, ne vaut pas un article choisi du *Dictionnaire* de Bayle. On y apprend bien mieux à ignorer ce que l'on croit savoir. Les ouvrages dont nous venons de rendre compte ne sont pas les seuls que cet homme surprenant ait écrits ; et cependant il n'a vécu que cinquante-neuf ans : il mourut en janvier 1706.[85] Voulez-vous savoir le jugement que vous avez de porter sur lui ? Considérez qu'il n'y a eu, qu'il n'y a et qu'il n'y aura jamais qu'une espèce de gens qui en aient dit, qui en disent et qui en diront du mal ; et concluez de là que ce n'est point la vérité, mais quelque intérêt particulier qui les fait parler. Il n'y a qu'un de ces trois partis à prendre dans ce monde ici, ou écrire selon sa pensée, ou écrire contre sa pensée, ou se taire. Le dernier est, sans contredit, le plus sûr et le moins honnête. [...]

Quant aux troubles que certaines opinions peuvent exciter dans la société dont on est membre, on n'en peut rien conclure contre Bayle qui écrivait dans un pays où l'on tolère la liberté de la presse ; d'ailleurs si toutes vérités ne sont pas bonnes à dire, ce ne peut être que par une suite de mauvaise législation, par une liaison malentendue du système politique avec le système religieux. Partout où la puissance civile appuiera la religion, on cherchera en elle son appui, il faudra que les progrès de la raison soient retardés, qu'il y ait des persécutions inutiles, parce qu'on ne contraint jamais efficacement les esprits et que la tolérance soit nulle ou limitée : deux suppositions presque également fâcheuses. La tolérance veut être générale ; c'est de la généralité seule que naissent ces deux principaux avantages : la lumière et le repos. Une vérité, quelle qu'elle soit, nuisible pour le moment, est nécessairement utile dans l'avenir. Un mensonge, quel qu'il soit, avantageux peut-

85. Ici commence un long passage censuré par Le Breton. A.S.

être pour le moment, nuit nécessairement avec le temps. Penser autrement, c'est ne pas connaître le vrai caractère ni de l'un ni de l'autre. Or, disaient les Perses, et disent avec eux les sceptiques, le doute est le premier pas vers la science ou la vérité, celui qui ne discute rien ne s'assure de rien ; celui qui ne doute de rien ne découvre rien ; celui qui ne découvre rien est aveugle et reste aveugle. Ce sont l'ignorance et le mensonge qui causent le trouble parmi les hommes ; l'ignorance qui confond tout, qui s'oppose à tout, qui ne fait ni rejeter ni choisir ; le mensonge qui n'est jamais assez solidement établi dans tous les esprits pour n'être pas soupçonné, alarmé, combattu : l'homme ne se repose que dans la vérité. Pourquoi les questions de la métaphysique ont-elles divisé les hommes dans tous les temps ? C'est qu'elles sont obscures et mensongères. Pourquoi les principes de la morale naturelle, loin d'exciter entre eux des dissensions, les ont-ils toujours rapprochés ? C'est qu'ils sont clairs, évidents et vrais. Si j'avais la démonstration de quelque grande vérité, mais une démonstration telle qu'aucun homme de bonne foi ne pût s'y refuser, je la publierais sur-le-champ, persuadé qu'il n'y a aucun bien dans ce monde sans inconvénient, que la vérité est le plus grand bien de l'homme, et qu'il en recueille tôt ou tard les fruits les plus doux.[86]

Bayle eut peu d'égaux dans l'art de raisonner, peut-être point de supérieur. Personne ne sut saisir plus subtilement le faible d'un système, personne n'en sut faire valoir plus fortement les avantages ; redoutable quand il prouve ; plus redoutable encore quand il objecte : doué d'une imagination gaie et féconde, en même temps qu'il prouve, il amuse, il peint, il séduit. Quoiqu'il entasse doute sur doute, il marche toujours avec ordre : c'est un polype vivant qui se divise en autant de polypes qui vivent tous ; il les engendre les uns des autres. Quelle que soit la thèse qu'il ait à prouver, tout vient à son secours, l'histoire, l'érudition, la philosophie. S'il a la vérité pour lui, on ne lui résiste pas ; s'il parle en faveur du mensonge, il prend sous sa plume toutes les

86. Fin du passage censuré. A.S.

couleurs de la vérité : impartial ou non, il le paraît toujours ; on ne voit jamais l'auteur, mais la chose.

Quoi qu'on dise de l'homme de lettres, on n'a rien à reprocher à l'homme. Il eut l'esprit droit et le cœur honnête ; il fut officieux, sobre, laborieux, sans ambition, sans orgueil, ami du vrai, juste, même envers ses ennemis, tolérant, peu dévot, peu crédule, on ne peut moins dogmatique, gai, plaisant, conséquemment peu scrupuleux dans ses récits, menteur comme tous les gens d'esprit qui ne balancent guère à supprimer ou à ajouter une circonstance légère à un fait, lorsqu'il en devient plus comique ou plus intéressant, souvent ordurier. [...]

Il suit de ce qui précède que les premiers *sceptiques* ne s'élevèrent contre la raison que pour mortifier l'orgueil des dogmatiques ; qu'entre les *sceptiques* modernes, les uns ont cherché à décrier la philosophie, pour donner de l'autorité à la révélation ; les autres, pour l'attaquer plus sûrement, en ruinant la solidité de la base sur laquelle il faut l'établir, et qu'entre les *sceptiques* anciens et modernes, il y en a quelques-uns qui ont douté de bonne foi, parce qu'ils n'apercevaient dans la plupart des questions que des motifs d'incertitude.

Pour nous, nous conclurons que, tout étant lié dans la nature, il n'y a rien, à proprement parler, dont l'homme ait une connaissance parfaite, absolue, complète, pas même des axiomes les plus évidents, parce qu'il faudrait qu'il eût la connaissance de tout.

Tout étant lié, s'il ne connaît pas tout, il faudra nécessairement que, de discussions en discussions, il arrive à quelque chose d'inconnu : donc, en remontant de ce point inconnu, on sera fondé à conclure contre lui ou l'ignorance, ou l'obscurité, ou l'incertitude du point qui précède, et de celui qui précède celui-ci, et ainsi jusqu'au principe le plus évident.

Il y a donc une sorte de sobriété dans l'usage de la raison, à laquelle il faut s'assujettir, ou se résoudre à flotter dans l'incertitude ; un moment où sa lumière, qui avait toujours été en croissant, commence à s'affaiblir, et où il faut s'arrêter dans toutes discussions.

Lorsque, de conséquences en conséquences, j'aurai conduit un homme à quelque proposition évidente, je cesserai de disputer. Je n'écouterai plus celui qui niera l'existence des corps, les règles de la logique, le témoignage des sens, la distinction du vrai et du faux, du bien et du mal, du plaisir et de la peine, du vice et de la vertu, du décent et de l'indécent, du juste et de l'injuste, de l'honnête et du déshonnête. Je tournerai le dos à celui qui cherchera à m'écarter d'une question simple, pour m'embarquer dans des dissertations sur la nature de la matière, sur celle de l'entendement, de la substance, de la pensée, et autres sujets qui n'ont ni rive ni fond.

L'homme un et vrai n'aura point deux philosophies, l'une de cabinet et l'autre de société ; il n'établira point dans la spéculation des principes qu'il sera forcé d'oublier dans la pratique.

Que dirai-je à celui qui, prétendant que, quoi qu'il voie, quoi qu'il touche, qu'il entende, qu'il aperçoive, ce n'est pourtant jamais que sa sensation qu'il aperçoit : qu'il pourrait avoir été organisé de manière que tout se passât en lui, comme il s'y passe, sans qu'il y ait rien au dehors et que peut-être il est le seul être qui soit ? Je sentirai tout à coup l'absurdité et la profondeur de ce paradoxe ; et je me garderai bien de perdre mon temps à détruire dans un homme une opinion qu'il n'a pas, et à qui je n'ai rien à opposer de plus clair que ce qu'il nie. Il faudrait, pour le confondre, que je pusse sortir de la nature, l'en tirer, et raisonner de quelque point hors de lui et de moi, ce qui est impossible. Ce sophiste manque du moins à la bienséance de la conversation qui consiste à n'objecter que des choses auxquelles on ajoute soi-même quelque solidité. Pourquoi m'époumonnerai-je à dissiper un doute que vous n'avez pas ? Mon temps est-il de si peu de valeur à vos yeux ? En mettez-vous si peu au vôtre ? N'y a-t-il plus de vérités à chercher ou éclaircir ? Occupons-nous de quelque chose de plus important, ou si nous n'avons que de ces frivolités présentes, dormons et digérons.

RELIQUE

Voici l'un de ces courts articles par lesquels les encyclopédistes sapaient l'autorité de l'Église. La malice consiste ici à prendre la caution d'un « savant bénédictin ». « On ne peut user de trop de précautions *quand on parle de la religion et du gouvernement, surtout en public, est-il écrit à l'article* Précaution ; *mais notre sort est abandonné à tant de causes éloignées et secrètes, qu'il n'y a sortes de précautions qui puissent assurer notre repos. »*

Sur la tactique prudente des encyclopédistes, voir aussi l'article « Pythagorisme », *de Diderot. « La condition du sage est bien dangereuse : il n'y a presque pas une nation qui ne soit souillée du sang de quelques-uns de ceux qui l'ont professée. Que faire donc ? faut-il être insensé avec les insensés ? Non ; mais il faut être sage en secret ; c'est le plus sûr. Cependant, si quelqu'un a montré plus de courage que nous ne nous en sentons, et s'il a osé pratiquer ouvertement la sagesse, décrier les préjugés, prêcher la vérité au péril de sa vie, le blâmerons-nous ? Non ; nous conformerons dès cet instant notre jugement à celui de la postérité, qui rejette toujours sur les peuples l'ignominie dont ils ont prétendu couvrir leurs philosophes. »*

Se reporter aux articles « Critique dans les sciences », Superstition ».

Albert Soboul

RELIQUE. Ce mot tiré du latin *reliquiæ* indique que c'est ce qui nous reste d'un saint : os, cendres, vêtements, et qu'on garde respectueusement pour honorer sa mémoire ; cependant, si on faisait la revision des *reliques* avec une exactitude un peu rigoureuse, dit un savant bénédictin, il se trouverait qu'on a proposé à la piété des fidèles un grand nombre de fausses *reliques* à révérer

REPRÉSENTANTS

(d'Holbach)

Cet article traduit l'idéal politique des encyclopédistes et de la bourgeoisie éclairée : idéal d'une monarchie tempérée, d'un régime représentatif, d'un système censitaire (« c'est la propriété qui fait le citoyen »), dont on peut facilement souligner la timidité. S'agissant du régime représentatif, Montesquieu avait déjà écrit dans l'Esprit des lois *(livre XI, chapitre VI) : « Il faut que le peuple fasse par ses* représentants *tout ce qu'il ne peut pas faire par lui-même. » Dans le* Contrat social *(livre III, chapitre XV, « Des députés ou représentants »), Rousseau, à l'inverse, fait la critique du régime représentatif : « La souveraineté ne peut être représentée, par la même raison qu'elle ne peut être aliénée... Les* députés *du peuple ne sont donc ni ne peuvent être ses* représentants, *ils ne sont que ses* commissaires... *Le peuple anglais pense être libre, il se trompe fort ; il ne l'est que durant l'élection des membres du Parlement : sitôt qu'ils sont élus, il est esclave, il n'est rien. »*

Se reporter aux articles « Monarchie limitée », « Patrie », « Tyran ».

Albert Soboul

*On lira ici un des rares articles de l'*Encyclopédie *qui propose des réformes concrètes. Au lieu de juxtaposer comme le faisait de Jaucourt la théorie de Montesquieu et celle du contrat, d'Holbach tente de les fusionner.*

Comme dans l'article « Prêtres » sa méthode d'analyse est historique, elle lui permet de critiquer la répartition de la société française en trois ordres, le Tiers État ayant été d'abord opprimé par la noblesse et le clergé. D'Holbach vise ici les tenants du droit historique — Boulainvilliers par exemple — qui entendaient limiter le pouvoir royal au nom des prérogatives et des libertés originelles de la noblesse. Selon d'Holbach, permettre à la noblesse et au clergé de limiter seuls le pouvoir royal signifierait le retour à la barbarie. On notera à cet égard sa vision d'une monarchie française qui se serait développée contre la noblesse et le clergé, vision reprise par l'historiographie dominante au XIX*e siècle et au* XX*e siècle.*

Si d'Holbach entend limiter le pouvoir royal, c'est au profit de tous. Il reprend de la théorie du contrat que le but de l'État est la garantie des droits. On notera aussi la place essentielle qu'il accorde aux intérêts économiques. Surtout d'Holbach tente de résoudre une contradiction inhérente à la théorie du contrat, déjà signalée, qui résultait de la double nature du souverain (voir article « État »). C'est la représentation des éléments constitutifs du corps politique qui lui semble la meilleure solution. A la différence des autres théoriciens contractualistes il n'imagine pas qu'une seule personne ni un seul corps puisse avoir conscience de l'intérêt général. Comme Rousseau, il pense que la délégation du pouvoir à un seul individu ou à un seul corps entraîne de leur part une domination abusive des autres. Mais à la différence de Rousseau, il pense qu'il peut exister une harmonie et un équilibre entre les différents intérêts particuliers et en conclut que la « volonté générale » peut s'exercer sur des objets particuliers. Il faut souligner sa conception dynamique d'une histoire qui progresse par la confrontation des différents intérêts. S'il affirme, comme Rousseau, la nécessité du mandat impératif — car des droits inaliénables ne peuvent se déléguer, il croit, à l'encontre de Rousseau, à la possibilité de la représentation.

Mais la différence entre d'Holbach et Rousseau porte surtout sur les conditions de la représentation : « En un mot c'est la propriété qui fait le citoyen. » Seul les possédants ont une vision claire de leurs intérêts parce que seuls ils ont des intérêts. Or c'est la défense de ces intérêts qui est la mission fondamentale des représentants. Cette conception, que d'Holbach tire de l'exemple de la République romaine, fut traduite dans la Constitution de 1791. On peut, avec Albert Soboul, la considérer comme timide. Elle l'est, à coup sûr, mais dans la longue durée historique. Dans les années cinquante du XVIIIe *siècle, elle rompait radicalement avec l'ordre des choses. Accessoirement d'Holbach refusait aux Parlements de se considérer comme les seuls représentants de la nation, ce qui était leur prétention ordinaire. Dessiner les contours d'une élite censitaire revenait à mettre en cause la société aristocratique dans ses fondements essentiels, en substituant la propriété au privilège comme facteur de différenciation sociale. Proposer le partage du pouvoir à la noblesse équivalait, pour la fraction la plus avancée de la bourgeoisie des années 1750, à laquelle d'Holbach, malgré ses origines sociales mais à cause de sa pratique sociale, appartenait à revendiquer ce partage. Après tout c'est en voulant devenir « quelque chose » que le Tiers État —entendons ici la bourgeoisie — devient « « tout ».*

Philippe Goujard

REPRÉSENTANTS. Les *représentants* d'une nation sont des citoyens choisis qui dans un gouvernement tempéré sont chargés par la société de parler en son nom, de stipuler ses intérêts, d'en empêcher qu'on ne l'opprime, de concourir à l'administration. [...]

Sous le gouvernement féodal, la noblesse et le clergé eurent longtemps le droit exclusif de parler au nom de toute la nation ou d'en être les uniques *représentants.* Le peuple, composé des cultivateurs, des habitants des villes et des campagnes, des manufacturiers, en un mot, de la partie la plus nombreuse, la plus laborieuse, la plus utile de la société, ne fut point en droit de parler pour lui-même ; il fut forcé de recevoir sans murmurer les lois que quelques grands concertèrent avec le souverain. Ainsi le peuple ne fut point écouté, il ne fut regardé que comme un vil amas de citoyens méprisables, indignes de joindre leurs voix à celles d'un petit nombre de seigneurs orgueilleux et ingrats, qui jouirent de leurs travaux sans s'imaginer leur rien devoir. Opprimer, piller, vexer impunément le peuple, sans que le chef de la nation pût y porter remède, telles furent les prérogatives de la noblesse, dans lesquelles elle fit consister la liberté. En effet, le gouvernement féodal ne nous montre que des souverains sans force et des peuples écrasés et avilis par une aristocratie, armée également contre le monarque et la nation. Ce ne fut que lorsque les rois eurent longtemps souffert des excès d'une noblesse altière, et des entreprises d'un clergé trop riche et trop indépendant, qu'ils donnèrent quelque influence à la nation dans les assemblées qui décidaient de son sort. Ainsi la voix du peuple fut enfin entendue, les lois prirent de la vigueur ; les excès des grands furent réprimés, ils furent forcés d'être justes envers des citoyens jusque-là méprisés ; le corps de la nation fut ainsi opposé à une noblesse mutine et intraitable.

La nécessité des circonstances oblige les idées et les institutions politiques de changer ; les mœurs s'adoucissent, l'iniquité se nuit à elle-même ; les tyrans des peuples s'aperçoivent à la longue que leurs folies contrarient leurs propres intérêts ; le commerce et les manufactures deviennent des besoins pour les États, et demandent de la tranquillité ; les guerriers sont moins nécessaires ; les disettes et les famines fréquentes ont fait sentir à la fin le besoin d'une bonne culture, que troublaient les démêlés sanglants de quelques brigands armés. L'on eut besoin de lois ; l'on respecta ceux qui en furent les interprètes on les regarda comme les conservateurs de la sûreté publique ; ainsi le magistrat, dans un État bien constitué, devint un homme considéré, et plus capable de prononcer sur les droits des peuples, que des nobles ignorants et dépourvus d'équité eux-mêmes, qui ne connaissaient d'autres droits que l'épée, ou qui vendaient la justice à leurs vassaux.

Ce n'est que par des degrés lents et imperceptibles que les gouvernements prennent de l'assiette ; fondés d'abord par la force, ils ne peuvent pourtant se maintenir que par des lois équitables qui assurent les propriétés et les droits de chaque citoyen, et qui le mettent à couvert de l'oppression ; les hommes sont forcés à la fin de chercher dans l'équité des remèdes contre leurs propres fureurs. Si la formation des gouvernements n'eût pas été pour l'ordinaire l'ouvrage de la violence et de la déraison, on eût senti qu'il ne peut y avoir de société durable si les droits d'un chacun ne sont mis à l'abri de la puissance qui toujours veut abuser ; dans quelques mains que le pouvoir soit placé, il devient funeste s'il n'est contenu dans des bornes ; ni le souverain, ni aucun ordre de l'État ne peuvent exercer une autorité nuisible à la nation, s'il est vrai que tout gouvernement n'ait pour objet que le bien du peuple gouverné. La moindre réflexion eût donc suffi pour montrer qu'un monarque ne peut jouir d'une puissance véritable, s'il ne commande à des sujets heureux et réunis de volontés ; pour les rendre tels, il faut qu'il assure leurs possessions, qu'il les défende contre l'oppression, qu'il ne sacrifie jamais les intérêts de tous à ceux d'un petit nombre, et qu'il porte ses vues sur les besoins de tous les ordres dont son État est composé. Nul homme, quelles que soient ses lumières, n'est capable sans conseils, sans secours, de gouverner une nation entière ; nul ordre dans l'État ne peut avoir la capacité ou la volonté de connaître les besoins des autres ; ainsi le souverain impartial doit écouter les voix de tous ses sujets, il est également intéressé à les entendre et à remédier à leurs maux ; mais pour que les sujets s'expliquent sans tumulte, il convient qu'ils aient des *représentants,* c'est-à-dire des citoyens plus éclairés que les autres, plus intéressés à la chose, que leurs possessions attachent à la patrie, que leur position mette à portée de sentir les besoins de l'État, les abus qui s'introduisent, et les remèdes qu'il convient d'y porter.

Dans les États despotiques tels que la Turquie, la nation ne peut avoir de *représentants ;* on n'y voit point de noblesse, le despote n'a que des esclaves également vils à ses yeux ; il n'est point de justice, parce que la volonté du maître est l'unique loi ; le magistrat ne fait qu'exécuter ses ordres ; le commerce est opprimé, l'agriculture abandonnée, l'industrie anéantie, et personne ne songe à travailler, parce que personne n'est sûr de jouir du fruit de ses travaux ; la nation entière, réduite au silence, tombe dans l'inertie, ou ne s'explique

que par des révoltes. Un sultan n'est soutenu que par une soldatesque effrénée, qui ne lui est elle-même soumise qu'autant qu'il lui permet de piller et d'opprimer le reste des sujets ; enfin souvent ses janissaires l'égorgent et disposent de son trône, sans que la nation s'intéresse à sa chute ou désapprouve le changement.

Il est donc de l'intérêt du souverain que sa nation soit représentée ; sa sûreté propre en dépend ; l'affection des peuples est le plus ferme rempart contre les attentats des méchants ; mais comment le souverain peut-il se concilier l'affection de son peuple, s'il n'entre dans ses besoins, s'il ne lui procure les avantages qu'il désire, s'il ne le protège contre les entreprises des puissants, s'il ne cherche à soulager ses maux ? Si la nation n'est point représentée, comment son chef peut-il être instruit de ces misères de détail que du haut de son trône il ne voit jamais que dans l'éloignement, et que la flatterie cherche toujours à lui cacher ? Comment, sans connaître les ressources et les forces de son pays, le monarque pourrait-il se garantir d'en abuser ? Une nation privée du droit de se faire représenter est à la merci des impudents qui l'oppriment ; elle se détache de ses maîtres, elle espère que tout changement rendra son sort plus doux ; elle est souvent exposée à devenir l'instrument des passions de tous factieux qui lui promettra de la secourir. Un peuple qui souffre s'attache par instinct à quiconque a le courage de parler pour lui ; il se choisit tacitement des protecteurs et des *représentants,* il approuve les réclamations que l'on fait en son nom ; est-il poussé à bout ? il choisit souvent pour interprètes des ambitieux et des fourbes qui le séduisent, en lui persuadant qu'ils prennent en main sa cause et qui renversent l'État sous prétexte de le défendre. Les Guise en France, les Cromwell en Angleterre, et tant d'autres séditieux, qui sous prétexte du bien public jetèrent leurs nations dans les plus affreuses convulsions, furent des *représentants* et des protecteurs de ce genre, également dangereux pour les souverains et les nations.

Pour maintenir le concert qui doit toujours subsister entre les souverains et leurs peuples, pour mettre les uns et les autres à couvert des attentats des mauvais citoyens, rien ne serait plus avantageux qu'une constitution qui permettrait à chaque ordre de citoyens de se faire représenter, de parler dans les assemblées qui ont le bien général pour objet. Ces assemblées pour être utiles et justes, devraient être composées de ceux que les possessions rendent citoyens, et que leur état et leurs lumières mettent à portée de connaître les intérêts de la nation et les besoins des peuples ; en un mot c'est la propriété qui fait le citoyen ; tout homme qui possède dans l'État est intéressé au bien de l'État, et, quel que soit le rang que des conventions particulières lui assignent, c'est toujours comme propriétaire, c'est en raison de ses possessions qu'il doit parler, ou qu'il acquiert le droit de se faire représenter.

Dans les nations européennes, le clergé que les donations des souverains et des peuples ont rendu propriétaire de grands biens, et qui par là forme un corps de citoyens opulents et puissants semble dès lors avoir un droit acquis de parler ou de se faire représenter dans les assemblées nationales ; d'ailleurs la confiance des peuples le met à portée de voix de voir de près ses besoins et de connaître ses vœux.

Le noble, par les possessions qui lient son sort à celui de la patrie, a sans doute le droit de parler ; s'il n'avait que des titres, il ne serait qu'un homme distingué par les conventions ; s'il n'était que guerrier, sa voix serait suspecte, son ambition et son intérêt plongeraient fréquemment la nation dans des guerres inutiles et nuisibles.

Le magistrat est citoyen en vertu de ses possessions ; mais ses fonctions en font un citoyen plus éclairé, à qui l'expérience fait connaître les avantages et les désavantages de la législation, les abus de la jurisprudence, les moyens d'y remédier. C'est la loi qui décide du bonheur des États.

Le commerce est aujourd'hui pour les États une source de force et de richesse ; le négociant s'enrichit en même temps que l'État qui favorise ses entreprises ; il partage sans cesse ses prospérités et ses revers ; il ne peut donc sans injustice être réduit au silence ; il est un citoyen utile et capable de donner ses avis dans les conseils d'une nation dont il augmente l'aisance et le pouvoir.

Enfin le cultivateur, c'est-à-dire tout citoyen qui possède des terres, dont les travaux contribuent aux besoins de la société, qui fournit à sa subsistance, sur qui tombent les impôts, doit être représenté ; personne n'est plus que lui intéressé au bien public ; la terre est la base physique et politique d'un État, c'est sur le possesseur de la terre que retombent directement ou indirectement tous les avantages et les maux des nations ; c'est en proportion de ses possessions que la voix du citoyen doit avoir du poids dans les assemblées nationales.

Tels sont les différents ordres dans lesquels les nations modernes se trouvent partagées ; comme tous concourent à leur manière au maintien de la République, tous doivent être écoutés ; la religion, la guerre, la justice, le commerce, l'agriculture, sont faits dans un État bien constitué pour se donner des secours mutuels ; le pouvoir souverain est destiné à tenir la balance entre eux, il empêchera qu'aucun ordre ne soit opprimé par un autre, ce qui arriverait infailliblement si un ordre unique avait le droit exclusif de stipuler pour tous. [...]

Un État n'est heureux, et son souverain n'est puissant, que lorsque tous les ordres de l'État se prêtent réciproquement la main ; pour opérer un effet si salutaire, les chefs de la société politique sont intéressés à maintenir, entre les différentes classes des citoyens, un juste équilibre, qui empêche chacune d'entre elles d'empiéter sur les autres. Toute autorité trop grande, mise entre les mains de quelques membres de la société, s'établit aux dépens de la sûreté et du bien-être de tous ; les passions des hommes les mettent sans cesse aux prises ; ce conflit ne sert qu'à leur donner de l'activité ; il ne nuit à l'État que lorsque la puissance souveraine oublie de tenir la balance, pour empêcher qu'une force n'entraîne toutes les autres. La voix d'une noblesse remuante, ambitieuse, qui ne respire que la guerre, doit être contrebalancée par celle d'autres citoyens aux vues desquels la paix est bien plus nécessaire ; si les guerriers décidaient seuls du sort des empires, ils seraient perpétuellement en feu, et la nation succomberait même sous le poids de ses propres succès ; les lois seraient forcées de se taire, les terres demeureraient incultes, les campagnes seraient dépeuplées, en un mot on verrait renaître ces misères qui pendant tant de siècles ont accompagné la licence des nobles sous le gouvernement féodal. Un commerce prépondérant ferait peut-être trop négliger la guerre ; l'État, pour s'enrichir, ne s'occuperait point assez du soin de sa sûreté, ou peut-être l'avidité le plongerait-il souvent dans des guerres qui frustreraient ses propres vues. Il n'est point dans un État d'objet indifférent et qui ne demande des hommes qui s'en occupent exclusivement ; nul ordre de citoyens n'est capable de stipuler pour tous ; s'il en avait le droit, bientôt il ne stipulerait que pour lui-même ; chaque classe doit être représentée par des hommes qui connaissent son état et ses besoins ; ces besoins ne sont bien connus que de ceux qui les sentent.

Les *représentants* supposent des constituants de qui leur pouvoir est émané, auxquels ils sont par conséquent subordonnés, et dont ils ne sont que les organes. Quels que soient les usages ou les abus que le temps a pu introduire dans les gouvernements libres et tempérés, un *représentant* ne peut s'arroger le droit de faire parler à ses constituants un langage opposé à leurs intérêts ; les droits des constituants sont les droits de la nation, ils sont imprescriptibles et inaliénables ; pour peu que l'on consulte la raison, elle prouvera que les constituants peuvent en tout temps démentir, désavouer et révoquer les *représentants* qui les trahissent, qui abusent de leurs pleins pouvoirs contre eux-mêmes, ou qui renoncent pour eux à des droits inhérents à leur essence ; en un mot, les *représentants* d'un peuple libre ne peuvent point lui imposer un joug qui détruirait sa félicité ; nul homme n'acquiert le droit d'en représenter un autre malgré lui.

SARRASINS OU ARABES (PHILOSOPHIE DES)

(Diderot)

*Cet article est l'un de ceux qui furent censurés dans les dix derniers volumes de l'*Encyclopédie *(tome VIII-XVII), à l'insu de Diderot, par l'imprimeur Le Breton ou par son ordre. En marge des feuilles d'épreuves de l'article « Menace », figure une note de Diderot : « Je prie très instamment qu'on ne s'avise pas de toucher à cet article [...] Je ne veux pas ici de correcteur, et je n'en ai... que faire souffrir. » Diderot s'aperçut de ces mutilations en novembre 1764. « Vous m'avez lâchement trompé deux ans de suite, écrit-il à Le Breton, le 12 novembre 1764 ; vous avez massacré ou fait massacrer par une brute le travail de vingt honnêtes gens qui vous ont consacré leur temps, leurs talents et leurs veilles gratuitement, par amour du bien et de la vérité, et sur le seul espoir de voir paraître leurs idées, et d'en recueillir quelque considération qu'ils ont bien méritée, et dont votre injustice et votre ingratitude les aura privés... Voilà donc ce qui résulte de vingt-cinq ans de travaux, de peines, de dépenses, de dangers, de mortifications de toute espèce ! Un inepte, un ostrogoth détruit tout en un moment : je parle de votre boucher, de celui à qui vous avez remis le soin de nous démembrer... »*

Sur cette question voir :

Gordon (Douglas H. et Torrey (Norman L.) : The censoring of Diderot's Encyclopedie and the re-established text, *1947.*

Albert Soboul

La protestation de Diderot contre la mutilation de son texte par Le Breton s'explique par sa conception du contrat qui le liait à son éditeur. Il faut cependant dire, à la décharge de ce dernier, qu'un tel article lui faisait courir des risques. Il s'agit en effet d'un des *textes les plus incisifs de l'*Encyclopédie. *La référence au « fanatisme mahométan » ne trompa personne, d'autant plus que Diderot ne s'y privait pas de faire allusion à la religion catholique, anticipant d'ailleurs sur la réalité : la déchristianisation qui ne se manifesta que dans la seconde moitié du* XVIIIe *siècle, ne toucha ni toutes les régions ni toutes les catégories sociales.*

On retrouve dans cet article quelques idées habituelles des philosophes du XVIIIe *siècle : entre autres, l'idée que la philosophie doit faire reculer la religion, qui explique la métaphore des lumières et de l'obscurantisme. Le mot de « lumière » fut employé au pluriel pour mieux l'opposer à l'expression « lumière révélée » mais aussi à « lumière naturelle », utilisée par les cartésiens et par Leibniz. La Raison n'était pas assimilée à un rayon mais à un faisceau embrassant tous les aspects de l'activité humaine.*

La Raison condamnait la religion mais soulignait aussi la valeur de l'utilitarisme et de l'intérêt économique et social. C'est pourquoi les prêtres sont considérés comme des parasites car la religion détourne l'argent de l'investissement productif. Si Diderot considérait le droit de propriété comme un droit inviolable, il faisait une exception pour les propriétés du clergé qu'il considérait comme usurpées. L'article va encore plus loin puisqu'il pose la question des rapports entre l'Église et l'État et en appelle à la séparation de l'Église et de l'État.

Philippe Goujard

[...] Le saint prophète ne savait ni lire ni écrire : de là la haine des premiers musulmans contre toute espèce de connaissance, le mépris qui s'en est perpétué chez leurs successeurs, et la plus longue durée garantie aux mensonges religieux dont ils sont entêtés.[87]

Car c'est une observation générale que la religion s'avilit à mesure que la philosophie s'accroît. On en

87. Ici commence le passage censuré par Le Breton. A.S.

conclura ce qu'on voudra ou contre l'utilité de la philosophie, ou contre la vérité de la religion ; mais je puis annoncer d'avance que plus il y aura de penseurs à Constantinople, moins on fera de pèlerinages à la Mecque. Lorsqu'il y a dans une capitale un acte religieux, annuel et commun, il peut servir de règle très sûre pour calculer les progrès de l'incrédulité, la corruption, les mœurs, et le déclin de la superstition nationale. Ainsi, parmi les catholiques, dites, sous telle paroisse on consommait en 1700, cinquante mille hosties, en 1759 on n'en consommait plus que 10 000 : donc la foi s'est affaiblie, dans l'intervalle de cinquante-neuf ans, de quatre cinquièmes, et ainsi de tout ce qui tient à l'affaiblissement de la foi. Je ne doute point qu'il n'y ait un terme stationnaire, une année où la marche de l'incrédulité s'arrête : alors le nombre de ceux qui satisfont à la grande cérémonie annuelle est égal au nombre de ceux qui restent au milieu de la révolution aveugles ou éclairés, incurables ou incorruptibles. Voilà le vrai troupeau sur lequel les ministres de la religion peuvent compter ; il peut s'accroître, mais il ne peut diminuer.[88]

Voyez à l'article ARABES ce qui concerne les Nomades et les Zabiens.

Mahomet fut si convaincu de l'incompatibilité de la philosophie et de la religion, qu'il décerna la peine de mort contre celui qui s'appliquait aux arts libéraux : c'est le même pressentiment qui a poussé dans tous les temps et chez nous les peuples, les prêtres à décrier la raison.[89] [...]

Ces souvenirs sont des exemples frappants de ce qu'un prince aimé de ses peuples peut entreprendre et exécuter. Il faut qu'on sache qu'il n'y a point de religion que les mahométans haïssent autant que la chrétienne ;

---

88. Fin du passage censuré. A.S.

89. Le Breton a censuré ce dernier passage, écrivant : « C'est le même pressentiment dans tous les temps et chez tous les peuples qui a fait hasarder de dévier la raison. » Diderot retrace ensuite l'histoire des califes de la dynastie Ommeyade, fanatiques. Puis il en vient aux Abbassides Almanzor (Al-Manzour) et Haroun Al-Rachid, tolérants et protecteurs des lettres et des arts. A.S.

que les savants, que les califes abassides rassemblèrent autour d'eux étaient presque tous chrétiens ; et que le peuple, heureux sous leur gouvernement, ne songea pas à s'en offenser.[90]

Soyez bon, soyez juste, soyez victorieux, soyez honoré au-dedans de vos États, soyez redouté au-dehors, ayez une armée nombreuse à vos ordres, et vous établirez la tolérance générale ; vous renverserez ces asiles de la superstition, de l'ignorance et du vice ; vous réduirez à la condition de simples citoyens ces hommes de droit divin qui s'élèvent sans cesse contre votre autorité ; vous reprendrez ce qu'ils ont extorqué de l'imbécillité de vos prédécesseurs ; vous restituerez à vos peuples les richesses dont ces inutiles et dangereux fainéants regorgent ; vous doublerez vos revenus sans multiplier les impôts ; vous réduirez leur chef orgueilleux à son filet et à sa ligne de pêcheur ; vous empêcherez des sommes immenses d'aller se perdre dans un gouffre étranger, d'où elles ne sortent plus ; vous verrez la population et l'agriculture refleurir dans vos provinces, vous aurez l'abondance et la paix, et vous régnerez et vous aurez exécuté toutes ces grandes choses sans exciter un murmure, sans avoir répandu une seule goutte de sang. Mais il faut avant tout que vous soyez bien persuadé que l'amour de vos sujets est le seul appui véritable de votre puissance ; et que si dans la crainte que les murs de votre palais ne se renversent en-dehors, vous leur cherchez des étais, il y en a qui tôt ou tard les renverseront en-dedans. Le souverain sage et prudent isolera sa demeure de celle des dieux. Si ces deux édifices sont trop voisins, ils se presseront, et il arrivera avec le temps que le trône sera gêné par l'autel, et que portés un jour l'un contre l'autre avec violence, ils chancelleront tous les deux.[91]

---

90. L'avertissement aux souverains qui suit est présenté comme le discours du père Hoop, hôte du baron d'Holbach, dans la lettre de Diderot à Sophie Volland du 20 octobre 1759. Le Breton l'a supprimé. A.S.

91. Fin du passage censuré. A.S.

SENS COMMUN

« Le bon sens est la chose du monde la mieux partagée » : cet appel de Descartes au jugement du commun des hommes, contre les prétentions des seuls doctes à détenir la vérité, faisait l'audace révolutionnaire du Discours de la méthode.

Pareillement, les encyclopédistes, cet article le montre, affirment que la vérité est accessible à tous. Le philosophe n'a aucune supériorité, dans les premiers principes, sur la multitude et même, plus facilement que tout autre, il peut extravaguer. Puisqu'il est dit contemplatif, il nous est permis de penser que, s'il lui arrive d'être hors de raison, c'est qu'il est hors de la vie. Mais cette idée, qui conduirait à chercher l'origine des jugements du sens commun dans l'activité pratique, n'est que suggérée. Leur provenance reste vague : c'est la nature qui les inspire universellement à tous les hommes. Nous saisissons sur cet exemple le mode de pensée que Engels, parlant des philosophes français du XVIIIe *siècle, appelle* métaphysique : *la nature — physique, sociale, humaine — est une abstraction qui prend la place des réalités historiques.*

Ici se trouve la limite que leur époque impose aux encyclopédistes. La notion de la pratique sociale leur manque, que le matérialisme dialectique devait mettre en valeur.

Voir les articles « Sensations », « Sentiment intime ».

Albert Soboul

Pour les philosophes du XVIIIe *siècle, les connaissances trouvaient leur origine dans les sensations. Les préjugés, la tradition et le principe d'autorité étaient les principaux obstacles à leur développement. Dès lors si tout homme pouvait se tromper, tout homme était* potentiellement *un philosophe, les différences entre les aptitudes au raisonnement pouvaient s'abolir. Ainsi était posé le principe théorique de l'égalité naturelle entre tous. Il impliquait une fonction sociale de la philosophie qui ne devait point se borner à la méditation solitaire, comme l'avait fait dans une certaine mesure Descartes. Ainsi esquissait-on un vaste programme de diffusion du savoir et lançait-on au philosophe un appel à participer aux combats idéologiques de son temps.*

Philippe Goujard

Par le *sens commun* on entend la disposition que la nature a mise dans tous les hommes, ou manifestement dans la plupart d'entre eux, pour leur faire porter, quand ils ont atteint l'usage de la raison, un jugement commun et uniforme sur des objets différents du sentiment intime de leur propre perception ; jugement qui n'est point la conséquence d'aucun principe antérieur. Si l'on veut des exemples de jugement qui se vérifient principalement par la règle et par la force du *sens commun,* on peut, ce semble, citer les suivants :

1° *Il y a d'autre êtres et d'autres hommes que moi au monde ;*

2° *Il y a quelque chose qui s'appelle* vérité, sagesse, prudence ; *et c'est quelque chose qui n'est pas purement arbitraire ;*

3° *Il se trouve dans moi quelque chose que j'appelle* intelligence *et quelque chose qui n'est point intelligence et qu'on appelle* corps ;

4° *Tous les hommes ne sont point d'accord à me tromper et à m'en faire accroire ;*

5° *Ce qui n'est point intelligence ne saurait produire tous les effets de l'intelligence, ni des parcelles de matière remuées au hasard former un ouvrage d'un ordre et d'un mouvement régulier tel qu'une horloge.*[92]

---

92. Cette proposition spiritualiste, loin d'être évidente, repose sur un raisonnement faux, d'ailleurs dénoncé par l'article « Corpusculaire » : ce qui n'est point intelligence ne peut, dit-on, produire tels effets ; or on est encore loin de connaître toutes les propriétés de la matière et, par conséquent, ce qu'elle peut ou ne peut pas produire. D'autre part, « les parcelles de matière » ne sont pas « remuées au hasard » : pour les matérialistes, Diderot, d'Holbach, Helvétius, le mouvement est une propriété de la matière elle-même. A.S.

Tous ces jugements, qui nous sont dictés par le *sens commun,* sont des règles de vérité aussi réelles et aussi sûres que la règle tirée du sentiment intime de notre propre perception ; non pas qu'elle emporte notre esprit avec la même vivacité de clarté, mais avec la même nécessité de consentement. Comme il m'est impossible de juger que je ne pense pas, lorsque je pense actuellement, il m'est également impossible de juger sérieusement que je sois le seul être au monde ; que tous les hommes ont conspiré à me tromper dans tout ce qu'ils disent ; qu'un ouvrage de l'industrie humaine, tel qu'une horloge qui montre régulièrement les heures, est le pur effet du hasard.

Cependant, il faut avouer qu'entre le genre des premières vérités, tirées du sentiment intime, et tout autre genre de premières vérités, il se trouve une différence ; c'est qu'à l'égard du premier on ne peut imaginer qu'il soit susceptible d'aucune ombre de doute ; et, qu'à l'égard des autres, on peut alléguer qu'ils n'ont pas une évidence du genre suprême d'évidence. Mais il faut se souvenir que ces premières vérités qui ne sont pas du premier genre, ne tombant que sur des objets hors de nous, elles ne peuvent faire une impression aussi vive sur nous que celles dont l'objet est en nous-mêmes ; de sorte que pour nier les premières il faudrait être hors de soi ; et pour nier les autres il ne faut qu'être hors de la raison.

C'est une maxime parmi les sages, direz-vous, et comme une première vérité dans la morale, que *la vérité n'est point pour la multitude.* Ainsi il ne paraît pas judicieux d'établir une règle de vérité sur ce qui est jugé vrai par le plus grand nombre. Donc le *sens commun* n'est point une règle infaillible de la vérité.

Je réponds qu'une vérité précise et métaphysique ne se mesure pas à des maximes communes, dont la vérité est toujours sujette à différentes exceptions : témoin la maxime qui avance, que *la voix du peuple est la voix de Dieu.* Il s'en faut bien qu'elle soit universellement vraie ; bien qu'elle se vérifie à peu près aussi souvent que celle qu'on voudrait objecter, que *la vérité n'est point pour la multitude.* Dans le sujet même dont il s'agit, touchant les premiers principes, cette dernière maxime doit passer absolument pour être fausse. En effet, si les premières vérités n'étaient répandues dans l'esprit de tous les hommes, il serait impossible de les faire convenir de rien, puisqu'ils auraient des principes différents sur toutes sortes de sujets. Lors donc qu'il est vrai de dire que *la vérité n'est point pour la multitude,* on entend une sorte de vérité, qui, pour être aperçue, suppose une attention, une capacité et une expérience particulières, prérogatives qui ne sont pas pour la multitude. Mais est-il question de première vérité, tous sont philosophes à cet égard. Le philosophe contemplatif avec tous ses raisonnements n'est pas plus parfaitement convaincu qu'il existe et qu'il pense que l'esprit le plus médiocre et le plus simple. Dans les choses où il faut des connaissances acquises par le raisonnement et des réflexions particulières, qui supposent certaines expériences que tous ne sont pas capables de faire, un philosophe est plus croyable qu'un autre homme : mais dans une chose d'une expérience manifeste et d'un sentiment commun à tous les hommes, tous à cet égard deviennent philosophes ; de sorte que dans les premiers principes de la nature et du *sens commun* un philosophe opposé au reste du genre humain est un philosophe opposé à cent mille autres philosophes ; parce qu'ils sont aussi bien que lui instruits des premiers principes de nos sentiments communs. Je dis plus ; l'ordinaire des hommes est plus croyable en certaines choses que plusieurs philosophes, parce que ceux-là n'ont point cherché à forcer ou à défigurer les sentiments et les jugements, que la nature inspire universellement à tous les hommes.[93]

---

93. Descartes pensait aussi qu'il pouvait « rencontrer beaucoup plus de vérité dans les raisonnements que chacun fait touchant les affaires qui lui importent et dont l'événement le doit punir bientôt après s'il a mal jugé, que dans ceux que fait un homme de lettres dans son cabinet, touchant des spéculations qui ne produisent aucun effet, et qui ne lui sont d'autre conséquence, sinon que peut-être il en tirera d'autant plus de vanité qu'elles seront plus éloignées du sens commun, à cause qu'il aura dû employer d'autant plus d'esprit et d'artifice à tâcher de les rendre vraisemblables » (Discours de la méthode, Première partie). A.S.

Le sentiment commun des hommes en général, dit-on, est que le soleil n'a pas plus de deux pieds de diamètre. On répond qu'il n'est pas vrai que le sentiment commun de ceux qui sont à portée de juger de la grandeur du soleil soit qu'il n'a que deux ou trois pieds de diamètre. Le peuple le plus grossier s'en rapporte sur ce point au commun ou à la totalité des philosophes ou des astronomes, plutôt qu'au témoignage de ses propres yeux. Aussi n'a-t-on jamais vu de gens, même parmi le peuple, soutenir sérieusement qu'on avait tort de croire le soleil plus grand qu'un globe de quatre pieds. En effet, s'il s'était jamais trouvé quelqu'un assez peu éclairé pour contester là-dessus, la contestation aurait pu cesser au moment même, avec le secours de l'expérience, faisant regarder au contredisant un objet ordinaire, qui, à proportion de son éloignement, paraît aux yeux incomparablement moins grand que quand on s'en approche. Ainsi les hommes les plus stupides sont persuadés que les propres yeux les trompent sur la vraie étendue des objets. Ce jugement n'est donc pas un sentiment de la nature, puisqu'au contraire il est universellement démenti par le sentiment le plus pur de la nature raisonnable qui est celui de la réflexion.

SENSATIONS

La question des sensations est fondamentale en philosophie : sur elle s'affrontent aussitôt matérialisme et idéalisme.

Comment se posait-elle aux encyclopédistes ?

Le philosophe anglais Locke avait critiqué la thèse cartésienne des idées innées, *c'est-à-dire antérieures à l'expérience et mises en l'âme par Dieu. Pour lui, nos connaissances ont une double origine : la sensation et la réflexion. Allant plus loin, les philosophes français pensent que* toute *connaissance vient des sens.*

Mais que sont les sensations ? Contrairement à l'opinion naïve des anciens matérialistes grecs, Démocrite, Epicure, elles ne peuvent être dans les objets, puisque la manière dont nous percevons ceux-ci est en rapport avec nos organes sensoriels. Locke distinguait les qualités secondaires (couleurs, sons...) relatives aux organes des sens, donc subjectives, des qualités primaires (telle l'étendue) inhérentes à l'objet. Or cette distinction mène à l'idéalisme : on ne peut éviter que les qualités primaires ne jouent le rôle d'un mystérieux support, d'une chose en soi, *inconnaissable. L'évêque Berkeley, idéaliste anglais, put facilement critiquer cette matière fantôme et, la supprimant, il construisit ce pur subjectivisme que Diderot, dans l'*Entretien avec d'Alembert *appelle un « système extravagant ».*

C'est pourquoi l'auteur anonyme de cet article, établit d'abord avec netteté que les sensations se rapportent à une cause extérieure, *les différents mouvements de la matière ; puis il s'attache à montrer que les différences entre sensations ou les différences d'intensité dans une même sensation ne sont pas des impressions arbitraires, qu'elles correspondent aux différences de mouvement qui les produisent. Il élabore donc une théorie des sensations qui est matérialiste, mais d'un matérialisme mécaniste, à l'image de la science du temps.*

Voir l'article « Sens commun ».

Albert Soboul

*La publication en 1690 de l'*Essai sur l'entendement humain *par John Locke marque un tournant dans l'histoire de la philosophie. Refusant les idées innées, affirmant que l'esprit était originellement une table rase, Locke vit dans les sensations l'origine de toute connaissance. La Raison devait organiser les produits des sensations. Cette théorie fut reprise par Hume en 1739 et en 1754 par Condillac* (Traité des sensations) *auquel l'auteur de l'article emprunte ici l'idée de la hiérarchie des sens.*

Bien entendu, des conclusions différentes furent tirées de cette théorie du « sensualisme », en contradiction ou non avec l'existence d'un créateur. Le « sensualisme » fournit aux philosophes le fondement théorique de la similitude entre l'homme et l'animal, permettant donc de concevoir l'idée d'une chaîne entre les êtres vivants et fonda le principe d'égalité naturelle.

La théorie de Locke proposa aussi les éléments d'une nouvelle morale. Selon Locke, ce sont les sensations de plaisir et de douleur qui engendrent les idées d'utilité et de nocivité et par voie de conséquence l'idée du permis et du défendu. La construction de cette nouvelle morale à partir des réalités psychologiques lui donnait un caractère de certitude. Et le principe de plaisir était ainsi réhabilité. Locke ne tira pas toutes les conséquences de ses principes, mais les philosophes du XVIIIe *siècle le firent et c'est pourquoi on peut donc le considérer, au même titre que Newton, comme un des « pères fondateurs » de la philosophie des Lumières.*

Philippe Goujard

LES SENSATIONS sont des impressions qui s'excitent en nous à l'occasion des objets extérieurs. Les philosophes modernes sont bien revenus de l'erreur grossière qui revêtait autrefois les objets qui sont hors de nous des diverses *sensations* que nous éprouvons à leur présence. Toute *sensation* est une perception qui ne saurait se trouver ailleurs que dans un esprit, c'est-à-dire dans une substance qui se sent elle-même et qui ne peut agir ou pâtir sans s'en apercevoir immédiatement. Nos philosophes vont plus loin ; ils vous font très bien remarquer que cette espèce de perception, que l'on nomme *sensation,* est très différente d'un côté de celle qu'on nomme idée, d'autre côté des actes de la volonté et des passions. Les passions sont bien des perceptions confuses qui ne représentent aucun objet ; mais ces perceptions se terminant à l'âme même qui les produit, l'âme ne les rapporte qu'à elle-même, ele ne s'aperçoit alors que d'elle-même, comme étant affectée de différentes manières, telles que sont la joie, la tristesse, le désir, la haine et l'amour. Les *sensations,* au contraire, que l'âme éprouve en soi, elle les rapporte à l'action de quelque cause extérieure et d'ordinaire elles amènent avec elles l'idée de quelque objet. Les *sensations* sont aussi très distinguées des idées.

1° Nos idées sont claires ; elles nous représentent distinctement quelque objet qui n'est pas nous : au contraire, nos *sensations* sont obscures ; elles ne nous montrent distinctement aucun objet, quoiqu'elles attirent notre âme comme hors d'elle-même ; car toutes les fois que nous avons quelque *sensation,* il nous paraît que quelque cause extérieure agit sur notre âme.

2° Nous sommes maîtres de l'attention que nous donnons à nos idées ; nous appelons celle-ci, nous renvoyons celle-là ; nous la rappelons, et nous la faisons demeurer tant qu'il nous plaît ; nous lui donnons tel degré d'attention que bon nous semble ; nous disposons de toutes avec un empire aussi souverain qu'un curieux dispose des tableaux de son cabinet. Il n'en va pas ainsi de nos sensations ; l'attention que nous leur donnons est involontaire, nous sommes forcés de la leur donner : notre âme s'y applique, tantôt plus, tantôt moins, selon que la *sensation* elle-même est ou faible ou vive.

3° Les pures idées n'emportent aucune *sensation,* pas même celles qui nous représentent les corps ; mais les *sensations* ont toujours un certain rapport à l'idée du corps ; elles sont inséparables des objets corporels, et l'on convient généralement qu'elles naissent à l'occasion de quelque mouvement des corps, et en particulier de celui que les corps extérieurs communiquent au nôtre.

4° Nos idées sont simples ou se peuvent réduire à des perceptions simples ; car comme ce sont des perceptions claires qui nous offrent distinctement quelqu'objet qui n'est pas nous, nous pouvons les décomposer jusqu'à ce que nous venions à la perception d'un objet simple et unique, qui est comme un point que nous apercevons tout entier d'une seule vue. Nos *sensations* au contraire sont confuses ; et c'est ce qui fait conjecturer que ce ne sont pas des perceptions simples, quoi qu'en dise le célèbre Locke. Ce qui aide à la conjecture, c'est que nous éprouvons tous les jours des *sensations* qui nous paraissent simples dans le moment même, mais que nous découvrons ensuite ne l'être nullement. On sait, par les ingénieuses expériences que le fameux chevalier Newton a faites avec le prisme, qu'il n'y a que cinq couleurs primitives. Cependant, du différent mélange de ces cinq couleurs, il se forme cette diversité infinie de couleurs que l'on admire dans les ouvrages de la nature et dans ceux des peintres, ses imitateurs et ses rivaux, quoique leur pinceau le plus ingénieux ne puisse jamais l'égaler. A cette variété de couleurs, de teintes, de nuances, répondent autant de *sensations* distinctes que nous prendrions pour *sensations* simples, aussi bien que celles du rouge et du vert, si les expériences de Newton ne démontraient que ce sont des perceptions composées de celles des cinq couleurs originales. Il en est de même des tons dans la musique. Deux ou plusieurs tons de certaine espèce venant à frapper en même temps l'oreille produisent un accord : une oreille fine aperçoit à la fois ces tons différents sans les bien distinguer ; ils s'y unissent et s'y fondent l'un dans l'autre ; ce n'est proprement aucun de ces deux tons qu'elle entend ; c'est un mélange agréable qui se fait des deux, d'où résulte une troisième *sensation,* qui s'appelle *accord, symphonie :* un homme qui n'aurait jamais ouï ces tons séparément prendrait la *sensation* que fait naître leur accord pour une simple perception.

Outre cette première question, où l'on agite si les *sensations* sont des idées, on en peut former plusieurs autres, tant cette matière devient féconde quand on la creuse de plus en plus.

Les impressions que notre âme reçoit à l'occasion des objets sensibles sont-elles arbitraires ? Il paraît clairement que non, dès qu'il y a une analogie entre nos *sensations* et les mouvements qui les causent, et dès que ces mouvements sont non la simple occasion, mais l'objet même de ces perceptions confuses.[94] Elle paraîtra, cette analogie, si d'un côté nous comparons ces *sensations* entre elles, et si d'autre côté nous comparons entre eux les organes de ces *sensations* et l'impression qui se fait sur ces différents organes. La vue est quelque chose de plus délicat et de plus habile que l'ouïe ; l'ouïe a visiblement un pareil avantage sur l'odorat et sur le goût ; et ces deux derniers genres de *sensation* l'emportent par le même endroit sur celui du toucher. On observe les mêmes différences entre les organes de nos sens pour la composition de ces organes, pour la délicatesse des nerfs, pour la subtilité et la vitesse des mouvements, pour la grosseur des corps extérieurs qui affectent immédiatement ces organes. L'impression corporelle sur les organes des sens n'est qu'un tact plus ou moins subtil et délicat, à proportion de la nature des organes qui en doivent être affectés. Celui qui fait la vision est le plus léger de tous : le bruit et le son nous touchent moins délicatement que la lumière et les couleurs ; l'odeur et la saveur encore moins délicatement que le son, le froid et le chaud et les autres qualités tactiles font l'impression la plus forte et la plus rude. Dans tous, il ne faut que différents degrés de la même sorte de mouvement pour faire passer l'âme du plaisir à la douleur ; preuve que le plaisir et la douleur, ce qu'il y a d'agréable et de désagréable dans nos *sensations*, est parfaitement analogue aux mouvements qui les produisent, ou, pour mieux dire, que nos *sensations* ne sont que la perception confuse de ces divers mouvements. D'ailleurs, à comparer nos *sensations* entre elles, on y découvre des rapports et des différences qui marquent une analogie parfaite avec les mouvements qui les produisent et avec les organes qui reçoivent ces mouvements. Par exemple l'odorat et le goût s'avoisi-

---

94. L'auteur attaque ici la doctrine idéaliste de Malebranche, suivant laquelle les objets ne sont que la *cause occasionnelle* des sensations, la cause réelle étant Dieu. Comme l'âme, substance spirituelle, ne peut avoir aucune communication avec la matière, Dieu intervient dans tous les cas où nous avons besoin d'être renseignés sur le monde extérieur en nous donnant les sensations utiles. A.S.

nent beaucoup et tiennent assez de l'un et de l'autre. L'analogie qui se remarque entre les sens et les couleurs est beaucoup plus sensible. Il faut à présent venir aux autres questions et entrer de plus en plus dans la nature des *sensations.*

Pourquoi, dit-on, l'âme rapporte-t-elle ses *sensations* à quelque cause extérieure ? Pourquoi ces *sensations* sont-elles inséparables de l'idée de certains objets ? Pourquoi nous impriment-elles si fortement ces idées et nous font-elles regarder ces objets comme existants hors de nous ? Bien plus, pourquoi regardons-nous ces objets non seulement comme la cause, mais comme le sujet de ces *sensations ?* D'où vient enfin que la *sensation* est si mêlée avec l'idée de l'objet même que quoique l'objet soit distingué de notre âme, et que la *sensation* n'en soit point distinguée, il est extrêmement difficile, ou même impossible à notre âme, de détacher la *sensation* d'avec l'idée de cet objet ; ce qui a principalement lieu dans la vision. On ne saurait presque pas plus s'empêcher, quand on voit un cercle rouge, d'attribuer au cercle la rougeur qui est notre propre *sensation,* que de lui attribuer la rondeur, qui est la propriété du cercle même. Tant de questions à éclaircir touchant les *sensations* prouvent assez combien cette matière est épineuse. Voici à peu près ce qu'on y peut répondre de plus raisonnable.

Les *sensations* font sortir l'âme hors d'elle-même en lui donnant l'idée confuse d'une cause extérieure qui agit sur elle, parce que les *sensations* sont des perceptions involontaires ; l'âme en tant qu'elle sent est passive, elle est le sujet d'une action ; il y a donc hors d'elle un agent. Quel sera cet agent ? Il est raisonnable de le concevoir proportionné à son action et de croire qu'à différents effets répondent différentes causes ; que les sensations sont produites par des causes aussi diverses entre elles que le sont les *sensations* mêmes. Sur ce principe, la cause de la lumière doit être autre que la cause du feu ; celle qui excite en moi la *sensation* du jaune doit n'être pas la même que celle qui me donne la *sensation* du violet.

Nos *sensations* étant des perceptions représentatives d'une infinité de petits mouvements indiscernables, il est naturel qu'elles amènent avec elles l'idée claire ou confuse du corps dont celle du mouvement est inséparable et que nous regardions la matière en tant qu'agitée par ces divers mouvements comme la cause universelle de nos *sensations,* en même temps qu'elle en est l'objet.

Une autre conséquence, qui n'est pas moins naturelle, c'est qu'il arrive de là que nos *sensations* sont la preuve la plus convaincante que nous ayons de l'existence de la matière. C'est par elles que Dieu nous avertit de notre existence[95], car quoique Dieu soit la cause universelle et immédiate qui agit sur notre âme, sur laquelle, quand on y pense, on voit bien que la matière ne peut agir réellement et physiquement ; quoiqu'il suffise des seules *sensations* que nous recevons à chaque moment pour démontrer qu'il y a hors de nous un esprit dont le pouvoir est infini ; cependant la raison pour laquelle cet esprit tout-puissant assujettit notre âme à cette suite si variée, mais si réglée, de perceptions confuses qui n'ont que des mouvements pour objet, cette raison ne peut être prise d'ailleurs que de ces mouvements mêmes, qui arrivent en effet dans la matière actuellement existante ; et le but de l'esprit infini, qui n'agit jamais au hasard, ne peut être autre que de nous manifester l'existence de cette matière avec ces divers mouvements. Il n'y a point de voie plus propre pour nous instruire de ce fait. L'idée seule de la matière nous découvrirait bien sa nature, mais ne nous apprendrait jamais son existence, puisqu'il ne lui est point essentiel d'exister. Mais l'application involontaire de notre âme à cette idée, revêtue de celle d'une infinité de modifications et de mouvements successifs, qui sont arbitraires et accidentels à cette idée, nous conduit infailliblement à

95. On s'étonnera peut-être de ce soudain recours à Dieu. C'est que l'auteur ne veut pas ouvertement critiquer la notion de l'âme spirituelle, distincte et indépendante de la matière. Mais la dernière phrase de l'argumentation la détruit, suivant une tactique fréquente dans l'*Encyclopédie,* en montrant que l'objet sensible est la *raison suffisante.* A.S.

croire qu'elle existe avec toutes ses diverses modifications. L'âme conduite par le créateur dans cette suite réglée de perceptions est convaincue qu'il doit y avoir un monde matériel hors d'elle, qui soit le fondement, la cause exemplaire de cet ordre, et avec lequel ces perceptions aient un rapport de vérité. Ainsi, quoique dans l'immense variété d'objets que les sens présentent à notre esprit Dieu seul agisse sur notre esprit, chaque objet sensible, avec toutes ses propriétés, peut passer pour la cause de la *sensation* que nous en avons, parce qu'il est la raison suffisante de cette perception et le fondement de sa vérité. [...]

Je ne nie pourtant pas qu'il ne puisse y avoir des hommes qui, dans leurs sombres méditations, se sont tellement affaibli l'esprit par des abstractions continuelles et, si je l'ose dire, tellement alambiqué le cerveau par des possibilités métaphysiques, qu'ils doutent effectivement s'il y a des corps. Tout ce que l'on peut dire de ces contemplatifs, c'est qu'à force de réflexion ils ont perdu le sens commun, méconnaissant une première vérité dictée par le sentiment de la nature et qui se trouve justifiée par le concert unanime de tous les hommes.

SENSIBILITÉ

(de Jaucourt)

Les philosophes du XVIII*e siècle ont entendu la sensibilité dans un sens particulier : Diderot la conçoit dans son* Essai sur le mérite et la vertu, *traduction de Shaftesbury (1745), comme une « affection sociale », et Rousseau dans son* Discours sur l'origine de l'inégalité *(1754) comme une « vertu sociale ». De la sensibilité dans l'amour et dans l'amitié, qui apparaît dès la fin du* XVII*e siècle, les philosophes sont passés à la sensibilité dans les rapports avec tous nos semblables. Aussi la sensibilité a-t-elle engendré l'humanité, qui se traduit par la bienfaisance. Précisons, à la suite de Lanson,* *que la sensibilité du siècle est « la réflexion de l'intelligence sur les émotions réelles ou possibles de la sensibilité. C'est moins le sentiment que la conscience et la notion du sentiment. Une âme sensible est celle qui comprend les occasions où elle doit sentir, et qui produit, avec le plus de vivacité possible, toutes les actions extérieures qui répondent à ces occasions de sentir ».*

Se reporter à l'article « Humanité ».

Albert Soboul

SENSIBILITÉ. Disposition tendre et délicate de l'âme qui la rend facile à être émue, à être touchée.

La *sensibilité* d'âme donne une sorte de sagacité sur les choses honnêtes et va plus loin que la pénétration de l'esprit seul. Les âmes sensibles peuvent par vivacité tomber dans des fautes que les hommes à procédés ne commettraient pas, mais elles l'emportent de beaucoup par la quantité des biens qu'elles produisent. Les âmes *sensibles* ont plus d'existence que les autres : les biens et les maux se multiplient à leur égard. La réflexion peut faire l'homme de probité ; mais la *sensibilité* fait l'homme vertueux. La *sensibilité* est la mère de l'humanité, de la générosité ; elle sert le mérite, secourt l'esprit et entraîne la persuasion à sa suite.

SENTIMENT INTIME

Cet article tourne en dérision les philosophes qui croyaient à la présence de sentiments innés dans l'esprit humain. Ne confondons pas sentiment intime et sensations : ce qui est (?) premier, dans la théorie sensualiste, ce sont les sensations et non le sentiment, qui en procède : suggestion du principe du primat de la réalité par rapport aux phénomènes de conscience.

Se reporter à l'article « sens commun ».

Philippe Goujard

[...] Certains philosophes de notre temps n'ont excepté du doute universel, dans lequel ils ont fait périr toutes leurs connaissances, que cette première règle ou source de vérité qui se tire de notre *sentiment intime ;* ils n'ont pas daigné reconnaître ni admettre d'autres genres de vérité et d'évidence. Ainsi quand on leur demande s'il est évidemment certain qu'il y ait des corps et que nous en recevions les impressions, ils répondent nettement que non et que nous n'avons là-dessus aucune certitude évidente, puisque nous n'avons point ces connaissances par le *sentiment intime* de notre propre expérience, ni par aucune conséquence nécessaire qui en soit tirée. C'est ce qu'un philosophe anglais n'a point fait difficulté de publier.

D'ailleurs on ne peut soupçonner quelle autre certitude évidente admettraient ces philosophes. Serait-ce le témoignage des sens, la révélation divine, l'autorité humaine ? Serait-ce enfin l'impression immédiate de Dieu sur nous ? Le témoignage des sens étant corporel, il ne saurait être admis parmi ceux qui, par avance, n'admettent pas l'existence des corps. La révélation divine et l'autorité humaine ne font encore impression sur nous que par le témoignage des sens ; c'est-à-dire, ou de nos yeux qui ont vu les miracles du Tout-Puissant, ou de nos oreilles qui ont entendu les discours des hommes qui nous parlent de la part de Dieu. Enfin l'impression immédiate de Dieu suppose un Dieu, et un être différent de moi. Mais si le *sentiment intime* de ce qui se passe en moi est la seule chose évidente, tout ce qui ne sera pas formellement ce *sentiment intime* ne sera point évident pour moi.

De ce principe, que le *sentiment intime* est la seule règle de vérité, il s'ensuit 1° que nous n'avons nulle certitude évidente de l'existence des corps, pas même du nôtre propre ; car enfin un esprit, une âme telle que la nôtre, ressent bien l'impression que le corps, et le sien en particulier, font sur elle ; mais comme au fonds son corps est très distingué de cette impression, et que d'ailleurs cette impression pourrait absolument se faire éprouver dans notre âme sans l'existence des corps, il s'ensuit aussi que notre *sentiment intime* ne nous donne aucune conviction de l'existence d'aucun corps.

2° Une autre conséquence, tout aussi naturelle, est que nous n'avons nulle certitude évidente de ce qu'hier il nous arriva ou ne nous arriva pas, ni même si nous existions ou n'existions pas. Car selon cet absurde système, je ne puis avoir d'évidence que par une perception intime qui est toujours actuelle. Or actuellement j'ai bien la perception du souvenir de ce qui m'arriva hier ; mais ce souvenir n'est qu'une perception intime de ce que je pense présentement, c'est-à-dire d'une pensée actuelle, laquelle n'est pas la même chose que ce qui se passa hier, et qui n'est plus aujourd'hui. Par la même raison, je serai encore moins certain si je ne suis pas en ce monde depuis deux ans ou trois mille ans. Qui m'empêchera de pousser cette réflexion jusqu'à l'éternité même, puisque nous pourrions avoir toujours existé, sans que nous nous en ressouvenions ?

Que si on nous représente que nous avons été produits, nous pourrons répondre que nous n'en avons point de certitude évidente. Car avoir été produit est une chose passée, et n'est pas la perception ni le *sentiment intime* de ce qui se passe actuellement en nous. Je n'ai que la perception actuelle de la pensée, par laquelle je crois avoir existé avant le moment où je me trouve présentement.

3° Enfin, une autre conséquence aussi légitime que les précédentes, est que nous n'avons nulle certitude qu'il existe au monde d'autres êtres que chacun de nous. Nous avons bien une perception intime des impressions reçues en nous, dont nous attribuons l'occasion à des esprits et à des intelligences qu'on suppose exister hors de nous ; mais cette perception intime ne portant conviction que d'elle-même, et étant toute intérieure, elle ne nous donne aucune certitude évidente d'un être qui soit hors de nous. En effet, selon cette belle philosophie, l'âme n'est point évidemment certaine, si elle n'est pas de telle nature, qu'elle éprouve par elle-même et par sa seule constitution les impressions dont elle attribue la cause à des êtres qui existent hors d'elle. Elle n'a donc pas de certitude évidente qu'il y ait hors d'elle aucun esprit, ni aucun être quel qu'il soit ; elle n'a donc point d'évidence qu'elle n'existe pas de toute éternité, ou même qu'elle ne soit pas l'unique être qui existe au monde. Après une conséquence aussi singulière, ce n'est pas la peine d'indiquer toutes les autres qui se présenteraient en foule, pour montrer que je n'ai nulle évidence, si je veille actuellement, ou si je dors ; si j'ai la liberté d'agir ou de ne pas agir, de vouloir ou de ne pas vouloir, etc. Toutes ces conséquences sautent aux yeux d'elles-mêmes, sans qu'il soit besoin de les marquer plus au long.

Puisque les conséquences qui s'ensuivent nécessairement de ce principe, savoir que le *sentiment intime* de notre propre perception est l'unique règle de vérité, sont si bizarres, si ridicules et si absurdes, il faut nécessairement qu'il soit lui-même bizarre, ridicule et absurde, puisqu'il est démontré que les conséquences ne sont qu'une même chose avec le principe. *Voyez* ÉVIDENCE et SENS COMMUN.

SUJET (PEINTURE)

En 1759, Diderot fut chargé par Grimm de faire dans la Correspondance littéraire *le compte rendu des Salons qui avaient alors lieu tous les deux ans. Diderot s'était toujours intéressé aux problèmes d'esthétique. Dès 1751, il avait écrit ses* Recherches philosophiques sur l'origine et la nature du beau *(article « Beau » de l'*Encyclopédie). *Il fréquentait beaucoup les artistes Vernet, Vanloo, Chardin ; il était surtout lié avec Greuze, qui lui soumettait ses tableaux avant de les exposer.*

Si Diderot n'a pas inauguré en France la critique d'art, dont les origines remontent au XVIIe *siècle et qui avait été illustrée en 1719 par les* Réflexions critiques sur la poésie et la peinture, *de l'abbé Du Bos, du moins il a contribué grandement à son essor. Diderot s'est surtout attaché au sujet, à la composition, à la psychologie des personnages, et peut-être a-t-il eu une conception quelque peu littéraire de la critique d'art. Il ne s'est cependant pas désintéressé de la technique, du dessin, de la couleur ; dans ses* Salons *de 1775 et 1781, il y porte même une attention extrême.*

Albert Soboul

C'est la conception de la liaison nécessaire entre le plaisir et l'utilité qui explique l'importance donnée au sujet. Comme toute œuvre d'art, un tableau doit éduquer et plaire à la fois. On connaît l'admiration de Diderot pour Greuze. Cela explique aussi la promotion, au XVIIIe *siècle, de certains genres littéraires comme le roman.*

Philippe Goujard

SUJET *(peinture)*. On appelle *sujets,* en *peinture,* tout ce que l'art du pinceau peut imiter. Ainsi, pour transcrire ici les judicieuses réflexions de M. l'abbé Du Bos, nous dirons avec lui que tout ce qui tombe sous le sens de la vue peut devenir un *sujet* d'imitation. Quand les imitations que la peinture nous en présente ont le pouvoir de nous attacher, tout le monde dit que ce sont là des *sujets* heureux. La représentation pathétique du sacrifice de la fille de Jephté, de la mort de Germanicus sont, par exemple, des *sujets* heureux. On néglige pour les contempler des *sujets* grotesques ; et même les paysages les plus riants et les plus gracieux. L'art de la peinture n'est jamais plus applaudi que lorsqu'elle réussit à nous affliger ; et si je ne me trompe fort, généralement parlant, les hommes trouvent encore plus de plaisir à pleurer qu'à rire au théâtre. [...]

C'est à tort peut-être que les peintres se plaignent de la disette des *sujets,* la nature est si variée qu'elle fournit toujours des *sujets* neufs à ceux qui ont du génie. Un homme né avec du génie voit la nature que son art imite avec d'autres yeux que les personnes qui n'ont pas de génie. Il découvre une différence infinie entre des objets qui, aux yeux des autres hommes, paraissent les mêmes. Il fait si bien sentir cette différence dans son imitation que le *sujet* le plus rebattu devient un *sujet* neuf sous sa plume ou son pinceau. Il est pour un grand peintre une infinité de joies et de douleurs différentes qu'il fait varier encore par les âges, par les tempéraments, par les caractères des nations et les particuliers, et par mille autres moyens. Comme un tableau ne représente qu'un instant d'une action, un peintre né avec du génie choisit l'instant que les autres n'ont pas encore saisi ; ou s'il prend le même instant, il l'enrichit de circonstances tirées de son imagination qui font paraître l'action un *sujet* neuf. Or c'est l'invention de ces circonstances qui constitue le poète en peinture.

Combien a-t-on fait de crucifiements depuis qu'il est des peintres ? Cependant, les artistes doués de génie n'ont pas trouvé que ce *sujet* fût épuisé par mille tableaux déjà faits. Ils ont su l'orner par des traits nouveaux de poésie et qui paraissent néanmoins tellement propres au *sujet* qu'on est surpris que le premier peintre qui a médité sur la composition d'un crucifiement ne se soit pas saisi de ces idées. C'est ce qu'on prouvé Rubens, le Poussin et Coypel par leurs tableaux sur la crucifixion de Notre-Seigneur. En un mot, les peintres qui tiennent leur vocation du génie trouveront toujours des *sujets* neufs dans la nature ; et, pour parler figurément, leurs devanciers ont laissé plus de marbres dans les carrières qu'ils n'en ont tiré pour le mettre en œuvre.

SUPERSTITION
(de Jaucourt)

Défenseurs ardents des droits de la raison, les philosophes dénoncèrent avec vigueur tout ce qui, même dans la religion, leur paraissait irrationnel. Si bien que leurs attaques parurent aux défenseurs de l'ordre traditionnel, viser tout autant que les superstitions proprement dites, la religion elle-même, fondée qu'elle est sur la foi. « Je ne puis me dispenser, écrit l'anonyme auteur des Considérations sur les mœurs de ce siècle *(1757), de blâmer les écrivains qui, sous prétexte d'attaquer la superstition, ce qui serait un motif louable et utile si l'on s'y renfermait en philosophe citoyen, cherchent à saper les fondements de la morale et donnent atteinte aux liens de la société. » Fondements de la morale, liens de la société : entendons la religion catholique.*

Se reporter aux articles « Fanatisme », « Persécuter », « Tolérance ».

Albert Soboul

*Ne nous laissons pas prendre par la distinction opérée dans cet article entre religion et superstition. C'est bel et bien la religion catholique que vise de Jaucourt et c'est la religion que les philosophes des Lumières considèrent comme une fille de l'imagination. Si la plupart d'entre eux croyaient à l'existence d'un Dieu, ils refusaient toutes espèces de cultes, de rites, de sacrements et d'intermédiaires entre l'homme et la divinité. Leur croyance en Dieu n'était que la reconnaissance d'une cause première et d'un garant d'un ordre naturel. Le progrès de la raison et des connaissances entraînerait inéluctablement la fin de la religion. Malgré la clause de style, l'athéisme vaut mieux que la religion pour des raisons philosophiques — l'athée se trompe moins que l'homme religieux —, mais aussi politiques : l'athéisme ne fait courir aucun risque à l'ordre public et au bonheur commun. Une fois de plus l'*Encyclopédie *appelle le pouvoir politique à limiter l'influence de la religion, allant jusqu'à assimiler les prosélytes d'un culte aux méchants dont parle l'article « État ».*

Philippe Goujard

SUPERSTITION. Tout excès de la religion en général, suivant l'ancien mot du paganisme : il faut être pieux et se bien garder de tomber dans la *superstition*.

En effet, la *superstition* est un culte de religion, faux, mal dirigé, plein de vaines terreurs, contraire à la raison et aux saines idées qu'on doit avoir de l'être suprême. Ou, si vous l'aimez mieux, la *superstition* est cette espèce d'enchantement ou de pouvoir magique que la crainte exerce sur notre âme ; fille malheureuse de l'imagination, elle emploie pour la frapper les spectres, les songes et les visions ; c'est elle, dit Bacon, qui a forgé ces idoles du vulgaire, les génies invisibles, les jours de bonheur ou de malheur, les traits invincibles de l'amour et de la haine. Elle accable l'esprit, principalement dans la maladie ou dans l'adversité ; elle change la bonne discipline et les coutumes vénérables en mômeries et en cérémonies superficielles. Dès qu'elle a jeté de profondes racines dans quelque religion que ce soit, bonne ou mauvaise, elle est capable d'éteindre les lumières naturelles et de troubler les têtes les plus saines. Enfin, c'est le plus terrible fléau de l'humanité. L'athéisme même (c'est tout dire) ne détruit point cependant les sentiments naturels, ne porte aucune atteinte aux lois ni aux mœurs du peuple ; mais la *superstition* est un tyran despotique qui fait tout céder à ses chimères. Ses préjugés sont supérieurs à tous les autres préjugés. Un athée est intéressé à la tranquillité publique par l'amour de son propre repos ; mais la *superstition* fanatique, née du trouble de l'imagination, renverse les empires. Voyez comme l'auteur de la *Henriade*[96] peint les tristes effets de cette démence :

96. *La Henriade* (1723 et 1728) est une épopée de Voltaire ; elle a pour thème les luttes de la Ligue et de Henri IV. A.S.

Lorsqu'un mortel atrabilaire
Nourri de *superstition*
A, par cette affreuse chimère,
Corrompu sa religion,
Son âme alors est endurcie,
Sa raison s'enfuit, obscurcie,
Rien n'a plus sur lui de pouvoir,
Sa justice est folle et cruelle.
Il est dénaturé par zèle
Et sacrilège par devoir.

L'ignorance et la barbarie introduisent la *superstition,* l'hypocrisie l'entretient de vaines cérémonies, le faux zèle la répand, et l'intérêt la perpétue.

La main du monarque ne saurait trop enchaîner le monstre de *superstition,* et c'est de ce monstre, bien plus que de l'irreligion (toujours inexcusable), que le trône doit craindre pour son autorité et la patrie pour son bonheur.

La *superstition* mise en action constitue proprement le fanatisme, voyez FANATISME ; c'est un des beaux et bons articles de l'*Encyclopédie.*

THÉOCRATIE
(d'Holbach)

Cet article fournit à d'Holbach l'occasion de critiquer à la fois le pouvoir temporel des papes et la puissance économique du clergé. Il y a là comme une approbation de certaines mesures de la monarchie française : ainsi, en 1762, la suppression de l'ordre des jésuites.
Se reporter aux articles « Persécuter », « Prêtres ».

Albert Soboul

D'Holbach reprend ici les arguments déjà exposés dans son article « Prêtres » : imposture cléricale profitant de l'ignorance, malheurs engendrés par la religion. En même temps, il précise avec vigueur les principes affirmés plus prudemment dans l'article « Tolérance » : la souveraineté ne saurait admettre de division dans la société, tous les sujets doivent lui être soumis. Comme Diderot, il semble faire une exception à l'imprescriptibilité du droit de propriété pour les biens d'Église.

Philippe Goujard

THÉOCRATIE. C'est ainsi que l'on nomme un gouvernement dans lequel une nation est soumise immédiatement à Dieu qui exerce sa souveraineté sur elle et lui fait connaître ses volontés par l'organe des prophètes et des ministres à qui il lui plaît de se manifester.

Quoique Jésus-Christ ait déclaré que son royaume n'est pas de ce monde, dans des siècles d'ignorance, on a vu des pontifes chrétiens s'efforcer d'établir leur puissance sur les ruines de celle des rois ; ils prétendaient disposer des couronnes avec une autorité qui n'appartient qu'au souverain de l'univers.

Telles ont été les prétentions et les maximes des Grégoire VII, des Boniface VIII et de tant d'autres pontifes romains qui, profitant de l'imbécillité superstitieuse des peuples, les ont armés contre leurs souverains naturels et ont couvert l'Europe de carnage et d'horreurs ; c'est sur les cadavres sanglants de plusieurs millions de chrétiens que les représentants du Dieu de paix ont élevé l'édifice d'une puissance chimérique dont les hommes ont été longtemps les tristes jouets et les malheureuses victimes. En général, l'histoire et l'expérience nous prouvent que le sacerdoce s'est toujours efforcé d'introduire sur la terre une espèce de *théocratie ;* les prêtres n'ont voulu se soumettre qu'à Dieu, ce souverain invisible de la nature, ou à l'un d'entre eux qu'ils avaient choisi pour représenter la divinité ; ils ont voulu former dans les États un État séparé, indépendant de la puissance civile ; ils ont prétendu ne tenir que de la Divinité les biens dont les hommes les avaient visiblement mis en possession. C'est à la sagesse des souverains à réprimer ces prétentions ambitieuses et idéales et à contenir tous les membres de la société dans les justes bornes que prescrivent la raison et la tranquillité des États.

TOLÉRANCE

Dans la société d'Ancien Régime, l'Église catholique est intimement liée à l'État. La monarchie est réputée d'essence divine : le roi est le représentant de Dieu sur terre ; le clergé est le premier ordre de l'État et jouit d'immenses privilèges. L'Église se sert toujours au XVIII*e siècle du bras séculier, entendons du pouvoir de l'État, pour imposer ses dogmes. Protestants et juifs n'ont aucun droit, pas même d'état civil. Les protestants ne recevront un état civil que par l'édit de 1787. La Sorbonne veille jalousement sur la doctrine catholique et censure tous les écrits qui lui portent atteinte. Le chevalier de la Barre est décapité à Abbeville à l'âge de dix-neuf ans, le 1er juillet 1766, pour n'avoir pas ôté son chapeau sur le passage d'une procession le jour de la Fête-Dieu 1765. Aussi les philosophes considèrent-ils le combat pour la tolérance et la liberté de penser* *comme essentiel. Voltaire, qui publie en 1763 son* Traité sur la tolérance, *mena une lutte sans trêve contre l'intolérance et le fanatisme : il suffit de rappeler la part qu'il prit à l'affaire Calas (1762), à l'affaire Sirven (1764), à celle enfin du chevalier de la Barre (1765). L'*Encyclopédie *participe à ce combat contre l'intolérance, le fanatisme et la superstition. En de nombreux articles, elle s'en prend au catholicisme, auquel est reproché d'avoir, au cours des siècles, permis de nombreux crimes par son intolérance et par sa méfiance de la pensée libre, entravé le progrès des sciences.*

Se reporter aux articles « Fanatisme », « Persécuter », « Superstition ».

Albert Soboul

Article important qui énonce les fondements de la tolérance, en rappelant d'abord le motif principal de l'intolérance : la force du préjugé religieux. N'accordons pas trop d'importance à la référence à l'Évangile : c'est une technique habituelle des encyclopédistes que de souligner les violations pratiques des leçons de la morale chrétienne. Tout l'article montre au contraire que la tolérance doit avoir d'autres fondements : principalement les droits de l'humanité et de la justice, parmi lesquels il faut ranger le droit au libre exercice de la raison. Le principe fondamental de la tolérance est donc la reconnaissance de la diversité de la nature humaine et des opinions. Surtout peut-être l'affirmation de la tolérance nécessaire découle de la théorie du contrat, puisqu'un des buts des théoriciens contractualistes était de limiter l'influence du pouvoir religieux sur le pouvoir politique. Faut-il encore rappeler que le contrat avait pour finalité la disparition de l'état de guerre qui régnait dans l'état de nature ? Or l'intolérance provoque le retour de cet état de guerre, ce qui explique le souhait d'une répression contre les intolérants violents qui rompent le contrat. On a donc ici une illustration pratique de la nature du contrat : d'une part il maintient les droits naturels au rang desquels il faut compter la liberté de penser ; d'autre part le rôle essentiel du souverain est de permettre le plein exercice de cette liberté. Il y a là une rupture profonde avec les idées alors en vigueur qui donnaient à l'État, entre autres fonctions, celle de défendre la religion catholique. Désormais les intérêts de l'Église étaient soumis à l'intérêt général et aux nécessités de l'ordre public.

Soulignons enfin que l'appel à la tolérance des encyclopédistes n'exclut pas la fermeté sur les principes philosophiques : la tolérance est une garantie pratique de la liberté d'opinion, elle n'est pas la reconnaissance a priori *de la validité de n'importe quelle opinion.*

Philippe Goujard

LA TOLÉRANCE est en général la vertu de tout être faible destiné à vivre avec des êtres qui lui ressemblent. L'homme, si grand par son intelligence, est en même temps si borné par ses erreurs et par ses passions qu'on ne saurait trop lui inspirer pour les autres cette *tolérance* et ce support dont il a tant besoin pour lui-même et sans lesquels on ne verrait sur la terre que troubles et dissensions. C'est, en effet, pour les avoir proscrites, ces douces et conciliantes vertus, que tant de siècles ont fait plus ou moins l'opprobre et le malheur des hommes ; et n'espérons pas que sans elles nous rétablissions jamais parmi nous le repos et la prospérité.

On peut compter sans doute plusieurs sources de nos discordes. Nous ne sommes que trop féconds en ce genre ; mais comme c'est surtout en matière de sentiment et de religion que les préjugés destructeurs triomphent avec plus d'empire et des droits plus spécieux, c'est aussi à les combattre que cet article est destiné. Nous établirons d'abord sur les principes les plus évidents la justice et la nécessité de la *tolérance ;* et nous tracerons, d'après ces principes, les devoirs des princes et des souverains. Quel triste emploi cependant, que d'avoir à prouver aux hommes des vérités si claires, si intéressantes, qu'il faut, pour les méconnaître, avoir dépouillé sa nature ; mais s'il en est, jusque dans ce siècle, qui ferment leurs yeux à l'évidence et leur cœur à l'humanité, garderions-nous dans cet ouvrage un lâche et coupable silence ? Non ; quel qu'en soit le succès, osons du moins réclamer les droits de la justice et de l'humanité et tentons encore une fois d'arracher au fanatique son poignard et au superstitieux son bandeau. [...]

Concluons que l'intolérance universellement établie armerait tous les hommes les uns contre les autres et ferait naître sans fin les guerres avec les opinions ; car en supposant que les infidèles ne fussent point persécuteurs par des principes de religion, ils le seraient du moins par politique et par intérêt ; les chrétiens ne pouvant tolérer ceux qui n'adoptent pas leurs idées, on verrait avec raison tous les peuples se liguer contre eux et conjurer la ruine de ces ennemis du genre humain qui, sous le voile de la religion, ne verraient rien d'illégitime pour le tourmenter et pour l'asservir. En effet, je le demande, qu'aurions-nous à reprocher à un prince de l'Asie ou du Nouveau Monde qui ferait pendre le premier missionnaire que nous lui enverrions pour le convertir ? Le devoir le plus essentiel d'un souverain n'est-ce pas d'affirmer la paix et la tranquillité dans ses États et d'en proscrire avec soin ces hommes dangereux qui, couvrant d'abord leur faiblesse d'une hypocrite douceur, ne cherchent, dès qu'ils en ont le pouvoir, qu'à répandre des dogmes barbares et séditieux ? Que les chrétiens ne s'en prennent donc qu'à eux-mêmes si les autres peuples instruits de leurs maximes ne veulent point les souffrir, s'ils ne voient en eux que les assassins de l'Amérique ou les perturbateurs des Indes, et si leur sainte religion destinée à s'étendre et à fructifier sur la terre en est avec raison bannie par leur excès et par leurs fureurs.

Au reste, il nous paraît inutile d'opposer aux intolérants les principes de l'Évangile, qui ne fait qu'étendre et développer ceux de l'équité naturelle, de leur rappeler les leçons et l'exemple de leur auguste maître qui ne respira jamais que douceur et charité, et de retracer à leurs yeux la conduite de ces premiers chrétiens qui ne savaient que bénir et prier pour leurs persécuteurs. Nous ne produirons point ces raisonnements, dont les anciens pères de l'Église se servaient avec tant de force contre les Nérons et les Dioclétiens, mais qui, depuis Constantin le Grand, sont devenus ridicules et si faciles à rétorquer. On sent que, dans un article, nous ne pouvons qu'effleurer une matière aussi abondante : ainsi, après avoir rappelé les principes qui nous ont paru les plus généraux et les plus lumineux, il nous reste pour remplir notre objet à tracer les devoirs des souverains relativement aux sectes qui partagent la société.

A ces principes, on nous opposera les inconvénients qui résultent de la multiplicité des religions et les avantages de l'uniformité de croyance dans un État. Nous répondrons d'abord avec l'auteur de *l'Esprit des lois :* « que ces idées d'uniformité frappent infailliblement les hommes vulgaires, parce qu'ils y trouvent un genre de perfection qu'il est impossible de n'y pas découvrir, les mêmes poids dans la police, les mêmes mesures dans le commerce, les mêmes lois dans l'État, la même religion dans toutes ses parties ; mais cela est-il toujours à propos et sans exception ? le mal de changer est-il toujours moins grand que le mal de souffrir ? et la grandeur du génie ne consisterait-elle pas mieux à savoir dans quels cas il faut de l'uniformité, et dans quel cas il faut des différences ? En effet, pourquoi prétendre à une perfection incompatible avec notre nature ? La diversité des sentiments subsistera toujours parmi les hommes ; l'histoire de l'esprit humain en est une preuve continuelle ; et le projet le plus chimérique serait celui de ramener les hommes à l'uniformité d'opinions. Cependant, dites-vous, l'intérêt politique exige qu'on établisse cette uniformité ; qu'on proscrive avec soin tout sentiment contraire aux sentiments reçus dans l'État, c'est-à-dire qu'il faut borner l'homme à n'être plus qu'un automate, à l'instruire des opinions établies dans le lieu de sa naissance sans jamais oser les examiner, ni les approfondir, à respecter servilement les préjugés les plus barbares, tels que ceux que nous combattons ! Mais que de maux, que de divisions n'entraîne pas dans un État la multiplicité de la religion !

L'objection se tourne en preuve contre vous, puisque l'intolérance est elle-même la source de ces malheurs ; car si les partis différents s'accordaient un mutuel support et ne cherchaient à se combattre que par l'exemple, la régularité des mœurs, l'amour des lois et de la patrie ; si c'était là l'unique preuve que chaque secte fît valoir en faveur de sa croyance, l'harmonie et la paix régneraient bientôt dans l'État, malgré la variété d'opinions, comme les dissonances dans la musique ne nuisent point à l'accord total.

On insiste, et l'on dit que le changement de religion entraîne souvent des révolutions dans le gouvernement et dans l'État : à cela, je réponds encore que l'intolérance est seule chargée de ce qu'il y a d'odieux dans cette imputation ; car si les novateurs étaient tolérés, ou n'étaient combattus qu'avec les armes de l'Évangile, l'État ne souffrirait point de cette fermentation des esprits ; mais les défenseurs de la religion dominante s'élèvent avec fureur contre les sectaires, arment contre eux les puissances, arrachent des édits sanglants, soufflent dans tous les cœurs la discorde et le fanatisme et rejettent sans pudeur sur leurs victimes les désordres qu'eux seuls ont produits.

A l'égard de ceux qui, sous le prétexte de la religion, ne cherchent qu'à troubler la société, qu'à fomenter des séditions, à secouer le joug des lois, réprimez-les avec sévérité ; nous ne sommes point leurs apologistes ; mais ne confondez point avec ces coupables ceux qui ne nous demandant que la liberté de penser, de professer la croyance qu'ils jugent la meilleure et qui vivent d'ailleurs en fidèles sujets de l'État.

Mais, direz-vous encore, le prince est le défenseur de la foi ; il doit la maintenir dans toute sa pureté et s'opposer avec vigueur à tous ceux qui lui portent atteinte ; si les raisonnements, les exhortations ne suffisent pas, ce n'est pas en vain qu'il porte l'épée ; c'est pour punir celui qui fait mal, pour forcer les rebelles à rentrer dans le sein de l'Église. Que veux-tu donc, barbare ? égorger ton frère pour le sauver ? mais Dieu t'a-t-il chargé de cet horrible emploi, a-t-il remis entre tes mains le soin de sa vengeance ? D'où sais-tu qu'il veuille être honoré comme les démons ? Va, malheureux, le Dieu de paix désavoue tes affreux sacrifices ; ils ne sont dignes que de toi.

Nous n'entreprendrons point de fixer ici les bornes précises de la tolérance, de distinguer le support charitable que la raison et l'humanité réclament en faveur des errants d'avec cette coupable indifférence qui nous fait voir sous le même aspect toutes les opinions des hommes. Nous prêchons la *tolérance* pratique et non point la spéculative ; et l'on sent assez la différence qu'il y a entre tolérer une religion et l'approuver. Nous renvoyons les lecteurs curieux d'approfondir ce sujet au commentaire philosophique de Bayle, dans lequel, selon nous, ce beau génie s'est surpassé.

TYRAN
(de Jaucourt)

On comparera cet article du chevalier de Jaucourt au chapitre X du livre III du Contrat social, *« De l'abus du gouvernement et de sa pente à dégénérer ». « Dans le sens vulgaire, écrit Rousseau, un tyran est un roi qui gouverne avec violence et sans égard à la justice et aux lois. Dans le sens précis, un tyran est un particulier qui s'arroge l'autorité royale sans y avoir droit. C'est ainsi que les Grecs entendaient ce mot de tyran : ils le donnaient indifféremment aux bons et aux mauvais princes dont l'autorité n'était pas légitime. Ainsi tyran et usurpateur sont deux mots parfaitement synonymes. » Rousseau qui a le souci constant d'employer un vocabulaire politique rigoureux, ajoute : « Pour donner différents noms à différentes choses, j'appelle tyran l'usurpateur de l'autorité royale, et despote l'usurpateur du pouvoir souverain. Le tyran est celui qui s'ingère contre les lois à gouverner selon les lois ; le despote est celui qui se met au-dessus des lois mêmes. Ainsi un tyran peut n'être pas despote, mais le despote est toujours tyran. »*

Se reporter aux articles « Liberté politique », « Oppresseur », « Représentants ».

Albert Soboul

De Jaucourt reprend de la théorie du contrat les deux définitions classiques du tyran : le tyran est soit l'usurpateur soit celui qui viole le contrat en remettant en cause l'exercice des droits naturels, et en ramenant son peuple à l'état de guerre. La tyrannie a son origine dans la double nature du souverain, être public incarnant l'intérêt général et individu particulier mené par son intérêt privé et ses passions. Comme les autres textes abordant la question des abus de pouvoir, cet article élude le problème de la lutte contre la tyrannie. De Jaucourt se contente de mentionner quelques exemples historiques. Cependant sa présentation du tyran malheureux n'est point qu'un exercice de style : le tyran est malheureux parce que l'homme soumis aux passions est malheureux, il l'est aussi parce qu'il viole le contrat qui a pour but le bonheur, non seulement des sujets, mais aussi du souverain, partie prenante du pacte.

Philippe Goujard

TYRAN. Par le mot *τύραννος*[97] les Grecs désignaient un citoyen qui s'était emparé de l'autorité souveraine dans un État libre, lors même qu'il le gouvernait suivant les lois de la justice et de l'équité ; aujourd'hui, par *tyran* l'on entend non seulement un usurpateur du pouvoir souverain, mais même un souverain légitime qui abuse de son pouvoir pour violer les lois, pour opprimer ses peuples et pour faire de ses sujets les victimes de ses passions et de ses volontés injustes, qu'il substitue aux lois.

De tous les fléaux qui affligent l'humanité, il n'en est point de plus funeste qu'un *tyran :* uniquement

97. Turannos : tyran.

occupé du soin de satisfaire ses passions et celles des indignes ministres de son pouvoir, il ne regarde ses sujets que comme de vils esclaves, comme des êtres d'une espèce inférieure, uniquement destinés à assouvir ses caprices, et contre lesquels tout lui semble permis ; lorsque l'orgueil et la flatterie l'ont rempli de ces idées, il ne connaît de lois que celles qu'il impose ; ces lois bizarres, dictées par son intérêt et ses fantaisies, sont injustes, et varient suivant les mouvements de son cœur. Dans l'impossibilité d'exercer tout seul sa tyrannie, et de faire plier les peuples sous le joug de ses volontés déréglées, il est forcé de s'associer des ministres corrompus ; son choix ne tombe que sur des hommes pervers qui ne connaissent la justice que pour la violer, la vertu que pour l'outrager, les lois que pour les éluder. *Boni quam mali suspectiores sunt, semperque his aliena virtus formidolosa est.* La guerre étant, pour ainsi dire, déclarée entre le *tyran* et ses sujets, il est obligé de veiller sans cesse à sa propre conservation, il ne la trouve que dans la violence, il la confie à des satellites, il leur abandonne ses sujets et leurs possessions pour assouvir leur avarice et leurs cruautés, et pour immoler à sa sûreté les vertus qui lui font ombrage. *Cuncta ferit, dum cuncta timet.* Les ministres de ses passions deviennent eux-mêmes les objets de ses craintes, il n'ignore pas que l'on ne peut se fier à des hommes corrompus. Les soupçons, les remords, les terreurs l'assiègent de toutes parts ; il ne connaît personne digne de sa confiance, il n'a que des complices, il n'a point d'amis. Les peuples, épuisés, dégradés, avilis par le *tyran,* sont insensibles à ses revers, les lois qu'il a violées ne peuvent lui prêter leurs secours ; en vain réclame-t-il la patrie, en est-il une où règne un *tyran ?*

Si l'univers a vu quelques *tyrans* heureux jouir paisiblement du fruit de leurs crimes, ces exemples sont rares, et rien n'est plus étonnant dans l'histoire qu'un *tyran* qui meurt dans son lit. Tibère, après avoir inondé Rome du sang des citoyens vertueux, devient odieux à lui-même ; il n'ose plus contempler les murs témoins de ses proscriptions, il se bannit de la société dont il a rompu les liens, il n'a pour compagnie que la terreur, la honte et les remords. Tel est le triomphe qu'il remporte sur les lois ! Tel est le bonheur que lui procure sa politique barbare ! Il mène une vie cent fois plus affreuse que la mort la plus cruelle. Caligula, Néron, Domitien ont fini par grossir eux-mêmes les flots de sang que leur cruauté avait répandus ; la couronne du *tyran* est à celui qui veut la prendre. Pline disait à Trajan, « que, par le sort de ses prédécesseurs, les dieux avaient fait connaître qu'ils ne favorisaient que les princes aimés des hommes ».

ANNEXES

DESCRIPTION SOMMAIRE DE L'*ENCYCLOPÉDIE*

L'ensemble de l'œuvre comprend 35 volumes (1751-1780), se subdivisant en deux parties.

I

17 volumes de texte et 11 volumes de planches, imprimés et publiés par Le Breton et ses associés, sous la direction de Diderot (1751-1772).

Les 17 volumes de texte se partagent en deux séries.

La première série (tomes I-VII) porte pour titre : *Encyclopédie, ou Dictionnaire raisonné des sciences, des arts et des métiers, par une société de gens de lettres. Mis en ordre et publié par M. Diderot... et quant à la partie mathématique par M. d'Alembert* (Paris, Briasson, David l'aîné, Le Breton, Durand, 1751-1757 ; 7 vol. in-fol.). En tête du tome I viennent : l'Épître dédicatoire au comte d'Argenson, ministre de la Guerre ; le Discours préliminaire par d'Alembert ; le Système figuré des connaissances humaines et les Observations sur la division des sciences du chancelier Bacon.

La seconde série (tomes VIII-XVII) porte pour titre : *Encyclopédie, ou Dictionnaire raisonné des sciences, des arts et des métiers, par une société de gens de lettres. Mis en ordre et publié par M.**** (Neufchastel, S. Faulche et Cie, 1765 ; 10 vol. in-fol.). D'Alembert s'est retiré ; le nom de Diderot a disparu. Malgré l'indication de Neufchâtel, l'impression et l'édition ont eu lieu à Paris, dans les mêmes conditions que précédemment.

Les 11 volumes de planches portent pour titre : *Recueil de planches sur les sciences, les arts libéraux et les arts mécaniques, avec leur explication.* (Paris, Briasson, David, Le Breton, Durand, 1762-1772 ; 11 vol. in-fol.)

II

4 volumes de texte et 1 volume de planches constituant un supplément, et 2 volumes de table générale, publiés de 1776 à 1780 par le libraire Panckoucke et ses associés, sans la participation de Diderot qui, dès 1769, avait refusé sa collaboration.

Les 4 volumes de texte supplémentaire portent pour titre : *Nouveau dictionnaire pour servir de Supplément aux Dictionnaires des sciences, des arts et des métiers, par une société de gens de lettres. Mis en ordre et publié par M.***.* (Paris, Panckoucke, Stoupe, Brunet ; Amsterdam, MM. Rey, 1776-1777 ; 4 vol. in-fol.)

Le volume de planches supplémentaires porte pour titre : *Suite du recueil de planches sur les sciences, les arts libéraux et les arts mécaniques avec leur explication.* (Paris, Panckoucke, Stoupe, Brunet ; Amsterdam, MM. Rey, 1777 ; 1 vol. in-fol.)

Les 2 volumes de table générale portent pour titre : *Table analytique et raisonnée des matières contenues dans les XXXIII volumes in-folio du Dictionnaire des sciences, des arts et des métiers et dans son supplément (par Pierre Mouchon).* (Paris, Panckoucke ; Amsterdam, MM. Rey, 1780 ; 2 vol. in-fol.)

A mesure que l'*Encyclopédie* paraissait en France, des contrefaçons en étaient publiées à l'étranger, particulièrement en Italie et en Suisse : à Genève (1758-1771, 28 vol.), à Lucques (1758-1771, 28 vol.), à Livourne (1770, 33 vol.), à Yverdon (1770-1780, 58 vol. in-4°). Des refontes de l'œuvre, dans lesquelles le supplément était incorporé au texte, parurent également à Genève (1777), à Lausanne (1778). En raison de son prix élevé, l'*Encyclopédie* n'était pas à la portée de toutes les bourses. Il en fut donné des abrégés ou des extraits, avant même que Panckoucke entreprît la publication d'une édition méthodique :

*L'Esprit de l'*Encyclopédie, *ou Choix des articles les plus curieux, les plus agréables, les plus piquants, les plus philosophiques de ce grand dictionnaire,* par l'abbé Joseph de La Porte (1713-1779). (Genève et Paris, Vincent, 1768 ; 5 vol. in-12). Cet ouvrage fut revu et augmenté, sous le même titre, par Rémi Ollivier (1790-1800, 12 vol. in-8°), et réédité jusqu'en 1822.

Encyclopédie méthodique, ou par ordre de matière, par une Société de gens de lettres, de savants et d'artistes. (Paris, Panckoucke, 1782-1793, et Agasse, 1792-1832 ; 166 vol. in-4°.)

Albert Soboul

PRINCIPAUX COLLABORATEURS DE L'*ENCYCLOPÉDIE*

par Albert Soboul et Philippe Goujard[98]

La liste la plus exhaustive et la plus sûre a été établie par Jacques Proust, *Diderot et l'Encyclopédie,* Paris 1963, p. 511-529.

ALEMBERT Jean Le Rond d' (1717-1783). Éditeur du dictionnaire pour la partie mathématique et scientifique. Il écrivit également l'article « Collège » qui critiquait l'enseignement de l'époque et l'article « Genève », occasion de *la Lettre à d'Alembert sur les spectacles* de Rousseau (mars 1758). Il se retira de l'entreprise en 1759. Membre de l'Académie des sciences de Paris dont il avait été, à vingt-cinq ans, le secrétaire, de l'Académie française, et des académies de Berlin, Saint-Pétersbourg, Londres, Bologne et Turin.

BARTHEZ Paul-Joseph (1734-1806). Anatomie, médecine. Représentant typique des encyclopédistes de province. Docteur en médecine de la faculté de Montpellier puis professeur dans cette faculté en 1759. Était également docteur en droit et conseiller à la Cour souveraine des comptes de Montpellier. Dut se cacher pendant la Révolution. Fut chevalier de la Légion d'honneur sous l'Empire.

BOUCHARD Marc-Antoine. Docteur agrégé de la faculté de droit. Noble, sa nomination au professorat de

98. Les notices signées *A.S.* sont dues à Albert Soboul.

droit fut retardée à cause de sa collaboration à l'*Encyclopédie.*

BOUCHER d'ARGIS (1708-1791). Droit. Avocat au Parlement de Paris. Écrivit un des articles les plus conservateurs de l'*Encyclopédie.*

BROSSES Charles de (1709-1777). Critique littéraire. Président à mortier du Parlement de Bourgogne. Écrivit aussi de passionnantes et savoureuses *Lettres d'Italie.*

BUFFON Georges (1707-1788). Nature. Maître de forges et savant à la fois, il fut parmi les représentants les plus typiques du collectif encyclopédique. Intendant des jardins du roi en 1739, membre de l'Académie en 1739, puis de nombreuses académies étrangères.

DAUBENTON Louis (1716-1799). Histoire naturelle.

DESMARETS Nicolas. Géographie. Inspecteur général des manufactures en 1788. Finit sa vie comme professeur à l'École centrale de la Seine, joua un rôle important dans le rassemblement de la documentation technique.

DIDEROT Denis (1713-1784). Éditeur général du dictionnaire. Se chargea des arts et de la philosophie. On doit à J. Proust *(Diderot et l'Encyclopédie)* l'exacte mesure de son apport à l'*Encyclopédie,* comme directeur de l'entreprise et comme auteur d'articles.

GOUSSIER Louis Jacques. Fut un temps professeur de mathématiques. Principal collaborateur de Diderot pour la description des arts. Membre de plusieurs académies.

HOLBACH Paul Thiry d' (1723-1789). Chimie. Histoire des religions. Baron, propriétaire foncier et matérialiste, son salon où il tenait table ouverte deux fois par semaine joua un rôle essentiel dans le mouvement des idées au XVIIIe siècle (voir *Textes choisis* par P. Charbonnel, Paris 1971, coll. « Classiques du peuple »).

JAUCOURT Louis, chevalier de (1704-1779). Il fut le plus actif collaborateur de l'*Encyclopédie,* écrivant pour combler les vides, toutes sortes d'articles de philosophie, de politique et d'histoire, de sciences physiques et naturelles. Dans une lettre à Sophie Volland — 10 novembre 1760 — Diderot écrit : « Cet homme est depuis six à sept ans au centre de six à sept secrétaires, lisant, dictant, travaillant treize à quatorze heures par jour et cette position-là ne l'a pas encore ennuyé. » Et le 25 novembre 1760 : « Ne craignez pas qu'il s'ennuie de moudre des articles : Dieu le fit pour cela... » Docteur en médecine de l'université de Leyde, il était membre associé de plusieurs académies (Londres, Berlin, Stockholm, Bordeaux). *A.S.*

LA CONDAMINE Charles-Marie (1701-1774). Histoire naturelle, géographie. D'abord militaire, il fut ensuite adjoint chimiste de l'Académie des sciences. Membre de l'Académie des sciences. Membre de l'Académie française et de Saint-Pétersbourg.

MALLET, abbé (1712-1755). Théologie, histoire ancienne et moderne, poésie, éloquence. Docteur en théologie. Représentant typique des abbés encyclopédistes. Curé près de Melun en 1744, il abandonna cette cure pour devenir en 1751 professeur de théologie.

MARMONTEL Jean-François (1723-1799). Critique littéraire et artistique. Méprisé par Voltaire, ce fils d'un misérable tailleur limousin dirigea le *Mercure de France.* A la fin de l'Ancien Régime il fut le symbole des « lumières établies » : historiographe de France et secrétaire perpétuel de l'Académie française. Cible de la « Bohème littéraire » (R.

Darnton), il dut se cacher en 1792. En 1797, il fut élu au Conseil des Anciens mais le coup d'État du 18 fructidor acheva sa carrière.

MONTESQUIEU Charles de (1689-1755). Parlementaire, « père de la science politique », il ne fournit à l'*Encyclopédie* que l'article « Goût », son éloge par d'Alembert figure au début du tome V. *A.S.*

MORELLET André, abbé (1727-1818). Théologie, philosophie. Licencié en théologie de la faculté de Paris, membre de l'Académie française en 1785. « M. l'abbé Morellet est une nouvelle et excellente acquisition que nous avons faite, écrit d'Alembert à Voltaire, le 30 juillet 1758 ; il est le quatrième théologien auquel nous avons eu recours depuis le commencement de l'*Encyclopédie.* Le premier a été excommunié (de Prades), le second expatrié (l'abbé Yvon) et le troisième est mort (l'abbé Mallet). » *A.S.*

PRADES Jean Martin, abbé de (1720-1782). Théologie. L'abbé de Prades avait soutenu en Sorbonne, le 18 novembre 1751, une thèse de doctorat en théologie et avait été brillament reçu. Mais la Sorbonne se ravisa après coup, et relevant dans sa thèse dix propositions hérétiques, la censura. Menacé d'un décret de prise de corps, l'abbé de Prades s'enfuit en Hollande, puis en Prusse. Il publia son *Apologie :* Diderot le soutint dans sa *Suite de l'Apologie de l'abbé de Prades* (1752). L'abbé de Prades se rétracta en 1754. *A.S.* Le scandale provoqua l'arrêt du Conseil du Roi de 1752 interdisant les deux premiers volumes. A la suite de la fuite de De Prades, Diderot prit en charge la partie philosophique du dictionnaire.

QUESNAY François (1694-1774). Il écrivit les articles « Fermiers » et « Grains » et prépara les articles « Hommes » et « Impôts » qu'il ne publia pas

(A.S.), s'étant retiré de l'entreprise à la suite de la crise de 1757-1759. Fils d'un marchand-laboureur, il fut médecin de Mme de Pompadour, puis en 1752 premier médecin ordinaire du roi (charge largement honorifique). Anobli par Louis XV, il fut membre de l'Académie française. Il est surtout connu pour avoir été le père de l'école physiocratique.

ROUSSEAU Jean-Jacques (1712-1778). Outre l'article « Économie politique », la collaboration de Rousseau, jusqu'à sa défection de 1757, se borna essentiellement à des articles relatifs à la musique. Rousseau rassembla ces articles dans son *Dictionnaire de musique* paru en 1768. *A.S.*

SAINT-LAMBERT Charles François (1716-1802). Militaire sans fortune, et homme de lettres, membre de l'Académie française en 1770. Il a collaboré aux tomes VI à X de l'*Encyclopédie :* ses articles surtout de critique artistique et concernant les questions militaires furent reproduits au tome VI de ses *Œuvres philosophiques* (1797). *A.S.* Typique de ces « marginaux » qui collaborèrent à l'*Encyclopédie.*

TURGOT Anne-Robert-Jacques (1727-1781). Après avoir envisagé une carrière ecclésiastique, il fut substitut du procureur général en 1752 et conseiller du Parlement la même année. Intendant du Limousin en 1761 et contrôleur général des Finances de 1774 à 1776. Son échec sanctionna l'incapacité de l'Ancien Régime à se réformer lui-même. Physiocrate, il écrivit les articles « Existence », « Expansibilité », « Foires et marchés », « Fondations ».

VOLTAIRE François Marie Arouet, dit (1694-1778). Dans une lettre à d'Alembert, du 9 décembre 1775, « Je suis au service de l'*Encyclopédie,* écrit Voltaire, je me tiendrai toujours honoré de pouvoir contribuer au plus grand monument de la nation et de la littérature. » Voltaire a fourni à l'*Encyclopédie* quarante-trois articles concernant la critique littéraire et l'histoire (« Élégance », « Éloquence », « Esprit », « Imagination »...). Ces articles furent repris par lui dans le *Dictionnaire philosophique* (1768), les *Nouveaux mélanges* et les *Questions sur l'Encyclopédie* (1771). *A.S.*

YVON, abbé (1714-1791). Théologie (articles « Ame », « Athée », « Dieu »). Fut exilé en province à cause de sa participation à l'*Encyclopédie*. Ayant fait amende honorable, il fut chanoine de la cathédrale de Coutances et historiographe du comte d'Artois.

Cette liste, on s'en doute, n'est pas complète. Le choix, largement subjectif, appelle des critiques. Mais on a cherché avant tout à montrer la diversité sociale du collectif encyclopédique et l'unité intellectuelle du projet d'ensemble.

ORIENTATIONS BIBLIOGRAPHIQUES
établies par Philippe Goujard

Ont été retenus les ouvrages les plus *accessibles*. Tous contiennent une bibliographie.

Sur l'*Encyclopédie*, on retiendra avant tout quatre ouvrages essentiels :

J. PROUST, *Diderot et l'« Encyclopédie »*, Paris 1962, 621 pages. Le meilleur livre sur la question.

J. PROUST, l'*Encyclopédie*, Paris 1965, 200 pages.

J. PROUST, l'*Encyclopédisme dans le Bas-Languedoc au XVIIIe siècle*, Montpellier 1968, 243 pages. Cette étude ponctuelle montre l'importante participation des provinciaux à l'*Encyclopédie*.

R. DARNTON, *l'Aventure de l'« Encyclopédie », un « best-seller » au siècle des Lumières*. Paris (trad. fr.) 1982. Décrit l'aventure (le terme n'est pas trop fort) des rééditions et fait le point de la diffusion.

On peut aussi consulter :

J. LEGRAS, *Diderot et l'« Encyclopédie »*, Amiens 1938.

R. NAVES, *Voltaire et l'« Encyclopédie »*, Paris 1938.

F. VENTURI, *le Origini dell'Encyclopedia*, Florence 1946.

Dans le numéro de la *Revue de synthèse*, 1951, en partie consacrée à « l'*Encyclopédie* et la pensée du XVIIIe siècle », citons Jean Thomas : « Diderot, les encyclopédistes et le grand Rameau », et Paul

Vernière : « La critique biblique dans l'*Encyclopédie* et ses sources spinozistes ».

L'Encyclopédie et le progrès des sciences et des techniques, Paris 1952. Recueil d'études publiées par la *Revue d'histoire des sciences et de leurs applications.*

Annales de l'Université de Paris. Numéro spécial à l'occasion du deuxième centenaire de l'*Encyclopédie* française, Paris 1952. Conférences faites à la Sorbonne du 3 mars au 28 avril 1958 parmi lesquelles il faut retenir celle de G. Lefebvre, *l'Encyclopédie et la Révolution française.*

Sur l'ensemble de la période, avant tout :

SOBOUL, LEMARCHAND, FOGEL, *le Siècle des Lumières.* Paris 1977, 2 volumes. Synthèse la plus approfondie de la période parue à ce jour.

On peut compléter par :

Histoire économique et sociale de la France, sous la direction de F. Braudel et E. Labrousse, Paris 1970.

Thèmes particuliers :

Sur la diversité des bourgeoisies :

E. LABROUSSE : « Voies nouvelles vers une histoire de la bourgeoisie occidentale aux XVIIIe et XIXe siècles (1700-1850) ». Xe Congrès international de sciences historiques, Rome 1955, *Relazioni* tome IV, p. 356-396. Reste essentiel malgré sa date.

M. VOVELLE et D. ROCHE, « Bourgeois, rentiers, propriétaires : éléments pour la définition d'une catégorie sociale à la fin du XVIIIe siècle ». Actes du 84e Congrès national des Sociétés savantes, Dijon 1959, Paris 1960. Repris par M. Vovelle, *Ville et campagne au XVIIIe siècle (Chartres et la Beauce),* Éditions sociales, Paris 1980, p. 133-166.

Sur les lieux de production culturelle dans la France au XVIIIe siècle :

D. ROCHE, *le Siècle des Lumières en province, académies et académiciens provinciaux, 1680-1789,* Paris-La Haye 1978, 2 volumes.

Sur la technique :

Histoire générale des techniques, sous la direction de M. Daumas, tome II, Paris 1965.
D.S. LANDES, *l'Europe technicienne, révolution technique et libre essor industriel en Europe de 1750 à nos jours,* Paris (trad. fr.) 1975.

Sur la « philosophie », d'une abondante bibliographie, on retiendra :

Histoire de la philosophie, sous la direction de F. Chatelet, tome IV : les Lumières, Paris 1972.

Restent encore utiles :

P. HAZARD, *la Crise de la conscience européenne 1680-1715.* Paris 1962 (nouv. éd.), 2 volumes.
D. MORNET, *les Origines intellectuelles de la Révolution française,* Paris 1932.
B. GROETHUYSEN, *les Origines de l'esprit bourgeois en France,* tome 1 : l'Église et la bourgeoisie, Paris 1972 (nouv. éd.).

Sur les théories politiques :

R. DERATHÉ, *Jean-Jacques Rousseau et la science politique de son temps,* Paris 1970 (2e éd.).

Histoire littéraire :

Histoire littéraire de la France, tomes V et VI, Éditions sociales, Paris 1981.

Enfin on ne négligera pas les textes des philosophes eux-mêmes, citons :

DIDEROT, *Œuvres complètes.* Paris 1976, sept volumes par J. Lough et Jacques Proust. Magnifique édition.

Les tomes V, VI et VII reproduisent les articles écrits par Diderot pour l'*Encyclopédie*. Sont également publiés les arrêts du Conseil du roi et les mémoires des libraires.

Plus accessibles, les éditions dans la collection « Classiques du peuple » :

DIDEROT, *Premières Œuvres :* « Lettre sur les aveugles », etc., *Pensées sur l'interprétation de la nature, Les salons, Textes politiques, Sur la liberté de la presse.*

D'HOLBACH, *Œuvres choisies* par P. Charbonnel, Paris 1971.

REPÈRES CHRONOLOGIQUES[99]

99. Pour une chronologie plus détaillée sur la période, consulter les tomes V et VI de l'*Histoire littéraire de la France*, Éditions sociales, Paris 1981.

Dates	Vie économique, sociale, politique et religieuse	Sciences, techniques, découvertes, arts et littérature en France	Histoire de l'*Encyclopédie*
1675		L'Académie des sciences est invitée par Colbert à travailler à un « traité de mécanique » où seraient décrites « toutes les machines en usage dans la pratique des arts ». Ce n'est qu'en 1761 que le premier volume de cette entreprise paraîtra sous le titre *Descriptions des arts et métiers.*	
1694		Publication du *Dictionnaire des arts et métiers* de T. Corneille, réédité en 1731 par les soins de Fontenelle.	
1697		Publication du *Dictionnaire historique et critique* de P. Bayle qui sera réédité jusqu'en 1820. C'est là, tant au point de vue des idées que de la forme, le véritable ancêtre de l'*Encyclopédie.*	
1713		Naissance de Diderot.	

1717		Naissance de d'Alembert.	
1728			Publication de la *Cyclopœdia, or an Universal Dictionary of Arts and Sciences,* d'E. Chambers.
1743		Publication de la cinquième édition du *Dictionnaire* dit *de Trévoux ;* composé par les jésuites et publié pour la première fois à Trévoux (Ain) en 1704. Dans leurs *Mémoires de Trévoux,* les jésuites ont accusé les encyclopédistes d'avoir pillé leur dictionnaire sans le citer.	
1745	1745-1754 : Machault d'Arnouville, contrôleur des finances. 1745-1764 : Mme de Pompadour, favorite.	Hollande : la bouteille de Leyde de Musschenbroek. Vaucanson invente un métier à tisser mécanique.	Le Breton (1708-1779), libraire-imprimeur parisien, obtient un privilège pour la traduction de la *Cyclopœdia* de Chambers sous le titre *Dictionnaire universel des arts et des sciences.*
1746		Diderot : *Pensées philosophiques.* Condillac : *Essai sur l'origine des connaissances humaines.*	Le Breton confie à Diderot la direction de l'*Encyclopédie.*

Dates	Vie économique, sociale, politique et religieuse	Sciences, techniques, découvertes, arts et littérature en France	Histoire de l'*Encyclopédie*
1747	L'Ecole des ingénieurs des ponts et chaussées.	Diderot : *Promenade du sceptique.* La Mettrie : *l'Homme-machine.*	
1748	Paix d'Aix-la-Chapelle met fin à la guerre de Succession d'Autriche.	Fouilles de Pompéi. David (1748-1825). La Mettrie : *l'Homme-plante.* Voltaire : *Zadig.* Montesquieu : *l'Esprit des lois.* Diderot : *les Bijoux indiscrets.*	
1749	Machault d'Arnouville s'efforce d'assujettir le clergé au vingtième. Atmosphère de révolte chez les privilégiés.	Buffon fonde la géologie moderne, l'anthropologie et l'ethnographie. Début de la parution de *l'Histoire naturelle* avec la *Théorie de la terre* (1749-1788). Diderot : *Lettre sur les aveugles.*	Diderot emprisonné à Vincennes.
1750	En France, le fermage tend à supplanter le métayage.	Biologie : Buffon défend la thèse de la génération spontanée. Rousseau : *Discours sur les sciences et les arts.*	*Prospectus* de l'*Encyclopédie.*

		1750-1763 : Malesherbes « directeur de la librairie ».	
1751	1751-1770 : malgré les revers militaires, expansion et prospérité pour la bourgeoisie en France. Benoît XIV condamne la franc-maçonnerie.	Linné : *Philosophie botanique.* Voltaire : *le Siècle de Louis XIV.* La Mettrie : *Œuvres philosophiques.* *L'Esprit des lois* mis à l'index. 18 novembre : l'abbé de Prades soutient sa thèse en Sorbonne (condamnée en 1752).	Tome I et II paraissent. *Discours préliminaire* de d'Alembert.
1752	Les assemblées du désert (protestantes) sont interdites.	Réaumur isole le suc gastrique. Découverte du platine. Voltaire : *Micromégas.*	L'*Encyclopédie* condamnée au feu. Vente et détention des deux premiers volumes interdites par le Conseil d'Etat.
1753		D'Alembert : *Essai sur la société des gens de lettres.* 1753-1790 : Grimm : *Correspondance littéraire.*	Malesherbes protège l'*l'Encyclopédie* qui paraît à raison d'un volume par an de 1753 à 1757 (tome III à VII).
1754	Veron de Forbonnais : *Traité du commerce.* Persécutions contre les protestants.	Diderot : *Pensées sur l'interprétation de la nature.* Condillac : *Traité des sensations.* 1754-1790 : *l'Année littéraire* anti-encyclopédiste.	

Dates	Vie économique, sociale, politique et religieuse	Sciences, techniques, découvertes, arts et littérature en France	Histoire de l'*Encyclopédie*
1755	Tremblement de terre de Lisbonne.	Rousseau : *Discours sur l'origine de l'inégalité.* Morelly : *Code de la nature.* Mort de Montesquieu.	
1756	1756-1763 : guerre de Sept ans. Renversement des alliances.	Voltaire : *Poème sur le désastre de Lisbonne ; Essai sur les mœurs.* Rousseau : *Lettre à Voltaire sur la Providence.* D'Holbach : *le Christianisme dévoilé.* 1756-1790 : *le journal encyclopédique.*	
1757	La Compagnie des mines d'Anzin, une des premières sociétés par actions, groupe nobles et bourgeois. Attentat de Damiens contre le roi. Renvoi, inspiré par Mme de Pompadour, de Machault d'Arnouville.	Adanson, botaniste français, trouve la méthode de classification naturelle des plantes et ouvre la voie aux théories de l'évolution : *Histoire naturelle du Sénégal.* L'édit d'avril 1757, renouvelant de précédents édits, prononce la	Tome VII de l'*Encyclopédie.* D'Alembert : article « Genève ».

		peine de mort contre les auteurs ou imprimeurs de livres non autorisés. 1757-1758 : brouille Diderot-Rousseau.	
1758	Quesnay : *Maximes générales du gouvernement économique.*	Retour de la comète de Halley. Rousseau : *Lettre à d'Alembert sur les spectacles.* Helvétius : *De l'esprit,* condamné par le Conseil d'Etat du roi. Mably écrit les *Droits et les Devoirs du citoyen,* publié en 1789.	
1759	Oberkampf crée à Jouy-en-Josas la première manufacture de toiles peintes.	Voltaire : *Candide.* Diderot : *Lettre sur les sourds-muets ; Lettres à Sophie Volland* (1759-1774) ; *Salons* (1759-1781).	L'*Encyclopédie* interdite. Marmontel, Duclos et d'Alembert l'abandonnent. Arrêt du Conseil d'Etat révoquant le privilège de l'*Encyclopédie.* Bref du pape Clément XIII condamnant l'*Encyclopédie.*
1760		Clairaut et Lalande publient la théorie du mouvement des comètes. Voltaire s'installe à Ferney.	

Dates	Vie économique, sociale, politique et religieuse	Sciences, techniques, découvertes, arts et littérature en France	Histoire de l'*Encyclopédie*
		Diderot : *la Religieuse.*	
1761	Dupont de Nemours : *Physiocratie.* 1761-1774 : Turgot intendant du Limousin.	Rousseau : *la Nouvelle Héloïse.*	
1762	Duhamel du Monceau : *Eléments d'agriculture.* Exécution de Calas.	L'école vétérinaire de Lyon. Rousseau : *Emile, le Contrat social.* Curé Meslier : *Testament.* Voltaire : *Pièces originales sur la mort du sieur Calas.* Diderot écrit *le Neveu de Rameau.* *L'Emile* brûle à Paris ; *l'Emile* et le *Contrat social* brûlés à Genève.	
1763	Traité de Paris : met fin à la guerre coloniale entre la France et l'Angleterre. La France abandonne le Canada, la rive gauche du Mississipi et l'Inde	1763-1769 : Diderot : *Salons.* Mort de Marivaux et de l'abbé Prévost. Voltaire : *Traité sur la tolérance.* 1763-1774 : Sartine, directeur de la librairie.	

1764	Exportation des grains autorisés.	Expulsion des jésuites. Sirven condamné à mort. L'édit de mars 1764 interdit tout écrit sur l'administration des Finances. Rousseau : *Lettres écrites de la montagne.* Voltaire : *Dictionnaire philosophique ; le Sentiment des citoyens.*	Diderot constate qu'à son insu Le Breton a mutilé certains articles des derniers volumes.
1765	Réhabilitation de Calas.	Biologie : l'abbé Spallanzani réfute la génération spontanée. Condorcet : *Essai sur le calcul intégral.*	Publication des tomes VIII à XVII, et de cinq volumes de planches.
1766			Détention de Le Breton à la Bastille, pour avoir envoyé sans autorisation, à Versailles, des exemplaires des derniers volumes.
1770		Voltaire : *Questions sur l'Encyclopédie* (1770-1772).	
1771		Mort d'Helvétius.	

Dates	Vie économique, sociale, politique et religieuse	Sciences, techniques, découvertes, arts et littérature en France	Histoire de l'*Encyclopédie*
1772			Publication des deux derniers volumes de planches de l'*Encyclopédie*. Diderot et Le Breton cessent de participer à l'entreprise.
1776		Publication du *Dictionnaire de l'industrie ou Collection raisonnée des procédés utiles dans les sciences et dans les arts.*	Publication par Panckoucke (1736-1798) d'un supplément à *l'Encyclopédie* (volumes I et II).
1777			Publication des volumes III et IV du supplément et d'un volume de planches.
1778		Mort de Voltaire et de Rousseau.	
1780			Publication par Panckoucke de la table alphabétique de *l'Encyclopédie* (deux volumes).
1782			Publication par Panckoucke du premier volume de *l'Encyclopédie méthodique.*

1783	Mort de d'Alembert.
1784	Mort de Diderot.
1789	Déclaration des droits de l'homme et du citoyen.
1794	Proscrit, Condorcet (1743-1794) rédige son *Esquisse d'un tableau historique des progrès de l'esprit humain*, publiée en l'an III, véritable synthèse de la pensée philosophique du siècle.

TABLE DES MATIÈRES

essentiel

LE MARXISME AU PLURIEL
La collection de poche des Éditions Sociales

Déjà parus septembre 1982 à septembre 1983

1.
Karl Marx, Friedrich Engels
L'IDÉOLOGIE ALLEMANDE

2.
Henri Wallon
LA VIE MENTALE

3.
1956 : LE CHOC DU 20e CONGRÈS DU PCUS
(Introduction et notes de Roger Martelli)

4.
Lénine
TEXTES PHILOSOPHIQUES

5.
R. Huard, Y.-C. Lequin, M. Margairaz, C. Mazauric, C. Mesliand, J. P. Scot, M. Vovelle
LA FRANCE CONTEMPORAINE
(Identité et mutations de 1789 à nos jours)

6.
John Reed
10 JOURS QUI ÉBRANLÈRENT LE MONDE

7.
Thomas More
L'UTOPIE

8.
Roger Bourderon, Germaine Willard
LA FRANCE DANS LA TOURMENTE (1939-1944)

9.
Louis Althusser
POSITIONS

10.
Rosa Luxemburg
TEXTES

11.
Anne Ubersfeld
LIRE LE THÉÂTRE

12.
Alain Roux
LA CHINE POPULAIRE
(Tome 1 : 1949-1966)

13.
Friedrich Engels
L'ORIGINE DE LA FAMILLE, DE LA PROPRIÉTÉ PRIVÉE ET DE L'ÉTAT

14.
Jean-Jacques Rousseau
DISCOURS SUR L'ORIGINE ET LES FONDEMENTS DE L'INÉGALITÉ PARMI LES HOMMES

15.
Antonio Gramsci
TEXTES

16.
Karl Marx, Friedrich Engels
MANIFESTE DU PARTI COMMUNISTE

17/18
Staline
TEXTES
2 volumes

19.
René Descartes
DISCOURS DE LA MÉTHODE

20.
Pierre Barbéris
SUR STENDHAL

21.
Denis Diderot
LE NEVEU DE RAMEAU
LE RÊVE DE D'ALEMBERT

22.
KARL MARX, FRIEDRICH ENGELS ET LA TROISIÈME RÉPUBLIQUE
(Anthologie)

23.
Denis Diderot
L'ENCYCLOPÉDIE
(Textes choisis)

A paraître

24.
Léon Trotski
TEXTES

25.
Alain Roux
LA CHINE POPULAIRE
(Tome 2 : 1966-1982)

26.
Karl Marx
LE DIX-HUIT BRUMAIRE DE LOUIS BONAPARTE

27.
Lucien Sève
DIALECTIQUE ET STRUCTURALISME

Achevé d'imprimer le 30 mars 1984
par procédé photomécanique
sur les presses de l'imprimerie Bussière
à Saint-Amand-Montrond (Cher)
pour le compte de Messidor/Éditions sociales
146, rue du Faubourg-Poissonnière
75010 Paris

N° d'Édition : 2139. N° d'Impression : 848.
Dépôt légal : mars 1984.

Imprimé en France